社会治理中的佛教与国家
（1895—1927）

许效正 著

中国社会科学出版社

图书在版编目（CIP）数据

社会治理中的佛教与国家：1895－1927／许效正著．—北京：中国社会科学出版社，2019.8

ISBN 978－7－5203－4852－2

Ⅰ.①社… Ⅱ.①许… Ⅲ.①佛教史—研究—中国—1895－1927 Ⅳ.①B949.2

中国版本图书馆 CIP 数据核字（2019）第 177545 号

出 版 人	赵剑英
责任编辑	吴丽平
责任校对	周　昊
责任印制	李寡寡

出　　版	中国社会科学出版社
社　　址	北京鼓楼西大街甲 158 号
邮　　编	100720
网　　址	http://www.csspw.cn
发 行 部	010－84083685
门 市 部	010－84029450
经　　销	新华书店及其他书店

印　　刷	北京明恒达印务有限公司
装　　订	廊坊市广阳区广增装订厂
版　　次	2019 年 8 月第 1 版
印　　次	2019 年 8 月第 1 次印刷

开　　本	710×1000　1/16
印　　张	28.75
字　　数	414 千字
定　　价	128.00 元

凡购买中国社会科学出版社图书，如有质量问题请与本社营销中心联系调换

电话：010－84083683

版权所有　侵权必究

序 一

郑大华　中国社会科学院近代史研究所

鸦片战争以后，中华民族面临着两大历史任务：一是民族独立，二是社会进步。要实现民族独立，就必须展开反帝反封建斗争，使中国人民从帝国主义、封建主义和官僚资本主义的压迫下解放出来；欲实现社会进步，就要推动中国社会由传统向现代的根本性转变，使中国的政治、经济、思想、文化、教育和社会生活逐渐摆脱与现代社会的不适应状态，努力缩小与西方列强的差距，进而具备战胜西方殖民者的物质力量和精神力量。1949年以来的中国近代史研究，主要是围绕着这两大历史任务展开的。20世纪80年代以前，中国近代史研究主要围绕着争取民族独立这个主题展开，政治史、革命史以及中共党史的研究取得了巨大成就。改革开放以来，中国近代史研究的热点逐渐转移到社会进步这个历史主题上，经济史、社会史、思想史、文化史等专门史的研究得到了长足发展。

与中国近代史研究的整体状况相比，清末民初历史的研究则是一个比较薄弱的环节。尽管清末民初（1895—1927）有三十二年时间，占中国近代历史的三分之一，但由于人们普遍认定清廷是阻碍民族独立和社会进步的最大障碍，北洋军阀是民主共和的破坏者和罪大恶极的独裁卖国者，故将清末民初时期视为近代中国最悲惨、最黑暗的历史阶段，进而忽视了这一时期中国政治、经济、思想、文化教育乃至社会生活等方面的巨大进步，忽视了这些巨大进步对中国近现代史的深远影响，清末民初历史的研究因此受到了诸多限制。近年来，随着中国改革开放的不断深入和学术研究的不断拓展，清末民初历史的研究逐渐成为一片学术热土，这时期政治、经济、军事、文化、思想、科技、教育乃至社会生活等方面的巨大进步逐渐引起学者们的高度关注，出版了一批高质量的研究成果。但这些研究成果主要集中在政治、经济、军事、文化思想、教育乃至社会生活等方面的现代化变革上。效正的研究则独辟蹊径，他透过清末民初社会变革的诸多热点，着力研究清廷和北洋政府的庙产管理政策的巨大变化、官绅僧民围绕庙产所有权问题展开的激烈博弈、北洋政府应对庙产冲突的主要措施及以上问题对佛教与国家关系、佛教的组织形式所产生的重大影响等问题，全面展示了清末民初时期佛教与国家关系由基本和谐到全面紧张，再由全面紧张到重新构建的发展脉络。研究角度新颖，目光深刻，思路宏观，对中国近代史，尤其是中华民国史研究的深入发展，产生了积极的推动作用。

　　研究清末民初的佛教与国家关系，是一个颇具学术价值和现实意义的选题。自两汉之际传入中国以后，佛教就与中国社会产生了千丝万缕的紧密联系：它的发展不仅始终受到中国特有的政治、经济、思想文化、教育科技乃至社会风俗的直接制约，而且不断地在政治、经济、思想文化、教育科技乃至社会生活等方面烙下了深深的印记；佛教不仅是历代统治者神话皇权、教化社会的重要手段，有时也会成为普通民众反抗剥削和压迫的得力工具；佛教不仅以其博大精深的学术魅力征服了一代又一代的知识分子，而且以因果、轮回的说教使不同时代、不同民族的普通民众成为佛教的忠实信徒；在两千多年的传播过程中，佛教既与各地风俗民情相融合，形成各具特色的汉传佛教、南传佛教和藏传佛教，又充分吸收儒学和道学的文化营养，并使佛教文化与儒学和道学相融合，成为中国传统文化的一部分。从这个意义上说，佛教既是一种学术，又是一种信仰；既是一种宗教，又是一种文化；佛教信众既是一个特殊的社会群体，又分散于社会的各个层面，并在国家政治中发挥着不可替代的特殊作用。所以，对佛教进行全面系统研究，不仅是哲学工作者和宗教学研究者的重要任务，也需要各领域学者的广泛参与。

长期以来，学术界大多将佛教视为一种文化现象，从哲学、宗教学和文化学的角度进行研究，效正则从社会史的角度出发，以历史唯物主义和辩证唯物主义原理为指导，对清末民初佛教与国家关系的演变过程进行了全面系统考察，这种努力是很有意义的。效正的研究将清末民初佛教与国家关系的变化放在清末民初社会剧变的大背景中，围绕清廷和北洋政府的佛教寺产政策重大变化及其引发的官僧互动关系这个核心逐次展开的。研究问题有：近代社会变革与庙产兴学运动的关系、杭僧附日事件及其社会影响、僧人反抗庙产兴学运动斗争的发展脉络、现代佛教社团的产生和主要活动、中华佛教总会与民初政府的激烈博弈、北洋政府佛教寺产管理政策的逐步完善、佛教人士对《管理寺庙条例》和《修正管理寺庙条例》的态度、北洋政府对佛教寺产纷争的司法应对手段及其效果等。不但使读者对清末民初社会转型和文化转型的复杂性、矛盾性和必然性有了深刻的认识，也拓宽了近代政治史、近代社会史、近代思想史、近代文化史的研究领域，并为当前中国宗教法治的现代化建设提供诸多有益的启示。

清末民初的佛教与国家是一个涉及面极广的研究课题。效正所研究的问题涵盖政治、经济、思想、社会、文化、宗教、法律等诸多领域，牵扯到皇帝、总统、各级官员、地方绅士和普通百姓等各个社会层面。对这个问题进行研究，不仅需要综合应用多学科的理论和方法，更需要多方面丰富的资料支撑。效正的这部著作使用的资料非常全面，既有丰富的政府档案和时人文集，又有很多高僧年谱和佛教期刊，更有当时的报纸杂志和地方志。尤为难得的是，效正系统查阅了1912—1927年间的《政府公报》和1895—1915年间的《申报》、《盛京时报》、天津《大公报》、《时报》和《东方杂志》等报纸杂志。对不少人来说，查阅报刊是非常繁重和枯燥的工作，效正的这种治学精神是值得充分肯定的。人们常说，论从史出，有一分资料说一分话，有十分资料说十分话，没有资料不说话。但我们现在翻阅不少论文和著作，不少是在那里天马行空、高谈阔论，有无资料支撑无关紧要。效正则将诸多细节资料巧妙融合于佛教与国家关系演变的主线之中，既有宏观的历史分析，又有不少生动形象的细节描述，增强了可读性和可信度。

我认识效正是在 2003 年。那年初我被湖南省政府聘为湖南省首届"芙蓉学者"，同时被湖南师范大学国家重点学科"中国近现代史学科"聘为特聘教授。也是那一年，效正考取湖南师范大学中国近现代史硕士研究生。后来研究生分配导师，通过双向选择，效正跟周秋光老师学社会史，不是我的研究生，但我给中国近现代史专业的研究生上中国近代思想史和中国现代思想史课，这样我们就成了师生关系。我记得效正在那届学生中年纪算大的，基础也不是很好，但学习很刻苦，也很喜欢思考、提问题。他研究生毕业，工作了一段时间后，又跟着陕西师范大学的张华腾老师攻读中国近现代史的博士，毕业后到安阳师范学院工作。2014 年，他进入中国社会科学院近代史研究所做访问学者，我是他的合作导师。2015 年出站。近年来，效正着力研究清末民初的庙产问题、清末民初的佛教与国家关系以及清末民初的佛教社团，取得不少成果，不仅主持完成了国家和教育部的有关课题，发表了一批高质量的学术论文，而且连续出版了两本高质量的学术专著（包括本书）。我为效正感到由衷的高兴，希望他再接再厉、持之以恒，做出更大的成绩，取得更多的成果！

在效正的《社会治理中的佛教与国家（1895—1927）》出版之际，应效正之约，拉拉杂杂地写了以上一些话，权为序！

郑大华

2018 年 3 月 25 日

序　二

纪华传　中国社会科学院世界宗教研究所

佛教起源于公元前 6 世纪的古印度，经过 2500 多年的传播与发展，适应了不同民族和地区的社会文化传统和风俗习惯，成为与基督教、伊斯兰教并列的三大世界性宗教之一。佛教自两汉之际传入中国内地以后，历经魏晋南北朝时期数百年的激荡、磨合，在思想义理、组织制度和信仰形态等方面不断地调整和发展，逐步适应了中国政治、经济、文化、伦理道德、社会习俗等各个方面。在隋唐时期，中国佛教达到全盛，宗派法脉之盛、信教群众之多、寺院经济之繁荣，都达到了前所未有的程度，并作为北传佛教的中心，影响到朝鲜、日本、越南等周边国家。

佛教作为外来宗教，能够成功融入中国社会，成为中国传统社会和传统文化的重要组成部分，既是佛教自身不断适应中国社会的中国化的过程，也是中国文化对佛教不断影响和改造，以及创造性吸收和发展的过程。佛教传入中国之时，中国的封建制度已经相当成熟，由于中、印两国的政治制度和社会环境存在着巨大差异，佛教要在中国生存与发展，必须适应中国独特的政治制度和社会环境。例如，在世俗的王权与宗教神权之间的关系上，印度历史上的种姓制度、婆罗门至上等观念使宗教享有崇高的地位，然而，在中国历史上，自古即有"普天之下莫非王土，率土之滨莫非王臣"的传统，宗教的神权一直从属于世俗的王权。中国与印度乃至欧洲各国的最大不同，就是中国历史上绝大多数时间都是大一统的集权国家，而分裂的时间总是短暂的，这与中国的国家治理与政治制度极为完善有密切的关系。在中国封建帝王时代，君权神授，帝王拥有至高无上的权力，绝不允许有独立于世俗政权之外的任何力量存在，佛教亦被纳入国家的严格控制和管理之下，其兴衰也与封建专制制度的命运息息相关。

随着佛教在中国的传播和迅速发展，历代帝王也认识到佛教的道德教化有助于稳定社会和国家政权的作用，因此，也愿意在其权力能够掌控的范围内保护和支持佛教的发展。历朝政府都将佛教纳入国家事务管理体系之中，并专门针对佛教中的有些事务建立相应的管理机构和相关制度，形成了具有中国特色的国家管理制度，其内容主要包括僧官制度、试经度僧制度、度牒制度、僧籍制度等。在这些制度的制约下，佛教沿着本地化、大众化和家族化的方向发展，最终成为中国传统社会和传统文化的重要组成部分。

佛教传入中国以后，首先需要解决的问题就是如何适应新型的政治文化传统，从东晋道安大师"不依国主则法事难立"，到慧远大师"沙门不敬王者论"，都是试图探索佛教与中国政治的关系。中国佛教也积极倡导护国利民思想，主张"报国王恩（或国土恩）"，尊重贤明的君王对国家的治理，勤修善行，以佛法辅助国家的道德教化，最终形成了较为和谐的政教关系和绅僧关系。

但是，在封建帝王时代，随着封建专制制度的日益强化和演进，佛教在适应社会的同时越来越依附于世俗的国家政权从而失去独立地位，形成了太虚大师所谓的"帝制环境中养成流传下来的染习"。明清时期，佛教虽然积弊丛生，但由于适应了中国封建帝王的统治，佛教寺院与僧尼数量众多，文献典籍汗牛充栋，信徒数量庞大，故佛教对中国人的影响依然是巨大的。鸦片战争以后，中国面临着数千年所未遇之大变局，封建帝王的统治摇摇欲坠。尤其是在清末民初时期，即甲午战后的三十年，在民族危机和社会剧变的推动下，佛教赖以存在的政治基础、经济基础、思想文化基础迅速瓦解。佛教也进入了一个前所未遇的新时代，在从封建帝制到民主共和转变的过程中，佛教失去封建帝王的管理和庇护之后，在教理、僧团制度、寺院经济等方面都面临新的挑战。

在佛教与国家的关系史上，庙产兴学运动无疑是一个极其重要的里程碑。甲午战争以后，为了挽救统治危机，清廷被迫改革官制、广兴学堂、振兴实业、创办巡警和实现地方自治，各项现代化改革运行全面兴起，并向乡村社会快速蔓延。为了解决各项新政所急需的经费和场地问题，清廷颁布了庙产兴学上谕，各地的庙产兴学运动由此兴起并迅速形成高潮，佛教因此被逼入了生死存亡的危险境地。民国建立后，庙产兴学运动发展为更为猛烈的破除迷信运动，佛教生存的政治环境和文化环境更加恶劣。庙产兴学运动不仅是佛教的空前灾难，也是佛教新生的起点。为了保护佛教赖以生存的物质基础，佛教人士进行了全面反抗。清末，佛教人士的反抗以暴力毁学为主；到民初，佛教人士的反抗则以社团运作为主，在佛教社团上书、请愿和代理寺产官司等合法斗争的压力下，袁世凯政府出台一系列法令，最终形成了一整套具有时代特色的佛教管理政策，佛教的生存环境得以逐渐改善，佛教与国家的关系得以重新建构，人间佛教运动得以逐渐展开。然而，由于种种原因，目前学术界对于清末民初时期佛教的研究还比较薄弱，对在此背景下产生的人间佛教思想的历史逻辑的认识还比较模糊。许效正博士的《社会治理中的佛教与国家（1895—1927）》一书，则聚焦于清末民初时期的佛教，以全面、系统的资料为依据，结合清末民初社会剧变的大背景，对转型时期佛教与国家的关系，乃至人间佛教思想产生的历史必然性有了深刻认识，这种眼光是非常敏锐的。

近几年来，关于中国近现代佛教的研究渐成热点，然而，从政教关系的角度对佛教进行研究的则不多。许效正博士的《社会治理中的佛教与国家（1895—1927）》则是这方面的力作。全书将佛教视为一种特殊的社会群体，紧紧围绕"政府的佛教管理政策变化以及由此引发的官僧互动"这一核心主题，分析了清末庙产兴学运动和民初破除迷信运动对佛教的双重影响，梳理了敬安、觉先、圆瑛、宗仰、文希、静波、太虚、仁山等高僧为了应对庙产兴学运动和破除迷信运动而组织社团、兴办僧学、发展实业、兴办公益的历史，总结了中华佛教总会与袁世凯政府博弈的成败得失，得出了不少令人信服的新结论，实现了历史与逻辑的统一。他的研究，如清末佛教人士的应变之策及社会效果、民国初年佛教与国家关系的复杂化以及佛教与国家关系的重构等内容，皆有显著的创新价值。在研究方法上，他注意报刊、档案、文集、年谱、方志等第一手资料的运用，从官府、士绅、僧人、民众等多角度进行了全面的研究。而作者对1916—1927年平政院和大理院受理僧告官、僧造民案件的仔细爬梳，不仅使读者对北洋军阀政府时期的佛教与国家互动关系有了全面深刻的认识，更可以看出许效正博士宽广的学术视野和严谨的治学态度。

本书研究思路清晰、视角独特、视野开阔、资料翔实，具有显著的创新价值。许效正博士学风扎实、治学态度严谨，因为研究中国近现代佛教的缘故，我们相识已有多年，彼此交流心得、切磋琢磨，受益良多。今新作出版，令余作序，辞不获已，略述数语，衷心期望更多的学者关注中国近现代佛教的研究。

纪华传
2018年3月于北京

目　　录

绪论 …………………………………………………………（1）
　　基本思路 ……………………………………………………（2）
　　研究状况 ……………………………………………………（5）
　　主要观点 ……………………………………………………（11）

第一章　传统社会的佛教与国家 ……………………………（13）
　　第一节　历代王朝的佛教管理制度 ………………………（13）
　　第二节　佛教的护国思想与实践 …………………………（26）
　　第三节　乡村社会的和谐绅僧关系 ………………………（39）
　　小结 …………………………………………………………（53）

第二章　晚清社会剧变与佛教的严重危机 …………………（54）
　　第一节　晚清社会变革对佛教的影响 ……………………（54）
　　第二节　庙产兴学运动对佛教的严重冲击 ………………（66）
　　小结 …………………………………………………………（97）

第三章　杭僧附日及佛教与清廷关系的全面紧张 …………（98）
　　第一节　杭僧附日事件的概况 ……………………………（99）
　　第二节　关于日僧在华传教权的交涉 ……………………（125）
　　第三节　清廷佛教政策的调整 ……………………………（147）
　　小结 …………………………………………………………（156）

第四章 僧人反抗及佛教与清廷关系的全面恶化 (157)
第一节 僧人的请愿活动 (157)
第二节 僧人的泄愤毁学事件 (176)
第三节 僧人的反自治运动 (200)
小结 (218)

第五章 民国初建与佛教处境的复杂化 (219)
第一节 破除迷信运动对佛教的伤害 (220)
第二节 政府要员对佛教的友好态度 (247)
第三节 《临时约法》的颁布与佛教处境的改善 (260)
小结 (275)

第六章 佛教与国家关系的重新建构 (277)
第一节 佛教人士的合法抗争 (277)
第二节 袁世凯政府对佛教寺产所有权政策的规范 (295)
第三节 对中华佛教总会的整治和打压 (336)
小结 (354)

第七章 佛教与国家关系的持续改善 (355)
第一节 北洋政府佛教管理政策的逐渐完善 (355)
第二节 佛教人士对北洋政府庙产管理政策的态度逐渐好转 (384)
第三节 《修正管理寺庙条例》的执行情况 (397)
小结 (423)

结语 (425)

参考文献 (431)

后记 (447)

绪　　论

　　本书所说的佛教，是指汉传佛教，是佛、法、僧、寺的有机统一。本书所说的佛教与国家，是指政府的佛教管理政策变化及其引发的僧人与官府的互动关系。长期以来，人们普遍将佛教视为一种文化或宗教信仰，但在历届政府眼里，佛教一直是一个由僧人组成的特殊社会群体，历届政府佛教管理政策的核心一直是僧人和寺院经济。从两汉之际到甲午战争前夕的2000多年间，绝大多数封建帝王实行了推崇佛学、礼遇高僧、保护著名寺院的政策，历代高僧也秉持"不依国主，法事难立；教化之体，宜令广布"的理念，在弘扬佛法、教化民众的同时，还积极倡导救世护国，故僧人与官府之间基本上形成了一种比较融洽的良性互动关系。甲午战争以后，由于中国的民族危机、统治危机、社会危机、文化危机和佛教自身危机不断加剧，僧人的整体素质普遍很差，社会形象普遍不好，有着2000多年历史的佛教也全面进入风雨飘摇的末法时代。清末新政开始后，清廷强力推进的庙产兴学运动迅速席卷全国，各地僧人的保产运动也如火如荼，佛教与国家之间的融洽关系遭到严重破坏。民国建立以后，中国进入民主共和的新时代，尽管保护宗教自由成为《临时约法》的基本原则，但在破除迷信思潮的鼓动下，各地强征寺产、迫害僧尼的现象依然层出不穷，佛教与国家之间的关系继续恶化。为了保护赖以生存的物质基础，佛教信众利用现代社团的组织形式和《临时约法》赋予的法律武器，与各地抢占寺产、迫害僧尼的行为进行坚决斗争，并围绕佛教社团的地位和性质、佛教寺产的所有权归属、佛教寺产的判定标准、保护佛教寺产的起始时间等重大问题，与北洋军阀政府展开了激烈的博弈，迫使北洋政府根据《临时约法》的基本原则出台了一系列保护佛教寺产的法令，最终形成了以《管理寺庙条例》《修正管理寺庙条例》为代表的一整套法律法规，强征佛教寺产的现象逐渐得到有效遏制，佛教与国家的关系也在民主共和的基础上逐渐好转。长期以来，中国佛教史的研究虽然取得了丰硕成果，但关于佛教与国家之间互动关系的研究，尤其是关于清末民初佛教与国家之间互动关系的研究一直比较薄弱。有鉴于此，笔者以清末民初的社会剧变为背景，从官、绅、僧、民的互动关系入手，对清末民初的佛教与国家之间互动关系演变进行系统研究，以抛砖引玉。

基本思路

佛教产生于公元前 6 世纪的印度，在两汉之际入中国，迄今已有 2000 多年的历史。在这 2000 多年间，佛教有不同的表现形式：在汉代，佛教"依附于黄老之学和神仙之术"[①]，被视为一种可以降妖捉怪的法术，在上层社会快速传播。魏晋时期，佛教又依附于玄学，逐渐成为一门学术，得到知识分子的青睐。南北朝时期，由于南北政权的大力提倡，佛教僧团和寺院经济都得到充分发展，佛教诸神受到普通百姓的顶礼膜拜，佛教因此成为影响最大的宗教组织。在不断传播过程中，佛教又与各地的风俗相融合，形成了颇具地域特色的藏传佛教、南传佛教和汉传佛教，佛教又演变为一种文化，成为中国传统文化的一部分。近年来，人们对佛教无可替代的社会教化功能有了深刻体会，因此认定"是佛对法界众生至善圆满的教育"[②]。佛教不同的表现形式，不仅反映了 2000 多年来佛教在中国流传的历程，而且也充分说明佛教在政治、经济、思想文化和社会生活中的广泛影响，也

---

① 黄心川：《论中国历史上的宗教与国家的关系》，《世界宗教研究》1998 年第 1 期。
② 释净空：《认识佛教》，线装书局 2010 年版，第 8 页。

正因如此，东汉以来的历代政府都非常重视对佛教的管理、利用和引导，普遍实行尊崇佛法、推崇佛学、礼遇高僧、严禁私自出家、保护寺院的政策，其间虽然出现过"三武一宗灭佛"的不幸事件，但总的来说，佛教与国家的关系还是比较融洽的。

鸦片战争以后，由于西方列强的全面侵略，中国社会开始发生"三千年未有之大变局"，佛教赖以生存的政治基础、经济基础和思想文化基础不断瓦解，佛教的危机也全面凸显。甲午战争以后，西方列强掀起瓜分中国的狂潮，中国的民族危机、统治危机、社会危机、文化危机都空前严重。在四种危机的综合作用下，中国现代化改革开始启动，在维新变法、清末新政、预备立宪和辛亥革命的推动下，中国的现代化革新运动迅猛发展，并向乡村社会快速蔓延。为了解决各项改革所需的经费和场地问题，具有现代意识的社会精英在全国各地掀起了一场声势浩大的庙产兴学运动。这场运动虽然解决了各项新政所需的资金和场地问题，促进了社会风气的进步，但也严重伤害了普通民众的精神信仰，因此激起僧尼和信教民众的强烈反抗。

在庙产兴学运动中，佛教与清廷的关系全面紧张。为了解决振兴实业、广兴学堂、建立警察系统、推行地方自治和预备立宪等现代化改革所需要的经费和场地问题，全国官绅打着"化无益为有益，以公产办公益"的旗号，大肆征用佛教寺产，迫害不服从的僧人，佛教因此面临着前所未有的生存危机。为了保护佛教寺产，南方僧人投奔日本在当地设立的本愿寺，企图借助外力保全寺产，这就引发了轰动一时的"杭僧附日"事件，佛教也因此遭到社会舆论的严厉批评。为了消除日本政府"保护"中国佛教的理由，防止"杭僧附日"事件可能带来的严重后果，清政府于1905年4月颁布了保护寺产的上谕，要求各地督抚通饬所属官员切实保护一切僧众产业。这道上谕否定了各地强征寺产行为的合法性，各地僧人备受鼓舞，纷纷到当地官署请愿，要求归还此前被征用的寺产，很多地方的庙产兴学运动因此停顿。但是，由于地方官员是各项新政的第一责任人，由于新型知识分子对民众崇拜佛祖、菩萨、罗汉和护法诸神行为的深恶痛绝，也由于各级财政濒临破产，各地的庙产兴学运动非但没有停止，反而在官绅的联合推动下不断向纵深发展，各地僧人的请愿运动均以失败而告终。在投诉无门的情况下，为了发泄胸中的怒火，一些僧人便鼓动信教群众砸毁设在寺院里的学堂、工厂、警察所和自治机关，由此引发的群体性暴力事件层见叠出，成为清末民变的重要诱发因素。为了恢复社会秩序，各地官府残酷镇压领头毁学的僧人，佛教与清政府之间的关系全面紧张。

民国建立以后，佛教与国家的关系更加复杂：一方面，具有现代意识的社会精英在加速推进各项改革事业的同时，还掀起了一场声势浩大的破除迷信运动，各地抢占寺产、迫害僧尼的现象更加普遍，佛教的生存危机更加严重；另一方面，随着民主共和制度的建立和《临时约法》的颁布，佛教人士的国民意识、民主意识、社团意识和法制意识也迅速觉醒，他们充分利用现代社团的力量和《临时约法》赋予的法律武器，与各地强占寺产、迫害僧尼的现象进行了坚决斗争，强烈呼吁民国政府按照《临时约法》确立的原则保护佛教的合法权益，佛教社团与民国政府之间的博弈非常激烈。为了平息全面激化的寺产纷争，袁世凯政府以及后来的北洋军阀政府按照《临时约法》的精神，出台了一系列法令，逐渐形成了以《管理寺庙条例》《修正管理寺庙条例》为代表的一整套系统政策，明确了佛教寺产的所有权归属、佛教寺产的判断标准、佛教社团的权利义务，并命令各地按照这两个条例处理寺产纠纷，佛教与国家的关系在此实现重新建构。

民国初年，佛教与政府之间的斗争主要是在佛教社团和内务部礼俗司之间展开的。民国建立不久，僧官制度即被废除，内务部礼俗司成为掌握祀典、祠庙和宗教事务的最高行政机关，它所面临的形势相当复杂。一方面，具有现代意识的社会精英掌握了从中央到地方的各级政权，他们利用国家政权强力推进庙产兴学运动，并掀起了一场声势浩大的破除迷信运动，把佛教诸神视为必须破除的封建迷信，把佛教寺院称为封建迷信的巢窟，把佛教僧人当作社会的寄生虫，并在各地粗暴地驱僧毁像、迫害僧尼，佛教的生存危机较清末有过之而无不及。另一方面，由于共和政体的确立和《临时约法》的颁布，保护宗教自由的宪法精神得到社会各界的认可，佛教僧人的民主意识、平等意识、社团意识和法制意识迅速觉醒，他们纷纷组织现代社团，运用《临时约法》赋予的法律武器，采取上书、请愿、代理寺产诉讼的形式，与各地驱僧毁像的行为展开坚决的斗争，并强烈要求民国政府按照《临时约法》的基本精神保护佛教寺产。总的来看，佛教社团与民国政府之间的斗争是围绕着佛教社团的地位和性质、佛教寺产的所有权归属、佛教寺产的判定标准、保护佛教寺产的起始时间四个大问题展开的。作为民国政府处理祀典、祠庙和宗教事务的最高专门机关，内务部礼俗司自然成为旋涡的中心位置。为了尽快平息空前激烈的寺产冲突，礼俗司在既无明确的政策作为依据又无成功的经验可资借鉴、僧俗各方的意见又严重对立的情况下，以内务部的名义做出了许多批示，最终形成了以《管理寺庙条例》和《修正管理寺庙条例》为代表的一整套政策。这些政策明确了佛教社团的地位和性质、佛教寺产的所有权归属、佛教寺产的评定标准、保护佛教寺产的起始时间等诸多重大问题，既符合《临时约法》的基本精神，又充分吸收了佛教社团和地方政府的意见和建议，确立了佛教与民国政府关系的基本原则，清末以来全面恶化的佛教与国家关系终于在民主共和的基础上得以重新构建。

研究状况

关于传统社会佛教与国家关系的研究，主要散见于佛教史的专著里，如蒋维乔的《中国佛教史》[①]、赖永海的《中国佛教通史》[②]及牟钟鉴、张践的《中国宗教通史》（上、下册）[③]等。这些著作在系统研究佛教发展史的过程中，对历代王朝的佛教政策也多有涉及，但大

---

① 蒋维乔：《中国佛教史》，吉林人民出版社2013年版。
② 赖永海主编：《中国佛教通史》第8卷，江苏人民出版社2010年版。
③ 牟钟鉴、张践：《中国宗教通史》（上、下册），中国社会科学出版社2007年版。

多比较零散，也很少涉及这些政策对佛教的重大影响。近年来，随着社会史热的不断升温，学术界开始有人从某一层面对佛教进行研究，这方面的代表著作主要有谢重光的《中古佛教僧官制度和社会生活》①、宋长东的《宋代佛教政策论稿》②、崔红芬的《西夏河西佛教研究》③、王永会的《中国佛教僧团的发展及其管理》④ 和明复的《中国僧官制度研究》⑤ 等。这些著作对佛教的某一层面进行系统探讨的过程中，也涉及某些宗教政策对佛教的影响，但其研究的重点并不是佛教与国家关系。以古代佛教与国家关系作为研究对象的成果主要是一些学术论文，黄心川的《论中国历史上的宗教与国家的关系》⑥、吕建福的《论不空的政教思想》⑦、白文固的《唐宋试经剃度制度探究》⑧ 以及严耀中的《政治控制下的信仰——中国古代僧官制度综论》⑨ 等论文无疑是这方面的代表作。这些成果尽管以古代社会的佛教与国家关系为研究对象，对本书也有重要启发作用。在海外学者中，研究古代社会佛教与国家关系的学术成果也不少，其中荷兰学者许理和的《佛教征服中国——佛教在中国中古早期的传播与适应》⑩ 和加拿大学者卜正民的《为权力祈祷——佛教与晚明中国士绅社会的形成》⑪ 等著作是其代表作，这些来自海外的著作也为本书研究提供了诸多有益的启示。

---

① 谢重光：《中古佛教僧官制度和社会生活》，商务印书馆2009年版。
② 宋长东：《宋代佛教政策论稿》，巴蜀书社2005年版。
③ 崔红芬：《西夏河西佛教研究》，民族出版社2010年版。
④ 王永会：《中国佛教僧团的发展及其管理》，巴蜀书社2003年版。
⑤ 明复：《中国僧官制度研究》，明文书局1981年版，第7页。
⑥ 黄心川：《论中国历史上的宗教与国家的关系》，《世界宗教研究》1998年第1期。
⑦ 吕建福：《论不空的政教思想》，《世界宗教研究》2010年第4期。
⑧ 白文固：《唐宋试经剃度制度探究》，《史学月刊》2005年第8期。
⑨ 严耀中：《政治控制下的信仰——中国古代僧官制度综论》，《社会科学战线》2012年第11期。
⑩ [荷]许理和：《佛教征服中国——佛教在中国中古早期的传播与适应》，裴勇等译，江苏人民出版社2003年版。
⑪ [加]卜正民：《为权力祈祷——佛教与晚明中国士绅社会的形成》，张华译，江苏人民出版社2005年版。

关于清末民初佛教与国家之间互动关系的研究，是伴随着清末庙产兴学运动的兴起而开始的。当时的敬安、太虚、静波、圆瑛、谛闲等高僧，杨文会、李证刚、欧阳竟无、谢无量等居士以及章太炎、熊希龄、蒋维乔等社会名流，都曾对此发表过意见，《申报》《盛京时报》《东方杂志》《佛学丛报》《佛教月报》《海潮音》等报刊也不断刊登此类文章。由于历史条件的限制，当时的人们没有对这一时期的佛教与国家关系进行系统研究，却给后人留下了丰富的史料。今人关于清末民初佛教与国家关系的论述最早散见于佛教史的专著里。这方面的主要成果有郭朋的《明清佛教》[1]、陈兵、邓子美的《二十世纪中国佛教》[2]、王永会的《中国佛教僧团的发展及其管理》[3] 等。这些成果虽然都对清末民初的佛教与国家关系有所涉及，但都以佛教为主体，对政府的相关政策很少涉及。

20世纪90年代以后，一些学者开始从近代文化的变革中研究佛教，对清末民初佛教与政府关系的论述也随之增多。这方面的主要成果有高振农的《佛教文化与近代中国》[4]，李向平的《救世与救心：中国近代佛教复兴思潮研究》[5]，邓子美的《传统佛教与中国现代化：百年文化冲撞与交流》[6]，何建明的《佛法观念的近代调适》[7]，罗同兵的《太虚与中国佛教现代化道路的抉择》[8]，肖平的《近代中国佛教的复兴》[9]，陈永革的《佛教弘化的现代转型》[10]，麻天祥的《晚清

---

[1] 郭朋：《明清佛教》，福建人民出版社1982年版。
[2] 陈兵、邓子美：《二十世纪中国佛教》，民族出版社2000年版。
[3] 王永会：《中国佛教僧团的发展及其管理》，巴蜀书社2003年版。
[4] 高振农：《佛教文化与近代中国》，上海社会科学院出版社1992年版。
[5] 李向平：《救世与救心：中国近代佛教复兴思潮研究》，上海人民出版社1993年版。
[6] 邓子美：《传统佛教与中国现代化：百年文化冲撞与交流》，华东师范大学出版社1994年版。
[7] 何建明：《佛法观念的近代调适》，广东人民出版社1998年版。
[8] 罗同兵：《太虚与中国佛教现代化道路的抉择》，巴蜀书社2003年版。
[9] 肖平：《近代中国佛教的复兴》，广东人民出版社2003年版。
[10] 陈永革：《佛教弘化的现代转型》，宗教文化出版社2003年版。

佛学与近代社会思潮》①和《20世纪中国佛学问题》②等。这些成果虽然涉及清末民初佛教社团的活动和政府的佛教政策，但大多比较零散、片面，缺乏研究的系统性。

近年来，清末民初佛教与国家之间的关系问题已经引起部分学者的重视，这集中体现在对近代庙产兴学运动的研究上。此类论文共有30多篇，研究内容主要集中在以下几个方面。第一，庙产兴学政策的演变。如徐跃的《清末庙产兴学政策的缘起和演变》③考察了清末庙产兴学政策的变化过程；李贵连的《清末民初寺庙财产权研究稿》④研究了北洋政府对寺庙财产权的有关规定；林达丰的《民初庙产立法检讨》⑤则考察了《寺院管理暂行规则》和《管理寺庙条例》在立法技术上的进步；郭清华的《北洋政府的寺庙管理政策评析》⑥分析了《寺院管理暂行规则》、《管理寺庙条例》和《修正管理寺庙条例》内容的不同。第二，庙产兴学与清末社会变革的关系。如梁勇的《清末"庙产兴学"与乡村权势的转移——以巴县为中心》⑦分析了庙产兴学运动对乡村权力系统的冲击；邵勇的《清末庙产兴学运动与毁学民变》⑧研究了庙产兴学与清末民变的内在联系。第三，庙产兴学对佛教的影响。如王路平的《论晚清贵州佛教的衰落》⑨认为，庙产兴学运动是贵州佛教衰亡的重要原因；温金玉的《中国社会的剧变与近现代佛教的转型》认为佛教社团的发展是佛教转型的重要标

---

① 麻天祥：《晚清佛学与近代社会思潮》，河南大学出版社2005年版。
② 麻天祥：《20世纪中国佛学问题》，武汉大学出版社2006年版。
③ 徐跃：《清末庙产兴学政策的缘起和演变》，《社会科学研究》2007年第4期。
④ 李贵连：《清末民初寺庙财产权研究稿》，李贵连：《中国近代法制和法学》，北京大学出版社2002年版。
⑤ 林达丰：《民初庙产立法检讨》，《江西财经大学学报》2007年第3期。
⑥ 郭清华：《北洋政府的寺庙管理政策评析》，《广州大学学报》（社会科学版）2005年第4期。
⑦ 梁勇：《清末"庙产兴学"与乡村权势的转移——以巴县为中心》，《社会学研究》2008年第1期。
⑧ 邵勇：《清末庙产兴学运动与毁学民变》，《青海社会科学》2006年第3期。
⑨ 王路平：《论晚清贵州佛教的衰落》，《贵州大学学报》（社会科学版）2003年第5期。

志。第四，清末僧教育会的活动。如黄夏年的《中国近代佛教上最早出现的僧教育会》① 和贺金林的《清末僧教育会与寺院兴学的兴起》②，这两篇论文都研究了庙产兴学运动与清末僧教育事业的内在联系。这些成果虽然注意到了佛教社团和政府在庙产兴学运动中的不同作用，但不是侧重于政府，就是侧重于佛教，没有专门研究两者的互动关系。

中国台湾学者对清末民初佛教与政府关系的研究起步较早。1978年，张曼涛先生就在《现代佛教学术丛刊》之《民国佛教篇》中收录了一批研究民国佛教制度变迁的文章，其中不少内容涉及清末民初佛教与政府的关系。1987年，释东初在《中国佛教近代史》一书里，也对近代的庙产兴学运动有专章论述。1991年，黄运喜在《清末民初庙产兴学运动对近代佛教的影响》③ 一文中研究了地方官员对庙产兴学的态度；林作嘉在《清末民初庙产兴学之研究》④ 一文中研究了清廷和国民党政府庙产兴学的有关政策。但总的来看，这些成果对佛教界的活动比较关注，对政府活动的研究则明显不足，对二者互动关系的关注就更少了。

外国学者对近代佛教与政府关系的研究也较为重视。日本学者对中国佛教史的研究起步很早，常盘大定（1870—1945）、宇井伯受寿（1882—1953）、牧田谛亮（1912—？）等人都对中国佛教史研究做出了突出贡献，其中不少著作涉及清末民初的庙产兴学。如牧田谛亮的《清末以后おける庙产兴学と佛教教团》⑤ 和村田雄二郎的《孔教と淫祠——清末庙产兴学思想侧面》⑥ 等。此外，美国学者关于这方面

---

① 黄夏年：《中国近代佛教上最早出现的僧教育会》，《佛教文化》2008年第3期。
② 贺金林：《清末僧教育会与寺院兴学的兴起》，《安徽史学》2005年第6期。
③ 黄运喜：《清末民初庙产兴学运动对近代佛教的影响》，《国际佛学研究》1991年创刊号。
④ 林作嘉：《清末民初庙产兴学之研究》，硕士学位论文，台湾东海大学，1999年。
⑤ ［日］牧田谛亮：《中国近世佛教史研究》，京都：平乐寺书店1957年版。
⑥ ［日］村田雄二郎：《孔教と淫祠——清末庙产兴学思想侧面》，《中国社会文化》第7号，东京大学，1992年版。

的研究成果也很有特点,1967年,美国学者霍姆斯·维慈就在《中国佛教的复兴》一书中,对中国近代佛教组织制度以及社会实践活动进行了系统研究。20世纪80年代,美国学者杜赞奇在《文化、权力与国家:1900—1942年的华北农村》①一书中考察了清末庙产兴学运动对乡村文化网络和权力网络的巨大冲击;美国学者Holms Welsh在《近代中国的佛教制度》②中运用大量的实例对近代中国的寺院制度进行了系统研究。但总的来看,西方学者关注的重点是佛教史或佛教与近代中国社会变革的关系,对佛教与政府的互动关系的研究则很薄弱。

值得注意的是,伴随着佛教研究热的迅速升温,近代佛教文献的整理工作也取得了较大成就。2006年以来,黄夏年先生陆续编辑出版了《民国佛教期刊文献集成》(209卷)、《民国佛教期刊文献集成补编》(86卷)等巨著,为本书的研究提供了极为重要的资料。

总之,国内外学术界对清末民初佛教与国家之间的互动关系的研究已经取得了一定成就,但还存在明显不足:一是多将佛教视为一种文化,而将它作为一个社会组织进行研究的较少;二是在研究佛教组织制度时,注重佛教组织的演变及其与社会变革的关系,忽视了国家的主导作用;三是在研究庙产兴学时,对清末和南京国民政府时期的庙产兴学研究较多,而对于民国初年庙产兴学运动的研究则还很薄弱;四是研究内容的深度、广度有待加强,对清末民初佛教组织制度的转型,对国家佛教管理政策的变革,对佛教社团与政府博弈以及这些博弈对佛教和中国宗教政策所产生的重大影响等问题的研究还没有展开,而这将是笔者的研究重点。

---

① [美]杜赞奇:《文化、权力与国家:1900—1942年的华北农村》,江苏人民出版社2006年版。

② [美] Holms Welsh:《近代中国的佛教制度》(上、下册),包可华、阿含译,台北华宇出版社1988年版。

主要观点

1. 晚清时期，佛教人员的整体素质和社会形象都很差，造成这种状况的主要原因是多方面的，既是佛教历史积弊的长期积累的必然结果，又与鸦片战争以后中国社会的剧烈变化有直接关系，其中，中国社会的急剧动荡、传统经济的瓦解、基督教的入侵、教育制度的变化是造成佛教全面危机的主要原因。

2. 清末庙产兴学运动的迅速发展，是造成佛教与国家关系全面紧张的主要原因，而庙产兴学运动的迅猛发展，是甲午战后中国的民族危机、满洲贵族的统治危机、社会成员的经济危机、新型知识分子的文化危机和佛教自身危机五种危机不断叠加的结果。它波及的范围广，涉及的人员多，持续的时间长，影响的程度深，是社会剧变时期科学精神和传统信仰、现代意识和专制习惯、社会精英和普通民众激烈冲突的缩影。

3. 站在现代化的角度上看，清末民初的庙产兴学运动和破除迷信运动的历史进步性是不容置疑的，但站在佛教的立场上看，庙产兴学运动和破除迷信运动是对佛教信众的精神信仰的粗暴践踏和公共财产的大肆掠夺，也是导致佛教与国家关系全面紧张的直接原因。旷日持久的庙产兴学运动使佛教人士从自我陶醉、自我封闭的状态中猛然醒来，开始正视自身的严重问题，努力克服历史积弊，由此开始了异常艰难的历史转轨。民国建立后，佛教人士充分利用《临时约法》赋予的法律武器，充分发挥现代社团的优势，与各地强征寺产、迫害僧尼的现象进行了坚决斗争，迫使民国政府不断出台保护佛教寺产的政策，强征寺产迫害僧尼的现象逐渐得到遏制，佛教与国家的关系逐渐好转。从这个意义上说，庙产兴学运动是近代佛教与国家关系全面紧张的发源点。

4. 清末，佛教与国家关系的全面紧张，最初表现为由于外力介入而引发的传教权斗争，接着是由于各地僧人请愿引发的诉讼纠纷，再后来是由于僧人泄愤毁学而引发的群体性暴力事件,最后是大规模的僧人反自治运动,这是一个由合法到非法、由请愿到暴力、由分散到联合的逐步演变过程。在这个过程中,具有现代意识的社会精英对佛教信仰的极端蔑视和清廷寺产政策的前后矛盾是导致佛教与国家关系全面恶化的直接原因。

5. 民初,佛教社团的蓬勃发展和佛教人士反对庙产兴学运动和破除迷信运动的坚决斗争,既是清末以来政治民主化的必然结果,又是民初民主运动的重要组成部分,是多种历史因素综合作用的结果。而袁世凯政府对中华佛教总会的整治和打压,既是袁世凯建立独裁统治的必然结果,又是北洋政府规范佛教社团活动的必要措施,是民初独具特色的历史话剧。

6. 北洋政府对寺产纠纷的应对,是近代中国宗教法治化的开端。为了缓和愈演愈烈的佛教寺产冲突,北洋政府根据《临时约法》的基本精神出台了一系列寺产管理政策,最后形成了以《寺院管理暂行规则》《管理寺庙条例》《修正管理寺庙条例》为代表的一整套佛教管理政策。这些政策既是贯彻落实《临时约法》基本精神的结果,又是佛教人士利用《临时约法》基本原则激烈斗争的结晶;既充分体现了袁世凯政府的双重意图(既要大规模征用各类庙产,又要尽快平息由此引发的社会动荡;既要破除迷信以加快现代社会的建设步伐,又要利用传统的民间崇拜加强道德教化,消除当时人们思想的混乱,重塑道德权威),又充分吸收了佛教人士的意见和地方政府的建议,它明确了佛教社团的性质和地位、佛教寺产的所有权归属、佛教寺产的判断标准和保护佛教寺产的起始时间等关键问题,对佛教社团活动和政府行为具有双重约束,是在民主共和的历史条件下构建佛教与政府新型关系的法律基础,其历史进步性是不容否定的。

第一章 传统社会的佛教与国家

佛教传入中国，迄今已 2000 多年了①。佛教来华之时，我国已是一个文化发达、经济繁荣、版图广大的封建帝国，等级森严的政治制度、庞大高效的官僚体系和敬天法祖的国家祭祀早已形成。在这种形势下，作为一种外来宗教，佛教尽管有自己的一套理论体系、组织系统和众多信徒，也只能匍匐于至高无上的皇权之下，依靠历代王朝的保护和支持，沿着本土化、大众化的趋势曲折发展，并逐渐与中国的政治、经济、文化和社会生活融为一体。

第一节 历代王朝的佛教管理制度

"宗教与国家的关系，在中国古代也就是皇权与神权的关系"②，佛教当然也不例外。在从两汉到清的 1900 多年间，历代王朝都对佛教进行了有效管理，代代相因，最终形成了一套完善的监督管理制度，这些制度主要有祀典制度、僧官制度和度牒制度。

一 祀典制度

所谓祀典，是指历代王朝以儒家思想为指导，以祭祖祀神为主要

---

① 关于佛教传入中国的时间，学术界有伊存授经说（汉哀帝元寿元年，即公元前 2 年）和永平求法说（汉明帝永平十年，即公元 67 年）两种说法。1998 年 6 月 6 日，中国社会科学院世界宗教研究所与台湾法鼓山中华佛学研究所共同主办了"佛教与东方文化——纪念佛教传入中国 2000 年海峡两岸佛教学术会议"，伊存授经说得到了与会学者的一致认可。
② 黄心川：《论中国历史上的宗教与国家的关系》，《世界宗教研究》1998 年第 1 期。

内容，由皇帝或各级官吏主持的国家祭祀活动。它发端于远古时期的部落崇拜，开始于商周时代的国家祭祀，战国后期，随着大一统封建帝国形成趋势的明朗化，一些儒学人士便开始"为规划统一后的祀神活动而作准备，这种准备的结果就是取消各诸侯国自行其是的祀神规定，代之以统一的封建国家祀典"①，从此祀典制度逐渐走上了儒家化的道路，"于东汉光武帝时期最终还是实现了国家祭祀体系的儒家化"②。从此以后，祀典便成为历代王朝"神道设教"的重要工具，历代帝王通过祭祀天地、祖先、先师及那些有功德于社稷、能捍大难御大灾的自然神灵和功臣名将，以达到神话封建皇权、塑造政治权威、强化权力秩序、教化普通民众目的。

佛教传入之时，我国的国家祭祀制度早已存在，其思想理念和管理体系已经成熟，在此后的1900多年间，这种制度对佛教在中国的传播产生了深远影响。"佛教传入我国的最初阶段，仅只流行于西域诸国的使团、商队移民之间，官府以域外'民俗'视之"③，并未进行有效管理。东汉明帝以后，来自西域的高僧都得到皇帝的特殊礼遇，由主管外宾的鸿胪寺管理，但此时汉人仍不准出家，"惟听西域人得立寺都邑，以奉其神"④，佛教也仅在统治阶级上层人士中流行。魏晋时期，由于大一统政权的分裂、北方少数民族政权的支持以及广大知识分子的欢迎，佛教在全国各地迅猛发展，并被越来越多的普通民众所接受，各地僧团也由东汉时期那种纯粹的宗教组织变成了拥有众多底层信徒和强大经济实力的社会组织。这种状况的持续发展，对皇权政治的挑战和威胁是不言而喻的。为了笼络佛教上层，控制普通民众，历代帝王便按照国家祀典的惯例，对佛教进行有效管理，主要措施如下。

---

① 朱迪光：《封建国家祀典的形成及其对古代中国宗教活动的影响》，《青海社会科学》1990年第1期。
② 廖小东：《政治仪式与权力秩序——古代中国"国家祭祀"的政治分析》，博士学位论文，复旦大学，2008年，第53页。
③ 明复：《中国僧官制度研究》，明文书局1981年版，第7页。
④ 《晋书》卷九五《艺术·佛图澄传》，中华书局1974年版，第2487页。

第一,出资建造皇家寺院。第一座皇家出资兴建的寺院,应该是东汉明帝时期的洛阳白马寺,此风经久不衰,隋唐时期更盛。"贞观三年(629),太宗下诏在其破敌的战场建立的七所佛寺,其寺名分别为昭仁寺、普济寺、慈云寺、弘济寺、昭觉寺、定慈寺、昭福寺。"① 唐贞观二十二年,太子李治在国都长安修建了慈恩寺,该寺共计13座院落,1897间房屋,为当时京城规模最大的寺院,不久又成为玄奘译经之地;② 总章二年(669),高宗李治为了安葬玄奘遗骨而修建了兴教寺,并赐额为"大唐护国兴教寺"。③ 载初元年(690),武则天登基,有僧徒为之制造舆论,恭呈《大云经》,武则天敕两京、诸州各置佛寺一所,赐额"大云寺"。④ 出资建造皇家寺院的行为一直延续到明清时期,明太祖就曾在南京陆续建立起灵谷寺、天界寺、天禧寺、能仁寺、鸡鸣寺五大寺院,并赐给它们大量的良田,免除其徭役。⑤ 各地现存的著名寺院,如陕西西安市的慈恩寺、兴教寺、香积寺、兴善寺、青龙寺、荐福寺、华严寺和法门寺,开封的大相国寺,登封的少林寺、北京的法源寺等,都是当时著名的皇家寺院。

第二,给一些著名的寺院赐额。所谓赐额,就是由皇帝颁给某个寺院一个名字或匾额。"敕赐寺名始于东晋初年,当时兴起的赐额风气目的是要表示对佛僧的崇敬,以此来抬高佛寺,以后历朝都不曾中断。"⑥ 天监元年(502),韶州刺史侯敬中奏请建寺,梁武帝赐额"宝林寺";陈太建十年(578),陈宣帝为智𫖮的天台佛陇精舍敕赐"修禅寺"。⑦ 开皇初年,隋文帝曾自拟寺额120方,置于朝堂,任人选取建寺,"请得寺额者,上自后妃、王公、大臣,下至宦者、宫人、坊市贫人,分属各个阶层。颁出的寺额,也不问造于何处。有的建在

---

① 赖永海主编:《中国佛教通史》第8卷,江苏人民出版社2010年版,第182页。
② 韩养民:《佛骨灵光 唐都皇家寺院》,三秦出版社2003年版,第16页。
③ 韩养民:《佛骨灵光 唐都皇家寺院》,三秦出版社2003年版,第22页。
④ 赖永海主编:《中国佛教通史》第8卷,江苏人民出版社2010年版,第183页。
⑤ 何孝荣:《试论明太祖的佛教政策》,《世界宗教研究》2007年第4期。
⑥ 崔红芬:《西夏河西佛教研究》,民族出版社2010年版,第70页。
⑦ 赖永海主编:《中国佛教通史》第8卷,江苏人民出版社2010年版,第134页。

京师，有的建在外地；京畿之外，以河东、河南、河北请额较多；有远达丹阳、钱塘、庐山、成都者"①。到了唐代，寺院赐额现象更加普遍，唐高宗永隆二年（681），香积寺建成，高宗李治、皇后武则天即给该寺赐名为"光明寺"；宋朝时期，赐额的现象依然普遍，《苏魏公文集》在谈及治平末熙宁初的寺观数量时，有这样一段话："日近由赐三十间以上无名寺院以圣寿为额者二千三百余所。"② 由此可见，宋代的寺院赐额已经不是个别现象了。不但汉族皇帝有赐额的习惯，就连少数民族政权的皇帝也经常赐额与著名寺院。据《西夏书事》记载，福圣承道三年（1055），甘州承天寺建成，西夏王就赐给该寺"承天"匾额一方，③ 并赐给舍利子千余粒和百宝幡花等物。④ 这种传统一直延续到清代。在清代的皇帝中，康熙是最喜欢给寺院赐额的。他曾经六次巡游江南，造访过众多寺院，经他写的寺庙匾额多达1000余方。历代帝王通过赐额的方式，不断地将各地的著名寺院纳入国家祭祀的体系当中，不但彰显了封建皇权的权威性和神圣性，而且也起到了拉拢佛教上层人士进而控制佛教基层信徒的作用。

第三，严格控制民间私建寺院。对祀典之外的祭祀活动予以严格控制，是历代祀典制度的一贯政策。三国时期，曹丕曾在黄初五年（224）下诏曰："先王制礼，所以昭孝事主，大则郊社，其次宗庙，三辰五行，名山大川，非此族也，不在祀典……自今敢设非祀之祭，巫祝之言，皆以执左道论，著于令典。"⑤ 明太祖朱元璋曾说过："天下神祠不应祀典者，即淫祠也，有司毋得致敬。"⑥ 这些政策对佛教

---

① 赖永海主编：《中国佛教通史》第8卷，江苏人民出版社2010年版，第134—135页。

② 苏颂：《奏乞今后不许特创寺观》，《苏魏公文集》卷十七，转引自宋长东《宋代佛教政策论稿》，巴蜀书社2005年版，第165页。

③ 崔红芬：《西夏河西佛教研究》，民族出版社2010年版，第70页。

④ 韩养民：《佛骨灵光 唐都皇家寺院》，三秦出版社2003年版，第24页。

⑤ （晋）陈寿撰，（宋）裴松之注：《三国志·魏书》（一）卷二，中华书局1982年版，84页。

⑥ 《明史》卷五十《礼四》第1306页，转引自唐力行主编《国家、地方、民众与社会互动》，商务印书馆2004年6月版，第374页。

同样适用，历代帝王虽然都推崇佛教，但都严禁民间私建寺院。北魏永平二年（509），沙门统惠深制定僧制规定："自今已后，欲造寺者，限僧五十以上，闻彻听造。若有辄营置者，处俗违敕之罪，其寺僧众，摈出外州。"① 元象元年（538）魏孝静帝拓跋善也下诏令，禁止各地私建寺院："天下牧守令长，悉不听造寺。若有违者，不问财之所出，并计所营功庸，悉以枉法论。"②《大明律》明确规定："凡寺观庵院，除现在处所外，不许私自创建增置；违者，杖一百，还俗，僧道发边远充军，尼僧女冠，入官为奴，地基材料入官。"③ 后来的《大清律》也沿用这条规定。由此可见，严禁民间私建寺院是历代王朝的一贯政策，这项规定的实施，不但有效地控制了佛教的发展规模，而且也有效彰显了祀典制度的权威性，从而起到了教化民众的作用。

二 僧官制度

"国之大事，在祀与戎"，西周以来的历代王朝都特别重视对民间祭祀活动的控制和引导，佛教就是一种以吃斋礼佛为主要活动方式、有完整的理论体系、组织性极强的宗教祭祀活动，它的迅猛发展，必然会引起统治者的高度重视，所以，历代王朝都特别重视对佛教的管理、控制和引导，代代相因，就形成了一套颇具中国特色的僧官制度。所谓僧官制度，就是指魏晋以来的历代封建王朝建立中央和地方僧司，按照一定的标准和程序任命一些僧人，依照皇帝的意志来处理全国或一定行政区域内的佛教事务的制度。这种制度是封建官僚体系的一部分，是佛教传入中国后与中国的政治、经济、文化等社会条件相适应的必然结果。

---

① （北魏）魏收：《魏书·释老志》，《魏书》第 8 册，中华书局 1974 年版，第 3044 页。
② （北魏）魏收：《魏书·释老志》，《魏书》第 8 册，中华书局 1974 年版，第 3047 页。
③ 怀校锋点校：《大明律》，法律出版社 1999 年版，第 46 页。

佛教传入中国经历了一个曲折的过程,并非在短时间内完成的,正像有论者指出的那样:"我国知有佛教,应在武帝通西域后。至明帝时,天竺人来华,朝廷尊之。遂视为异闻,而传播于后世。"① 西晋以前,历届帝王都不许汉人出家,故佛教只在上层社会中流行,《晋书》有载:"佛,外国之神,非诸华所应祠奉。汉代初传其道,惟听西域人得立寺都邑,以奉其神,汉人皆不出家。魏承汉制,亦循前轨。"② 故佛教对普通百姓影响甚微。到了魏晋南北朝时期,由于大一统的中央政权不复存在、社会极度动荡、北方少数民族统治者大力扶持和南方门阀士族极力推崇等因素的共同作用,佛教在全国各地得到迅猛发展,并逐步"摆脱了对其他宗教、其他学说、迷信的依附。独立发展,成为独特的、相对独立的一股很强大很厚实的宗教、文化、思想、经济、政治势力"③。为了对迅速壮大的佛教势力进行控制和引导,东晋、拓跋魏和姚秦等不约而同地创设了僧官制度。

从目前的可靠史料看,最早创立僧官制度的是北魏太祖拓跋珪。《魏书·释老志》有云:"皇始中,赵郡有沙门法果,诫行精至,开演法籍。太祖闻其名,诏以礼征赴京师。后以为道人统,统摄僧徒。"④ 这就是说,早在皇始(396—398)年间,北魏创设了全国性的僧官——道人统,以管理全国佛教事务。另据学者考察,最迟不晚于隆安五年(401),东晋开始设置全国性僧官——僧首,最迟不晚于弘始七年(405),后秦文桓帝姚兴也设置了全国性僧官——僧正。⑤ 由此可见,我国的僧官制度是在 4、5 世纪之交创设的。至于初创时期僧官制度的性质,《魏书·释老志》关于法果的记载里说,永兴(409—413)年间,北魏太宗先后授予法果,"辅国、宜城子、忠信侯、安成

---

① 蒋维乔:《中国佛教史》,吉林人民出版社 2013 年版,第 4 页。
② (唐)房玄龄、褚遂良等撰:《晋书》卷九五《艺术列传》,中华书局 1974 年版,第八册,第 2487 页。
③ 张箭:《三武一宗灭佛研究》,博士学位论文,四川大学,2001 年,第 8 页。
④ (北魏)魏收:《魏书·释老志》,《魏书》第 8 册,中华书局 1974 年版,第 3030 页。
⑤ 谢重光:《中古佛教僧官制度和社会生活》,商务印书馆 2009 年版,第 12、16 页。

公之号,皆固辞。帝常亲幸其居,以门小狭,不容舆辇,更广大之。年八十余,泰常(416—423)中卒。未殡,帝三临其丧,追赠老寿将军、赵胡灵公"①。这些封号无疑都是俗官的名称,这就是说,我国的僧官制度一开始就是封建官僚制度的重要组成部分。

南北朝时期,我国的僧官制度基本定型,由中央僧官、地方僧官和基层僧官组成。中央的僧官机构叫僧司或僧局、僧省等,主管僧官称为大僧正或僧主、僧端,副职称为都维那,下面还有若干吏属;地方性僧官一般按照行政区域设立,有州、郡僧官,州级僧官设僧正一人,副职称维那,人数不定。郡级的僧正称某郡僧正、副员为某郡维那或僧都,人数也不确定。基层僧官称寺主,负责某一寺院的日常管理工作。②后来,由于寺院规模的扩大和寺院经济的发展,一个寺主管理一个大型寺院感到越来越力不从心,基层僧官便又增加了上座、维那两个职务。隋炀帝对基层僧官的建设做出重大改变,即寺院三纲(上座、维那、寺主)之外,又设置了监丞一职,隋朝的监丞通常由官府指派,其地位也在上座、维那和寺主之上,这就将官府的监督延伸到了寺院。唐以后的历代封建王朝,大多沿用了这一惯例,官府对寺院的控制因此更加严格。宋代的敕差住持更加普遍:"中兴以后,驻跸浙右,大刹如径山、净慈、灵隐、天竺,宫观如太一、开元、佑圣,皆降敕差主首。至于遐陬禅席,如雪峰、南华之属,亦多用黄牒选补。"③据统计,两宋时期,历代皇帝敕差的住持多达104位。④这些寺院不但包括具有政治意义的国家寺院和专门为皇室服务的特殊寺院,也包括各宗名刹和各地著名寺院,显然,敕差住持已经成为宋代僧官制度的重要内容,通过直接任命寺院住持的方式,封建政府对佛教的控制就更严格了。

---

① (北魏)魏收:《魏书·释老志》,《魏书》第8册,中华书局1974年版,第3030页。

② 谢重光:《中古佛教僧官制度和社会生活》,商务印书馆2009年版,第17—29页。

③ (宋)岳珂:《愧郯录》卷十,转引自宋长东《宋代佛教政策论稿》,巴蜀书社2005年版,第279—280页。

④ 宋长东:《宋代佛教政策论稿》,巴蜀书社2005年版,第296—305页。

清朝是我国最后一个封建王朝，它的僧官制度无疑也是1000多年来最完备的。据杨健先生研究，清朝的僧官大体沿用明制，早在入关之前，努尔哈赤就在盛京设立僧录司，掌管境内的佛教事务，迁都北京以后，盛京被定为留都，依然保留了礼、户、兵、刑、工五部，僧录司虽然作为礼部的下属机构继续存在，但掌管全国的佛教事务的僧官机构却为北京的僧录司。这是一个正六品衙门，隶属于礼部，开始设在大隆善护国寺，后来迁到正法寺。在相当长的一个时期，北京僧录司一直沿用明朝旧制，设有左右善世（正六品）、左右阐员（从六品）、左右讲经（正八品）和左右觉义（从八品）八个职位，号称"八座"。八座的任命有固定的程序，即先由僧录司初选，再由礼部考试，最后礼部将拟录用人选咨请吏部授官。从嘉庆年间开始，清廷又在八座之上，设置了正副掌印，他们由皇帝钦定，地位当然也在左右善世之上。清朝的地方僧官系统是依照地方行政体系设置的，各府设有僧纲司，有都纲、副都纲各一名，各州设有僧正司，有僧正一名，各县设有僧会司，有僧会一名，其中各府的僧纲司的都纲为从九品，副都纲和各州县的僧官均没有品级。地方各级僧官的任命有一些变化。顺治年间，地方各级僧官的任命先由各省的布政使将人员汇报礼部，再由礼部咨报吏部，最后由吏部授职。康熙以后，地方各级僧官的推荐权就由布政使转移到了各省巡抚，其他程序没有变化。清代各级僧官的权力主要有七项：参加皇帝大丧仪式、奉旨进行佛事活动、初选候补僧官、管理度牒、发放各寺院的佃帖和租单、管理僧人法事活动、审批和稽查寺院等。①

通过实施僧官制度，封建王朝不仅构建了一个完整严密的佛教事务管理网络，而且将全国乃至各地区著名的僧人纳入官僚体系之中，将全国佛教寺院和广大信徒的主要社会活动纳入各级官府的有效控制之内，进而将"佛教的戒斋祭祀等能表现宗教权威的手段也收入到官祀制度之内，起着感化百姓的辅政作用，也使宗教无法与

---

① 杨健：《清王朝佛教事务管理》，社会科学文献出版社2008年版，第1—86页。

政权分庭抗礼"。①

三 度牒制度

所谓度牒,是历代王朝按照一定的标准和程序颁发给僧人的身份凭证。度牒上详细记载着持有者的本籍、俗名、年龄、所属寺院、师名以及官署关系者的连署等信息。僧尼有了度牒,便是合法僧人,不但可以不受留难地云游四方,而且还享有免除赋税、兵役和徭役等多项特权。

度牒是历代封建王朝规范僧尼出家行为的一种重要手段。南北朝时期,由于社会动荡、劳役繁重,广大劳动人民苦不堪言,而北方少数民族政权的统治者为了巩固和扩大自己的政权,以佛陀为胡神,以免除赋税和徭役等手段,竭力吸引普通民众加入佛教,在这种形势下,佛教得到迅猛发展,仅北方拓跋魏统治区域,"僧尼大众二百万矣,其寺三万余"②。南方佛教的发展虽然没有北方迅猛,但僧尼人数也达到了数十万人之众。僧尼人数的过快发展,直接威胁封建统治者的兵源和财源,于是,封建统治者便开始控制僧人数量。北魏熙平二年(517),灵太后曾明确规定了各州每年出家的人数:"年常度僧,依限大州应百人者,州郡于前十日解送三百人,其中州二百人,小州一百人。"③ 与此同时,灵太后还对那些禁止私度不力的地方官进行严惩:"自今有一人私度,皆以违旨论。邻长为首,里、党各相降一等,县满十五人,郡满三十人,州镇满三十人,免官,僚吏节级连坐。私度之身,配当州下役。"④ 唐律中的"私入道"也规定,一

---

① 严耀中:《政治控制下的信仰——中国古代僧官制度综论》,《社会科学战线》2012年第11期。
② (北魏)魏收:《魏书·释老志》,《魏书》第8册,中华书局1974年版,第3048页。
③ (北魏)魏收:《魏书·释老志》,《魏书》第8册,中华书局1974年版,第3042—3043页。
④ (北魏)魏收:《魏书·释老志》,《魏书》第8册,中华书局1974年版,第3042—3043页。

人私度不但其本人及其师父要各杖一百，就连所属州县的官吏及所在寺院的三纲都要受到严惩。《宋会要辑稿》也有记载，宋真宗天台二年（1018）曾规定：私度童行为沙弥者，除勒令童行还俗外，本师主徒两年，三纲知事僧尼杖八十，并勒令还俗。① 《大清律》对私自出家的惩处也很严厉："若僧道不给度牒，私自簪剃者，杖八十。若由家长，家长当罪。寺观住持，及受业师私度者，与同罪，并还俗。"②

在严禁私度的同时，历代王朝都大力推行度牒制度。北魏延兴二年，孝文帝拓跋宏颁布诏书："比丘不在寺舍，游涉村落，交通奸猾，经历年岁。令民间五五相保，不得容止。无籍之僧，精家隐括，有者送付州镇，其在畿郡，送付本曹。若为三宝巡民教化者，在外赍州镇维那文移，在台者赍都维那等印牒，然后听行。违者加罪。"③ 从这则史料里，我们可以看出，自延兴二年以后，在乡村活动的僧尼必须有州镇僧官颁给的文移或都维那颁给的印牒为凭证，否则就会被交付州镇治罪。这里的文移、印牒，应该就是最早的度牒。到唐代，度牒制度就更加完善了。按照当时的规定，如果想取得度牒，首先要做一定时期的童行，即先投身某个寺院，拜某一个僧人为师，跟随其学习经文，达到一定的要求和年限后，方有资格参加考试，进而获得度牒。这种制度一直沿用到清代，《清朝续文献通考》记载："顺治二年，定僧道均给度牒，以防奸伪。凡寺观若干，僧道若干，各令住持详询籍贯，具结投僧道官加具总结。在京者呈部，在直省者，赴地方官呈送，汇申抚按，解部颁给度牒。不许冒充混领，事发罪坐经管官。"④

---

① 李富华：《中国古代僧人生活》，商务印书馆1996年版，第20—21页。
② 《大清律集解附例·户律·户役·私创庵观及私度僧道》，转引自《清王朝佛教事务管理》，社会科学文献出版社2008年版，第100页。
③ （北魏）魏收：《魏书·释老志》，《魏书》第8册，中华书局1974年版，第3043页。
④ 刘锦藻撰：《清朝续文献通考》卷八十九《选举六·宗教》，浙江古籍出版社1988年版，8487页。

由此可见，在北魏到明亡的 1000 多年里，度牒制度成为历代王朝控制佛教的一种重要制度。僧尼取得度牒的正当途径，主要有保举、特恩、试经和进纳四种。

所谓保举，就是有出家意愿的人经王公贵族或高僧向皇帝或相关机构提出申请，经批准后再颁发度牒，出家为僧。这种方式在南北朝时期比较流行。北魏熙平二年（517），灵太后在严禁私度的诏书中，有这样一段话："自今奴婢悉不听出家，诸王及亲贵，亦不得辄启请。有违者，以违旨论。"① 从这段话里，我们可以看出，在此之前，诸王和亲贵保举奴婢或其他人剃度为僧的现象是比较普遍的，否则，北魏的当政者不可能在诏令里将这种现象列为禁止事项。在唐朝，高僧保举僧人出家的现象也很普遍，广德二年（764），高僧不空曾于降诞日向祠部提出申请，保举七人出家为僧，获得批准。大历二年（767）三月，不空又有"请台山五寺度人抽僧制"，同年十月又"请降诞日度僧五人制"，大历三年（768）十月又"请圣诞日度三僧制"等。② 这种现象在其他朝代也很普遍，成为僧人获得度牒的一种重要方式。

特恩出家的现象在传统社会里也很普遍。《魏书·释老志》记载："承明元年八月，高祖于永宁寺，设太法供，度良家男女为僧尼者百有余人。帝为剃发，施以僧衣，令修法戒。资福于显祖。是月，又诏起建明寺。太和元年二月，幸永宁寺设斋，赦死罪囚。三月，又幸永宁寺设会，行道听讲，命中秘二省与僧徒讨论佛义，施僧衣服、宝器有差。"③ 从这则史料看，在承明元年八月到太和元年三月短短的半年时间，北魏孝文帝拓跋宏就曾三次举行大型法会，为数量众多的僧人剃度，并施给僧衣、法器，这显然是特恩度僧的典型例子。这种方式

---

① （北魏）魏收：《魏书·释老志》，《魏书》第 8 册，中华书局 1974 年版，第 3042—3043 页。
② 曹旅宁：《唐代度牒考略》，《陕西师范大学学报》（哲学社会科学版）1990 年第 2 期。
③ （北魏）魏收：《魏书·释老志》，《魏书》第 8 册，中华书局 1974 年版，第 3042—3039 页。

在以后的王朝不断出现。唐贞观二十二年（648），李世民就曾下令特恩度僧，具体名额为，京城和诸州寺各度五人，弘福寺度五十人，当时全国共有寺院3700多座，这次特恩度僧的人数应有18500余人。① 元太祖铁木真也曾多次特恩度僧，如从1162年至1184年，他在燕京建立大庆寿寺，赐钱二万缗，良田20顷；在东京建清安禅寺，度僧500人。② 由此可见，特恩是历代僧人获取度牒的主要方式之一。

试经度僧就是通过测试对佛经的掌握程度来剃度僧人的方法。据学者研究，这种度僧记载最早可以追溯到东晋时期，当时的常山太守杜霸和后来的恒玄都曾下令用考试的办法淘汰僧尼③，测试的对象是已经出家的僧尼，与后来的试经制度有很大的不同。试经最早出现在唐朝。唐中宗神龙二年（706）规定，天下的行者和童子④须考试经义，取得官方认可，方得度之为僧，当时主要考的是《法华经》。⑤ 宋代继承了唐代的童行考试制度，"建隆三年（962），诏每岁童行通《法华经》七轴者给牒披剃；雍熙三年（986），诏系帐童行并与剃度，从今后读经达三百纸，所业精熟者方许系帐。至道元年（995），诏度僧尼诵经百纸，读经五百纸为合格"⑥。明朝的童行制度最为完善。据何孝荣先生考察，明朝的度僧考试通常由僧录司和礼部共同负责，每三年举行一次，参加考试的童行要背诵《心经》《法华经》，合格者颁给度牒。⑦ 这些制度的实施，不仅保证了出家僧人的素质，而且也成为历代王朝控制佛教发展规模的重要手段。

进纳是指通过缴纳一定的费用而获得度牒，批准出家为僧。由历代官府颁发的度牒，既是僧人合法身份的证书，又是免除赋税、兵役

---

① 明杰：《唐代佛教度僧制度探讨》，《佛学研究》，2003年。
② 刘鹏：《细说中国佛教》，光明日报出版社2005年版，第119页。
③ 白文固：《唐宋试经剃度制度探究》，《史学月刊》2005年第8期。
④ 童行是指传统社会经地方官同意，由其父母或祖父母送入寺院，交由当地的名僧对其进行教育和管理的少年，成年后再正式剃度为僧。
⑤ 杨维中：《中国佛教百科全书·仪轨卷》，上海古籍出版社2001年版，第140页。
⑥ 杨维中：《中国佛教百科全书·仪轨卷》，上海古籍出版社2001年版，第140页。
⑦ 何孝荣：《论明代的度僧》，《世界宗教研究》2004年第1期。

和徭役的证明，在利益的诱惑下，特别是战乱时期，买卖度牒的现象就应运而生了。据学者研究，我国历史上买卖度牒的现象始于唐，盛于宋，元、明、清三朝也时有发生。安史之乱时期，为了筹集军费，唐王朝采取右仆射裴冕的建议，规定僧道缴纳一定数量的香火钱，就可以获得度牒。到了宋代，为了筹措军费和弥补财政亏空，买卖度牒成为一种定制，在相当长的时期内，度牒具有公开合法的标价。据曹旅宁先生研究，北宋大规模出卖度牒的行为开始于宋神宗时期，直到南宋灭亡，每岁都出卖度牒。"熙宁元年（1068）至熙宁五年（1072）每年都鬻度牒三千—四千道。熙宁五年以后直至熙宁十年（1077）每年都鬻度牒一万道左右。元丰元年（1078）卖度牒八千余道。元丰二年（1079）卖度牒也近八千道。元丰三年（1080）与元丰四年（1081）每岁鬻度牒五万道左右。元丰五年（1082）卖度牒八万余道。大观四年（1110）卖度牒三万余道。南宋高宗、孝宗两朝出售度牒有十二万道。"① 元朝后期，由于灾荒连年，国库空虚，元顺帝也全面推行买卖度牒的政策，当时的价格是每道度牒钱五十贯。② 另据学者考证，明英宗、明宪宗、明武宗、明世宗、明穆宗都曾大规模地出售过度牒。清朝买卖度牒的现象也很常见，崇德五年（1640），皇太极曾颁布过买卖度牒的诏令，清廷规定："新收僧人，纳银送户部查收，随给用印度牒。"③ 顺治皇帝也有令："内外僧道，必有度牒，方准住持、焚修。该部刊刻度牒，引发各布政司及顺天府，查境内僧道，素无过犯者，每名纳银四两，给予度牒一张……其从前给过度牒，一并追缴。"④ 由此可见，公开买卖度牒，是唐宋以

---

① 曹旅宁：《试论宋代的度牒制度》，《青海师范大学学报》（社会科学版）1990年第1期。
② 何孝荣：《试论元朝的度僧》，《内蒙古大学学报》（人文社会科学版）2006年第9期。
③ 《康熙朝大清会典·礼部·祠祀司·僧道》，转引自《清王朝佛教事务管理》，社会科学文献出版社2008年版，第104页。
④ 《康熙朝大清会典·礼部·祠祀司·僧道》，转引自《清王朝佛教事务管理》，社会科学文献出版社2008年版，第104页。

后历代王朝的一贯政策，这虽然在一定程度上缓和了统治阶级的财政危机，造就一个庞大的僧人队伍，但也造成僧尼素质的整体下降，对佛教的伤害无疑是巨大而深远的。

第二节 佛教的护国思想与实践

佛教传入中国之后，就和封建皇权发生密切的关系，西晋以前，所有的来华僧人，都无一例外地被视为贵宾，受到特殊的优待，举世闻名的洛阳白马寺，就是东汉明帝为最早的来华印度高僧摄摩腾、竺法兰修建的寺院，早期佛教与国家的关系，由此可见一斑。魏晋南北朝，由于北方少数民族政权的大力扶持和南部门阀士族的竭力推崇，佛教信徒数量和经济实力都有极大的发展，成为一支不可忽视的社会政治力量，甚至一度发展到与王室、贵族鼎足而立的地步，这就不可避免地遭到政府的无情打击，"三武一宗"灭佛事件就是在这种背景下发生的。在此后的1000多年的时间内，历代帝王不约而同地对佛教采取了扶持、利用和限制的政策，佛教信徒也认识到"不依国主，法事难立"，主动迎合官府的需要，从而形成了颇具中国特色的佛教护国思想。

一 佛教护国思想的延续

在许多人看来，佛教是消极避世的，他们以"跳出三界外，不在五行中"为原则，隐居深山，终日孤灯黄卷，念经忏悔，甚至有人批判他们不耕而食，不织而衣，是社会的寄生虫，说他们救世护国，实在是无中生有。其实，这是对佛教的误会。第一，佛教有大乘、小乘之分。小乘佛教以自修自度为宗旨，生活态度比较消极；大乘佛教则以普度众生为宗旨，生活态度一贯比较积极，他们站在出世的高度，秉持"我不入地狱谁入地狱"的大悲情怀，不但要教化善人，而且还要导化恶魔，进而实现救人救世的最高理想。中国的早期佛教，一般是大乘、小乘兼修，隋唐以来，汉传佛教一直以大乘为主。第二，中国的僧人普遍将"跳出三界外不在五行中"作为生活原则，实际上是清朝建立初期严酷的文字狱政策的结果。在这种严酷政策的作用下，就连一贯以"修身、齐家、治国、平天下"为人生最高目标的儒家知识分子，也纷纷醉心于考据辞章的文字游戏，再也不敢妄谈国事，何况那些本来就以出世自居的佛教徒呢？所以，清代的绝大部分僧人不约而同地摒弃了大乘佛教的宗旨，他们醉心经卷，过上了沉寂避世的消极生活。第三，中国的佛教信徒除了出家僧人之外，还包括大量的居士。这个群体产生于南北朝时期，是历代佛教的最大群体，这些居士虽然笃信佛教，但始终关心和参与社会实践，行为规范与出家人有极大的不同。即使在清代，广大居士群体仍然关心社会，参加社会实践，魏源、谭嗣同、熊希龄就是清代居士的杰出代表。

关于佛教护国思想的源起和发展过程，魏道儒、纪华传两位先生做出过高度概括："佛教的护国思想起源于释迦牟尼创教弘法时期，伴随着大乘佛教的兴起而不断得到充实丰富。佛教传入中国之后，其护国思想获得进一步发展。"① 释迦牟尼得道之时，印度的种姓等级制度非常森严，由婆罗门、刹帝利构成的贵族阶级与吠舍、首陀罗组成的平民阶级的关系已经到了水火不容的地步。为了改变这种状况，释迦牟尼秉持"四河入海同一咸味，四姓出家同一释姓"的理念，积极提倡众生平等，努力打破种姓制度，救普通民众于水火之中。《般若经》《法华经》《菩萨本行经》《华严经》等早期经典都提出"庄严国土、利乐有情"的思想。在佛陀看来，所谓"庄严国土"，就是把自己的国家建设成为一个物质丰富、生活美好、政治清明、没有战争、美丽庄严的乐园。为此，释迦牟尼不但经常周游列国传扬佛法、制止战争，还经常教导弟子们对国言忠、对亲言孝、对子言慈、对友言信，守五戒，行十善，修六度万行，

---

① 魏道儒、纪华传编：《佛教护国思想与实践》，社会科学文献出版社2012年版，第2页。

先奉公守法，再修出世之法，进而表现佛教对国家的兴衰、社会的安定的极大关心。①

佛教传入中国之时，罢黜百家、独尊儒术的文化政策已经实施了100多年，儒学的统治地位早已形成，广大知识分子普遍以"修身齐家治国平天下"为人生最高理想，印度佛教的"四恩说"与儒家的修齐治平思想互相促进，便形成了颇具中国特色的佛教护国思想。对佛教的护国思想概括得较为透彻的是东晋高僧道安，他曾告诫身边的弟子："不依国主，则法事难立，又教化之体，宜令广布。"②就是说，要依靠帝王的保护，大力弘扬佛法、教化民众。唐代高僧不空站在政教互利的立场上，提出了佛法护国（即佛教要为帝王服务）、正法理国（即帝王要以大乘佛法治理国家）和佛国本土（即提高本国在佛教界的地位和影响）等观点，③将佛教的护国思想推到一个新的高度。

民国时期的佛教领袖太虚大师对佛教的护国思想的理解更加深刻、全面。首先，他从因缘生义的角度阐述了佛教的护国思想。他认为，宇宙间的万物诸法，皆由种种因缘而生，四万万同胞也因种种因缘，构成一个偌大的中国，"故凡所事事，必然以社会国家的利益为前提；否则，国家倘一旦失去了主权而至于败坏，全体人民的福利亦因之而失掉，即各人平时聚精会神所构成的利益，亦因之失掉"④。据此，他呼吁人们本缘生的义理，行公共的福利事业。其次，从无自生性的角度阐述了佛教的护国思想。他说，世间万物皆因缘而生，故广之万物，小至个人，都没有单独的自性，是随众生的心力而转变，"则人人皆可负改良社会振兴国家的责任，本万物无自

---

① 李向平：《佛教信仰与权力关系——从佛教护国理念谈起》，觉醒主编：《觉群佛学》，宗教文化出版社2013年版，第48页。

② 石峻、楼宇烈等：《中国佛教思想资料选编》（第一卷），中华书局1981年版，第53页。

③ 吕建福：《论不空的政教思想》，《世界宗教研究》2010年第4期。

④ 太虚：《佛法与救国》，《太虚大师全书》第27卷，宗教文化出版社2005年版，第265页。

性，而由心力转变的意旨，发无上的志愿，奋无畏的精神，去积极作救国救世的事业"①。最后，从大悲心义中谈佛法救国的一贯义理。他说佛法有云，慈悲为本，方便为门，就是要求人们以众生的苦为苦，众生的乐为乐，地藏菩萨曾说，"众生度尽，方证菩提，地狱未空，誓不成佛"，所以，大家应"本佛法的大悲为本，方便为门的宗旨去做救国的事业，只顾谋全国国民的公共福利，不惜牺牲个己，大公无私，以国民的苦乐为苦乐，这才是做实际上的救国救民的真正事业"②。印光法师对依靠王权弘扬佛法重要性的认识也很深刻，他不但认识到国家保护对佛教的重要性，也认识到佛教对辅助政权的重要性，他说：

> 昔如来将入涅槃，以其法道付嘱国王大臣，令其护持流通。良以僧众舍俗出家，精修梵行，既乏资财，又无权势，纵能宏扬法化，难免外侮侵凌。若得王臣护持，则法化广被，外侮不生。以其强暴横逆者，息影而匿迹；调柔良善者，起信而投诚。故得大张教纲，捞摝苦海之鱼，丕振宗风，彻见自心之月。内护外护，相需而行，则如来法化，自可横遍十方，竖穷三际，普令含识，同沐法泽。良由因闻佛法，方知从无始来，迷背本心，起贪瞋痴，造杀盗淫，致使长劫轮回生死，莫由出离。既知此已，便欲灭除苦因，企得乐果，从兹返迷归悟，兢兢业业，于心则息贪瞋痴，于身则戒杀盗淫，改恶修善，近则感人天之福乐，断惑证真，远则成菩提之觉道。由是恪守佛教，严持自心，虽在暗室漏屋，长如面对佛天，人怀善念，国息刑法，阴翼治道，消祸乱于未萌，显辅政猷，敦仁爱而相睦。由斯利益，西竺此土，历代王臣，未遗佛嘱，莫不崇奉护持，惟恐流通传布之不广也。溯自东

---

① 太虚：《佛法与救国》，《太虚大师全书》第27卷，宗教文化出版社2005年版，第267页。
② 太虚：《佛法与救国》，《太虚大师全书》第27卷，宗教文化出版社2005年版，第268页。

汉法流中国，历千八百余年，莫不如是。①

由此可见，佛教的护国思想，源于其始创时期，待传入中国后，即与儒家"修身齐家治国平天下"的思想融合为一体，得到历代高僧提倡的秉持和弘扬。明清之际，由于文字狱政策之故，佛教的护国思想也随之湮灭于"跳出三界外，不在五行中"的消极避世思想之中。甲午战争以后，随着国人民族意识的迅速觉醒和佛教危机的不断加重，佛教的护国思想也逐渐复苏。

二　佛教护国的实践

在佛教传入中国后的两千年间，佛教信徒从佛教的护国理念和大慈大悲情怀出发，主动迎合历代统治者的需求，默默无闻地传法卫道，不但推动着佛教沿着中国化和大众化的方向不断发展，也描绘了一幅绚丽多彩的佛教护国画卷。佛教的护国行为大致可以分为四大类。

第一，积极参与王政，劝导君王施行仁政。在佛教传播的两千年间，积极参加王政的高僧代代皆有，他们竭力规劝封建统治者实施仁政，将佛教的慈悲情怀与积极的护国实践融为一体。十六国时期，后赵国君石勒残暴成性，高僧佛图澄"悯念苍生，欲以道化勒，于是杖策到军门"，先以法术取得石勒的信任，继劝其戒杀："夫王者德化洽于宇内，则四灵表瑞。政弊道消，则彗孛见于上。恒象著见，休咎随行。斯乃古今之常征，天人之明诫。"石勒深以为然，于是赦免了众多死囚。②石勒的继任者石虎更加残暴，经常以杀人为乐，佛图澄经常规劝之，"虎虽不能尽从，而为益不少"③。三国时期，吴国孙皓

---

① 印光：《修正管理寺庙条例书后》，《佛光》1923年第1期。
② （梁）释慧皎：《高僧传》卷九《晋邺中竺佛图澄》，中华书局1992年版，第345—346页。
③ （梁）释慧皎：《高僧传》卷九《晋邺中竺佛图澄》，中华书局1992年版，第355页。

即位以后，法令苛虐，高僧康僧会曾力劝他以仁德治理天下："夫明主以孝慈训世，则赤乌翔而老人见，仁德育物，则醴泉涌而嘉苗出，善既有瑞，恶亦如之。故为恶于隐，鬼得而诛之，为恶于显，人得而诛之……故行恶则有地狱长苦，修善则有天宫永乐。"① 经过不懈努力，终于使孙皓幡然醒悟。刘宋时期，高僧求那跋摩劝文帝刘义隆"以四海为家，万民为子，刑不滥施，民不滥役"②，收到一定效果。唐代高僧明瞻在与太宗李世民谈论佛法时，巧妙地将"佛教救世的慈悲宗旨参入其中，太宗特别喜欢，认为是新的政见"③。在君权至上的历史条件下，封建君王如果嗜杀成性，将给朝臣和普通百姓造成巨大的灾难，高僧们利用其独特的优势，以"大慈大悲"的佛教理念予以规劝，确实能起到良好的效果。近代以来，寄禅、太虚、圆瑛等高僧大德又从挽救民族危机和振兴佛教的思想出发，积极倡导建立人间佛教，把佛教的护国思想与民主、自由、平等的理念结合在一起，从而将佛教的护国救世思想发展到了一个全新阶段。迅速崛起的佛教居士更是积极参与政治活动，虎门销烟的林则徐、戊戌六君子之一的谭嗣同就是他们的杰出代表，他们为国为民的牺牲精神，无疑是佛教护国的典范。

第二，教化民众，稳定社会。历代封建统治者都非常重视劝人向善，化民成俗，并把它当成国家政治的一项重要内容。西周建立后，周公旦就非常重视用宗法制度和伦理道德治理国家。春秋战国时期，面对礼乐崩坏、诸侯争霸的乱局，儒、墨、道、法诸学派不约而同地规劝当政者以德、以礼、以俗、以名利教化民众，提出了各具特色的社会教化理论，其中，儒家学派所倡导的"仁者爱人"、"克己复礼"和"三纲五常"的思想影响最大。汉武帝以后，历代帝王均实行"罢黜百家，独尊儒术"的政策，儒家思想随之成为历届封建政府教化民众的重要手段，广大知识分子因此逐渐成为封建统治的忠实拥护

---

① （梁）释慧皎：《高僧传》，中华书局1992年版，第17页。
② 震华法师：《僧伽护国史》，国光印书局1934年版，第54页。
③ 震华法师：《僧伽护国史》，国光印书局1934年版，第69页。

者和坚强捍卫者。但是，长期以来，儒家思想对数量众多、文化程度普遍很低的普通民众的教化效果似乎并不理想，在面积广大的乡村社会，佛教在社会教化中发挥的作用要远远大于儒学。对此，严复曾有深刻论述。他认为，儒学的思想虽然为封建统治阶级和广大知识分子所推崇，但普通乡村百姓的文化程度普遍很低，并不能领会儒学的妙处，更没有将它作为行动指南，在乡村社会影响最大的是佛教："验人之信何教，当观其妇人孺子，不在贤士大夫也；当观其穷乡僻壤，不在通都大邑也；当观其闾阎日用，不在朝聘会同也。今支那之妇女孺子，则天堂、地狱、菩萨、阎王之说，无不知之，而问以颜渊、子路、子游、子张为何如人，则不知矣。支那之穷乡僻壤，苟有人迹，则必佛寺尼庵，岁时伏腊，匍匐呼吁，则必在是，无有起到孔子者矣。至于闾阎日用，则言语之所称用，风俗之所习惯，尤多与佛教相连缀者，指不胜屈焉。"①

那么，佛教为什么能得到普通乡民的青睐呢？学者们对此进行了深入研究，主要原因有四点。一是普通民众历来信奉万物有灵，普遍认为敬神就能得到福报，亵渎神灵必然会遭到惩罚。儒学则主张"不语怪力乱神""敬鬼神而远之"，无形中就拉开了与普通民众的距离。而佛教却完全不同，它不但有一个完整的神仙谱系，而且不断地将佛教神灵本土化，从而迎合了普通百姓的需要。二是儒学有严格的等级制度，推崇"君为臣纲、父为子纲、夫为妻纲"的绝对服从思想，而普通百姓的政治地位极其低下，生活条件非常艰苦，文化水平普遍很低，森严等级制度只能将他们固化于被压迫、被剥削、被奴役的地位。而佛教则主张众生平等，即使地位卑贱的普通百姓，也有恒常清净的佛性，只要虔心礼佛，戒恶向善，也能得道成佛，死后升入极乐世界。这种理念，对那些处境悲惨的普通乡民来说，无疑具有极大的吸引力。三是长期以来，在中国流传的是主张利他、觉他的大乘佛

---

① 《保教余义》，王栻主编：《严复集》第 1 册诗文卷（上册），中华书局 1986 年版，第 84 页。

教，故佛教信徒均以慈悲为怀、普度众生为宗旨，广布乡村的佛教寺院在宣传佛法的同时，还经常救灾济困、施医舍药、修桥补路、打井造林，帮助无数乡民渡过灾荒和难关，这种关心百姓疾苦的慈善行为，自然扩大了佛教的影响力和号召力。四是在佛教流行的2000多年间，深受中国传统文化熏陶的佛教高僧，在翻译印度佛教经典的时候，非常重视吸纳儒学和道学的积极因素，将儒学的道德标准和历代帝王对普通百姓的要求与佛教的慈悲观、因缘观、修善功德观、福田观和轮回观等理念巧妙地融为一体，使佛教思想具有了浓厚的中国特色。同时，历代高僧还充分利用音乐、雕刻、绘画等多种艺术手法，采用通俗易懂的语言，向普通百姓宣传佛法，从而取得了较好的社会教化效果。

早在东晋时期，高僧慧远在论证佛教与王政的关系时，就特别强调僧人在教化民众方面的功德，他们"在家奉法，则是顺化之民，情未变俗，迹同方内，故有天属之爱，奉主之礼"，僧人以教化民众为己任，"因亲以教爱，使民知其有自然之恩；因严以教敬，使民知有自然之重……以罪对为刑罚，使惧而后慎；以天堂为爵赏，使悦而后动……是故悦释迦之风者，辄先奉亲而敬君；变俗投簪者，必待命而顺动。若君亲有疑，则退求其志，以俟同悟。斯乃佛教之所以重资生、助王化於治道者也"①。慧远的观点，不仅为当时的封建帝王所折服，也为历代高僧所践行。一代又一代的普通乡民在佛教信徒的教化下，成为奉公守法的顺民。

僧人向普通乡民宣传佛法时很讲究方式，由于乡民中文盲居多，终年的空闲时间很少，僧人便以通俗易懂的语言和喜闻乐见的形式向他们灌输佛法，主要方式有三。一是运用通俗的语言进行教化。《高僧传》对此有精辟的论述："如为出家五众，则须切语无常，苦陈忏悔；若为君王长者，则须兼引俗典，绮综成辞；若为悠悠凡庶，则须

---

① 慧远：《在家》，石峻、楼宇烈、方立天等编：《中国佛教思想资料选编》（第一卷），中华书局1981年版，第81—82页。

指事造形，直谈闻见；若为山民野处，则须近局言辞，陈斥罪目。"①这里的"悠悠凡庶"和"山民野处"，显然是指普通的乡民。二是运用音乐进行教化。高僧们很早便注意到音乐在教化民众中的突出功效，《高僧传》说："圣人制乐，其德四焉：感天地，通神明，安万民，成性类。如听呗，亦其利有五：身体不疲，不忘所忆，心不懈倦，音声不坏，诸天欢喜。"②正因如此，仅魏晋时期就出现了14名运用音乐宣传佛法的高僧，也留下了众多悦耳的佛教音乐。三是在佛教重要节日举行法会。早在南北朝时期，每逢佛教重要节日，如诸佛、菩萨诞生日，各大寺院都会举行隆重的法事活动，周边的善男信女也会到附近的寺院烧香拜佛，祈福还愿。

宋代是佛教世俗化的重要阶段，自赵匡胤开始，历代皇帝都认为"浮屠氏之教有裨政治"③，因而对佛教采取了扶持和利用政策。在统治者的提倡和众多高僧的大力鼓动下，佛教广为流传，成为民间最流行的宗教，"人们纷纷以烧香拜佛、供奉果品、布施斋僧、修建佛寺、塑像造塔、刻印佛经、许愿还愿、放生吃素、念经拜佛、广作法事、传经朝岳、结社集会等方式来表达对佛教或菩萨的景仰和崇拜"④。伴随着佛教民间活动的广泛流行，慈悲救世、行善戒恶、因缘轮回等佛教信条也日益深入民心，进而成为广大民众的日常行为规范。很显然，佛教的民间化对于巩固封建统治是十分有力的，正因佛教在教化民众方面发挥了如此巨大的积极作用，才得到了历代封建统治者的高度重视和大力支持。

第三，救灾济贫，广兴善举。中国国土面积广大，年年都有自然灾害发生，据邓拓先生统计，两周867年间，最显著的灾害有89次。秦汉440年中，灾害发生了375次之多。魏晋总计二百年中，遇灾凡

---

① （梁）释慧皎：《高僧传》，中华书局1992年版，第521页。
② （梁）释慧皎：《高僧传》，中华书局1992年版，第507页。
③ 李焘：《续资治通鉴长编》卷二十四，上海古籍出版社1996年版，第554页。
④ 吕凤棠：《宋代民间的佛教信仰活动》，《浙江学刊》2002年第2期，第145—152页。

304次,南北朝160多年,遭遇灾害315次。隋唐319年间,发生灾害515次,五代时期54年间,发生灾害51次,两宋前后487年间,遭受灾害874次,元代100余年间,遭灾513次,明朝276年间,遭遇灾害1011次,清朝统治中国296年,共发生自然灾害1121次。这些自然灾害,最多的是水、旱、虫和地震。①

频频发生的自然灾害,给中国人民带来了无尽的痛苦,救灾济贫也随之成为历代王朝的基本任务。佛教信徒以大慈大悲、普度众生为宗旨,面对挣扎于死亡线上的哀哀众生,他们大力宣传因缘业报、修善功德、慈悲、福田,并身体力行,积极救荒赈灾,救济贫苦百姓,进而形成了源远流长、泽惠万民的佛教慈善事业。佛教的慈善事业开始于魏晋时期。那时候,沙门法立、法炬共同翻译了《佛说诸德福田经》,竭力劝导佛教信徒广兴善事:"一者,兴立佛图、僧房、堂阁;二者,园果、浴池、树木清凉;三者,常施医药,疗救众病;四者,作坚牢船,济度人民;五者,安设桥梁,过度羸弱;六者,近道作井,渴乏得饮;七者,造作圊厕,施便利处。是为七事得梵天福。"②这七种善举,几乎囊括了中国佛教慈善事业的内容,也成为2000年来广大佛教信众慈善护国的强大思想动力。

北魏时期,高僧昙曜为了赈济天下灾民,曾建议成文帝实行僧祇户和僧祇粟制度,"民齐户及诸民,有能岁输谷六十斛入僧曹,即为僧祇户,粟为僧祇粟。至于俭岁,赈给饥民,又请民犯重罪及官奴为佛图户,以供诸寺扫洒,虽兼营田输粟。高宗并许之,于是僧祇户、粟及寺户,遍于州镇矣。"③ 此后,历代统治者都继承了这项制度。僧祇粟制度的建立,开创了佛教慈善的先河,并在救助灾民的过程中发挥了重要作用。北齐武平六年(575),境内发生水灾,政府未采取措施救济百姓,全靠寺院及富户救济灾民,史载:"七年春正月壬

---

① 邓拓:《中国救荒史》,武汉大学出版社2012年版,第1—28页。
② 《大正新修大藏经》第16卷,新文丰出版社1960年版,第683页。
③ (北魏)魏收:《魏书·释老志》,《魏书》第8册,中华书局1974年版,第3037页。

辰,诏去秋已来,水潦人饥不自立者,所在诸大寺及诸富户济其性命。"① 隋唐时期,随着佛教的经济实力进一步发展,赈济灾民的能力也进一步加强。许多著名寺院设立了悲田养病坊,这是一个集中赈恤、收养病残人员等多项救济功能的慈善机构,包括悲田院、疗病院和施药院三部分。最初设立在长安和洛阳,以后逐渐遍布各道诸州,"是我国古代以来第一个比较完备的专门矜孤恤贫、敬老养疾的慈善机构。由于唐政府对寺院慈善活动从经济上给予了资助,在从后的百余年间,悲田养病坊仍归由寺院主持经营,获得了前所未有的新发展,救济了大量贫病无告的老人"②。到了宋代,随着佛教慈悲济世思想的不断普及,民间慈善活动也不断增加,但各大寺院的救济活动始终是民间慈善事业的重要形式。宋元时期,寺院的灾荒救助的活动除了大开粥场、收容难民外,还召集灾民兴建土木工程,这种以工代赈的方法取得了较好的社会效果,后世多有效仿。在风调雨顺之年,寺院还经常从事修桥补路和修建灯塔等善举,"宋代泉州十座著名大石桥的兴建和修建,有七座与佛教僧人有关。其中安平桥(俗呼五里桥),横跨晋江安海镇与南安水头镇之间,桥长2251米,是中国和世界中古时期最长的桥梁"③。明清时期,虽然佛教逐渐步入末法时代,但寺院的救灾活动并未停止,如明代和尚憨山,"生平于慈善义务,尤汲汲于怀。万历癸巳,山东大饥,死者载道。师将山中历年余粮一并发出来,分赈附近饥民。不足,又乘便船到辽东,籴豆数百石以济之。由是边山四社的百姓,没有一个饿死道路间"④。除了这些有组织的救灾活动外,历代佛教信徒还通过施医济药等方式,默默无闻地帮助无数普通百姓渡过难关。

历史悠久的救荒济困活动,是广大佛教信徒弘扬佛法的一种重要

---

① 黄珊:《魏晋南北朝时期佛教僧人慈善行为研究》,博士学位论文,西北大学,2012年,第26页。
② 周秋光、曾桂林:《中国慈善简史》,人民出版社2006年版,第94页。
③ 苏世枝:《宋元以来泉州地区的佛教慈善事业》,《南方论刊》2008年第10期。
④ 震华法师:《僧伽护国史》,国光印书局1934年版,第93页。

手段，也是践行佛教慈悲救世根本宗旨的行善活动，但从客观上讲，这些历史悠久的救灾济贫行为，也在很大程度上弥补了政府职能的缺失，是佛教护国理念的重要体现。

第四，守卫庄严国土，抵御外敌入侵。保卫庄严国土，抵御外敌入侵，是佛教护国的又一集中表现。早在释迦牟尼时代，佛教徒就曾云游各地，倡导和平，制止战争。《仁王护国般若经》《中阿含经》《杂阿含经》等早期佛教经典中都有释迦牟尼制止战争的故事。佛教传入中国以后，佛教维护正义、保卫庄严国土的传统就和儒家"治国、平天下"思想紧密结合在一起，成为佛教信徒制止邪恶、反抗侵略的思想动力。直至现在，我国的僧尼在佛教作早课时，都要念诵经咒："国界安宁兵革销，风调雨顺民安乐。"就是在祈祷国家和平。在2000多年的历史中，佛教徒挺身而出反抗侵略的事迹非常普遍。

在中国历史上，汉族封建政权受到外敌入侵有三次，第一次是金兵南下，第二次是蒙古南侵，第三次是日本以倭寇的形式骚扰东南沿海地区。在外敌入侵的历史关头，广大佛教信徒为了守卫庄严国土，与侵略者展开了英勇斗争，谱写了一曲曲气壮山河的壮丽诗篇。北宋靖康元年，金兵南下，五台山僧众在真宝和尚的率领下英勇抗金，最后兵败被俘，慷慨就义。对此，《宋史》有专门记载："僧真宝，代州人，为五台山僧正。学佛，能外死生。靖康之扰，与其徒习武事于山中。钦宗召对便殿，眷赉隆缛。真宝还山，益聚兵助讨。州不守，敌众大至，昼夜拒之，力不敌，寺舍尽焚。酋下令生致真宝，至则抗词无挠，酋异之，不忍杀也。使郡守刘騊诱劝百方，终不顾。且曰：'吾法中有口四之罪，吾既许宋皇帝以死，岂当妄言也？'怡然受戮。北人闻见者叹异焉。"① 在元军大举南侵时，常州宜兴和尚莫谦之"纠合义士，捍御乡间，诏为溧阳尉。是冬，没

---

① 杜斗城辑：《正史佛教资料类编》，甘肃文化出版社2006年版，第149页。

于战阵,赠武功大夫"①。明嘉靖年间,日本倭寇侵扰我国东南沿海地区,少林寺僧天真、天池、月空和尚和小山禅师都曾率领少林寺僧兵,多次在上海太仓、杭州一带抗倭,由于战功卓越,受到嘉靖皇帝的嘉奖。②明末高僧祖心,目睹清兵攻陷南京和诸大臣惨死状况,心中非常悲愤,"师感于家国祸变,或歌或哭,为诗数十百篇,名为'剩诗'。诗中痛人伦之变,慨家国之亡,至性绝人,诚有大丈夫所不能及的地方"③。

这种传统一直延续到抗战时期。九一八事变以后,中国佛教领袖太虚大师站在佛教慈悲救世的立场上,率领中国佛教信众与日本帝国主义的侵华暴行进行了坚决斗争。九一八事变爆发后,太虚大师立即发表了《为沈阳事件告台湾朝鲜日本四千万佛教民众书》,呼吁日本佛教信徒"以菩萨大悲大无畏之神力,晓谕日本军阀政客因果之正法,制止其一切非法行为"④;上海一·二八事变爆发后,太虚大师又发表《因辽沪事件为中日策安危》的通电,严正指出,如果日本不"即日撤兵回国,淞沪则恢复今年一月二十八日未开战前之原状,东北则恢复去年九月十七日未发动之原状……则中国对于日本民族之感情,未由好转"。⑤七七事变爆发后,太虚大师《为日本侵华事件告全世界佛教同志》的通电,愤怒谴责日军暴行,严正指出:"从历史情结说,日本是负恩;从世界和平说,日本是罪魁;从文化上说,日本是文化的敌人;从佛教说,日本是人类的修罗。从事帮助日本军人的日本佛教徒都不是释迦牟尼的弟子,而是释迦的叛徒。"⑥武汉会战期间,太虚大师发表《降魔救世与抗战建国》的演讲,他从佛

---

① 杜斗城辑:《正史佛教资料类编》,甘肃文化出版社2006年版,第149页。
② 杜斗城辑:《正史佛教资料类编》,甘肃文化出版社2006年版,第149页。
③ 震华法师:《僧伽护国史》,国光印书局1934年版,第101页。
④ 太虚:《为沈阳事件告台湾朝鲜日本四千万佛教民众书》,《海潮音》第十二卷第十一号,1931年11月15日出版。
⑤ 太虚:《因辽沪事件为中日策安危》,《海潮音》第十三卷第五号,1932年5月15日出版。
⑥ 太虚:《为日本侵华事件告全世界佛教同志》,《海潮音》第十八卷第九号,1937年9月15日出版。

教的杀贼与降魔理论出发，指出中国的抗战"与降魔救世的宗旨，不但不相违，而且是极相顺的……与阿罗汉之求解脱安宁不得不杀贼，佛之为建立三宝不得不降魔，其精神是一贯的"，号召全体佛教信徒积极投身于全民抗战的历史洪流之中。① 与此同时，太虚大师还与日本政府组织的东亚佛教联合会以及欺骗东南亚佛教信徒的行为进行了坚决斗争，为抗战的胜利做出了突出贡献，佛教的护国思想也因此发展到了一个前所未有的境界。

第三节 乡村社会的和谐绅僧关系

在传统中国，历代官府的行政体系只存在于县城以上的大中城镇，面积广大、人口众多的乡村社会则有其独特的运行体系：按照宗法制度产生的族长承担着管理家族成员的重要职责，是乡村社会的行政领袖；通过科举考试取得功名的士子和告老还乡的退休官僚不仅是乡村社会的文化权威，而且还承担着官民沟通的政治任务；以僧尼为主体的神职人员则负责着各类庙宇的日常管理，垄断着沟通人神的特权；以迎神赛会为主要内容的祭祀活动是乡村社会最重要的公共活动，星罗棋布的庙宇不仅是普通乡民敬神祈福的圣地，还是乡村社会重要的公共权力中心。为了彰显和扩大各自在乡村社会的影响，绅士、族长与僧道便积极组织和领导乡村社会的公共祭祀活动，进而形成了长期稳定的合作关系。为了使读者了解佛教在传统乡村社会的影响力，笔者详细考察了清代黄梅县的绅僧关系，希望通过这种解剖麻雀的办法，使读者对传统政府的佛教管理政策及其影响下的佛教与国家关系有一个基本认识。笔者之所以将黄梅县作为认识传统国家佛教政策影响下的政教关系的切入点，主要原因是黄梅县地处鄂、赣、皖三省接合部，历史悠久，风景秀丽，民风淳朴，文化繁荣，更是全国闻名的禅宗圣地，素有"小天竺"之称，自唐初道信、弘忍、慧能

---

① 太虚：《降魔救世与抗战建国》，《海潮音》第十九卷第七号，1938年7月出版。

三代禅师创造的"东山法门"横空出世后,黄梅就成为著名的禅宗圣地,将黄梅作为分析乡村社会僧绅关系的切入点,应该具有一定的代表性。

一 由寺庵数量看佛教在综合信仰体系中的地位

我们的祖先自古以来就信奉物有灵,"高山之崔巍,大海之汪洋,雨露之恩泽,雷霆之威严,日月之光华,即下至一草一木,一勺水一撮土,凡不知其理由者,皆以为有神寓乎其间而崇拜之"①。这些包罗万象的神灵崇拜经过氏族公社时期的神鬼分离、西周时期的官民分离和汉代佛教道教的产生等三次变革,形成了四大信仰系统:国家推崇的祀典信仰、国家保护的宗教信仰、国家默认的祖宗信仰和国家禁止的民间杂神信仰。与此相对应,遍布全国城乡的众多的庙宇也被分为四类:一是载在祀典,由各级官府推崇的官庙;二是由历届官府保护、享有诸多特权的佛寺道观;三是官府不承认但也不干预的家族祠堂;四是为由普通百姓所尊崇却被官府禁止的民间神庙。由于后两种庙宇都不被官府承认,故各个时期的地方志都不予记载。根据《乾隆黄梅县志》的记载,当时该县的祀典庙宇和佛寺道观共有庙宇118座,具体情况如下。

1. 祀典庙宇 所谓祀典庙宇,是指由官府掌管的庙宇。西周以来的历代王朝按照"神有功德于民则祀之,能捍大患御大灾则祀之"的原则,不断将一些先贤和自然神列入国家祭祀范围,由专门机构或人员负责其祭祀活动。根据《乾隆黄梅县志》的记载,当时,黄梅县的祀典庙宇共有32座。按照祭祀的对象不同,这些祀典庙宇可以分成三类:一是祭祀自然神灵的坛庙,这类建筑共有10座,分别是先农坛、社稷坛、山川坛、常雩坛、厉坛、牙□坛、城隍庙、马神庙、兴文土地祠、土地祠等。二是黄梅人崇拜的先贤庙宇,此类庙宇

---

① 《在信教自由会之演讲》,《蔡子民先生言行录》(二册),北京大学出版社1920年版,第46页。

共有5座,分别是文庙、武庙、岳王庙、昭王庙、陶王庙等。三是祭祀有功于黄梅的地方人物,此类庙宇共有17座,分别是晏公庙、金沙庙、鲍公祠、名宦祠、乡贤祠、忠义祠、郭公祠、冯公祠、忠烈祠、节孝祠、李忠烈祠、来公祠、曾公祠、姜公祠、武公祠、徐公祠、瞿孝子才人祠等。①

2. 佛教寺院　　清代,黄梅县的佛教比较发达,"梅地名山半为僧有"②。据《乾隆黄梅县志》记载,当时著名的佛教寺院有55座,它们是老寺、龙峻寺、址结庵、上寺、中寺、南山灵峰寺、北山宝相寺、四祖寺、西永福寺、瑜伽寺、接待寺、五祖寺、佛母塔、意生寺、灵泉寺、泉水庵、禅定寺、东禅寺、雨县庵、柘林寺、菩提寺、多云庵、白马寺、东永福寺、资福寺、庆源寺、莲花庵、黄荆庵、妙高山寺、新寺、蔡山寺、高塔寺、西山普同塔、中路庵、一宿庵、龙华寺、五桂峰庵、巢云寺、古佛寺、地藏庵、梅源寺、五福庵、黄莲寺、荆竹庵、圆通寺、红梅阁、斗姥庵、龙华庵、汪家庵、西峰庵、天池庵、青莲庵、青龙庵、来云庵等。③

3. 道教观庙　　道教产生于东汉时期,是中国土生土长的宗教,长期以来,道教也得到了封建王朝的推崇和普通百姓的崇拜,道观也由此成为传统庙宇的主要组成部分。在乾隆时期,黄梅县境内著名的道教观庙有22处,它们是:泰源观、凤台观、紫虚观、武当宫、东岳庙、南岳鸡公庙、真君庙、福王庙、三官殿、石道真仙庙、石大神庙、什村庙、关帝庙、文昌阁、高庙、总管庙、大洋庙、五显庙、武圣殿、三义殿、财神庙、火帝庙等。④

---

① 薛承时修、(清)沈元寅纂:《乾隆黄梅县志》卷八《寺观志》,乾隆五十四年重刊本,第1—12页。
② 薛承时修、(清)沈元寅纂:《乾隆黄梅县志》卷八《寺观志》,乾隆五十四年重刊本,第1页。
③ 薛承时修、(清)沈元寅纂:《乾隆黄梅县志》卷八《寺观志》,乾隆五十四年重刊本,第1—30页。
④ 薛承时修、(清)沈元寅纂:《乾隆黄梅县志》卷八《寺观志》,乾隆五十四年重刊本,第27—30页。

乾隆年间，黄梅官府承认的119座庙宇中，佛教寺庵就有55座，占总数的46.2%，是祀典庙宇的1.31倍，是道教宫观的2.5倍，由此可见，在综合信仰体系中，黄梅佛教无疑占据着非常重要的地位。这种状况一直延续到清末，据《光绪黄梅县志》记载，当时，黄梅县境内官府承认的庙宇发展到了143座（其中祀典庙宇发展到了45座，佛教寺庵发展到了62座，道教宫观发展到了36座）。[①] 而在这143座庙宇里，佛教寺院仍占43.4%，是祀典庙宇的1.37倍，是道教庙宇的1.72倍，佛教寺庵在各类庙宇中的优势依然十分明显。庙宇是各类信仰的主要载体，佛教寺庵在各类庙宇中的优势地位，充分说明佛教信仰在黄梅县的综合信仰体系中始终占据着决定的优势地位。

二　从庙产来源看僧人与士绅的亲密关系

在传统社会，遍布全国城乡的各类庙宇既是各种信仰的主要载体，又是乡村社会重要的公共建筑和公务活动场所，但各类庙宇的住持僧道根本无法负担庙宇建设和日常祭祀活动所必需的经济资源，因而不得不经常性地向信徒和地方富户募化。作为乡村领袖的绅士阶层，在做官的可能性越来越小的情况下，愿意为各类庙宇捐款捐物，以树立良好的个人形象，彰显自己的优越地位，进而取得乡村社会的控制权。通过募化与捐赠，僧人与地方绅士共享乡村社会的权威。士绅和僧人的这种良性合作关系，在晚清的黄梅县得到了充分证明。根据《乾隆黄梅县志》和《光绪黄梅县志》的有关记载，黄梅县的祀典庙宇、佛教寺院和道教观庙都拥有规模不等的房屋、土地和资金等动产和不动产。这些财产，一少部分是官府拨付的，绝大部分是绅士捐赠的。因此，对各庙财产来源进行仔细分析，无疑是剖析乡村社会复杂关系的一把钥匙。

[①] 覃瀚元、袁瓒修，宛名昌、余邦士纂：《光绪黄梅县志》，江苏古籍出版社2001年影印本，卷十四《寺观》，第1—9页。

1. 僧人对祀典庙产的贡献　黄梅县的祀典费用是官府拨付的。根据《光绪黄梅县志》的记载，当时全县的祀典祭祀费用的总额超过了140两白银，如"先农坛祭祀银伍两，常雩坛祭银伍两，崇圣祠二祭共银柒两"①，"神祇坛祭祀额银壹拾两，社稷坛祭祀额银壹拾两，邑厉坛祭祀银玖两，厉祭米折银壹两贰钱，香烛米折银壹两五份，文庙祭祀原额银肆拾两，名宦乡贤祭祀原额银柒两，关帝庙新增祭祀额银叁拾伍两柒钱肆分陆厘，岳王庙祭祀原额银肆两，石忠烈庙新增祭祀额银肆两"②。然而，官府拨付的祭祀费用，仅能满足重大祭祀活动之需，其日常开支则是社会各界捐助的。

绅士是地方官治理乡村社会的依靠力量，也是乡村祀典活动的主导者，他们除了参加官府主导的祀典祭祀活动外，还积极修复、重建祀典庙宇。如惜字阁"明末毁于兵，邑人喻于德重修，并施田五斗"③；下新关帝庙"乡官石镇国建，阖镇士民重修"④；孔垅东街关帝庙"邑明进士邢寰建，咸丰年间兵毁，将军隆阿重建，改祀关帝"⑤；孔垅福主庙"西乡五厂公建"⑥；县西福主庙"黄姓公建"⑦。然而，笔者在考察黄梅祀典庙产来源的过程中，却惊讶地发现，这中间也不乏黄梅僧人的影子。《乾隆黄梅县志》记载："武庙，明抚

---

① 覃瀚元、袁瓒修，宛名昌、余邦士纂：《光绪黄梅县志》卷十五《赋税志之田赋》，江苏古籍出版社2001年影印本，第17页。
② 覃瀚元、袁瓒修，宛名昌、余邦士纂：《光绪黄梅县志》卷十五《赋税志之田赋》，江苏古籍出版社2001年影印本，第21页。
③ 覃瀚元、袁瓒修，宛名昌、余邦士纂：《光绪黄梅县志》卷十四《建置之寺观》，江苏古籍出版社2001年影印本，第2页。
④ 覃瀚元、袁瓒修，宛名昌、余邦士纂：《光绪黄梅县志》卷十四《建置之寺观》，江苏古籍出版社2001年影印本，第4页。
⑤ 覃瀚元、袁瓒修，宛名昌、余邦士纂：《光绪黄梅县志》卷十四《建置之寺观》，江苏古籍出版社2001年影印本，第5页。
⑥ 覃瀚元、袁瓒修，宛名昌、余邦士纂：《光绪黄梅县志》卷十四《建置之寺观》，江苏古籍出版社2001年影印本，第5页。
⑦ 覃瀚元、袁瓒修，宛名昌、余邦士纂：《光绪黄梅县志》卷十四《建置之寺观》，江苏古籍出版社2001年影印本，第5页。

郭惟贤捐田二十七亩五分，乾隆廿一年重修，僧来朝募贡生吴如渭捐庙后地四亩。……城隍庙，原在县治西，乾隆四十二年，阖邑士庶人等移建大南门内横街。僧小朗买杨姓宋家洲洲地半股，及陈姓洲地六分五厘，俱献入庙。乾隆四年，郭公纯献香灯田一十七亩。"①《光绪黄梅县志》记载："大洋庙，乾隆壬申，僧心参募化二十七村重修，贡生李天助督工，两阅寒暑，并捐资以佐成。"② 这两条资料表明，在晚清时期，黄梅的祀典活动虽然由士绅主导，但黄梅僧人的捐赠，也是祀典庙产的一个重要来源。众所周知，传统社会的等级非常森严，而祀典庙宇又是官府教化民众的重要场所，要想为祀典庙宇捐款捐物，不仅需要一定的经济实力，更需要得到黄梅地方官和士绅共同认可。所以，黄梅僧人频频为祀典庙宇捐款捐物的事实，足以证明黄梅的地方官和士绅愿意与僧人共同分享乡村社会的威严和权力。

2. 士绅对佛教寺产的贡献　清代，黄梅县境内佛教寺院的历史都很悠久，由于岁月久远和战争的破坏，很多寺观都经过了多次重建。在这些寺院里，有一部分是僧人募捐而建的，但也有相当一部分是由当地富户和绅士建造或重修的。如高塔寺，"宋天禧间坊民唐守忠兄弟建殿亭舍宇及砖塔一座，明永乐五年，僧永恭置佛堂廊房，后毁。乾隆年间，僧德珍募化重建，咸丰四年，被兵毁，今唐姓人复建的"③。类似的情况还有很多，笔者根据《光绪黄梅县志》卷十四建置志中关于寺观的记载，对当时黄梅县百姓修建或重建寺观的情况做了一个完整的统计，在62座佛教寺院中，竟然有17座寺院是由当地富户绅士修建或重建的，占当时寺观总数的27.4%。这说明，在清代，佛教已经得到黄梅士绅的普遍尊崇。

---

① 薛承时修、（清）沈元寅纂：《乾隆黄梅县志》，卷八《寺观志》，第2页。
② 覃瀚元、袁瓒修，宛名昌、余邦士纂：《光绪黄梅县志》卷十四《寺观》，江苏古籍出版社2001年影印本，第8页。
③ 覃瀚元、袁瓒修，宛名昌、余邦士纂：《光绪黄梅县志》卷十四《寺观》，第1页。

表1—1　　　　　清代黄梅士绅参与修建庙宇情况一览①

寺庙名称	建造或重建情况	具体出处
惜字阁	国朝邑人喻于德重修,并施田五斗	第2页
武庙	武庙,明抚郭惟贤捐田二十七亩五分,乾隆廿一年重修,僧来朝募贡生吴如渭捐庙后地四亩	《乾隆县志》卷八第2页
城隍庙	僧小朗买杨姓宋家洲洲地半股,及陈姓洲地六分五厘,俱献入庙。乾隆四年,郭公纯献香灯田一十七亩	第2页
昭王庙	乾隆二十年,有黄姓绝产二十亩,知县杨黼时准其入庙。二十二年,蒋苍璧又施田五斗,菜地一块	《乾隆县志》卷八第2页
东禅寺	石崑玉建,后毁,乾隆十七年邑人白象彩重建	第2页
四祖寺	明正德间,祖顶出火,像与寺俱焚。荆王铸像重建,万历间圮,御史王圻建	第2页
龙华寺	乾隆十三年邑人白象彩重建	第3页
高塔寺	今唐姓复建	第1页
黄莲庵	汪可寿建,贡生汪方长重修	第4页
接待寺	邑人洪人予重建	
一宿庵	邑人邢懋学捐基鼎建	第5页
五福庵	乾隆壬戌年胡、余、张等五保重建	第5页
圆通寺	邑人洪直菴建	第6页
西山普同塔	康熙年间,乡宾吴之芬建堂宇,捐地五亩为香火资,乾隆乙亥之芬孙璋璋扩其垣而重新之	第6页
荆竺庵	乡宾喻颖建	第6页
大洋庙	乾隆壬申,僧心参募化二十七村重修,贡生李天助督工,两阅寒暑,并捐资以佐成	第6页
新寺	国朝石仙朗、桂寅初、徐国鼎、吴天相、程国治、柳焕眉、王瑞卿等七姓重建	第7页
巢云寺	汪可受建,乾隆二年贡生汪抡重建	第7页
梅源寺	邑廪生石纯若重建	第7页

---

①　此表根据《乾隆黄梅县志》卷八《祀祠志》和《光绪黄梅县志》第十四卷之《寺观》编辑而成,凡是只有页码的,均出自《光绪黄梅县志》第十四卷之《寺观》。

续表

寺庙名称	建造或重建情况	具体出处
汪家庵	廪生汪流宣等建，康熙甲辰生员汪卜臣重建	第8页
青莲庵	明天启年间，邑生严助理羡河水清涟，结庐于此	第8页
朝阳庵	明宣德间邑人何明宇募建	第8页
圆城庵	刘应端户建	第8页
观音庵	乾隆五十一年徐怀恭献基地一幅四墵，士民捐石助木遂成	第9页
泰源观	东晋武帝为罗真人建，乾隆丁卯，贡生喻化鹄重建	第1页
东岳庙	系桂姓修，咸丰初，贼毁，同治年间，桂姓重修	第2—3页
武当宫	万历十年推官曾维伦建，后圮，司马汪可受重建	第3页
石大神庙	贡生李桂建	第6页
什村庙	阖镇公建	第7页
南岳鸡公庙	邑人刘键立	第3页
龙王庙	邢彤友建	第8页
关帝庙	在下新镇，乡官石镇国建，阖镇士民重修	第4页
关帝庙	孔垄东街，邑明进士邢寰建，咸丰年间将军隆阿重建	第5页
福主庙	孔垄西乡五厂公建	第5页
福主庙	县西三十里，黄姓公建	第5页

从表1—1可以看出，由士绅参与建筑的33座庙宇中，佛教寺庵有18座，占当时佛教寺庵总数的29%。换句话说，清光绪年间，黄梅佛教寺院的近三分之一是由士绅出资建造的。正是因为有黄梅绅士慷慨捐助，黄梅佛教才能够不断渡过历史劫难，显示出顽强的生命力。

三 从"贼毁"寺院的恢复情况看黄梅佛教的顽强生命力

所谓"贼毁"寺院，是指被太平天国起义军破坏的庙宇。众所周知，太平天国运动是以拜上帝会的名义发动的，拜上帝会的基本教义是洪秀全以西方基督教为蓝本，杂糅中国民间信仰的诸多内容形成的，其核心内容就是尊皇上帝是唯一真神，除此以外的所有神灵都是必须消灭的邪魔。因此，在太平天国运动所波及的一切地区，都竭力排斥所谓的异教，所有佛寺、道观、城隍、社坛以至凡百祠庙，无像不毁，"当时中国盛行佛教和道教，故太平天国对于佛、道二教最为禁绝。凡是属于佛教道教的东西一概灭绝"。① 黄梅县位于大别山尾南缘的鄂、赣、皖三省交界处，自古以来就是兵家必争之地，也是太平军的重要活动区域。

据《光绪黄梅县志》的记载，自咸丰三年正月到咸丰七年春，太平军在黄梅县几进几出："（咸丰）三年癸丑春粤逆下窜金陵，道经梅境。"② "三年秋，踞九江贼攫梅。"③ "四年春，贼掠孔垅镇。"④ "（四年）自三月至十月，贼踞梅城。"⑤ 曾国藩在奏折中说："以黄梅一县为湖北、安徽、江西三省总汇之区，……伪燕王秦日纲率田家镇大股，伪检点陈玉成等率蕲州大股，伪丞相罗大纲率安庆新到大股，及太湖、宿松、小股，皆集于黄梅一县。"⑥ "十一月初四，贼焚劫盗，夜，贼复踞梅。"⑦ "五年乙卯，贼踞梅。"⑧ 在此期间，太平军还将黄梅县更名为清城县："（五年）二月贼建伪城于小池口，为九江掎角，以阻我水军，周围数里许内作贼巢，阖邑祠堂庙宇搬拆殆尽。"⑨ "七年丁巳春，贼扰梅，官军大捷。"⑩ "十一年辛酉春，逆首率大股援皖扰梅。"⑪ 由此可见，在太平天国运动期间，黄梅县是太平军与清军反复争夺的战略要地。

由于太平天国运动对佛教的敌视政策，黄梅县的佛教寺庵遭到了极大破坏。据《光绪黄梅县志》记载，黄梅县被太平天国军队毁坏

---

① 罗尔纲：《太平天国史》（二），中华书局2009年版，第739页。
② 覃瀚元、袁瓒修，宛名昌、余邦士纂：《光绪黄梅县志》卷十九《兵事》，第11页。
③ 覃瀚元、袁瓒修，宛名昌、余邦士纂：《光绪黄梅县志》卷十九《兵事》，第11页。
④ 覃瀚元、袁瓒修，宛名昌、余邦士纂：《光绪黄梅县志》卷十九《兵事》，第12页。
⑤ 覃瀚元、袁瓒修，宛名昌、余邦士纂：《光绪黄梅县志》卷十九《兵事》，第12页。
⑥ 《曾国藩等奏报攻毁双城驿营垒及克复黄梅县城折》，薛瑞录主编：《清政府镇压太平天国档案史料》（第16册），社会科学文献出版社1994年版，第271页。
⑦ 覃瀚元、袁瓒修，宛名昌、余邦士纂：《光绪黄梅县志》卷十九《兵事》，第13页。
⑧ 覃瀚元、袁瓒修，宛名昌、余邦士纂：《光绪黄梅县志》卷十九《兵事》，第13页。
⑨ 覃瀚元、袁瓒修，宛名昌、余邦士纂：《光绪黄梅县志》卷十九《兵事》，第13页。
⑩ 覃瀚元、袁瓒修，宛名昌、余邦士纂：《光绪黄梅县志》卷十九《兵事》，第17页。
⑪ 覃瀚元、袁瓒修，宛名昌、余邦士纂：《光绪黄梅县志》卷十九《兵事》，第13页。

的庙宇共有18处，它们是高塔寺、泰源观、三官殿、都天庙、四祖寺、五祖寺、东禅寺、惜字阁、东岳庙、奎阁、武当庙、龙华寺、中路庵、关帝庙、杨泗庙、真君庙、武圣殿、三义殿等。① 详细情况见表1—2。

表1—2　　　　　"贼毁"庙宇及其恢复情况一览②

寺庙名称	被毁情况	是否重建	重建者
高塔寺	咸丰四年被兵毁	是	唐姓
泰源观	被贼毁，时间不详	未	
三官殿	被贼毁，时间不详	未	
都天庙	被贼毁	移建南门内	不详
四祖寺	咸丰四年冬被贼毁	原地重建	不详
五祖寺	咸丰四年冬被贼毁	原地重建	僧清洋
东禅寺	咸丰五年被贼毁	未	
惜字阁	咸丰年间贼毁	未	
东岳庙	咸丰初贼毁	同治间重建	桂姓
奎阁	被贼毁，时间不详	未	
武当宫	被贼毁，时间不详	未	
龙华寺	被贼毁，时间不详	未	
中路庵		咸丰年间修亭阁一座	不详
关帝庙	咸丰年间兵毁	是	多将军阿隆
杨泗庙	咸丰四年贼毁	咸丰七年重建	不详
真君庙	咸丰四年兵毁	咸丰七年重建	多将军阿隆
武圣殿	被贼毁	未	
三义殿	被贼毁	光绪元年重建	不详

众所周知，太平天国运动失败以后，江南地区的经济长期陷于极

---

① 覃瀚元、袁瓒修，宛名昌、余邦士纂：《光绪黄梅县志》卷十四《寺观》，第1—9页。
② 本表是根据覃瀚元、袁瓒修，宛名昌、余邦士纂的《光绪黄梅县志》卷十四《寺观》的内容整理的。

度萧条之中，黄梅当然也不例外。即使在这样的条件下，黄梅的著名寺院四祖寺、五祖寺、高塔寺等得到恢复，这充分说明黄梅佛教具有强大的生命力。另据《光绪黄梅县志》记载，到光绪年间，黄梅的佛教寺庵数量非但没有减少，反而增加了8座，新增的寺院有高塔寺、永镇庵、甘露庵、青莲庵、朝阳庵、圆城庵、华严庵、观音古刹等①。这再次证明了黄梅佛教的顽强生命力，也充分表明黄梅绅士对黄梅佛教的重大贡献。

四 从黄梅诗歌看佛教与黄梅文化的有机结合

黄梅县地处鄂、赣、皖三省接合部，是全国闻名的禅宗圣地，千百年来，无数文人骚客纷纷从四面八方来黄梅参禅悟道、吟诗作赋，进而形成了颇具特色的黄梅诗歌，而佛、寺、僧无疑就成为黄梅诗歌的主要内容。《光绪黄梅县志》收集的清代文人所作的诗歌共有156首，其中与佛、寺、僧有关的就有59首，占总数的38%。具体见表1—3。

表1—3 《光绪黄梅县志》中有关佛、寺、僧的诗歌②

作者	诗歌题目	诗歌类型	页码
张仁熙	游紫云山	五古	1
黄利通	游紫云山	五古	1—2
薛禀时	山行	五古	2
张惟金	丁酉孟冬游冯茂山	五古	3—4
喻文鏊	复过东禅寺	五古	4
孔鉴弼	江心寺怀古	五古	4
张维屏	五祖山	五古	5

---

① 覃瀚元、袁瓒修，宛名昌、余邦士纂：《光绪黄梅县志》，江苏古籍出版社2001年影印本，卷十四《寺观》，第1—9页。

② 本表是根据覃瀚元、袁瓒修，宛名昌、余邦士纂的《光绪黄梅县志》卷三十六《艺文》第1—40页绘制而成。

续表

作者	诗歌题目	诗歌类型	页码
余惜椿	东禅寺	五古	6
吴铄	老祖寺	五古	7
吴燦如	盂兰词	五古	8
宛承琚	六祖坠腰石	五古	10
喻文鏊	访晦山禅院	七古	14
喻元鸿	六祖坠腰石	七古	16
吴燦如	盂兰词	七古	17
石乔年	游白莲池	五律	20
石乔年	游南山灵峰寺	五律	20
石乔年	谒五祖 二首	五律	21
石乔年	题高山寺	五律	21
黄利通	题惜字阁	五律	21
黄利通	中寺	五律	21
胡笃生	蔡山寺	五律	21
余学益	游北山宝相寺	五律	22
余学益	暮投紫云山寺	五律	22
王世正	元旦雪中谒五祖山 二首	五律	22
石学沫	游梅源寺	五律	22
庄㮣	黄梅杂咏 四首	五律	23
喻文鏊	东禅寺	五律	24
余廷兰	雨后复游四祖山	五律	24
蒋恩溦	清泉寺	五律	24
吴灿如	高塔寺馆中雨夜蒋酉泉见过	五律	25
吴灿如	宿考田山寺	五律	26
艾霖	游紫云山寺	五律	28
胡任学	雪后步白莲峰	七律	28
石泰基	登卓壁山	七律	28
石乔年	游西山	七律	28
杨自发	江心寺	七律	29
朱㮣	江心寺	七律	29

续表

作者	诗歌题目	诗歌类型	页码
石乔年	谒四祖寺	七律	30
黄利通	游多云庵	七律	30
黄利通	游东永福寺 二首	七律	31
王士正	游东禅寺	七律	31
喻元鸿	荆竹庵	七律	32
喻元鸿	兀日入五祖寺	七律	33
吴铄	新蔡怀古	七律	35
石乔年	宿中路庵	五绝	36
金德嘉	宿江心寺	五绝	37
王士正	下五祖山	七绝	37
杨自发	紫云霄雪	七绝	38
杨自发	游东禅寺过鲍参军墓	七绝	39
余廷兰	四祖山	七绝	39
吴卿	四祖法传洞	七绝	39
僧晦山	坠腰石	七绝	39
洪春生	五祖指石洞	七绝	40

这些诗歌，有很多是直接以寺庵名称命名的，如《东禅寺》《老祖寺》《江心寺》《荆竹庵》等，有的虽然不是以寺庵命名，但却是以佛、寺、僧为主要内容的。就主要内容来看，这些诗歌大体可以分为六类。第一，抒发了对黄梅佛教的崇敬之情，如黄梅县令张维屏的《五祖山》这样写道："达摩从西来，心法本一灯。五叶分南北，北秀而南能。我问大满师，凤根转孩婴？隔世受衣钵，入门钟自鸣。至今五祖山，法云护层层。兹来谒禅林，不问般若经，不谈风幡义，不讲大小乘。但求佛施力，宝筏济众生。善哉菩提心，讵忘桑梓情。"① 第二，记录了黄梅佛教的悠久历史。如吴铄的《老祖

---

① 张维屏：《五祖山》，覃瀚元、袁赓修，宛名昌、余邦士纂：《光绪黄梅县志》卷三十六《艺文》，第5页。

寺》写道:"璨公启司空,满祖居冯茂。千岁宝掌禅,紫云天半覆。时在魏晋间,陈阅古今宙。飞锡驻双峰,矫首烟岚秀。诛茅住数年,迄今缅层构。琳宇特地开,洞口积云皱。郁郁松千寻,古质逾苍瘦。石上藓苔文,搜剔杂篆籀。此焉古佛场,诸寺皆其后。谁与拓平畴,野邑色堪漱。溪汀汩汩鸣,乳泉流细窦。似兹极恢闳,何意在严岫。折罢池边芦,旃檀消永昼。天然喷雪崖,山外飞晴溜。"① 第三,描写了僧人的民间活动。如吴燦如的《盂兰词》这样写道:"田家多收十斛麦,便请僧尼作功德。金鼓木鱼闹空门,满堂灯火寒无色。时维风凉白露天,赤脚人尽毛布穿。中元家祭寻常事,盂兰奉佛心拳拳。"② 第四,抒发了诗人到寺中游玩的感受。如石乔年的《游白莲池》这样写道:"震旦西来寺,烟深一径通,尽知真佛在,谁识此心空。严壑消尘俗,松衫挟雨风。异香何处发?峰顶莲池中。"③ 第五,描写了在寺中高雅幽静的氛围。朱櫄的《宿南山灵峰寺》写道:"乌崖峰畔月初圆,来伴高僧人定禅。绕屋溪声常作雨,当轩花气欲浮烟。梵宫寂寂深宵里,清磬寥寥客梦边。起向松间寻旧踏,青山一片白云连。"④ 第六,描写了黄梅佛教与山水融为一体的美丽风光。如石乔年的《游西山》就是这样:"指点诸山似落梅,半天谁劈两峰开。巨灵缔造挥神斧,浩劫庄严礼佛台。眼旷已收入境尽,身高讵有俗丝来?最奇倒雨飞严壑,殷殷声闻下界雷。"⑤ 透过这些脍炙人口的优美诗篇,我们能够清晰地看到,黄梅佛教不仅与秀美的自然风光融为一体,而且成为黄梅文化的重要组成部分,而黄梅佛教的

---

① 吴铄:《老祖寺》,覃瀚元、袁瓒修,宛名昌、余邦士纂:《光绪黄梅县志》卷三十六《艺文》,第7页。

② 吴燦如:《盂兰词》,覃瀚元、袁瓒修,宛名昌、余邦士纂:《光绪黄梅县志》卷三十六《艺文》,第17页。

③ 石乔年:《游白莲池》,覃瀚元、袁瓒修,宛名昌、余邦士纂:《光绪黄梅县志》卷三十六《艺文》,第20页。

④ 朱櫄:《宿南山灵峰寺》,覃瀚元、袁瓒修,宛名昌、余邦士纂:《光绪黄梅县志》卷三十六《艺文》,第30页。

⑤ 石乔年:《游西山》,覃瀚元、袁瓒修,宛名昌、余邦士纂:《光绪黄梅县志》卷三十六《艺文》,第28页。

寺和僧在黄梅诗歌中的重要地位，足以说明清代黄梅县的绅僧关系是多么的和谐。

小 结

佛教传入中国以前，虽然早已形成了严密的组织和系统的理论，但传入中国以后，不得不匍匐于强大的国家政权之下。在全面接受封建王朝有效管理的同时，佛教自觉地服务皇权，进而形成了全面融合的政教关系。一方面，强大而成熟的封建专制王朝对佛教进行了全面有效的管理，通过祀典制度将其纳入了国家祭祀系统，通过僧官制度，将佛教的日常管理纳入庞大而有效的封建官僚系统，通过度牒制度对僧尼数量和质量进行有效管控，进而将人数最多、势力最强、组织最严密、理论最系统的佛教组织完全置于封建政府的管控之下。另一方面，历代高僧都深深懂得"不依国主，则法事难立"，积极发挥自身优势，为封建皇权服务，他们充分利用历代帝王崇信佛教的独特优势，以戒杀、慈悲的理念影响最高统治者，进而对中国传统政治制度的进步和政治文化的构建做出了特殊贡献；他们以利人利己、度人度己的情怀，积极进行社会教化和社会救济，为巩固封建统治发挥着不可替代的重要作用。在以普通乡民和普通绅士为主体的广大乡村社会，佛教的影响非常深远，绅僧关系也比较和谐。

第二章　晚清社会剧变与佛教的严重危机

鸦片战争以后，由于西方列强的全面入侵和中国现代化改革运动的迅速兴起，中国社会开始发生前所未有的剧烈变化，佛教赖以存在的社会基础、经济基础和文化基础都遭到空前的破坏。甲午战争以后，中国的民族危机、统治危机、社会危机和文化危机空前严重，为了改变这种状况，以新型知识分子和开明官僚为主体的社会精英打着"化无用为有用，以公产办公益"的旗号，发动了一场旷日持久的庙产兴学运动，其目的就是将规模庞大的佛教财产，用来兴办学堂和其他新政事业。随着庙产兴学运动的全面展开，有着悠久历史和众多信众的传统佛教因此陷入生死存亡的危险境地，佛教与国家的关系因此全面紧张。

第一节　晚清社会变革对佛教的影响

在鸦片战争以前的2000多年里，中国一直是一个独立自主的皇权专制国家，尽管东汉以后出现了长达400多年的分裂和战乱，以及隋、唐、宋、元、明、清等王朝更迭，但由于中国的政治、经济、文化制度代代相因，佛教的生存环境也因此保持基本稳定。鸦片战争以后，由于西方列强的全面侵略，中国社会开始"三千年未有之大变局"，佛教赖以生存的社会环境也因此遭到严重破坏。

一 政治环境变化对佛教的影响

明朝以前的中国，无论是政治、经济、军事等硬实力，还是思想、文化、教育等软实力，均长期领先于世界各国，天朝大国，万方来朝，中国的国际地位非常高。清朝建立以后，为了切断东南沿海人民与台湾郑成功政权的联系，清廷实行了残酷的海禁政策，这项政策延续了 200 多年，中国与世界的联系被基本隔绝了，中国的政治、军事、经济、科技、教育逐渐落后于世界。19 世纪初，以英、法、俄、美为首的西方国家，为了打开中国市场，不断地向中国走私鸦片，并以林则徐发动禁烟运动为借口，于 1840 年悍然发动罪恶的鸦片战争，最终迫使清廷签订了以《中英南京条约》为代表的一系列丧权辱国的条约，中国既割地又赔款，从此开始了半殖民地的噩梦。1856—1860 年，英、法两国又以亚罗号事件和马赖神甫事件为借口，悍然发动第二次鸦片战争，迫使清政府签订《天津条约》和《北京条约》，中国的半殖民地程度进一步加深。1883—1885 年，清政府又在中法战争中不败而败，不仅使中国的西南门户洞开，而且极大刺激了西方列强侵略中国的野心，造成了 70、80 年代边疆地区危机不断，中国的国际生存环境进一步恶化。1894—1895 年，中国又在甲午战争中惨败，不仅失去了辽东半岛、台湾、澎湖列岛和 2 亿两白银，还引发了帝国主义瓜分中国的狂潮，中国的半殖民地程度大大加深了。1900—1901 年，英、法、俄、美、日、意、德、奥等国以镇压义和团运动为借口，悍然发动旨在瓜分中国的八国联军侵华战争，最后签订《辛丑条约》，清廷从此完全成为帝国主义列强的守土官长，中国完全陷入半殖民地的深渊，中国的民族危机空前严重。

面对西方列强的疯狂侵略，清王朝的统治者逐渐丧失了抵抗信心，为了博得侵略者的欢心，他们不断出卖民族权益，残酷镇压国人的反侵略斗争，以换取侵略者对其反动统治的支持。为了反抗中外反动势力的压迫和剥削，中国人民掀起了波澜壮阔的反侵略反封建斗争。1851—1864 年，洪秀全发动了声势浩大的太平天国运动，这场纵横 10 多省、持续 14 年的农民战争，虽然没能推翻清政府的腐败统治，却迫使清政府放弃了传统财政政策和军事政策，允许各地自行筹款、自行招募和编练军队，动摇了清政府的军事基础和财政基础。甲午战败后，在空前严重的民族危机的刺激下，以康有为、梁启超为代表的资产阶级维新派高举"保国、保种、保教"的旗帜，掀起了声势浩大的维新变法运动，强烈要求发展资本主义，挽救民族危机，使秦汉以来的封建专制制度面临着有史以来最深刻的挑战。与此同时，以孙中山为代表的资产阶级革命派高举"民族、民权、民生"的大旗，不断发动武装起义，成为清廷最危险的敌人。而北方数百万朴实农民，也高喊"扶清灭洋"的口号，发动了震惊世界的义和团运动，不仅粉碎了帝国主义列强武装瓜分中国的图谋，还从根本上动摇了清政府的腐败统治。而那些在清末新政中崭露头角的实业家们，在民族危机的刺激下，高扬实业救国的旗帜，发起了抵制外货运动、收回利权运动，积极推动预备立宪运动，日益成为清廷的异己力量，不断冲击着清政府的腐朽统治。在各种反封建侵略运动的连续打击下，清政府的统治危机也达到了无以复加的地步。

不断加重的民族危机和统治危机，不但威胁着清政府的统治秩序，也使中国的封建专制制度日益没落，进而对传统佛教的政治环境造成了严重破坏。在太平天国运动期间，由于洪秀全等人以西方基督教为蓝本，尊奉皇上帝为唯一真神，将皇上帝以外的一切神灵都视为必须消灭的邪魔，因此，在太平天国运动所波及的地区，"凡是属于佛教道教的东西一概灭绝"。① 在戊戌变法期间，康有为等人在竭力鼓吹君主立宪的同时，还提出了庙产兴学的建议，并将佛寺道观作为庙产兴学的重点，庙产兴学运动全面展开后，传统佛教就面临着前所未有的生存危机。以孙中山为首的资产阶级革命派在发动武装起义的同时，还大力宣传破除迷信思想，他们将包括佛教诸神在内的一切神灵崇拜斥为必须彻底废除的封建迷信。民国建立后，长达 2000 多年

---

① 罗尔纲：《太平天国史》（二），中华书局 2009 年版，第 739 页。

的君主专制制度被彻底废除，传统佛教也因此失去了最坚强的政治后盾。在民国初年的破除迷信运动中，各地新政权将传统佛教视为君主专制制度的附属物，派军警疯狂占庙毁像、迫害僧尼，传统佛教因此面临着灭顶之灾。

二 经济恶化对佛教的影响

自给自足的小农经济是传统中国的经济基础，从东汉到晚清的2000多年间，由于生产工具和农业生产技术的停滞，我国农民的耕作面积并没有明显增长，近代中国也是如此。据调查，从1873—1933年的60年间，除东北、新疆、西康、西藏以外的22个省的耕地面积，一直没有什么增长，如以1873年为100，则1893年为101，1913年为101，1933年仍为101。由于农业生产工具和生产技术长期得不到提高，再加上农民生活艰难，缺乏必要的生产资料，粮食单产长期很低，江南某县每亩稻田的产量：1895年为360斤，1896年为270斤，1897年为340斤，1900年为184斤，1903年为270斤。[①] 在地主和官府的盘剥下，广大农民虽然生活贫困，但还能勉强度日，官府的财政虽然并不富裕，但也能保持收支平衡。鸦片战争以后，由于西方列强的经济侵略和清廷的疯狂搜刮，传统的小农经济逐渐破产，农村经济严重凋敝，各级财政濒临破产，广大农民在死亡线上挣扎，传统佛教逐渐失去了官府的经济支持和广大农民信众的慷慨布施，经济环境日益恶化。

鸦片战争以后，由于西方列强的侵略和统治集团的残酷剥削，西方列强即以通商口岸为基地，以不平等条约为护符，疯狂向中国输入鸦片和棉纱等工业品，但由于传统自然经济的顽强抵制，棉纱等工业品在中国内地的销售量并不大。第二次鸦片战争以后，通商口岸的数量不断增加，范围不断扩展，西方工业品在华的销售量逐年增加。据海关统计，1860年，棉纱的进口量只有54212担，但到1894年，棉

---

① 保学汶主编：《中国近代经济史教程》，中国财政经济出版社2002年版，第205页。

纱的进口量即增加到1159596担，增长了20多倍。与此同时，棉布等纺织品的进口量也有较大幅度的增加。① 由于外国棉纱、棉布销售量的持续增加，中国传统的家庭纺织业遭到毁灭性的打击，广大农民的生活也因此受到严重影响。在中国家庭手工业逐步破产的过程中，茶叶、棉花、甘蔗、烟叶、蚕丝、大豆、粮食等主要农产品的商品化现象也很严重。据统计，同治十二年（1873）中国农产品的输出（不包括茶叶）为280余万元，光绪十九年（1893）为2842万元，光绪二十九年（1903）为8949万元，宣统二年（1910）为2.3195亿元。以上各年份农产品出口额在出口贸易总值中的比重也呈迅速上升趋势，依次为2.6%、15.6%、26.8%和39.1%。② 甲午战争后，西方列强将投资设厂作为对华资本输出的重要手段，据统计，在甲午战争以前，外国资本在华投资总额为2亿—3亿美元，到1902年，即猛增到15.1亿美元，到1914年又激增到22.6亿美元③，投资领域也由贸易、金融扩展到铁路、矿山、造船、纺织、缫丝、面粉、卷烟、机器榨油、火柴等行业，不仅掌控了中国的经济命脉，也垄断了中国农民生活必需品的生产和销售，这就使越来越多的农民受到国际资本的残酷盘剥，在贫困的泥潭里越陷越深。

在西方列强经济侵略不断深入的同时，中国的民族资本主义也有了快速发展。1861—1894年，以曾国藩、李鸿章、左宗棠、张之洞为首的开明官僚，在内忧外患的刺激下，大力引进现代工业，发起了长达30年的洋务运动，在洋务派所创办的现代工业里，有相当一部分是面粉厂、织布厂等民用工业。甲午战争以后，清廷被迫废除了严禁民间开矿设厂的禁令，中国的民间资本快速发展起来。八国联军侵华战争以后，在统治危机和民族危机的刺激下，清廷锐意变法，长达10年的清末新政随之拉开了序幕。在这10年间，清廷设

---

① 吴申元主编：《中国近代经济史》，上海人民出版社2003年版，第21页。
② 王相钦、吴太昌：《中国近代商业史论》，中国财政经济出版社1999年版，第59页。
③ 杜恂诚主编：《中国近代经济史概论》，上海财经大学出版社2011年版，第55页。

立了农工商部,颁布了一系列现代经济法规,制定了多项奖励民间投资的政策,为民间资本的迅速发展创造了前所未有的宽松环境。在这些政策的刺激下,中国迎来了民间投资的热潮。据统计,在1902—1911年中,全国共设创办资本额在1万元以上的工矿企业642家,创办资本额共13848.2万元,其中完全商办性质的企业共558家,资本额10158.6万元,占新设企业资本总额的73.4%。① 民间资本的快速发展,进一步加剧了自然经济的破产,也加剧了农民对市场的依赖,国内的工业资本也加入了盘剥农民的行列,广大农民的经济负担更加沉重。

中外资本的双重剥削已经使广大农民贫困不堪,而清廷的搜刮更让他们的生活雪上加霜。鸦片战争失败后,清政府被迫赔偿侵略者白银2100万元,折合白银1590多万两,相当于当时年财政收入的40%。第二次鸦片战争失败后,清政府再次被迫赔偿英法两国白银共1600万两,又相当于年财政收入的40%;与此同时,在咸丰元年(1851)以后的20多年里,为镇压太平天国起义和捻军起义,清政府平均每年都要支付1700多万两白银的巨额军费。为了筹集这笔巨款,清政府不得不放弃传统财政政策,允许各地自行筹款,传统的财政体系开始崩溃。甲午战争失败后,清政府又被迫向日本支付战争赔款2.3亿两,相当于它三年半财政收入的总和。为了弥补战争期间的军费开支和支付对日赔款,清政府举借了总额高达3.5亿多两库平银的外债,每年的本息偿还额就多达2490多万两,成为沉重的财政负担。② 光绪二十七年(1901),清政府又被迫签订了《辛丑条约》,战争赔款高达4.5亿两白银,分39年还清,本息多达9.8亿两白银,平均每年需要支付白银2500多万两。此外,清政府还要弥补自己的军费开支,维持庞大的官僚机构的运转,其财政赤字逐年攀升。1895年,清政府的财政赤字接近1500万两,光绪三十一年(1905),即上

---

① 杜恂诚主编:《中国近代经济史概论》,上海财经大学出版社2011年版,第53页。
② 马金华:《外债对晚清中央与地方财政关系的影响》,《现代财经》2007年第5期,第76页。

升为 3300 多万两，宣统三年（1911）则进一步升到 8000 多万两①。为了维持国家机器的正常运转，清廷不得不将借款本息和战争赔款向各省摊派。光绪二十一年（1895）以后，各省的摊派额为库平银 921.9 万两，《辛丑条约》签订后，各省每年的分摊额增至 4772.4 万两。② 由于负担迅猛增加，虽经竭力搜刮，各省的财政仍然是入不敷出。宣统二年（1910），全国 22 省中，只有奉天、河南收支相抵有盈余，其中，奉天"盈余银二十一万九千三百八十四两零"③，河南"盈余银二十八万五千另二十三两零"④，其他 20 省均入不敷出，不敷总额高达"一千二百七十八万一千三百十三两零"⑤。为了完成中央分配的解款任务，各省都加大了对农民的搜刮，苛捐杂税名目繁多，且数额不断增加。在各级官府的搜刮下，整个社会成员迅速赤贫化，广大农民更是在死亡线上挣扎。

长期以来，规模庞大的寺院经济已经成为小农经济的有机组成部分，在小农经济不断瓦解的背景下，各地的寺院经济当然也不能独善其身，由于土地收益不断下降，不少寺院的地租收益不断下降，住持僧人倒卖庙地的现象也随之增多。长期以来，官府的赏赐、达官贵人的捐献和广大农民的布施一直是寺院经济的主要来源，鸦片战争以后，小农经济的瓦解、各级财政的破产和广大社会成员的逐渐赤贫化，封建官府赏赐和广大信众的布施都不断减少，寺院经济也逐渐成为无源之水而日益萎缩。更为严重的是，随着清末新政的全面展开，寺院经济成为各级政府觊觎的对象，为了解决各项改革所需的经费和

---

① 张神根：《清末国家财政、地方财政的划分评析》，《史学月刊》1996 年第 1 期，第 52 页。

② 马金华：《外债对晚清中央与地方财政关系的影响》，《现代财经》2007 年第 5 期，第 76 页。

③ 《中国各省岁出入盈亏表》，《盛京时报》第 986 号，宣统三年元月十六日（1911 年 2 月 14 日），第 6 版。

④ 《中国各省岁出入盈亏表续》，《盛京时报》第 988 号，宣统三年元月十八日（1911 年 2 月 16 日），第 2 版。

⑤ 《中国各省岁出入盈亏表再续》，《盛京时报》第 991 号，宣统三年元月二十一日（1911 年 2 月 19 日），第 2 版。

场地问题，各地官绅肆无忌惮地提取当地寺院财产，这就使佛教面临着前所未有的严峻挑战。

三 基督教入侵对佛教的影响

基督教是对奉耶稣为救世主的各教派统称，它产生于公元初期的巴勒斯坦地区，在后来的演变中，逐渐分裂为天主教、东正教和基督新教三大教派。基督教曾在唐代和元代两次传入中国，但因教义与中国的多神崇拜习俗格格不入，均未能在内地扎根。16—17世纪，天主教再次传入中国，由于耶稣会教士采取了灵活的传教方式，使其传教活动尽可能地适应中国的风俗文化，天主教终于得到社会各界的认可。清朝建立后，天主教的势力发展更快，1650年（顺治七年），全国天主教徒有15万人，到1670年（康熙九年），即激增到273784人。[①] 天主教的快速发展，引起了清廷的警惕，再加上罗马教廷屡次藐视中国的法令、文化和风俗，清廷不断限制天主教的活动，并于1724年发布禁令，"国人信教者应弃教，否则处极刑；各省西教士限半年内离境，前往澳门……教堂三百个，均被没收，改为谷仓、关帝庙、天后宫或公廨及书院"[②]。天主教的在华势力遭到了毁灭性打击。

1842年，西方列强用坚船利炮打开了中国的国门，基督教会获得了在通商口岸建立教堂的特权。1856—1860年，英法联军再次打败了清廷，基督教会从此获得了在中国全境传教的特权。从此以后，西方传教士便在外国政府的保护下，以征服者的姿态再次进入中国，他们以开办学校、施医院、育婴堂和赈灾济困、提供政治庇护等灵活方式，竭力吸纳基层民众入教。这些手段的综合利用，使基督教的势力得到了迅速发展。1844年，德籍传教士郭实腊在香港创立"福汉会"，开始传教，当年入教者只有20人，一年后即增加到80人，两年后发展到176人，三年后发展到900人，四年后发展到1300人，

---

① 顾卫民：《基督教与近代中国社会》，上海人民出版社2010年版，第45—46页。
② 顾卫民：《基督教与近代中国社会》，上海人民出版社2010年版，第59页。

并在广州、佛山、顺德、三水、韶州、南雄、潮州等地设立据点,其成员的传教足迹甚至延伸到海南岛、广西、福建、江西、湖南、湖北、河南、山东、安徽、江苏、浙江等地。1860年以后,基督教的势力发展更快,到1901年,全国的天主教徒即达到70万人,基督新教的人数也超过了80000人。义和团运动后,西方传教士放下身段,开始约束教民的活动,并将中国籍牧师推到前台,以缓和国人的反抗情绪,基督教势力更是跃上了新台阶,到清朝灭亡前夕,天主教的人数增至130万人,基督新教的人数曾至13万人。①

　　基督教在中国的迅速发展,给传统佛教带来了巨大的冲击。第一,随着自然经济的破产,以农民为主体的普通的民众的生活条件日益艰难,那些法力无边的佛教神灵并未给虔诚礼佛的普通信众带来任何福音。加入基督教不仅有诸多经济利益,而且还能在教会的庇护下免受地方官员的欺压。在这种情况下,很多虔心礼佛的普通民众转而投入耶稣的怀抱,成为基督教的忠实信徒,这就使传统佛教的影响力急剧下降,信众迅速萎缩。第二,经过现代工业文明的洗礼,基督教的基本教义吸收了现代科学知识和民主思想的很多优秀成果,因此,随着基督教的快速传播,就使以神秘的宗教仪式和愚民的法术宣传为基本形式的佛教迅速失去了神秘色彩。面对基督教信仰的全新挑战,佛教显得那么空洞、虚伪和不堪一击。第三,长期以来,佛教一直奉行"信则灵"的传教思想,广大僧尼以寺院为主要场所,以讲经说法和超度亡魂为弘法手段,这虽然能够使广大信众在心灵上得到慰藉,但并不能解决他们的生存危机和现实困难。基督教则以赈灾济困、免费施医施药、提供免费教育和政治庇护为传教手段,这就使广大信众在获得心灵安慰的同时,还获得了诸多实实在在的好处。两者相比,优劣不言而喻,一向倾心向佛的熊希龄曾忧心忡忡地说:"近今之寺庙僧徒,高者只谈元理,为独觉之禅。庸者惟揽利权,等收财之虏,均与佛教普度众生之旨相去之远,不可以道里计也。尝观泰西

---

① 顾长声:《传教士与近代中国》,上海人民出版社1981年版,第249—250页。

耶办天主各教，其宗旨固在宣讲编辑，劝导愚民，而其教堂所在之地，必附设育婴堂、施医院，或男女学堂，以达其实行慈善之目的，故其教流传日广，迷信日多。今佛教寺观遍于各省，若不由虚而实，终恐不足以自存。"① 基督教传播方式对佛教挑战的严峻性由此可见一斑。

四 教育制度变革对佛教的影响

夏商周时期，随着中央集权政治的长期稳定，比较完备的官学系统便逐步形成。春秋战国时期，由于奴隶制度的崩溃，私学得到了迅速发展。隋唐以后，由于以尊孔崇儒、倡导佛道为主要内容的文教政策的长期实施，我国逐渐形成了官学与私学、蒙学与经馆、世俗教育与寺院教育并存的教育格局。这种教育制度不仅为历代官府培养了一大批忠实的官吏，也为乡村社会培养了一代又一代教书先生，成为传统文化的承载者和传承者。值得注意的是，在传统社会里，尽管学校的种类比较齐全，但官学数量一直很少，规模也不大，绝大多数私学也只是规模更小的私塾，主要传授《三字经》《百家姓》《千字文》等通俗易懂的知识，属于最初步的启蒙教育。再加上政治因素和经济因素的影响，系统掌握儒学知识的知识分子数量一直少之又少。直到20世纪初，我国知识分子的比重还低得可怜："四万万人中，其能识字者，殆不满五千万人也。此五千万人中，其能通文意、阅书报者，殆不满二千万人也。此二千万人中，其能解文法执笔成文者，殆不满五百万人也。此五百万人中，其能读经史，略知中国古今之事故者，殆不满十万人也。此十万人中，其能略通外国语言文字，知有地球五大洲之事故者，殆不满五千人也。此五千人中，其能知政学之本源，考人群之条理，而求所以富强吾国进化吾种之道者，殆不满百数十人

---

① 熊希龄：《为恳请饬拨寺产提充孤儿院事上督宪禀》（1911年3月），周秋光编：《熊希龄集》（二），湖南人民出版社2008年版，第305页。

也。以堂堂中国，而民智之程度乃仅如此，此有心人所以暗暗而长悲也。"① 更为重要的是，由于隋唐以来科举制度的长期施行，各类学校都成了科举制的附庸，教学内容严重脱离实际，教学方法就是死记硬背，严重限制了知识分子的思想。值得庆幸的是，历代人数极少的知识分子中，有相当一部分是佛学的忠实崇拜者，也正是有这些知识分子的不懈努力，佛教才能够得到历代统治者的青睐和广大普通民众的虔诚信奉。

鸦片战争以后，随着西方列强侵略的不断深入，古老的中国开始发生"数千年未有之大变局"，我国的传统教育制度开始发生根本变化。鸦片战争以后，西方传教士开始在通商口岸设立教会学校，不仅为古老的中国带来了一种全新的教育模式，而且也带来了现代科学知识，对中国新式教育的产生起到了重要的示范作用。第二次鸦片战争后，在内忧外患的刺激下，以曾国藩、李鸿章为代表的洋务派在大规模引进西方先进的军事工业和民用工业的同时，还设立了30余所语言学堂、军事学堂和实业技术学堂。与传统的学校相比，这些学堂的规模都比较大（学生30—50人），学制都比较长（5—8年），开设的课程也比较齐全（不仅有传统的儒家经典，还有代数、几何、物理、化学、测绘、万国公法、机器制造、机船驾驶等多种实用科学），教学方法也比较灵活，与传统的官学和私学都有本质的区别。

1901—1911年清末新政期间，清廷充分认识到了培养实用人才的重要性，在不断推进编练新军、振兴实业、建立警察系统，实行地方自治和预备立宪等各项新政的同时，清廷还对传统的教育制度进行了改革。第一，实行强迫教育法，下令各地广兴大、中、小学堂及女学堂和蒙学堂。规定全国设立通儒学堂、大学堂、高等学堂、中等学堂、高等小学堂、初等小学堂和蒙学堂，逐渐选拔人才。第二，规定三段六等学制，其中，蒙学堂学制不做要求，初级小学堂学制5年，

---

① 梁启超：《中国积弱溯源论》，《梁启超全集》第一册，北京出版社1999年版，第416页。

高等小学堂学制4年，中学堂学制5年，高等学堂或大学预科学制3年，分科大学堂学制3年或4年，通儒学堂学制4年。第三，改革人才选拔制度。1901年6月，下令开经济特科，以选拔"有志虑忠纯、规模闳远、学问淹通、洞达中外时务者"①被朝廷使用，同年8月，清廷又下令以后科举考试"以策论试士，禁用八股文程式"②。1905年，清廷又接受袁世凯、张之洞等人的建议，废除了隋唐以来的科举制度，西周以来的传统教育制度从此发生根本性变化。

传统教育制度的废除，现代教育制度的施行，极大推动了新式教育的发展，具有现代科学知识和强烈爱国思想的新型知识分子群体迅速壮大。据官方统计，1903年，全国共有各类学堂769所，在校学生31428人；1904年，全国共有各类学堂4476所，在校学生99475人；1905年，全国共有各类学堂8277所，在校学生258873人；1906年，全国共有各类学堂23862所，在校学生545338人；1907年全国共有各类学堂37888所，在校学生1024988人；1908年，全国共有各类学堂47995所，在校学生1300739人；1909年，全国共有各类学堂59117所，在校学生1639641人。③

在学堂教育迅猛发展的同时，留学生教育也得到了较快发展。1872年、1873年和1874年，清廷接受容闳的建议，分三批派出了120名幼童到美国留学。1877年后，为了满足军事工业和民用工业建设的需要，清廷派出了80多人到英、法等国学习军事技术。④甲午战后，在空前严重的民族危机的刺激和清廷的鼓励下，先进知识分子便将学习的目光由欧洲转向迅速崛起的日本，掀起了一波又一波的留日高潮。1896年为13人，1898年为61人，1901年为274人，1902年为608人，1903年为1300人，1904年为2400人，1905年为8000

---

① 璩鑫圭、唐良炎编：《学制演变》，上海教育出版社2007年版，第5页。
② 璩鑫圭、唐良炎编：《学制演变》，上海教育出版社2007年版，第5页。
③ 王笛：《清末近代学堂和学生数量》，《史学月刊》1986年第2期。
④ 李喜所：《中国留学潮的回顾与展望》，李喜所：《中国近代社会与文化研究》，人民出版社2003年版，第592—593页。

人，1906年为12000人，1907年为10000人，1909年为3000人。①在留日学生迅速增长的同时，留美学生的人数也在逐渐上升，1905年有30多人，1910年有500多人，1911年又增为650人。②

新型知识分子系统接受了西方现代科学知识，深受西方民主思想的影响，对世界先进国家的认识也比较全面深入。反观中国，统治阶级极端腐朽，民族危机和社会危机都空前严重。巨大的反差激发了新式知识分子群体的强烈爱国意识。他们出版报纸杂志，成立各种现代社团，强烈呼吁清廷实行君主立宪、发展现代经济、改革落后的教育制度，并在全国范围内推行地方自治。在这种情绪的影响下，新兴知识分子对传统文化也逐渐丧失了信心，对僧尼长期奉行的"跳出三界外，不在五行中"的行为规范强烈不满，对佛教的批判也日甚一日。洋务派思想家郑观应曾批判说，今日学仙佛者，"名曰我明心见性也，实则利欲熏心，豺狼成性；名曰我修真炼性也，而实则疏懒为真，色食为性"③。至于清末报纸杂志发表的批判佛教的文章，更是比比皆是，佛教赖以生存和发展的思想基础因此被严重削弱了。

第二节　庙产兴学运动对佛教的严重冲击

鸦片战争以后，由于西方列强的全面入侵和清朝统治阶级的日益腐朽，中国社会逐渐陷入半殖民地半封建的深渊，为了争取民族独立和人民自由，中国人民在英勇反抗外敌入侵的同时，也开始向西方学习的伟大历程。甲午战争以后，帝国主义掀起了瓜分中国的狂潮，中国的民族危机、统治危机、社会危机、文化危机都在不断加剧。所谓民族危机，是指在鸦片战争、中法战争、甲午战争和八国联军侵华战

---

① 李喜所：《清末的留日学生运动》，李喜所：《中国近代社会与文化研究》，人民出版社2003年版，第648—649页。
② 李喜所：《清末的留日学生运动》，李喜所：《中国近代社会与文化研究》，人民出版社2003年版，第738页。
③ 郑观应：《僧道》，《郑观应全集》（上册），上海人民出版社1982年版，第537页。

争的连续打击下，清政府完全沦为列强的守土官长，中国完全陷入了半殖民地的深渊。所谓统治危机，是指由于太平天国起义、义和团运动的沉重打击以及《马关条约》和《辛丑条约》的签订，清政府的腐朽本质暴露无遗，逐渐丧失了人民的信任和掌控全局的能力，各种形式的反抗运动不断高涨，清朝的统治摇摇欲坠。所谓社会危机，就是指在中外反动势力的残酷剥削和压迫下，中国社会已经赤贫化，社会矛盾复杂尖锐，各阶层人民已经无法照旧生活下去了。所谓文化危机，是指在资本主义因素迅速发展的推动下，接受了西方现代科学知识和民主思想的新型知识分子队伍不断壮大，在民族危机、统治危机和社会危机不断加剧的刺激下，他们对儒、道、佛融合而成的传统文化逐渐丧失了基本的信任，对传统文化的批判越来越情绪化，在全盘西化的道路上越走越远。在四种危机的刺激及新型知识分子和开明官吏的推动下，长达十年的清末新政开始了。在这十年间，各地编练新军，振兴实业，大规模地派遣留学生，积极兴办大、中、小学堂，创立和完善警察体系，推行地方自治，现代化改革运动不仅波及全国，而且深入乡村社会，中国社会的方方面面因此发生了前所未有的深刻变化。大规模的改革，必然需要巨额资金，但此时，无论是中央财政还是地方财政，都到了罗掘俱穷的地步，广大社会成员也是一贫如洗，在死亡线上挣扎。为了解决广兴学堂、办巡警、推行地方自治等社会改革事业所急需的经费和场地问题，各地官绅掀起了一场声势浩大的庙产兴学运动。

所谓庙产兴学运动，就是指清末民初各地绅士在官府的支持下，强行将各类庙宇（祀典庙宇、佛寺道观、百姓祠堂和民间神庙）的房屋、土地和资金等用于创办学堂、警察局、自治公所等新政机关的行为。这场运动发端于戊戌变法时期，清末新政期间迅速风靡全国，武昌起义后达到高潮，民国初年逐步缓和。旷日持久的庙产兴学运动虽然促进了社会风气的进步，部分解决了各项社会改革所需要的经费和场地问题，但也严重伤害了普通民众的精神信仰，引发了复杂尖锐的社会矛盾和冲突，对中国历史的发展产生了深远的影响，对佛教的伤害也是前所未有的。

一 官方政策的矛头直指佛教寺院

庙产兴学的政策是在维新变法和清末新政期间制定的，主要有光绪皇帝颁布的庙产兴学上谕、张之洞的庙产兴学方案以及清末新政期间清廷颁布的学堂章程、地方自治章程等。这些政策的有关规定或明或暗，主要矛头指向佛教寺产。

光绪皇帝的兴学上谕颁布于光绪二十四年五月二十二日（1898年7月10日），在这个上谕中，光绪皇帝要求各地将书院改为中学西学兼习的新式学堂，将上海电报局、招商局等企业余款和陋规滥费提作学费，并且鼓励绅民捐资办学，最后明确提出庙产兴学的主张。全文如下：

> 前经降旨开办京师大学堂，入学肄业者由中学、小学以次而升，必有成效可观。惟各省中学、小学尚未一律开办，总计各直省省会及府厅州县无不各有书院。著各该督抚督饬地方官各将所属书院处所、经费数目，限两个月详覆具奏，即将各省府厅州县现有之大小书院，一律改为兼习中学西学之学校。至于学校阶级，自应以省会之大书院为高等学，郡城之书院为中等学，州县之书院为小学，皆颁给京师大学堂章程，令其仿照办理。其他地方自行捐办之义学、社学等，亦令一律中西兼习，以广造就。至各书院需用经费，如上海电报局、招商局及广东闱姓捐，颇有溢款，此外，陋规滥费当亦不少。著该督抚尽数提作各学堂经费。各省绅民如能捐建学堂或广为劝募，准各督抚按照筹捐数目，酌量奏请给奖。其有独立措捐巨款者，朕必予以破格之赏。所有中学小学应读之书，仍遵前谕，由官设书局编译中外西书，颁发遵行。至于民间祠庙，其有不在祀典者，即著由地方官晓谕民间，一律改为学堂，以节糜费而隆教育。似此实力振兴，庶几风气遍开，人无不学，学无不实，用副朝

廷爱养成材至意。将此通谕知之。①

光绪皇帝的兴学上谕涉及面很广，而最后那句"至于民间祠庙，其有不在祀典者，即著由地方官晓谕民间，一律改为学堂，以节靡费而隆教育"的话语，成为清末庙产兴学运动的总纲。从字面上看，这份上谕并未提及寺院，但是，我们如果结合当时各类祠庙的社会地位、清朝历代帝王对佛教寺院的态度以及兴学上谕出台的背景，就不难看出，光绪皇帝庙产兴学上谕的主要矛头就是佛教寺院。

清代的祠庙遍布全国城乡，数量极多，究其社会地位而言，大体可以分为四类。第一类是各地被列入祀典的官庙，社会地位最高。第二类是大量的佛寺道观等宗教庙宇，这些庙宇中，只有那些拥有皇帝的赐额、赐匾的寺院，才享有官庙的待遇，而官府明令禁止的私建寺院的比例最大。第三类是家族祠堂，这些祠庙虽没有合法地位，但宋代以来均得到各地官府的默认。第四类是数量极多的民间神庙，这类祠庙是西周以来历代官府明令禁止的，社会地位最为低下。而上谕中所说的祀典，仅指那些被列入祀典的官庙和极少数拥有皇帝赐额、赐匾的佛寺道观，民间神庙、家族祠堂和私建寺院道观，均在"一律改为学堂"的范围之内。再结合清朝历代帝王对僧人队伍的态度和《大清律》对私建寺院的有关规定，我们不难看出，相当多的私建佛教寺院是各地庙产兴学的重点。

另外，从光绪皇帝兴学上谕颁布的背景也可以看出其矛头就是佛教寺院。光绪帝兴学上谕的颁布，是康有为等维新派不断推动的结果，故维新派对佛教寺院的态度，就说明佛教寺院就是庙产兴学的重点。在当时著名的维新派中，最先提出庙产兴学主张的是章太炎。光绪二十四年（1898）春天，他写了《鬻庙》一文，旗帜鲜明地提出了改寺院为学堂的主张：

---

① （清）朱寿朋编：《光绪朝东华录》（四），中华书局1958年版，第4126页。

宋元丰时有鬻庙之令，张方平奏罢之，儒者至今勿敢道。

余以为宋时之误，在鬻祠庙而不及寺观；其于祠庙，又勿别淫祀也。夫阏伯之主宋，张巡、许远之守睢阳，民未明于干蛊，则血食，倪也；而亦入官斥卖，暴矣。非是，则国家匮乏，鬻之亦足以助度支，何慢神辱国之有？乃者左藏不充，司农抱筹无所下，余是以建鬻庙之议，而以淫祀与寺观为之鹄的焉。

今天下淫祀，如次睢之鬼者，殆少也。然苟无当于祭法之律，则虽忠孝明哲，被之淫名而不敢辞。宁武子曰："相之不享于卫，久矣！"故功非地箸，国非旧壤，祭非子姓，而滥以庑宇宅其神灵者，君子谓之"淫祀"。陆耀有言：方今有司，宜如第五伦禁民出门之祀，而后谕以神祇尊贵，虽天子不敢祭于宫中，则财业之耗于淫祀者少矣。寺观之作，足以藏奸纳污，其销铄五材，又比于害金也。尝箸挈令禁断增置矣，而建者辄讬于宋、元之旧宇，久而愈增，故其比如栉。余以为是二者，当特箸挈令，一切入官斥卖，断而行之，鬼责无所惧，人言无所恤，则几于歼尽矣！

或曰：丛祠之间，民惧其为鬼神所冯依也，而勿敢承买，则如之何？

曰：当林麓也，则以为园囿；当都会也，则以为旅邸。非相宅也，无所禁忌，则何患于不雠？且吾固非欲尽鬻之而后已也。今增置学堂，其费不赀。县取一区，以为学堂之址，所节啬多矣，则是不鬻而可以少费也。夫鬻之足以代赋税，即有不雠，则又足以省费，计无便于此者。今之世，非谶祥神道之世也。有绝地天通者出，果于务民事，则几于歼尽矣！①

在这篇文章里，章太炎直言不讳地说"余以为宋时之误，在

---

① 章炳麟：《鬻庙》，章炳麟：《訄书》初刻本第四十七，生活·读书·新知三联书店1998年版，第104—105页。

第二章　晚清社会剧变与佛教的严重危机　71

鬻祠庙而不及寺观"，"余是以建鬻庙之议，而以淫祀与寺观为之鹄焉"，足见他将佛教寺院作为鬻庙的重点了。而他最后所说的"今增置学堂，其费不赀。县取一区，以为学堂之址，所节啬多矣，则是不鬻而可以少费也。夫鬻之足以代赋税，即有不雠，则又足以省费，计无便于此者"等语，无疑是废寺院兴学堂的最好注脚。

接着提出庙产兴学主张的是变法领袖康有为。他于光绪二十四年五月（1898年7月）向光绪皇帝呈递了《请饬各省改书院淫祠为学堂折》，正式提出了庙产兴学的主张：

> 查中国民俗惑于神鬼，淫祠遍于天下。以臣广州论之，乡必有数庙，庙必有公产。若改诸庙为学堂，以公产为工费，上法三代，旁采泰西，责令民人子弟，年至六岁，皆必入小学读书，而教之以图算、器艺、语言、文字，其不入学者，罪其父母。若此，则人人知学，学堂遍地，非独教化易成，士人之才众多，亦且风气遍开，农工商兵之学亦盛。①

从字面上看，康有为重点讲的是淫祠，并未提及佛教寺院，但是，按照当时各类庙宇的社会地位，康有为所说的淫祠，当然包括相当多的佛教寺院。他只提改淫祠为学堂，而丝毫没有提保护佛教寺院，其真正含义是不言而喻的。当时康有为对佛教寺院的态度，集中体现在他呈递给光绪皇帝的《日本变法考》一书中的一段按语："东方各国世家释教之盛，唯日本。若辈田园之地，十居其九。耗有用之财，以养无用之人，饱食终日，无所用心，以蠹国，以穷邦，甚无益也。故维新以后，收家禄僧田，易以禄债廪米赐之。令僧侣蓄发归俗二十余万，与门第世臣皆令自谋生植。盖骤增养数百万人之财产，而

---

① 康有为：《请饬各省改书院淫祠为学堂折》，汤志钧编：《康有为政论集》，中华书局1981年版，第313页。

去数十万无业之民也。"① 结合这则资料，我们不难看出，康有为提出改淫祠为学堂的主张，当然是以佛教寺院为重点的。

最能说明清廷庙产兴学政策指向所在的是湖广总督张之洞提出的庙产兴学方案。兴学上谕颁布不久，张之洞便在著名的《劝学篇》里，提出了庙产兴学的详细方案。

其一，他阐述了庙产兴学的紧迫性。"去年有旨令各省筹办学堂，为日未久，经费未集，兴办者无多。夫学堂未设，养之无素，而求之于仓卒，犹不树林木而望隆栋，不作陂池而望巨鱼也。游学外洋之举，所费既巨，则人不能甚多，且必学有初基，理已明、识已定者，始遣出洋。则见功速而无弊者，是天下非广设学堂不可。"张之洞主要从两方面谈了广兴学堂的重要性：第一，各地办学成效甚微，主要原因是经费无从筹集；第二，外出留学人员需要一定的基础，只有广兴学堂才是培养人才的可行之策。

其二，他以一问一答的方式，提出了解决办学经费的四个办法，即"先以书院改为之""可以善堂之地、赛会演戏之款改为之""可以佛道寺观改为之""可以祠堂之费改为之"，也就是说，在国库空虚的形势下，解决办学经费主要依靠民间的力量，征用寺院道观之资、演戏赛会之费和民间祠庙财产是解决办学经费的最好办法。

其三，他认为寺观产业是庙产兴学的重点："今天下寺观，何止数万，都会百余区，大县数十，小县十余，皆有田产，其物业皆由布施而来。若改为学堂，则屋宇、田产悉具，此亦权宜而简易之策也。"由此可见，按照张之洞的主张，最好的方法就是征用佛教、道教的庙产。

其四，他提出了征用寺观产业的比例。即"大率每一县之寺观，取什之七以改学堂，留什之三以处僧道。其改为学堂之田产，学堂用之七，僧道仍食其三。计其田产所值，奏明朝廷旌奖。僧道不愿奖

---

① 康有为撰，姜义华、张荣华编校：《日本变政考》，《康有为全集》第四集，中国人民大学出版社2007年版，第197—198页。

者，移奖其亲族以官职"。

其五，他阐述了征用寺观财产的正当性。从现实的角度看，征用寺观财产创办学堂对佛教道教也是有好处的："方今西教方炽，二氏日微，其势不能久存，佛教已际末法中半之运，道家亦有其鬼不神之忧。若得儒风振起，中华乂安，则二氏固亦蒙其保护矣。"从历史的角度看，废天下寺观，是前代一贯的做法："昔北魏太武太平真君七年，唐高宗武德九年，武宗会昌五年，皆尝废天下僧寺矣。"现在征用寺观财产创办学堂，也是符合传统的，是正常的。从公私的角度看，现在征用寺观财产创办学堂的目的是为本地培养人才，是提用公产兴办公益，这是完全合情合理的："前代意在税其丁，废其法，或为抑释以伸老，私也。今为本县育才，又有旌奖，公也。"

其六，提出了征用寺观产业的步骤。乡绅提出申请，报地方官署批准，即"若各省荐绅先生，以兴起其乡学堂为急者，当体察本县寺观情形，联名上请于朝，诏旨宜无不允也"。很明显，张之洞是将佛教寺院当作庙产兴学的重点的。光绪皇帝对张之洞的《劝学篇》的评价极高，称之为"持论平正通达，于学术、人心大有裨益"，并决定"将所备副本四十部，由军机处颁发各省督抚、学政各一部，俾得广为刊布，实力劝导"①。这一评价再次表明，光绪皇帝的庙产兴学上谕的主要指向就是遍布各地的佛教寺院。

后来，由于维新变法失败，光绪帝的庙产兴学政策也被搁置起来了。而随后爆发的义和团运动和八国联军侵华战争，使中华民族再遭空前劫难，也使清政府的统治几乎垮台。残酷的现实终于让慈禧太后清醒过来。《辛丑条约》刚一签字，她便以光绪的名义发布变法上谕："著军机大臣、大学士、六部九卿、出使各国大臣、各省督抚，各就现在情弊，参酌中西政治，举凡朝章、国政、吏治、民生、学校、科举、军制、财政，当因当革，当省当并。如何而国势始兴，如

---

① 本段引文均出自张之洞的《劝学篇》，苑书义等主编：《张之洞全集》，河北人民出版社1998年版，第9739—9740页。

何而人才始盛，如何而度支始裕，如何而武备始精，各举所知，各抒所见，通限两个月内，悉条议以闻，再行上禀慈谟，斟酌尽善，切实施行。"①并成立以直隶总督兼北洋大臣荣禄为首的督办政务处，强力推进变法，长达十年的清末新政由此拉开了序幕。新政伊始，清廷便颁布了《钦定蒙学堂章程》［光绪二十八年七月十二日（1902年8月15日）］、《奏定初等小学堂章程》［光绪二十九年十一月二十六日（1904年1月13日）］和《奏定高等小学堂章程》［光绪二十九年十一月二十六日（1904年1月13日）］。这些学堂章程最大的亮点，就是明确了各县的具体办学任务。如光绪二十九年十一月二十六日（1904年1月13日）清廷颁布的《奏定初等小学堂章程》就明确规定："每百家以上之村即应设初等小学堂一所……不能设一初等小学堂者，地方官当体察情形，设法劝喻，令数乡村联合资力，公设一所，或多级或单级均可。初办五年之内，大率每四百家必设初等小学一所，完全科与简易科听其量力举办。惟通县合计，完全科不得少于一半。五年以后、十年之内，每二百家必设初等小学一所，通县合计，完全科亦不得少于一半"②；"所有府厅州县之各城镇，应令酌筹官费，速设初等小学以为模范。其能多设者固佳，至少小县城内亦必设初等小学二所，大县城内必设初等小学三所；各县著名大镇亦必设初等小学一所。此皆名为初等官小学，以后再竭力督劝，渐次推广"③，该章程还明确要求地方官员"务须亲历乡里细考地方情形，督同绅董妥筹切实办法。如有经费已敷，教员已得，而地方官故意延宕不办，或虽办而敷衍塞责者，应由本省学务处查明，禀请督抚将该地方官惩处"④。这样，创办学堂就成为地方官员最为紧迫的任务，

---

① （清）朱寿朋编：《光绪朝东华录》（四），中华书局1958年版，总4602页。
② 《奏定初等小学堂章程》，朱有瓛主编：《中国近代学制史料》（第二辑·上册），华东师范大学出版社1989年版，第174—175页。
③ 《奏定初等小学堂章程》，朱有瓛主编：《中国近代学制史料》（第二辑·上册），华东师范大学出版社1989年版，第175页。
④ 《奏定初等小学堂章程》，朱有瓛主编：《中国近代学制史料》（第二辑·上册），华东师范大学出版社1989年版，第176页。同日颁布的《奏定高等小学堂章程》也有相同的规定。

如果不能按时完成任务，就会遭到上司的严厉训斥，甚至还有被撤职的危险。

办学堂所需要的资金是非常多的，但在各地财政严重困难的情况下，最有效的办法莫如将寺庙改为学堂，对此，各个办学章程里都有规定："地方绅商得依小学堂章程立寻常小学堂、高等小学堂……均得借用地方公所祠庙，以省经费。"① 这就为庙产兴学提供了充分的政策依据。为了进一步推动改寺庙为学堂政策的落实，1906年，清廷颁布了《学部奏定劝学所章程》，要求"各厅府州县应于本城择地特设公所一处，为全境学务之总汇"，并明确规定劝学员的职责之一就是"查明某地不在祀典之庙宇、乡社，可租赁为学堂之用"②。这些章程都将佛教寺院列入了可征用的范围，饱受诟病的佛教便因此陷入生死存亡的危险境地。《申报》曾报道说："粤省各府州县开办学堂，往往以寺观产业缴充学费，若无此项产业可拨，则必开办无期，地方官由此撤任者不少。"③

二 民间舆论的围攻焦点是佛教僧尼

所谓民间舆论，是指报纸、杂志上的意见和观点。文章的作者大多是名不见经传的普通文人，其观点往往更接近社情民意，也是报人意见的集中体现。这些观点和意见借助报纸、杂志等现代化媒体，传播的速度极快，流传的范围极广，对社会各界的影响更大。清末的报纸，影响最大的就是《申报》。《申报》原名《申江新报》，是英商美查、伍华特、普莱亚、麦洛基等人于清同治十一年三月二十三日（1872年4月30日）在上海合资创办的一份商业报纸。它历经晚清、北洋政府、国民政府三个时代，共出版27000余期，是近代中国最具

---

① 《钦定小学堂章程》，朱有瓛主编：《中国近代学制史料》（第二辑·上册），第157页。
② 《学部奏定劝学所章程》，朱有瓛、戚名琇、钱曼倩、霍益萍编：《中国近代教育史资料汇编·教育行政机构及教育团体》，华东师范大学出版社1989年版，第62页。
③ 《粤省兴学筹费情形》，《申报》光绪三十一年四月十八日（1905年5月21日），第3版。

有社会影响的报纸。《申报》的出资人虽然一直是外国人，但它的主笔人却一直是中国人，正因如此，《申报》能够较为客观地报道不同时期的社情民意。

庙产兴学的上谕颁布不久，《申报》就不断发表社论，对僧尼的形象和佛教的弊端进行揭露，为改寺院为学堂造势。光绪二十四年六月十七日（1898年8月4日），《申报》发表《论中国释道二教有衰废之机》的社论，直言不讳地指出：佛道二教"不但为人世虚生之辈徒耗天地之资粮，抑且为风俗之尤，人心之害"，"欲节民间之费，挽风俗之衰，非除僧道二教不可，而欲清僧道之源，则非裁汰庙宇不可"，在此基础上，论者为光绪皇帝的庙产兴学上谕大加赞赏：

> 本报前日谨登上谕，令将不列祀典之庙宇，饬地方官晓谕，一律改为学堂。庙宇既改为学堂，则僧道穷无所归，吾知不必勒令还俗，而自不能不还俗以谋生，僧道可由此而少，而弊亦可由渐而清，亦风俗之一大转机也。或者谓僧道至今日，亦有幸有不幸。幸而住列入祀典之庙，依然栖息如常；不幸而住不列入祀典之庙，则不几如丧家之狗乎？然僧道虽各有宗派，而究为一教，其无庙可依者，亦何不可择庙而居乎？且可易奉列入祀典之神，并其庙可保乎？曰，庙宇既少，虽可归并，惟实不能容，亦无可如何之事。至欲改头换面，则已昭昭在人耳目，地方官其能蒙蔽乎？地方官即能蒙蔽，而地方绅士之欲设学堂者，其不肯详禀乎？且列入祀典之庙自不能废，亦圣人神道设教之意，然其中不无附会沿谬者。朝廷既有此谕，将来亦必有删汰者，或一神祇许在一郡设立一庙，或一邑只能设立一庙，如此，则庙宇当更少矣。况列入祀典之庙，奚必为僧道所居，所谓法制无百年而不变，风俗无百年而不更，惟不能骤然变之，骤然更之耳。二千余年之积弊，行见数年之中可廓然一清。人为僧道虑，我为僧道幸，幸其可为有用之民，而不致游惰终身，见恶于世而受空门之

第二章　晚清社会剧变与佛教的严重危机

寂寞也。①

光绪二十四年七月二十四日（1898年9月9日），《申报》又发表一篇题为《寺观改学堂策》的社论，称光绪皇帝颁布的庙产兴学上谕为"此东汉以后数千年之一大举动也"，并为寺院改学堂献出了五策：

> 窃维学堂为风化之原，而寺观为邪淫之地。迩来当轴大臣如南皮张制军而外，从无一人筹议及之，以黜此邪慝，反我经常。今幸遭遇圣明，纶音下布，一切寺院悉改学堂，此东汉以后数千年之一大举动也。第办理不善，则公家岂能获益；查察未周，则百弊因此丛生。执笔人敬拟五策，刊之报章，以自附于土壤细流之议，惟世之有地方责者垂鉴而采择焉。
>
> 一、示体恤以广仁也。各处庙宇所有，一缕丝，一粒粟，非尽由布施而来，其度亡诵经，因劳苦积累而得者，亦复不少。全数充公，立法未免太苛，张南皮《劝学篇》充庙产十分之七，固是善法。然已禁制剃度，产业将尽为公有，不如以一半充公，以一半留为养老之费。惟须严示界限，嗣后幼孩不准再为僧尼，致干例禁。如是则法不严苛，而僧道尼姑亦庶乎安插得宜矣。
>
> 一、重罚款以伸义也。一半充公，原为宽大之政，而若辈或隐瞒违抗，不能涓滴归公，一经察出，全行充公，勒令还俗。至若劣绅蠹役或受其馈遗，代为袒护；或隐匿庙产，代为变卖，与收受贼赃，坐地分肥同罪。毋使瞻循情面，王法不伸，致与皇上正经息邪之旨意，阴相违背。如此，则隐匿寄顿之弊，亦可以稍稍戢矣。
>
> 一、禁佛会以隆礼也。天下佞佛者多，此举一行，岂必皆大

---

① 《论中国释道二教有衰废之机》，《申报》光绪二十四年六月十七日（1898年8月4日），第1版。

欢喜。凡民间演戏赛会及一切入会拜师诸恶习，荡佚风教，消耗财力，莫此为尤。今拟出示禁止，须胪陈佛法无力之由，蠹财败俗之故，谆谆告诫，三令五申，使愚夫愚妇咸晓然于佞佛之非。宜如此，则风俗因之而丕变，而阻扰改学之事，亦可预防其端矣。

一、精察访以用智也。小寺观徒有屋宇，并无恒产，本无所用我察访也。至有寺屋田产者，一闻此举，岂所甘心？藏匿之弊，亦意中所必有。须令各署亲信幕友廉能公正者，会同地方乐道君子，到处密访，务必得其底细，暗识于册，届时封庙交产，则我明镜高悬。若辈无所容身，而公家必能收集款之益矣。

一、出安谕以昭信也。迩来谕旨风传，僧道尼姑类皆中心惶急，邑中游手之徒以及衙蠹书吏，往往混造讹言，借端欺凌，乘间恫吓，冀自肥其囊。此种风气，实堪痛恶。今拟安谕各庙，以儆习风。如六月二十九日本报所纪，杭州郭太守以地方无赖藉词向寺观讹诈，特出六言告示，持牌鸣锣，通行一城，然后分贴各庙，令僧尼皆知官长办理之善，安居无恐，不受诈索。如此，则土棍蠹役无所施其伎俩，而改学堂之事可以循序而行亦。

以上五策，合仁义礼智信而行之者也。其势有缓急，行有先后，是在地方官相士酌宜，非执笔人之所可悬断。窃犹有说者，沙汰僧尼、禁立寺观之举，前朝各史屡屡见之，而卒不能禁绝根株，禁止立庙，致沿流至于今日者，岂不以办法未善而王政有所不行矣乎？今既明奉谕旨改为学堂，所望当道诸公速宜振刷精神，永禁剃度，切勿因循苟且，视若具文。别于荒僻山谷中设立丛林，分别僧尼二流，俾萃乎其中，以待其余生之尽。是则严而勿至于残，仁而不流于弛，所以弭后患而体上意者，其在斯乎，其在斯乎！①

---

① 《寺观改学堂策》，《申报》光绪二十四年七月二十四日（1898年9月9日），第1版。

光绪二十七年八月初二日（1901 年 9 月 14 日），还在西安避难的清廷再发兴学堂上谕："除京师已设大学堂，应行切实整顿外，著各省所有书院，于省城均改设大学堂，各府及直隶州均改设中学堂，各州县均改设小学堂，并多设蒙养学堂。"① 因为这些内容与 1898 年的庙产兴学上谕极为相似，民间舆论备受鼓舞，四天以后，《申报》就发表《毁寺观以充学堂经费议》的社论，建议将所有的寺观改设学堂：

> 盖学堂之设，无论为大、为中、为小、为蒙养，必聚数十人或数百人于中而教之训之，饮食日用皆取资于学堂，故国家必先措备巨款，俾诸生之入学堂肄业者无束修之费，而高等者又时时可得奖银，此东西各国学堂之通例。所以每年筹出经费为数之巨，几不可以亿万计，否则，寒酸子弟方亟亟焉以谋生为虑，又何暇专心致志，迁其岁月以待学成致用乎？今我中国帑藏支绌，赔款偿债且虞不给，欲筹此种巨款储于学堂，恐非易易。或谓各省府州县书院本有的款，以备费用，今既改设学堂，即移此款以为各费，当庶不可，似无庸另行筹资。殊不知一州一县书院有限，款亦无多，仅移此以为学堂之费，岂能足用？然则非改设学堂之难，而筹措学堂之费之难，斯言非过虑矣。虽然，有一法焉。夫今天下之蠹国而病民者，莫僧道若，而各府州县之寺观淫祠或数倍于书院，或数十倍于书院，其中类有田产房屋。缁流羽士终岁可不耕而食，不织而衣，无论其能恪守清规，未必果为奸淫狗盗之事，而国家养此若干无业惰民，以礼忏讽经诱取民间财物，当亦为法所不容。况今之为僧道者，其果能免于奸淫狗盗之事乎？而盘踞庵观，以为巢穴，终年无事，饥饿无忧。今宜特下一令，严禁二氏之教，凡男僧女尼悉令蓄发还俗。有不从者，从而禁锢之，寺院屋产悉没入官，充作学堂经费。即乡僻之荒祠废

---

① （清）朱寿朋编：《光绪朝东华录》（四），中华书局 1958 年版，第 4719 页。

寺并无恒产者，亦当毁其屋而售其地于民，垦为田畴，用以播种各物，收取其价，归入学堂。似此，则学堂始可广设，经费始得充盈。闾阎少耗财之人，异教绝横流之祸，正教昌明，人才日盛，计无有善于此者矣。①

不难看出，这篇社论的作者不仅完全赞成实行庙产兴学，而且主张将所有寺观产业悉数充公，僧道全部还俗，不听命令者一律关押，其手段可够毒的。光绪二十七年十月初八日（1901年12月18日），《申报》又刊发《毁寺庙以为学堂说》，再次将矛头对准佛教寺院。这篇社论首先为广兴学堂的上谕表示由衷的高兴，但对数月以来各地创建学堂的进度大为不满，认为造成这种状况的原因是学堂经费无从筹措，据此提出了毁天下所有寺庙改建学堂的建议：

自开办学堂之旨下，各省官吏钦奉纶音，咸思即时创办，以仰副圣天子培植人才之至意。海内人士方谓不数月而鼓歌弦诵，可以遍于寰宇。乃不谓时近半年，或甫拟章程而并未兴创，或纷然聚议，而仍未施行。虽朝廷降旨迭催，而官与绅依然瞻顾徘徊，意存观望，是岂敢故违纶绋哉？诚以学堂之设，必须延教习招生徒，购书籍，核其所费，殊属不赀，将使官为筹措乎！际兹出款繁多，库储支绌，即属万不得已之款项，犹且嗟兴仰屋，罗掘无从，更何从另筹巨金？为此非常之举，将使民自捐办乎？则年来闾阎窘迫，户鲜盖藏，富者仅有兢兢自保之心，贫者更怀毚毚靡骋之意，欲捐巨款，势亦甚难。至欲以从前书院改弦更张，事非不可举行，惟下邑偏州未必皆有讲舍，且书院之储费有限，学堂之出费甚繁，两两相权，所缺甚巨。然则为之奈何？曰，惟有以各省之寺庙为各省之学堂，事既易行，理尤极顺。

---

① 《毁寺观以充学堂经费议》，《申报》光绪二十七年八月初六（1901年9月18日），第1版。

考寺庙之建,最盛于六朝,自唐及明,累有增益。然年代久远,不必博引繁称,惟王逋《蚓巷琐语》载,康熙六年七月,礼部题奏"臣等计算直隶各省巡抚造送册内,敕建大寺庙共六千七十三处,小寺庙共六千四百九处,私建大寺庙共八千四百八十五处,小寺庙共五万八千六百八十二处。僧共一十一万二百九十二名,道士共二万一千二百八十三名,尼姑共八千五百十五口。以上通共寺庙七万九千六百二十二处,僧道尼姑共一十四万一百九十三名口"云云。按此皆系国初之数,迄今海内承平历二百余年,绀宇红墙当不知又添几许。聚此数十万不耕不织之游民,米粟安得不昂?风俗安得不坏?倘能一旦人其人,庐其居,芟夷廓清,不复稍留余孽,为益之处约有数端。

盖正邪两途自古不容并立,异端之势盛,则圣人之道衰。今释道之流虽只如爝火仅存,未必再敢与正学为敌,然根株未绝,终恐余焰复燃,若能一律毁除,则宇宙可自兹清晏。此为益之道一也。丛林古刹,昔所称为清净道场者,今则或窝留妇女,或广聚赌徒,藏垢纳污,无所不至。彼和宕和样之辈,又或因争夺寺产涉讼公庭,作奸犯科,肆无忌惮,究之不胜究,惩之不胜惩。惟能扫除而更张,乃得清源而正本。此为益之道二也。诱骗人财之术,惟僧道为最工,假托鬼神,昌言祸福,诡谲百出,狡诈多端。愚民堕其术中,不惜以减衣缩食而来者,供若辈滥赌狂嫖之用,民财大耗,言之可伤。诚能遏绝其流,亦足为利民之一助。此为益之道三者也。

有此三益,故即非为学堂计,亦宜将各省所有寺庙悉数为之拆毁,况现在正虑开办学堂之费无从出乎。以彼易此,孰得孰失,必有能辨之者。或曰"寺庙之产既悉数充公,试问如许僧道将何从位置?"曰"亦有法在是。宜由地方官将田产逐细稽查,留十分之一,另拨寺庙一二处,聚若辈于其中,给与衣食,终其天年,此后永不准再收徒众,违者重治其罪。或有能另谋生计自愿还俗者听。如是,则不及数十年,而僧道自绝迹矣"。至列入祀典之寺庙，即不便拆去，亦只须留屋数间，专雇一人司香火。彼崇闳殿宇，徒壮观瞻，亦何益乎？犹忆戊戌夏钦奉上谕"民间祠庙不在祀典者，著地方官晓谕民间，一律改为学堂，以节靡费而隆教育"等因。未几，康梁乱作，此说遂不果行。今者明诏屡颁，重申前说，日前本城绅士李兰墅大令，将城厢内外庵观寺院逐一查明，禀请上海县王瑶庭大令酌量改设学堂，藉以造就人才。仆伟其所见，爰推论及此。所愿当世君子仿而行之，非特可助建设学堂之资，且与风俗人心亦大有裨益，岂非百世之利哉？若夫不肖绅耆藉此举而鱼肉僧尼，以肥己囊，则是利未兴而弊先见。惟在当轴者严以杜之耳。①

这篇社论对地方官绅兴办学堂徘徊不前的现状判断是正确的，对各地筹款艰难实情的分析也是对的，但提出的"惟有以各省之寺庙为各省之学堂，事既易行，理尤极顺"的建议却带有很大的主观性。他提出的毁寺庙为学堂的三大好处，则完全建立在仇视佛教的立场上得出的主观结论。光绪二十八年四月初七日（1902年5月14日），《申报》又发表了一篇题为《废寺观产业以开学堂说》的社论：

自奉上谕各省开办学堂，培植人材，以备他日国家之器使，迄今历时已久。各省会大学堂虽多开办，而府县中小学堂则多以经费难筹而徘徊观望。间有地方府县绅董知此举为万不可缓，竭力筹资，设法兴办，然尚兴办者少而未兴办者多。蒙窃谓欲开学堂，先筹经费固也，地方公款各有专属，全拨固属不能，酌提亦非容易，此又事势所必然也。然则欲开学堂果有何项闲款可以提拨乎？仆私心计之，以为款项之可以提拨者，莫如毁庵庙寺观，而以其产悉数归入学堂最为有益而无损。

---

① 《毁寺庙以为学堂说》，《申报》光绪二十七年十月初八日（1901年12月18日），第1版。

夫庵庙寺观大抵皆为缁流羽士之所窟宅耳,果使严持戒律,苦志焚修,已为无业游民,不能容于圣人之世。况今之所谓缁流者,无一非淫僧耳;今之所谓羽士者,无一非恶道耳。甚至为盗为贼,作奸犯科,擢发计之罪难悉数。至以诵经礼忏,诓骗资财,此又世俗男女之甘为所愚而不足为若辈罪乎?呜呼!二氏悠谬之说流毒至今,惑世诬民,又有其徒以扬其焰,数千年来牢不可破。今既不能悉火其书,而尽锄其种,则惟有剪其窟宅,使之无可容身,然后可以徐绝根棣,彼教得终于覆灭。夫欲剪除其窟宅,莫妙毁庵庙寺观,而以其产拨入学堂。闻直隶保定府之高阳县、滦州之饶阳县已行此法。高阳则由绅士查出庙地四十余顷,饶阳则由绅士查出庙地七十余顷,均提七成归入学堂,留三成为住持赡养之费。惜乎!两县绅士能知此法,其办理犹为未尽美善耳。盖学堂经费愈足,则学额愈广,造就愈多。今留三成为庙中住持赡养之资,则学堂即少三成经费,固不如一扫而空之,之为愈也。且庙产已去其七,而庙址犹存,试问住持其中者,苟不为非,则日用必有不给之虑,听其为非,猎取衣食,则又安用此盗巢贼窟为害闾阎乎?此又不如毁去其庙之为愈也。

或曰尽提其产,复毁其庙,则住持之缁流羽士将作何安置乎?以每县僧道计之,少亦数百人,多或至于千余人,一任其无食无衣,咸为饿殍,在上者固有不忍之心,若竟听其流入匪类,为非作歹,亦非安谧民生之道。然则不谋安置而但毁其庵庙寺观,归其产于学堂,殆言之虽甚正,而行之或有不能乎。则应之曰,仍有一法焉,各府州县择一极大之庙院,毁其偶像,改其规模,名之曰返本所。将地方僧道悉数拘入其内,如劝工所章程,使之各执一业,按其所成之物,由所给予价值,然后售之于市肆,收回价钱以备所中费用。如是,则所可久持,而若辈除衣食外,亦可渐有积蓄,他日老死,当不虞丧葬无资。夫僧道初非生而为僧道也,亦不过为谋生计耳,今既设有谋生之地,则亦何用必为僧道乎?而地方之庵庙寺观无论为大为小,尽数毁之,在乡者或以其地栽种树木,或以其地开垦作田;在城镇者,或改为民房店铺,岁收其值归入学堂,其中旧有之产业,亦尽数拨入,无使稍有隐匿。至于女尼则较僧道之数少,而伤风败俗之处较僧道犹多,凡有尼庵及产业,一律照此办理,尼则还俗另谋糊口,不必别设安置之所,以其人数少而亦未能为患也。若是,则二氏之谬种绝,而学堂不忧无款项矣。各府州县苟能依此行之,尚何诿诸巨款不能备而徘徊观望焉?①

光绪二十八年十一月十三日(1902年12月24日),《申报》又发表了一篇题为《捐僧道议》②的社论,论者首先指出当时各地的经济窘境:"时至今日,国家之度支可谓奇绌矣!计臣之搜括亦可谓至密矣!其已经通行者,若房捐,若膏捐,若酒捐,若糖捐。其议而未行者,若亩捐,若丁捐,若印花捐。条例繁多,名称猥杂,不顾大局,但计目前,理财至此,可谓浩叹。"然后,认定僧道"不耕而食,不织而衣,劳心劳力,两无所事,而终岁温饱,仰俯裕如,且或作奸犯科,肆其诡诈,此固莠民之至可恶者",最后提出了开征僧道捐的建议:"由部颁发度牒于各州县,凡为僧道者皆须赴衙门纳赀具领……必使凡为僧道尼姑者非领有度牒不可。每度牒一纸,定以洋银若干元,合各省计之,为款当不下数十万,再每岁定以常捐之数,有抗违者,严惩无赦。"依论者的建议,不仅要强迫所有的僧道尼姑缴纳一定的银子购买度牒,而且还要强迫他们每年都缴纳一定数量的常捐,这显然是将僧道当成了可以肆意敲诈的对象。

此后,《申报》还陆续发表了《论示禁烧香事》[光绪二十九年三月十四日(1903年4月11日)]、《论饬护藏经及捐资修庙事》[光绪二十九年十月十三日(1903年12月1日)]、《论筹款》[光绪

---

① 《废寺观产业以开学堂说》,《申报》光绪二十八年四月初七日(1902年5月14日),第1版。
② 《捐僧道议》,《申报》光绪二十八年十一月十三日(1902年12月24日),第1版。

三十年六月二十四日（1904年8月5日）]、《论目前提寺产充学费之办法》[光绪三十一年五月十八日（1905年6月20日）]等多篇社论。尽管角度不同，但对僧道的看法一致，所提建议大体相当。作为当时影响力最大的报纸，自1901年清廷再次颁布兴学上谕以后，便连篇累牍地发表改寺庙为学堂的社论，这充分反映了民间舆论对庙产兴学的政策高度关注。从这些社论的内容和观点看，均拥护朝廷的庙产兴学政策，均主张将所有的寺院产业拨充学堂经费，均主张彻底消灭佛道二教。由此不难看出，清廷广兴学堂的上谕一颁布，民间舆论的焦点便不约而同地指向了佛教寺院。

三 各地征用的重点是佛教寺产

综观清末各地的庙产兴学运动，佛教寺产一直是各地征用的重点。百日维新期间，尽管绝大多数地方官对光绪皇帝的变法上谕持观望态度，庙产兴学政策也因此并未全面付诸实施，但还是有个别地方展开了庙产兴学。如1897年浙江巡抚廖寿丰将普慈寺改作求是书院；光绪二十四年（1898）4月13日，直隶总督王文韶在保定西关外灵雨寺内设立畿辅学堂；光绪二十四年（1898）9月13日，署理江西巡抚翁曾桂在南昌城隍庙内设立吏治学堂。① 尽管此时的庙产兴学运动只是个别官员的零星行动，但不难看出，佛教寺产已经成为他们征用的重点。

1898年庙产兴学上谕颁布以后，江苏、浙江等省便开始清查寺院，为庙产兴学做准备，《申报》对此报道说：

> 金陵访事友人云，大宪前奉谕旨，饬将省垣书院及不载祀典之庙宇一律改为学堂，由府宪刘嘉树太守先查书院经费，每年仅有二万二千余金，拟先设学堂两所，庙宇尚未清查。兹悉上元、

---

① 李贵连：《清末民初寺庙财产权研究稿》，李贵连：《近代中国法制和法学》，北京大学出版社2002年版，第153页。

江宁两县暨保甲总局各委员均已奉檄，饬将城厢内外所有不载祀典之庙宇，凡有房屋十余间者，均著于册，以便改为学堂，其不及十间之庙宇，则悉如旧贯云。①

前者钦奉上谕，饬各直省督抚将不列祀典之庵观寺院改作学堂，等因，钦此。前日江苏巡抚奎乐峰中丞札委候补道罗少耕观察到沪，详查核办。想各僧尼虽有广大神通，当亦难逃明鉴矣。②

杭州访事友人云，前奉谕旨将不列祀典之庵观寺庙一律改作学堂，浙省大宪当即委员查核。计海潮、长庆、白衣三寺及慈孝庵均在应改之列。近日惟海潮、慈孝已饬粮书人等丈量地基，呈报有司。其中佛像移至他处供奉，僧尼愿投何处概听自便，或派往未改各庙妥为安插。所有衣物均准自行携带，差役不得阻拦。长庆、白衣二寺是否裁改，尚未定夺。③

根据这三则报道，我们可知1898年庙产兴学上谕颁布后，一些地方便开始清查庙宇庙产，为庙产兴学做准备。在这期间，佛教寺院是首当其冲的，即便有些庙宇并非佛教寺院，但其驻守者多以僧尼为主。

1901年清末新政开始以后，在朝廷的催促下，各地的庙产兴学运动次第展开，但在1904年以前，绝大多数地方的主要兴学措施是将各级书院改为学堂，对各类庙产的征用力度并不大。1904年1月13日，清廷颁布了《奏定初等小学堂章程》和《奏定高等小学堂章程》，明确规定地方官的办学任务和办学责任，各地的庙产兴学运动因此进入了高潮。从此以后，无数的僧人由于"不守清规"而被驱逐，无数的佛教寺院被改为学堂。

在清末的庙产兴学运动中，直隶省的行动最早。光绪二十七年十二月（1902年1月），直隶学政陈伯奎就出示晓谕各属绅衿速设学

---

① 《饬查庙宇》，《申报》光绪二十四年七月十八日（1898年9月3日），第2版。
② 《饬查寺庙》，《申报》光绪二十四年七月二十七日（1898年9月12日），第3版。
③ 《改庙述闻》，《申报》光绪二十四年七月二十七日（1898年9月12日），第2版。

堂，他说："直隶近在畿辅，自宜为天下倡。著各府、厅、直隶州设立中学堂，各州县设立小学堂。仰各属士绅遵即前往，会同各该地方官妥筹的款，从速开办，并于各乡村镇多设蒙塾，以佐官学之不及。其所有办法就近禀呈地方官禀辕核夺，并候给予延师订课章程，以防歧误。其有捐资兴办蒙学堂者，由本部院会同督部堂奏请奖励，以为好义兴学者劝。"① 在直隶学政的督促下，直隶各州县迅速兴起办学热潮，庙产兴学运动随即全面展开。束鹿县县令针对县境内"不入祀典庙产所在甚伙，有庙废产存久无住持者，有本庙无人而他庙僧道接二连三据为己有者，有本村牌甲提作村中迎神赛会一切无益之费者，更有无赖棍徒霸占私肥乡民不敢过问者。私典盗卖，弊窦丛生，名为庙产，实者讼根"的情况，"当经督饬公务局绅董邀集各村正副公同覆议，酌定暂行章程，其有庵观寺院产少僧多仅敷糊口，或地由住持积赀自置者概于免提，惟不得一处僧道兼管两三处田产，以杜弊混。其有早先典出者，或找价绝卖，或备价回赎，各听其便。如实系僧少产多，坐拥厚赀，蕴利生孽，绅富不免，况在僧道。即劝令酌量成数，拨助要需。各绅耆等意见相同，遂令分投乡村，妥速劝办"②。那么，这里的"不入祀典之庙宇"究竟是什么呢？下面的两件事，就说得很明白了。

第一件事是袁世凯拒不执行朝廷颁布的保护佛教寺产的上谕。光绪三十一年三月（1905年4月），清廷为了消除日本在华僧人介入南方各省庙产兴学运动的借口，颁布了保护佛教寺产的上谕："前因筹备捐款，迭经谕令，不准巧立名目，苛细病民。近闻各省办理学堂工厂诸端，仍多苛扰，甚至捐及外方，殊属不成事体。著各省督抚令饬地方官，凡有大小寺院，及一切僧众产业，一律由官保护，不准刁绅蠹役，藉端滋扰。至地方要政，不得捐勒庙产，以端政体。"③ 这份

---

① 《宗师兴学》，《申报》光绪二十七年十二月十日（1902年1月19日），第2版。
② 《束鹿县请将二月以前议提庙产拨充学费准照原议办理禀并批》，甘厚慈辑：《北洋公牍类纂》卷十一《学务二》，清光绪丁未年铅印本，第44页。
③ （清）朱寿朋编：《光绪朝东华录》（五），中华书局1958年版，第5321页。

上谕颁布后，各地强征佛教寺产的行为得到了一定程度的遏制，不少地方将已经征用的佛教寺产归还给了僧人。如"江汉关道继莲溪观察，素以兴学为急务，所有寺院分别改设学堂，如栖隐寺、大佛寺、甘露寺均已充公。方将筹款改造，不意保护寺院之上谕已颁，只得将充公各寺一律发还"①。广西巡抚也责成梧州将查封的庙产一并归还："西省梧州水井寺前经府宪庄蕴宽将该寺查封，改作学堂，并将所有产业拨作该学堂经费，业已定案。该寺住持今忽赴省上控，竟奉西抚批准，将寺产一并给还，并责成梧州府实力保护。"② 两江总督札饬各属"办学不得再争庙产，札文通行后，凡庵产充公及借庙设学，或寺僧呈明捐款各案均受影响，计徐属各州县于七月以后僧徒控翻前案者已数十起"③。浙江绍兴府"札县传知士绅不得轻动寺产，以安方外"④。安徽滁州的提取庙产行为被巡抚叫停："滁州开办中学堂将及两载，颇著成效。惟每年开支不下二千金，仅恃书院田租一项，甚觉不敷，故熊菊葆直刺查得城乡庵庙林立，半关淫祀。拟提产变卖以充学费。当详奉学务处批准造册照办，讵今忽奉大宪通饬，庙产宜一律保护，变卖之举顿成画饼，故该学堂有不可终日之势。"⑤ 山西巡抚指示各州县，凡是有僧道驻守的庙产均不得变价："至庙产变价一节，查现奉上谕地方要政不得捐勒庙产等因，自应钦遵办理。惟晋省各县社庙多而僧庙少，社庙并无僧徒，庙产皆村民经管。如该处士民愿以庙产兴学，较用之迎神赛会，得失固自悬殊，是在地方官督同绅董等体察情形，分别办理。若如该县城隍庙等处既有僧徒，综计地止三百亩，房止五处，应即不必变价归公，仍留为各该僧养赡。此后各州县

---

① 《充公寺产发还》，《申报》光绪三十一年三月十八日（1905年4月23日），第4版。

② 《西抚实力保护寺产》，《申报》光绪三十一年五月二十五日（1905年6月27日），第3版。

③ 《僧徒认捐学款控翻前案之防维》，《申报》宣统元年十二月十五日（1910年1月25日），第1张后幅第3版。

④ 《寺僧禀求保护》，《申报》光绪三十一年四月十八日（1905年5月21日），第3版。

⑤ 《学堂难办》，《申报》光绪三十一年五月六日（1905年6月8日），第10版。

议提庙产一节，即一律查照此次批示，酌量核办。"①

只有直隶总督袁世凯拒不执行保护寺产的上谕，他明确指示学务处仍然按照此前的惯例处理佛教寺产："查民间祠庙不在祀典者，由地方官一律改为学堂，早经奉旨通饬在案。恭绎此次谕旨，自系指确列祀典者而言，岂能任无赖勾串，妄生希冀！嗣后除载在祀典之庙宇及住持积资自置者不得侵占外，其余或淫祀本干例禁，私设庵院，律有明条，又绅民先曾布施，暨僧众情愿报效者应照旧筹办，以昭公允。仍禁止刁绅蠹役藉端滋扰，仰学务处查照办理。"② 不仅如此，他还上奏朝廷，建议仍执行1898年的庙产兴学上谕："伏查民间祠庙不在祀典者，由地方官晓谕民间，一律改为学堂，早经奉旨通饬在案。又恭读钦定学堂章程内载'创立中小学堂，得借用寺观公所'等语。谨绎先后谕旨章程，是地方应行保护之庙宇，系指在祀典者而言。其未入祀典各庙宇，率由绅民禀请改设学堂，相安数年，业已允协，诚恐僧众误会圣意，纷起争端，藉开隐射之门，致坏已成之大局。臣惟兴学育才，为富强根本，军国大计无逾于斯，直隶学务经臣竭力经营，现始稍有规模，但终陷于财力，赖有不入祀典之庙宇，通融修改，早日告成，其或确载祀典及僧人手置产业，均不得稍有侵占，俾清界限。余如淫祠本干例禁，私设庵院，律有明条，又绅民先曾布施，原无殊于善举，或僧众情殷报效，未便令其相隔者，均由公正绅耆分投筹办，应请悉仍其旧，以昭大信。倘有刁绅蠹役藉端滋扰，遵旨从严禁办，不稍宽容。"③

袁世凯的用意很明确，第一，庙产兴学是朝廷的既定方针，如果现在保护所有佛教寺产，就等于废除了上谕和钦定学堂章程，这显然有损于朝廷的声誉；第二，庙产兴学已推行多年，僧、俗两界相安无

---

① 《晋抚批大宁县禀查官庙各地兴学由》，《时报》光绪三十一年四月十四日（1905年5月27日），第6页。

② 《束鹿县请将二月以前议提庙产拨充学费准照原议办理禀并批》，甘厚慈辑：《北洋公牍类纂》卷十一《学务二》，清光绪丁未年铅印本，第45页。

③ 袁世凯：《遵旨严禁刁绅蠹吏滋扰寺院并分别声明折》，廖一中、罗真容：《袁世凯奏议》（下），天津古籍出版社1987年版，第1154—1155页。

事，如果保护所有僧众产业，势必引起很多争端；第三，兴办学堂为当今中国的头等大事，庙产兴学是解决办学困难的主要方式，如果保护一切寺院，学堂等诸新政就会成为无源之水；第四，淫祠和私建寺庵久干例禁，用来办理学堂合情合理。袁世凯的陈述显然打动了慈禧和光绪，几天后，袁世凯的奏折就有了回音："奉朱批：知道了，仍遵前旨办理。"① 这里的"前旨"，显然就是指戊戌变法期间的庙产兴学上谕，这就等于否定了一个多月前颁布的保护寺院的上谕。由此不难看出，袁世凯和直隶各级官员所说的"不入祀典之庙宇"，大部分为佛教寺产。

第二件事是袁世凯的继任者实行的《清理庙宇庙产办法》和《赡养僧道办法》。光绪三十三年七月二十七日（1907年9月4日），袁世凯被任命为外务部尚书，但直隶的庙产兴学政策并没有发生明显变化。宣统元年二月十五日（1909年3月5日），天津县议事会拟定了《清理庙宇庙产办法》和《赡养僧道办法》。《清理庙宇庙产办法》的核心是将祀典以外的全部庙产作为地方公产，交由董事会管理，具体内容如下："一、各项庙宇庙产无论已占未占，统由董事会调查注册，并遵章备案。一、各项庙宇庙产已经各局所学堂占有者，仍照原案办理。一、已经占用之庙宇庙产如该局所学堂迁出不用时，应交董事会收管，不得由原占各局所学堂变卖或转租或转交他处。一、未经占用之庙宇庙产，非经议事会允许，无论何人不得占用。一、各项庙宇庙产已经因事充公者，仍照原案办理。一、各项庙宇庙产既充做自治经费，此后即应统由董事会管理，他处不得以该庙宇庙产充公。"② 天津县是当时直隶省的样板县，这项办法又获得了直隶总督杨士骧的批准，在全省迅速推广。从这六条办法可知，此时直隶省庙产兴学运动的重点，依然是佛教寺产。

---

① 袁世凯：《遵旨严禁刁绅蠹吏滋扰寺院并分别声明折》，廖一中、罗真容：《袁世凯奏议》（下），天津古籍出版社1987年版，第1155页。
② 《天津县自治会禀督宪拟定清理庙产办法文》，甘厚慈辑：《北洋公牍类纂续编》卷二《自治》，宣统二年刊本，第8页。

第二章 晚清社会剧变与佛教的严重危机

直隶的庙产兴学运动一直以佛教寺产为主要征用对象,那么,其他地区的情况如何呢?从笔者掌握的资料看,东南地区的江西、浙江等省,西北地区的陕西,乃至西南地区的云南等地的庙产兴学运动,也是以佛教寺院为学堂经费的主要来源的。

清末新政开始以后,江苏的庙产兴学运动开始的时间与直隶大体相当。光绪二十八年三月十五日(1902年4月22日)的申报报道,不久前,上海县令王瑶庭"将本城张家弄小天竺庵改设启蒙学堂,派董经理,兹又访闻老北门内九亩地青莲庵前院住持僧悦能引诱山家园某氏妇到庵奸宿,致被附近流氓滋闹。因饬差役地甲查明禀覆,如果属实,亦拟将奸僧驱逐,改设学堂"①。随后,他又"饬差传谕僧会、道会二司,将阖邑寺院若干查明禀覆。僧会司旋即开呈清单,惟道会司迄未禀到,昨日饬差严谕,从速开呈,如再迟延,定干未便"②。从这两则资料不难看出,庙产兴学运动一开始,佛教寺产便成为上海县征用的重点。1904年《奏定学堂章程》颁布以后,江苏巡抚于光绪三十年九月(1904年10月)向各县发出札文:"设立学堂如实在款难筹画,准将寺田提拨,酌量办理。"③ 在这种情况下,扬州府于光绪三十年九月(1904年10月)发出告示,宣布普查境内寺院财产,酌量提充学堂经费:"查扬郡庵观寺院实甲于他处,如天宁、万寿、兴教、崇宁、高旻等寺田产最多,遵即谕饬各该寺方丈,将寺田自行禀报,以凭核办。除俟报到另行榜示外,合先示谕。为此示,仰军民诸色人等知悉,须知此举系奉宪饬提充学堂及出洋学费,本县等恐饬查扰累,令各寺自行开报,以示矜恤。尔等如见榜后,知某寺田产确有隐匿,坐落何所,准许禀揭,一经查实,全数充公,以为隐匿者儆。然亦不得因所欲不遂,任意诬指。"④ 由此不难看出,在江苏的庙产兴学运动中,佛教寺产是各地官府办学经费的主要来源。

---

① 《饬查寺院》,《申报》光绪二十八年三月十五日(1902年4月22日),第3版。
② 《严查寺院》,《申报》光绪二十九年二月初四日(1903年3月3日),第3版。
③ 《酌提寺产》,《申报》光绪三十年九月初二日(1904年10月10日),第2版。
④ 《酌提寺产》,《申报》光绪三十年九月初二日(1904年10月10日),第2版。

江西的庙产兴学也是以佛教寺产为重点的。光绪二十七年十二月二十一日（1902年1月30日），江西萍乡县县令就批准安乐乡副贡生梁炳魁的呈请，将建于宋代的焦谷寺产业全部提入栗江书院，《申报》对此进行了报道："据副贡生梁炳魁禀称：伊境南源焦谷寺，系昔年地方捐赀所建，向系公众请僧供奉香火。前因寺僧不守清规，以致荒废。地方商议，愿将该寺归入栗江书院，所有田山屋宇竹木等项，均请提入书院管理，以资膏奖。当经谕饬栗江书院首事，查明该寺究有产业若干，粮在何图甲完纳，详细禀覆。旋据该首事柳傑等查明，该处焦古寺共计水田八十三垞，除垦田在外，计粮七桶有零，全山一嶂，寺宇一栋，茶树、竹木、泉塘等项契载粮银六钱正，现在观化乡畸存僧永振户内，请提入栗江书院户内完纳，共计各项田山契据五纸，已由柳蕴山交执，禀请转详立案各等情到县。据此，卑职伏查光绪二十四年钦奉上谕改寺观为学堂，嗣因各省奉行间有不善，遂致停辍……焦谷寺在南源地方，虽距书院较远，惟同系安乐乡境界，前因寺僧不守清规，以致荒废。今境绅公议归入栗江书院兼管，将来则即可为分设蒙学堂之用，亦与今日谕旨相符，应如所议办理，用特禀恳察核立案，并闻明府拟于明年将栗江书院改为小学堂，焦谷寺创设蒙学堂，各聘教习，训授中外学业。"① 由此可见，江西的庙产兴学运动也是以佛教寺院为主要征用对象的。

浙江省对佛教寺产的征用也很普遍，光绪二十九年闰五月（1903年7月），浙江宣平县县令杨葆光以"宣邑瘠苦万分，经费支绌"为由，与绅董商议后做出决定，"拟各寺庙田在四十亩以上者，抽二成；将近百亩者，抽三成，化无益为有益"②；光绪三十一年正月（1905年2月），浙江省金华府武义县也邀集学绅议定，将本邑寺观义田拨充学费，"据绅董查明城乡寺观田产照章分别留拨，共计祭田三万五

---

① 《请改寺观》，《申报》光绪二十七年十二月二十一日（1902年1月30日），第2版。

② 《抽租兴学》，《申报》光绪二十九年闰五月十七日（1903年7月11日），第2版。

千亩",会同绅董商议后,决定将其中的三成拨充学堂经费①。光绪三十三年三月二十五日(1907年5月7日),浙江省杭州府太守暨仁钱两县令召集各庙宇僧道开会,将庙捐分为六等,"第一等五百元,第二等三百元,第三等一百五十元,第四等七十元,第五等三十元,第六等十五元",并强调捐款分四季认缴,各寺僧均无异言,"当即分等各自认定签押者计有一百二十余寺,已占浙省寺院之多数,因议定未到各寺将来亦不能抗捐,仁钱两县令随将会议情形详报提学司立案"。在此次会议上,还对从前的僧正会长净慈寺住持大加申斥,饬令其将所认第一等捐款每年五百元按年照缴,不得短欠。②各地强征佛教寺产的行为得到了浙江巡抚衙门的大力支持,宣统二年四月(1910年5月),浙江巡抚增韫在批示嵊县的一起僧俗纠纷时明确指出:"各处寺观田产,无一非由民间施舍,凡物既经施舍者,即不得再为私有,此尽人而知者也,以故各属寺产往往提归办学,原欲以公济公,亦属名正言顺之事。况先朝谕旨,不列祀典之庙产均可提办学堂,业经明白通告。此项寺产前据该县来详,尚为两姓酌留祭田若干,所以不尽数充公者,不过使尔等均沾实惠,以免再生异议。乃犹不知足,再三渎控,首列多名,迹近要挟。且所谓和甚不和,平甚不平者,试问必如何而后和?如何而后平也?……此批之后,倘敢再来逗刁,定即押发原县,重惩不贷。"③ 正是因为有了巡抚衙门的大力支持,浙江各县才能大规模地征用佛教寺产。

在东北地区的庙产兴学运动中,佛教寺产被强行征用的例子也屡见不鲜。光绪三十三年四月(1907年5月),奉天省兴仁县就曾应士绅的请求,将该县麦子山屯大林寺的318亩庙地,全部划归该屯小学堂,以作正款。具体批示如下:"查县属麦子山屯大林寺房宇无存,

---

① 《纪武义寺僧抗拨寺产》,《申报》光绪三十一年正月二十五日(1905年2月28日),第4版。
② 《僧教育会议详情》,《申报》光绪三十三年三月二十五日(1907年5月7日),第11版。
③ 《寺产之纷争可解决矣》,《申报》宣统二年四月十一日(1910年5月19日),第1张后幅第4版。

仅有两房草间，寺东南北各地七日，西南地第十日，正西地廿九日，共地五十三日，计三百一十八亩，核与外郎郑恭原禀地数符合。前因此寺废弃，无僧住持，其地归于省城南关辉宗寺僧人沙金管理，或租钱或分粮不等。均该僧俗弟王廷香之手，不无侵蚀租项情弊。且恐日久，寺地私行典赏，化为乌有。正可归为本屯小学堂学田，以资经费。且查辉宗保安两寺尚有市房多处，又菜园两处，每年可得租钱七八千吊之谱。因该僧俗家兄弟王廷香、王廷赞干预寺产，以致沙金与徒戒禅缠讼不休，甚至争夺租粮。王廷赞赴督辕捏报劫案，现在尚未讯明拟结。奉札饬前，卑职应遵饬核议，麦子山屯大林寺地产每年租钱，与其供给不守清规之僧，曷各归为本屯小学堂学田，以作正经用款？并可杜该僧等讼端，而于学务实有裨益也。"① 这样的行为在东北具有一定的普遍性，在查阅《盛京时报》的过程中，笔者还发现当地官府征用佛教寺院财产的案例，由于篇幅所限，在此就不一一列出。由此不难看出，在东北地区的庙产兴学运动中，佛教寺产也是各县征用的重点。

直隶和东南各省是当时风气比较进步的省份，各地将佛教寺产作为庙产兴学的重点，并不奇怪。在风气比较闭塞的四川、陕西和云南等地，佛教寺产依然是各地征用的重点。如在四川省叙永厅水尾场江门公立初等小学堂的账目里，就有不少提取庙宇租谷的记载："僧云山提谷三十石，钱九十四千八百文；僧文善、德昆提谷四石，钱十三千二百文；僧开彦、开伦提谷十石，钱二十八千文；善堂大成会提谷五石，钱十六千文，尚欠六千文；乐善堂提谷五石，钱十六千文；普光寺川主会谷三石，钱十千文；二郎庙川主会谷一石，钱三千文；永申寺文昌会谷一石，钱三千文；中街土地祠谷三石。"②

---

① 《学使批示》，《盛京时报》第121号，光绪三十三年二月初九日（1907年3月22日），第3版。

② 《水尾场江门公立初等小学堂提款一案》（光绪三十三年十月），宜宾市档案馆藏，叙永厅劝学所档案。转引自徐跃《清末四川庙产兴学及由此产生的僧俗纠纷》，《近代史研究》2008年第5期，第73页。

南部县在光绪二十八年（1902）由举人汪麟洲主持，士绅们议定抽提该地庙、会产业五成作兴学之资，获得地方官批准；永川县提三成办学，僧道留七成；巴县仅提二成，僧道可留八成；叙永厅则由士绅与同知周翔凤"议定五层，通禀定案"。① 1904年8月，巴县城乡各庙与办学绅士达成协议，签署《庙捐章程》，在巴县县城文昌宫设立僧会总局，每年提取各庙宇收入的1/5为办学经费。由于僧学双方对此方案都不甚满意，1908年，四川总督将全省提拨庙产的比例统一，各场庙产、会产岁入的2/5作为学堂学费。② 以上虽然是四川两个县的资料，但我们有理由相信，这种做法在当时是具有普遍性的。

陕西虽然地处内陆，然风气一向闭塞，庙产兴学运动的规模自然不及直隶和东南各省，但也发生了征用佛教寺产的现象。光绪三十四年（1908），凤县僧人宽来等到省学务处控告该县县令纵容戚幕抢占寺产，要求秉公处理。提学使不但不为他们做主，反而将他们训斥了一番："察阅禀词，显系该县因兴办学堂酌提庙款，尔等不肯承认，乃派人至寺调取契簿，欲清查寺产，以再议酌提。尔遂捏控官亲幕友将尔等银两钱贴一并掠去，计图抵赖。佛戒诳语，尔何狡展至此极耶？况既奉本道批示，饬该县秉公酌提，仍留焚修之赀，以示体恤，已属平允之至。乃不静候结办，辄砌词来辕呈控，尤属刁健可恶。著速安分回凤，毋再逗留，致干押发。仍一面由司札饬该县持平妥议，详复核夺，切切此批。"③ 从这份批示不难看出，在处理僧俗纠纷时，陕西学务处完全站在了僧人的对立面，在这种情况下，有多少佛教寺产被强行征用，就不得而知了。

在云南省，各地以庙租的形式征用佛教寺产。据《云南全省财

---

① 徐跃：《清末四川庙产兴学及由此产生的僧俗纠纷》，《近代史研究》2008年第5期，第73页。

② 梁勇：《清末"庙产兴学"与乡村权势的转移》，《社会学研究》2008年第1期，第102页。

③ 《学司余批凤县僧宽来等以恃己刻人嗾使戚幕吓索霸契昧银等情上控一案由》，《陕西官报》第十三期，光绪戊申（1908）九月上旬。

政说明书》记载，在光绪三十一年到光绪三十三年短短三年时间内，就有20多个州县提取庙租充作该地巡警的日常开支：宜良县，光绪三十二年十二月，年收十大寺租谷七百一十五京石；平彝县，光绪三十三年二月十五日，年入寺庙租石银四百两，并暂拨白云寺租谷一百京石；石屏县，光绪三十二年十一月初五日，年入各寺庙公租银九百余两；路南州，光绪三十二年正月，收各寺庙租谷七十七石一斗；文山县，光绪三十一年六月初一日，年入各寺庙公租银一千五百余两；云龙州，光绪三十二年四月初一日，年筹获各里寺庙租银二百八十两；丽江县，光绪三十三年三月初一日，年筹五大寺租石提银四百两；保山县，光绪三十二年十二月二十二日，年筹获各寺庙租谷二千九百三十六石，折价银二千三百四十两八钱；永平县，光绪三十三年二月十五日，年筹各寺庙租谷折价银一百四十两；顺宁县，光绪三十三年三月初一日，筹获抽提城乡各里寺庙租谷，折价合银一千五十九两八钱；楚雄县，光绪三十二年十月初一日，年筹团款共各寺庙租折合银九百一十三两七钱一分八厘；南安州，光绪三十三年三月初一日，年原筹各寺庙租谷折银一百五十二两四钱；定远县，光绪三十三年三月初一日，年筹四界山寺租谷一百二十石。以上数据仅仅是云南一些地方收取佛教寺院田租的情况，由此不难看出，在清末的庙产兴学运动，佛教寺产也是云南省各府州县征用的重点。① 由于篇幅的限制，其他省份征用佛教寺产的情况就不一一列举了。

  以上资料表明，在清末的庙产兴学运动中，无论是京畿重地还是西南边陲，无论是风气开化的东南诸省还是风气比较闭塞的内陆省份，都不约而同地将佛教寺产当成庙产兴学运动的重点，通过各种方式不断地将佛教寺产强行拨充学堂经费，佛教赖以存在的物质基础因此受到前所未有的极大破坏。

---

  ① 本段数据见《云南全省财政说明书》，中央财经大学图书馆：《清末民初财政史料辑刊补编》（三），国家图书馆出版社2008年版，第421—443页。

小　结

晚清时期，由于历史积弊，汉传佛教的整体素质全面下降，社会形象全面恶化，汉唐以来形成的和谐政教关系因此面临着严峻挑战。鸦片战争以后，由于西方列强的全面入侵和中国封建统治集团的极度腐朽，近代中国的民族危机、统治危机、社会危机、文化危机都在不断加剧。为了应对空前严重的危机，以新型知识分子和开明官僚为主体的社会精英发动了一场又一场的改革运动（洋务运动、维新变法、清末新政、辛亥革命），这些以挽救民族危机和发展资本主义的现代化改革运动，不但迅速改变着近代中国的社会性质，也迅速瓦解着汉传佛教赖以存在的社会基础、经济基础和文化基础。而旷日持久的庙产兴学运动，则将佛教逼入了生死存亡的危险境地。

第三章　杭僧附日及佛教与清廷关系的全面紧张

　　1904年的《奏定学堂章程》明确了地方官的办学任务和责任，各地的庙产兴学运动由此全面展开，受西方科学技术和民主思想影响的新型知识分子打着"奉旨兴学"的旗号，大肆抢占佛教寺产兴办新式学堂，这便引起了寺院僧人的极大恐慌。这种情况为在中国内地传教的日本僧人提供了千载难逢的机会，为了扩大日本佛教的在华势力，在杭州传教的日本僧人便打着同文、同种、同教的旗号，诱惑当地的36座寺院皈依日本佛教，并在日本领事官的支持下对抗当地的庙产兴学运动。日本僧人和日本驻厦门领事的强势介入，使杭州的庙产兴学运动全面停止，这就是著名的杭僧附日事件。杭僧附日事件产生了连锁效应，这种行为不仅迅速波及浙江全省，而且向福建、广东、湖南、江苏、江西等省快速蔓延，不仅使各地新政平添空前阻力，也使国家主权面临着严重威胁，因而引起了新闻媒体的广泛关注。各地督抚纷纷建议清廷制止日本僧人的行为，杭僧附日事件最终演变为中日两国政府关于传教权的激烈斗争。为了消除日本僧人和日本政府"保护"中国佛教的借口，清廷颁布了保护佛教寺产的上谕，这就出现了两份自相矛盾的上谕，佛教与清廷的关系因此全面紧张起来。

第一节　杭僧附日事件的概况

杭州佛教始于东晋，盛于吴越，极盛于南宋时期，杭州也有东南佛国的美誉，南宋政府确定的地位最高的"五山十刹"均在浙江境内，由此足见杭州佛教在宋元时代的突出地位。宋元时期的杭州，不仅是全国佛教的圣地，也是中日佛教文化交流的中心；不仅有大量的日本高僧到杭州学习禅宗，并将之传到日本，也有大量的中国高僧从杭州出发到日本弘法，因此，杭州佛教在中日文化的交流史上发挥着无可替代的作用。鸦片战争以后，随着西方列强的侵略，中国逐渐陷入半殖民地半封建的深渊，佛教随之进入了全面危机的末法时代，而日本佛教则在明治政府的强力干预下，实现了所谓的政治化和现代化转型，并成为日本政府对外侵略的重要帮凶。1873 年以后，在日本政府的支持下，日本僧人打着同文、同种、同教的旗号，以开设医院、学校为名，积极在中国内地传教。他们先后在上海、北京、杭州、南京、苏州、漳州、泉州等地开设东本愿寺和东文学堂，中日两国的佛教交流从此进入一个新阶段。由于杭州在中日佛教交流史上的重要地位，自然成为日本僧人在华传教的重要基地。1904 年，全国各地的庙产兴学运动逐渐进入高潮以后，各地僧人惶惶不可终日，"自戊戌岁朝廷明降谕旨，令各直省将所有寺院庙观一律改设学堂，一时缁衣黄冠者［之］流与夫大众比邱尼闻此风声，有将寺产寄入他人名下求为保卫者，有将绀宇红墙倩［请］匠人加以黝尘，改称绅士之家庵家庙者。地方无赖又复出其恐吓欺诈之技，以图择肥而噬，彼二氏之惊惶失措，殊觉可笑可怜"①。由于此次庙产兴学是奉旨行事，杭州僧人自知无力抵抗，便投奔到了杭州的日本东本愿寺名下，企图借助外力对抗庙产兴学运动。这就发生了轰动全国的杭僧附

---

① 《论浙省各寺请归日本本愿寺保护事》，《申报》光绪三十年十一月初四日（1904 年 12 月 10 日），第 1 版。

日事件。

一 开端：水陆寺事件和龙兴寺事件

1904年夏，杭州绅士拟利用水陆寺的房屋兴办两浙公学，并将寺有土地数十亩充为学校产业，此计划得到了杭州知府的许可，也引起了水陆寺产业的代管人孙仁甫的极大恐慌。为了保全寺产，孙仁甫"乃谋之日僧伊藤贤道，伊藤乃遍致书与寺之邻，云将保荐僧名续青者，为水陆寺住持"①。8月3日，日本僧人进驻水陆寺，并"悬一额于门，曰'日本东本愿寺学校'"②，杭州绅士与僧人的矛盾迅速激化。对此，上海《时报》进行了详细报道：

> 杭州水陆寺小寺也，寺僧某以嫖赌不能自存，甲辰秋弃寺逃去。寺有瘠田数十亩，值洋三百余元。僧素与孙仁甫相识，将遁，乃以田券授孙代为收藏。僧既遁去，寺遂无僧。时值浙江高等学堂冲突之后，学生咸散学，谋组织两浙公学，以为肄业之所。方事相宅，闻水陆寺虚无人，乃上书于杭州知府，请以寺屋为学校，书中并言及寺产，亦请拨归学堂，知府许之，于是孙仁甫当缴田券于官。孙欲私其田，吝其予，佯曰此田乃前僧押于己者，又不能出押据，其事将负，乃谋之日僧伊藤贤道。贤道乃遍致书于寺之邻，云将保荐僧名续青者为水陆寺住持。即日续青入寺，伊藤为悬一额于门，曰"日本东本愿寺学校"。于是众绅大哗，电达杭州京官汪伯唐、夏厚庵等。汪、夏遂电浙抚，嘱饬日僧去额，并逐续青出寺。聂仲帅乃命洋务局总办许九香与日僧商之。③

---

① 《杭州绅士与僧徒交涉记》，《时报》光绪三十一年正月十三日（1905年2月16日），第1版。

② 《杭州绅士与僧徒交涉记》，《时报》光绪三十一年正月十三日（1905年2月16日），第1版。

③ 《杭州绅士与僧徒交涉记》，《时报》光绪三十一年正月十三日（1905年2月16日），第1版。

第三章 杭僧附日及佛教与清廷关系的全面紧张

就在杭州洋务局总办许九香就水陆寺事件与日僧交涉未果的时候，龙兴寺问题又发生了。1904年夏，浙江巡抚聂仲芳指示杭州绅士罗振玉、高尔伊等人在杭州创办工艺传习所，罗、高二绅便乘机强占龙兴寺数十间房屋，寺僧大怒，奔告与龙兴寺房屋的捐建人丁立诚、丁立中兄弟，丁氏兄弟表面上同意将龙兴寺租给罗、高等人，暗中乞援于日僧伊藤贤道，伊藤便偕龙兴寺住持僧品照，在龙兴寺门口悬挂"大日本东本愿寺总布道场"的匾额，杭州绅士与日僧的矛盾进一步激化。对此，上海《时报》也有详细的报道：

> 龙兴寺者，地僻而屋窳，素不知名，后顾勉甫、丁修甫各捐资为寺营屋数十间，乃稍稍称宽大。会高子衡欲在省城组织一农工商局，又分一支部曰工艺传习所。所初成，应建屋，高为仲帅曰，所屋莫龙兴寺宜，当租而用之。仲帅允之。高遽入龙兴寺，撤寺额，移佛像，置于一屋。寺僧大怒，奔告于丁。时孙仁甫适于谋充工艺传习所司事，不成，亦怨高，力言于丁，丁乃许之，为寺僧乞援于日僧伊藤。伊藤虽允，未遽至，而其事已闻于外。众绅知，大哄数日，迄无定谋。伊藤乃于某日悬"大日本东本愿寺总布道场"之额于杭州工艺传习所之门。斯时惟罗叔韫、潘凤洲力主撤去日人之牌，然后议租寺事宜，而余绅均畏伊藤，持两端，罗、潘亦终不敢任其事，不得已再电京官。然众绅未电之先，龙兴寺僧已致电于汪伯唐、夏厚庵矣。其电措辞最巧，使汪夏视之，若为水陆寺事，僧徒受官绅无穷之之苦者，故于众绅之电不与为力，但电嘱仲帅持平而已。众绅于是技穷，不得已举此事委之于官，于是仲帅再命许九香与日领事大河坪议之。久之乃决，其条款为日人自撤去水陆寺、龙兴寺之额，而官亦认续青为水陆寺住持，并还龙兴寺一额于门，移佛像归大殿。议既成，日人撤额。撤额之后，众绅以为已胜，又大哗，不

肯如约，许九香强为之，乃已。①

另外，《申报》也以《详记日僧干预龙兴寺事》为题，对龙兴寺事件发生的原因进行了详细报道：

> 本年夏间，浙抚聂仲帅遵奉谕旨振兴实业，拟就省城创办工艺传习所，延聘教习，招徒学集，以挽利权，并饬由连库按月拨银一千两作为经费。一面照会罗绅振玉、高绅尔伊总理其事。二绅以查得下城祥符桥地方【龙】兴寺水口较便，基地甚大，改设最为相宜，因禀诸中丞，留寺龙偏房三进，计十余间为僧人住宿及供奉佛像等用，余屋则均归公，按月给付寺僧租资洋银三十元作为香火之资，以示体恤。中丞允之，饬仁和县萧令传谕寺僧品照移让。时有丁立诚、立中兄弟，自认为寺中护法，深不谓然，于是密至苏州，商助俞太史樾、汪侍郎鸣銮，致函抚藩各宪，有"千古名刹，不可骤废"之语。中丞不理，饬下连库拨款，面谕二绅赶紧兴办。时罗绅为端午帅聘办苏垣学堂，先行赴苏，高乃商之丁氏昆弟，据称只须立一合同，便可借用。高信以为真，遂将寺中佛像移置偏屋供奉，鸠工庀材，赶早工厂及学生寄宿舍及讲堂等屋，一面汇款至苏，请由罗绅购备各种机器，并延聘东西各教习来杭教授。一面请由丁氏主稿，订立合同。不料丁氏见前此水陆寺请归日僧，改为释氏学堂，曾由杭绅电请同乡京官力争，因与寺僧品照密议，以龙兴寺无端被占，将为水陆寺之继为辞，代品照函请同乡京官挽回。至十月间，工舍落成，教习亦到，生徒一百二十名又均考取如额，已定于十一月十五日呈报开办。乃京中同乡官公函亦到，有云"寺院为地方公产，不得令外人干预。然寺僧苟无大过，地方绅士亦应保护"等语。高绅以此

---

① 《杭州绅士与僧徒交涉记》，《时报》光绪三十一年正月十三日（1905年2月16日），第1版。

事势成骑虎，不便中止。十二月初五日晨，日僧伊藤亲偕品照等赴工艺传习所，高悬"大日本真宗本愿寺总布道场"匾额一方，燃放爆竹，即日布告乡绅并洋务局，闻者莫不骇异，而寺僧品照等益昌言无忌。维时罗绅适于初三来杭，当即回明仲帅，复偕高绅与日本领事大河平隆则力为声辩，合省绅民暨各学堂学生亦电达同乡京官，并电禀外部、商部及在抚辕控告丁金，纷纷不绝。嗣由京官传电询问，浙抚乃谕洋务商务两局总办调停其事，刻下虽已将匾额除去，然此后纠葛仍不免矣。①

从以上两则报道，我们可以看出这几点。第一，杭州绅士强占寺产的态度十分蛮横。杭州绅士创办两浙公学，理由也许是正当的、充分的，但他们在没有征得水陆寺僧人同意的情况下，即命令田券管理人孙仁甫交出田券。他们创办工艺传习所的理由也是充分的、正当的，但同样没有取得龙兴寺僧人的同意，就"遽入龙兴寺，撤寺额，移佛像，置于一屋"，这种行为与强占无异，足见学绅强占寺产态度之蛮横。第二，杭州绅士强占寺产的行为，是在地方官员的支持下进行的。杭州绅士占据水陆寺为两浙公学校舍，得到了杭州知府的许可，高子衡占用龙兴寺创办工艺传习所，得到了浙江巡抚聂仲芳的许可。这也许就是他们根本不顾及寺僧及寺产捐献人意见的原因。第三，当寺僧请求日僧予以保护后，杭州绅士是惧怕日僧的。日僧伊藤贤道在水陆寺悬挂日本东本愿寺学校的匾额后，杭州绅士尽管十分震惊，但也仅仅是"大哗"而已，并不敢与日僧直接交涉，只是致电杭州京官汪伯唐、夏厚庵，并寻求援助。伊藤贤道在龙兴寺门口悬挂"大日本东本愿寺总布道场"的匾额后，杭州绅士中只有罗叔韫、潘凤洲二人力主撤去日僧的匾额，其余的均"畏伊藤，持两端"，只好再次向汪伯唐、夏厚庵求援。当汪、夏二人不为用力时，杭州绅士技

---

① 《详记日僧干预龙兴寺事》，《申报》光绪三十一年正月十三日（1905年2月16日），第5版。

穷，别无他法。第四，许九香的交涉是有效的。得到聂仲芳的命令，许九香即与日僧和日本驻杭州领事大河平隆交涉，最终达成了日僧去额、杭绅归还寺产的协议，这在当时清廷完全陷入半殖民地的历史条件下，是相当不容易的。但杭州绅士却不愿意履行许九香与日本驻杭州领事大河平隆达成的协议，最后在许九香的强力压制下，才勉强履行了协议。由此可见，在庙产兴学期间，杭州绅士对涉外事件的政治敏感性是很差的。第五，水陆寺事件和龙兴寺事件涉及的社会层面是很广的。水陆寺事件发生后，杭州学绅即向同乡京官致电求援，龙兴寺事件发生后，杭州绅士不仅向同乡京官致电求援，而且还电禀外部、商部，到省辕控告丁氏兄弟，并与日本领事大河平隆进行面对面交涉，可见，杭僧附日事件一开始就超出了杭州一地的范围，牵扯到诸多人物，由此足见清末庙产纠纷的敏感性和复杂性。

二 发展：三十五家寺院皈依日僧

水陆寺事件和龙兴寺事件的暂时平息，并不等于杭州绅士与寺僧之间矛盾的彻底解决，因为在全国形势的影响下，杭州的庙产兴学运动还必须继续进行，这势必会有更多的寺院被征用，寺僧的恐惧感必然会持续增加，只要有僧人的请求，日本僧人就会继续接纳中国寺院。为了解决这个矛盾，负责协调寺僧、学绅和日僧关系的洋务局总办许九香想出了一个看似两全其美的办法，那就是"使众僧集资在省设一僧学堂教缁流，各县各设一蒙学堂，教白衣。章程既定，则请浙抚以奏案饬行"①。这样，既可以在不占用寺产的情况下完成朝廷下达的兴学的任务，又消除了寺僧的恐惧和对抗情绪，进而消除日僧干预的借口。当许九香在海潮寺向到会的众多僧人宣布这个计划时，得到了众僧的积极回应，并推荐天童寺僧寄禅大师为代表，负责协调各寺僧人集资办学；杭州学绅也普遍认为许九香的计划可行，并推荐夏

---

① 《杭州绅士与僧徒交涉记》，《时报》光绪三十一年正月十三日（1905年2月16日），第1版。

穗卿为代表,与寄禅一起负责创办僧学堂事宜。对此,《申报》进行了报道:

> 杭州水陆寺龙兴寺两案,去年虽经敷衍了结,但劣绅勾引日僧种种诡谋仍未从此杜绝。洋务局总办许九香观察倡议开设僧学堂,绅士如杨雪渔太史等均表同情,特公函到沪,商请夏穗卿太史到杭总理其事,许观察更电致宁波府俞庶三太守饬宁波天童寺住持寄禅到沪,偕夏太史一同赴杭,以便劝导僧人,不致或生阻力。兹闻夏太史已于初二日偕许观察抵杭,惟寄禅因腿跌伤,未能同行。①

许九香的计划看似两全其美,但却隐含着很大的危机,许九香创办僧学堂的消息刚一传出,《申报》就刊发了《论浙省创办僧学堂事》一文,对许九香的计划进行了直言不讳的批判:

> 中国官场有一种敷衍之思想,一种迁就之手段。无论理地方各事,办交涉各事,莫不本此宗旨,以图彼此无窒碍、无决裂,其事可速了,而名可以不坏,而不知天下事未有敷衍迁就而可以成立者也。以为可以两全者,必至他日溃败而不可复收,盖其机即伏于苟安无事之日也。今者浙省洋务局总办许九香观察创办僧学堂一事,则有大可异者。杭州前议开办学堂,拟以水陆、龙兴两寺改设,复因劣绅恶僧勾引日僧出而阻挠,其事至今不能了,而遂有创办僧学之举。呜呼!何为者耶?以为仍可以全学堂之名,可以遂寺僧之志,而得两全之道耶。仆则以为有不可行者数端。夫当日劣绅与恶僧抗其开学堂也,恐寺产没入公产也。今欲改办僧学,试问寺产之权仍握之于寺僧乎,抑收而握之于我也?

---

① 《浙省开办僧学堂》,《申报》光绪三十一年二月初五日(1905年3月10日),第4版。

握之于我，彼寺僧者正为此目的而与我为难，今肯双手奉我乎？若仍握之于寺僧，则他日将如何办事乎？兴波冲突势所必至。此其不可者一也。各处寺僧素以吸烟嫖赌为本业，而杭州之寺僧尤为无恶不作，老幼不齐，目不识丁，不知学堂为何物，能俯首就学乎？能有一合乎学生资格乎？试问他日有成效乎？舍至急至要之中学校，反而俯就于寺僧，为此贻笑之举，此其不可者二也。日僧之受彼勾结而抵抗也，图其利也。今乃改为僧学，试问彼能袖手而退乎？抑仍欲干涉乎？彼仍出而干涉，将何以应付之乎？此其不可者三也。有此三者，无论开办时有许多棘手，即无棘手，而后日之交涉终有不堪设想者也。无论他日必无效验，即稍有效验，终必不能敌中学堂之益也。此其理显而易见，彼许观察者岂不知之？乃必欲创是议者，以为一受干涉而即以学堂中止，于体面有关，然其力则只足以抗恶僧抗劣绅，而断不足以抗日僧。日僧者，受恶僧劣绅之勾引而来者也，计惟有乞怜于恶僧劣绅而为此敷衍迁就之举，以求免于日僧之干涉，不惜以其办事之精神材力供寺僧无益之用，心亦良苦矣。虽然，彼独不思国家教育之权而可以受外人干涉乎？此之不能争而急急焉。为此笼络寺僧之计，乱源不能塞，祸根不能拔，而其名仍不能全。官吏办地方交涉之事者往往如此，可叹哉！①

在这篇评论里，将不同意学绅借寺产办学的寺僧被称为"恶僧"，将维护寺僧利益的绅士称为"劣绅"，由此不难看出这篇评论作者的立场并不公正，但这并不影响我们对这篇评论中核心观点的认识。这篇评论提出的许九香计划不可为的三项理由，还是很有见地的。首先，学绅与寺僧矛盾确实是因办学而起，但双方斗争的核心则是寺产的控制权，这个问题不解决，双方的矛盾必

---

① 《论浙省创办僧学堂事》，《申报》光绪三十一年二月初六日（1905年3月11日），第2版。

然愈演愈烈。其次，僧学堂和中学堂看起来都是新式学堂，但二者服务的对象却大不相同，评论对寺僧整体素质的评价"素以吸烟嫖赌为本业，而杭州之寺僧尤为无恶"虽然有偏激之处，但绝大多数寺僧"目不识丁，不知学堂为何物"却是不能否认的事实，如果让寺僧掌控学堂的控制权，很难想象将来的僧学堂会有什么效果；如果让学绅掌握未来学堂的控制权，寺僧也很难与之配合。再次，评论认为日僧不会放弃对庙产兴学的干涉，无疑是敏锐的。日僧干涉杭州的庙产兴学，看起来是"恶僧劣绅"勾引所致，但实质上却是日僧欲借此扩张其在华影响，并为本国政府的侵华政策服务，为达此目的，日僧肯定会百般诱惑中国僧人皈依日本真宗本愿寺。

事实的发展也印证了评论作者的观点。开办僧学堂的计划一开始便遇到了极大阻力。首先是被众僧推举为僧学堂总理的寄禅大师和被学绅推举为僧学堂总理的夏穗卿都不愿到杭任事，后来，虽然夏穗卿在众绅再三催促下来杭任事，但诸绅又不配合："某日，许大集诸绅议之，诸绅无语，自午至戌不能得可否，仅议决龙兴寺租约而已，议久无成而散。明日，诸绅争致书于夏，言僧学堂不可办，且讽许、夏以速去，毋干涉此事，意与前公函反。夏本无意为此，遂以某日一会诸僧而去，许亦行将去矣。"① 至此，许九香欲借开办僧学堂来缓和寺僧与学绅矛盾的计划彻底失败。

许九香的计划失败以后，杭州的庙产兴学运动再起，这次，学绅的目光又盯在了杭州东关的大道寺。该寺僧人大为恐慌，在运动绅士之稍通官署者夤缘请托失败以后，即舍身于日本东本愿寺。对此，上海《警钟日报》感叹道："日本本愿寺僧徒欲于杭州兴学，浙省士民咸怀愤怒，至今未已，而广东僧徒复借日僧保护之力，以达其阻学之目的。虽一为兴学，一为阻学，一方法不同，然皆日本势力侵入中国

---

① 《杭州绅士与僧徒交涉记》，《时报》光绪三十一年正月十三日（1905年2月16日），第1版。

之渐也。可勿叹哉?"① 大道寺风潮再起，引发了杭州僧人的极大恐慌，杭州日本僧人乘机游说，为了保全寺产，杭州寺僧纷纷皈依日本僧人在杭州开办的真宗东本愿寺，截至光绪三十一年三月初二日（1905年4月6日），杭州皈依日本东本愿寺的寺院竟然达到35家之多。对此，上海《警钟日报》报道说：

> 浙省近来拘惩淫僧，如圆通寺、普慈寺均抄封入官，改为学堂，而外府县亦往往抽提寺产，因之各僧闻风慄惧，均不自安。适值龙兴寺议设工艺传习所，由日僧伊藤贤道氏出为阻止，大起风潮，果得掣官绅之肘，至今未能开办。由是各僧依托日僧之心益坚，集众结会，联名依托伊藤氏，为东本愿寺真宗大谷派教徒。闻已由士绅电达北京，同乡官曾奉外务部与驻日公使辩驳，复电致聂中丞及早防范挽回。盖因日僧欲援天主耶稣之例，在华传布佛教，殊与国际交涉大有影响。适聂中丞因病乞假，虽札饬洋务局办理，至今尚未提及。兹将签字结会依托日僧之三十五家寺僧调查录后：杭州府城外法喜寺住持悟性、法镜寺住持贯通、云林寺住持通泉、净慈寺住持空净、昭庆寺住持慧馨、圣因寺住持法轮、云栖寺住持某某、理安寺住持灯裕、海潮寺住持解木、虎跪寺住持品照、凤林寺住持昔徵、弥陀寺住持谛鑑，杭州府城内仙林寺住持近泉、白衣寺住持松风、戒坛寺住持善宏、法雨寺住持开如、水陆寺住持续青、慧云寺住持德果、许村荐福寺住持明山、余杭东天目寺住持松华、西天目寺住持定慧、宁波府鄞县天童寺住持寄禅、定海厅锡麟寺住持了解、绍兴府会稽县平阳寺住持真如、显圣寺住持裕修、华严寺住持琇碧、山阴县融光寺住持慧成、能仁寺住持琇碧、永泽寺住持普润、崇福寺住持乘高、弥陀寺住持鹤丹、大庆寺住持清净、萧山县祇园寺住持忍涛、慧

---

① 《寺院又仰日僧保护》，《警钟日报》光绪三十年十二月十九日（1905年1月24日），第3版。

济寺住持修慧、嘉兴府石门县福严寺住持了悟。①

这么多寺院签约结会皈依日本的东本愿寺，以求保全其寺院财产，是杭州官绅始料未及的。这种情况的出现，深刻反映了清末庙产兴学运动中佛教的窘境以及寺僧与学绅、地方官员矛盾的尖锐复杂性。

三 高潮：各省僧人纷纷效仿

由于杭僧附日事件产生背景具有普遍性，而杭州僧人和日本僧人的联合行动也让当地官绅左右为难，杭州的庙产兴学运动因此陷入了停顿状态。这种情况立即引起了三大连锁反应：一是在杭州的日本浪人乘机用暴力强占寺产；二是外省的寺院僧人纷纷接受日僧的保护；三是当地的天主教堂也乘机"保护"寺产。杭僧附日事件因此迅速演变为一个全国性的重大事件。

杭州的日本浪人乘机强占寺院的行为，集中表现在日本浪人中村孝男强占光福寺。《警钟日报》报道说："年来天主教徒之强占寺产、日人之谋吞庵观者，已数见不鲜矣。而不意余杭一邑竟成前狼后虎，日人与教徒狼狈为奸，相继而图西乡丁桥之广福寺。查该寺为唐以来之古刹，所有田产皆洪杨前之老产，向居僧寮，兵燹后以寺少出息，舍此他适。继由地方续招道士，归伊收息纳粮。后有台州人林嘉傅者，素为盗贼，案发遂由盗而道，隐匿该寺，万怙恶不悛，屡行不法，遂于去年九月间由里民驱逐出寺，而不意其窃粮票以去也。本年七八月间，林嘉傅竟敢串同天主教徒洪某，将此票送入教堂。教士王某询知此系公产，未敢竟受，方在犹豫。讵料林嘉傅于九月初六日又复托病入寺，随即突来一日人自称中村孝男者，带同刀工，云该寺山上林木已由嘉傅出售与伊，今特上山砍伐。其时乡民既惊且愤，遂由

---

① 《浙僧结会依托日僧》，《时报》光绪三十一年三月初二日（1905年4月6日），第6页。

绅董赴县禀白此事,方令象堃随即饬差查访,并驱逐该道。日人自知理屈而他适。讵知彼于十月十六日又复如前带同刀工数十名,不分皂白,竟行上山砍伐树木,声势汹汹。绅董又复禀县,中村孝男亦随同来县,饰词云已经付价三百金,不得不砍,以偿所失。方令畏事,如其愿而偿之,该日人始远飏而去。教徒等见日人得此倘来之阿堵物,遂大启贪心,神甫犹以此系公产,未敢生利益均沾之想,后以教徒之纠缠,遂执强硬政策,逼方令三分寺产,以一分归教民,一分充学堂经费,一分仍归贼道。民情汹涌,恐将激称变乱。噫!以余杭之一广福寺,而日人竟得利于前,教徒又分财于后,则将来类乎广福寺者,安知不将一一而尽入外人掌握中乎?乡民无知,目光短促,刺激此等之恶风潮、恶感情,则将来闹教之巨祸,不又将见之于余杭一邑乎?呜呼!寺产虽微,所关甚巨,谨述其原委如此。"[1] 通过这篇报道,我们不难想象,在全国的庙产兴学运动如火如荼的形势下,杭州僧人面临着怎样的困境,一方面地方绅士肆无忌惮地将寺院改为学堂,另一方面天主教徒和日本浪人与无良僧道相勾结,明目张胆地侵吞寺产,而地方官府为了完成朝廷下达的办学任务以及慑于列强的淫威,只能满足学绅、天主教徒和日本浪人的贪图,这无疑是杭僧附日事件发生的一个重要原因;更为重要的,在寺僧为了保全寺产纷纷投靠日僧的同时,天主教徒和日本浪人也乘机兴风作浪,两者之间的联系也是不言而喻的,无怪乎《警钟日报》发出"日人竟得利于前,教徒又分财于后,则将来类乎广福寺者,安知不将一一而尽入外人掌握中乎"的感慨。

外省寺僧纷纷皈依日僧以保全寺产之行为,主要出现在福建、广东、江西、江苏、湖南等省份,《申报》曾因此发出严正警告:"年来日僧本愿寺在中国内地广为传教,中国僧徒闻有寺产提拨学堂之言,不觉惴惴于心,深恐失其所恃,于是浙省法喜等三十五寺首先明

---

[1] 《教徒抢占寺产始末志》,《警钟日报》光绪三十年十一月初六日(1904年12月12日),第3版。

目张胆皈依日教，而闽之泉州、粤之廉州以及苏赣等省劣僧，亦皆怀依草附木之想。"① 由此可见，杭僧附日事件的影响已经超出了浙江一省的范围，向其他省份迅速扩张。1905年2月，浙江金华府武义县的寺院僧人即受杭僧附日行为的影响，有心皈依日僧。《申报》报道说："金华府武义县绅士以台山书院改办学堂，经费不敷，请拨寺产，业已批准立案。乃各寺僧推性善为首，联名投县府署请求免拨，当经府县严行批斥，并提案惩办，该僧等心犹未服，拟欲皈依省垣龙兴寺日僧以图保护，恐将来龙兴寺日僧案又添一交涉矣。"② 从这寥寥数语中，我们不难看出两点：一是金华府武义县僧人确实有皈依日僧的想法；二是武义县僧人欲皈依日僧，除了对当地官府强征寺产的行为严重不满外，还受杭州龙兴寺事件的直接影响。据此两点理由，我们可以相信，金华府武义县僧人的行为，是杭僧附日事件的进一步扩大化。

广东潮州僧人也有皈依日僧的迹象。《申报》报道说："日本僧人自在潮州设馆传教，潮人之入教者不计其数。近闻各寺院僧人以其宗教同源，且闻华官有提寺产充作学费之说，因此入日本教籍者愈多。"③ 这则简短的消息，透露了两点信息：一是潮州人皈依日僧的人数很多；二是潮州僧人皈依日僧的原因与杭州相似，都是因官府提拨寺产兴办学堂，僧人欲借日僧的势力保全寺产。这里虽然不能看出潮州僧人的行为与杭僧附日事件的直接关系，但从潮州僧人皈依日僧的缘起和目的看，无疑也是杭僧附日事件影响扩展的另一种表现。另外，上海《警钟日报》也有报道："自日本僧人来潮州传教，潮民入其教者实繁有徒。盖其教迷信神权，最合潮人脑质，近管教士面谒海阳县胡令，保领在押之黄某曾某二人，大令准如所请。愚民闻此消息，喜

---

① 《饬地方官保护寺院感言》，《申报》光绪三十一年三月初八日（1905年4月12日），第1版。
② 《纪武义县寺僧抗拨寺产》，《申报》光绪三十一年正月二十五日（1905年2月28日），第3版。
③ 《潮僧争入日教》，《申报》光绪三十一年正月十八日（1905年3月3日），第3版。

得护符，大有渊鱼汇爵之势。"① 从这则消息里，我们可以看出两点信息：一是潮州人皈依日僧的时间与杭僧附日时间是一致的；二是皈依日僧的潮州人很多。那么，潮州的情况与杭僧附日有何关联呢？这则消息结尾所附的按语可谓一语道破："杭州龙兴寺之交涉尚未了结，而泉州复以教案闻，今潮州复以日僧传教闻矣！吾知中国之寺僧必将借日僧之保护以抵抗改建学堂，而从教之人遂不啻为日本之顺民矣。其势力之侵入，较教育界尤大。中国人曷一筹对付之策哉？"②

广东番禺县也发生了僧人借助日僧对抗该县官绅征用其寺产的行为，上海《时报》对此报道说："（广东）河南花地有纫兰园一所，为华林寺僧人真权静室，乃碧江苏姓妇人赠与该僧者也。番禺县柴令拟在花地设立小学堂，苦无校地，因谕该处绅士罗国琨查覆。罗覆称，纫兰园改设学堂最为相宜，柴即谕该僧将园让出，酌给租资，或由官出资购买。讵连谕三次，该僧无一字答覆，最后禀称'此院已归日本本愿寺，改为某公司'等情。柴令大怒，以该僧胆敢借外人抵制官长，殊为可恶，已谕饬该僧呈缴契据，并移请南海县谕饬林华寺方丈将该僧真权逐出寺外云。"③ 从这则消息的语调看，这则消息的作者显然是在为当地学绅说话的，但从文中，我们依然能够看出事情的原委：番禺县要办小学堂，承办士绅看中了林华寺僧人真权的静室，即命令寺僧或租或卖，将静室让出，寺僧不愿，但又不能公开抵制，便宣称自己已经归附日本东本愿寺，纫兰园也被日僧改成了公司。这与杭州龙兴寺的情况如出一辙。

除广东外，杭僧附日事件的影响还波及江苏常州。上海《警钟日报》报道说："本月初九日，日僧释梵天由南京乘轮来常，寓城外天宁寺。寺僧治开逢迎周到，余如阳邑庙住持僧了三、清凉寺住持僧静波，皆盛设筵席招之。已于十一日动身他适。说者谓日僧此次来常，系各

---

① 《日本僧人之势力》，《警钟日报》光绪三十年十二月二十二日（1905年1月27日），第3版。
② 《日本僧人之势力》，《警钟日报》光绪三十年十二月二十二日（1905年1月27日），第3版。
③ 《寺僧借外人抵制官长》，《时报》光绪三十一年二月十五日（1905年3月20日），第6页。

寺僧以常州地方官会查护国寺产，充作创办中学堂经费，故预请日僧保护，为未雨绸缪之计。又谓日僧此次来常，为预备传教地步。噫！杭州本愿寺之案尚未了结，而日僧又施其手段于常州，乃之何哉？"①从这则消息，我们可以看出两点：第一，日僧来常州是当地僧人邀请的结果，到常后又受到了常州著名寺院住持僧的热情接待，这与杭僧附日事件非常类似；第二，常州僧人邀请日僧来常州的背景，是常州寺僧慑于常州地方官员强提寺产创办中学堂，邀请日僧来常，就是请日僧保护其寺产，这与杭僧附日事件也很类似，尤其是最后一句"噫！杭州本愿寺之案尚未了结，而日僧又施其手段与常州，乃之何哉？"更是说出了日僧来常与杭僧附日的内在联系。基于以上理由，我们完全可以相信，日僧来常州无疑是杭僧附日事件影响扩大化的结果。

在杭州35家寺院签约结会皈依日僧的过程中，当地的天主教堂也派人四处游说，诱惑一些寺僧接受天主教堂的保护。对此，《警钟日报》报道说："杭省自龙兴寺僧因设工艺所迫而皈依日僧，复约各丛林一并归日等因已曾历详前报。现闻天主教中人四出，向各寺院之有恒产者允为保护，故如萧山县祇园寺僧投入天主教后，绍郡之大善寺僧现亦以寺产公地立据租与教民，为士绅所知，正与争执，讵料平水寺僧又有田产悉数售与教堂，以致大起风潮。定有一番纠葛也。"②这篇报道中所说的"萧山县祇园寺僧投入天主"一事虽然并不确切，因为在皈依日僧的35家寺院中，萧山县祇园寺僧忍涛的名字赫然在目，但大善寺和平水镇僧人将寺产租售给了天主教却确有其事。关于绍兴大善寺僧人将寺产售予天主教堂和显圣寺僧人将寺产售予天主教堂的事情，《申报》是这样报道的："越郡于今春屡有奸民将寺产售入教堂，均由士绅群起争执，几酿外交重案。现虽郡中大善寺租票已经索回涂销，而平水镇之愿圣寺山田基地公产，被奸僧串通痞棍唐某

---

① 《日僧来常州之诡谋》，《警钟日报》光绪三十一年二月十八日（1905年3月23日），第2版。

② 《杭州寺僧多归西教》，《警钟日报》光绪三十一年二月十八日（1905年3月23日），第2版第6页。

等私售与天主堂,刻经会稽县俞振严大令复向索回毁售据,教士虽允退还,惟称原据议价银六万两,当日已经付足,应须如数归偿。俞大令以为数甚钜,殊觉为难,现与士绅等商议,未识有何良策也。"①由此可见,《警钟日报》的报道并非空穴来风。

关于绍兴大善寺僧人将寺产租给天主教的事情,《申报》有多篇报道。1905年3月18日,《申报》以《力阻租占公地》为题,报道了绍兴大善寺租地给天主教堂的事情,原文如下:"越郡天主教势力极盛,宁台内地顽民一再与之滋闹。前年占地一案竟至京控,迄今仍未了结。现郡中大善寺前迤南一带空地约二十余亩,向系寺中公产,兹忽有自称天主教民之某甲,伪称堂中需用此地,强令住持僧德昭立据,永远出租,按年租金五十元。僧不允,告之绅耆,联名赴省具控。并电达北京同乡官、日本留学生,藉合群之力以与抵拒。而绍府尊熊再青太守亦即据禀通详各大宪,仰侯核示,再行商酌办理。闻该寺公产颇多,香烟甚盛,住持僧积蓄殊厚,里中无赖屡次向诈银钱,近因所索不遂,故唆使某甲觊觎公产云。"② 事情发生后,绍兴绅商立即致电外务部翻译陶杏南,请求他向法国驻京大主教樊德求情:"陶杏南诸乡台鉴:绍郡大善寺乃合郡公产,今有赌棍高百龄,教民陈桂生、潘吉甫私勒寺僧,将寺内地租与法教华人曾司铎,合郡绅商禀官退租未允,已成民教交涉。恳乞樊主教电使绍教勿租,并电省宪郡尊抵租,以保公产。合郡绅商叩。"③ 陶杏南立即将绍兴绅商的公电转给法国天主教会驻华大主教德琳,在德琳主教的斡旋下,绍兴主教终于同意退租:"来电已悉。现候尊函,买地之事,系属合例。然欲说和,以期无事,亦吾所愿。现卖主被拿,流言甚恐有扰乱之事,即祈转恳致电该处,以保平安。"④ 在这种形势下,会稽县令王少谭

---

① 《寺产须备价赎回》,《申报》光绪三十一年四月十二日(1905年5月15日),第4版。
② 《力阻租占公地》,《申报》光绪三十一年二月十三日(1905年3月18日),第4版。
③ 《绍兴绅商公函》,"中研院"近代史研究所编:《教务档案》第七辑第二册,台北光裕印刷厂1981年版,第930页。
④ 《宁波主教复林懋德主教电》,"中研院"近代史研究所编:《教务档案》第七辑第二册,台北光裕印刷厂1981年版,第930页。

第三章　杭僧附日及佛教与清廷关系的全面紧张　115

便出面协调退租事宜，对此，《申报》以《索毁寺产租据》为题进行了报道："越郡大善寺被教民向僧勒租余地，致动公忿，时适会稽平水镇之显圣寺产由奸僧与地痞盗卖与教堂，几酿交涉，该寺僧将合同租据一纸，并本年租息呈缴山阴县署王少潭大令。适驻京法主教亦电嘱勿租，事得转机，由王大令赴堂与曾司铎商恳，始允退租，惟租洋尚不肯收回。现复由绅禀请王大令与曾司铎订期，会同士绅将合同租据涂销废毁，以免日后纠葛，未识果能照行而免别生枝节否。"① 在天主教堂退租事情告一段落后，会稽县对大善寺住持僧人昭德进行了严厉惩处，《申报》也以《寺僧租地交涉案结》为题，报道了山阴县对大善寺僧人的处理结果："越郡大善寺公产余地近被寺僧私租与天主堂，致起交涉。及由士绅电乞都中同乡官向驻京主教商阻后，曾司铎始允退租。现经山阴县王少潭大令饬将该僧前收租洋如数还堂，收回租票。日昨又饬提僧式根到案，鞭以藤条数百下，枷示寺前，复严缉在逃之僧昭德，俟获日核惩，一面通详省宪备案了结。"② 随后，《申报》又以《大善寺纠葛复起》和《禀请另选住持》为题，对大善寺改选住持的事件进行报道。《大善寺纠葛复起》的原文是："越郡大善寺僧昭德等擅将余地私租与天主堂，致动公忿等因已迭纪前报。近已索回租据涂销，提僧枷责，期满后驱逐出境，由王少潭大令另派僧显德为住持，复委典史潘少尹督同接管寺产。讵各士商以显德淫恶素著，王大令不采舆论，听信左右之言，擅派承接，而潘少尹曾受僧厚贿，故又集议具禀府尊，另招诚实僧人在寺住锡，并讥王大令为顾预偏听，不恤人言云。"③《禀请另选住持》的原文是："越郡大善寺前被住持僧以余地租与天主堂，致起交涉，及由各士绅竭力争回将僧责逐，后因寺产颇丰，各僧争谋接管，现已由开元寺僧秉韬承充，左

---

① 《索毁寺产租据》，《申报》光绪三十一年三月十七日（1905年4月21日），第4版。
② 《寺僧租地交涉案结》，《申报》光绪三十一年四月初四日（1905年5月7日），第2版。
③ 《大善寺纠葛复起》，《申报》光绪三十一年五月初五日（1905年6月7日），第3版。

近各铺均不谓然，联名具禀府署指证某绅受贿，在山阴县署蒙保，深恐日后复滋生事端，故请熊太守查明，另行出示选充，俾昭慎重。"①由此可见，显圣寺确实将寺田卖给了天主教堂，大善寺也确实将寺田租给了天主教堂，而且这两件事也确实受到杭僧附日事件的影响。

关于宁波慈溪县半浦大慈庵接受天主教堂保护一事，《申报》也有报道。1905年4月17日，《申报》以《庵产学堂之交涉》为题，对宁波慈溪县半浦大慈庵接受天主教堂保护一事进行了报道，原文如下："慈溪县属半浦赭山地方有大慈庵一所，前被附近民人将庵送与耶稣教，改设学堂。慈城绅士闻之，亦禀县设立赭东学堂，因之遂起纠葛。日前，彼处适值赛会，聚集多人，绅等意将纠众与教堂为难，慈邑尊吴大令诚恐酿成教案，特亲自来府面禀喻太守先时筹维，以免巨祸。"② 1905年5月11日，《申报》以《教士不受寺产》为题，进行报道："慈溪半浦大慈庵前因改设学堂，经士绅等与耶稣教互相纠葛一案，兹闻教士葛伯兰君以是庵前既由士绅等禀准地方官改立赭东学堂，此次虽归入教会，殊多未便，爰特函知吴大令，将该庵仍归绅等开办学堂，并请公正绅士数人接管。"③

杭僧附日由水陆寺事件而起，中间经过多次反复，最终以35座寺公开皈依日僧以求保护结束，但此事件很快引起了三大连锁反应：一是南方多省的日僧积极活动，引诱诸多当地寺院皈依；二是杭州的日本浪人乘机兴风作浪，勾结无良僧道侵吞寺产；三是天主教徒也乘机以强租或强买的形式，侵占佛教寺产。所有这些，不仅反映了宗教事件的敏感性和复杂性，也充分说明寺僧企图通过寻求日僧保护的方式来保全寺产的行为具有极大危险性。

---

① 《禀请另选住持》，《申报》光绪三十一年七月十六日（1905年8月16日），第9版。
② 《庵产学堂之交涉》，《申报》光绪三十一年三月十三日（1905年4月17日），第3版。
③ 《教士不受寺产》，《申报》光绪三十一年四月初八日（1905年5月11日），第9版。

四 反应：各大报纸对杭僧附日事件的关注

发生在杭州的寺院僧人皈依日僧事件，始终牵动着新闻媒体的敏感神经，《申报》、《时报》、《警钟日报》、天津《大公报》、《东方杂志》等著名报刊都对之进行了详细报道，共发表消息、社论等58篇。在这些报刊中，上海《申报》对杭僧附日事件的关注度最高，此类报道共有23篇，报道的时间从1904年1月一直延续到1906年9月。对杭僧附日事件的关注度仅次于《申报》的是上海《警钟日报》，相关报道共有16篇，报道的时间集中在1905年的1月和3月。上海《时报》的相关报道也有8篇，报道时间集中在1905年2月、3月和8月。《东方杂志》的相关报道有7篇，时间从1905年1月一直延续到1907年4月。天津《大公报》上的相关报道最少，只有4篇，关注度应该说是最低的。各报对浙僧附日事件报道的具体报道情况如表3—1。

表3—1　　　　　　　　各报对浙僧附日事件的报道

报刊	报道题目	刊登日期
天津《大公报》	《纪日僧传教事》	1905年2月14日
	《浙江士绅阻止日僧干预寺院详情》	1905年2月22日
	《浙江士绅阻止日僧干预寺院详情续》	1905年2月23日
	《闽浙总督魏午帅照会日本领事公文》	1905年2月25日
上海《时报》	《魏午帅照会日本领事公文》	1905年2月16日
	《日僧干预龙兴寺产案》	1905年3月19日
	《寺僧借外人抵制官长》	1905年3月20日
	《杭州绅士与僧徒交涉记》	1905年3月26日
	《浙僧结会依托日僧》	1905年4月6日
	《浙僧之运动》	1905年8月11日
	《江督周复外务部论日僧传教事》	1905年8月11日
	《岑督照会撤销日僧教堂》	1905年9月18日

续表

报刊	报道题目	刊登日期
上海《警钟日报》	《保护龙兴寺无成》	1904年10月1日
	《寺院将贵外人》	1904年10月22日
	《寺僧之依恃外人》	1904年11月14日
	《日僧逞威》	1904年11月30日
	《教徒抢占寺产始末志》	1904年12月12日
	《化导僧寮》	1905年1月3日
	《论杭州日僧事 东京浙江同乡会来稿》	1905年1月8日
	《论杭州日僧事 东京浙江同乡会来稿续》	1905年1月10日
	《寺院又仰日僧保护》	1905年1月24日
	《日本僧人之势力》	1905年1月27日
	《拟办僧学堂》	1905年3月2日
	《保定日僧传教条约之风说》	1905年3月16日
	《东京浙江学生详记日僧事件》	1905年3月16日
	《杭州寺僧多归西教》	1905年3月23日
	《日僧来常之诡谋》	1905年3月23日
	《外务部饬各关道慎发游历护照》	1905年3月23日
《东方杂志》	《论释教之害》	1905年第1期（1月）
	《佛界风潮》	1905年第2期（2月）
	《两江总督魏照会日本领事文》	1905年第3期（3月）
	《论提倡佛教》	1905年第7期（7月）
	《书江督阻日僧传教函后》	1905年第10期（10月）
	《署两江总督周因日僧传教复外务部函》	1905年第10期（10月）
	《论日本传布佛教之关系》	1907年第4期（4月）

续表

报刊	报道题目	刊登日期
《申报》	《秃驴狡猾》	1904年12月7日
	《论浙省各寺请归日僧保护事》	1904年12月10日
	《内讧足召外侮论》	1904年12月19日
	《电复寺产》	1905年1月29日
	《日僧多事》	1905年1月29日
	《详记日僧干预龙兴寺事》	1905年2月16日
	《纪武义寺僧抗拨寺产》	1905年2月28日
	《潮僧争入日教》	1905年3月3日
	《力阻租占公地》	1905年3月18日
	《日使诘问日僧不准传教事》	1905年3月30日
	《闽督照会日本领事不允日僧在闽省内地传教文》	1905年4月1日
	《议日僧传教条约》	1905年4月2日
	《饬地方官保护寺产感言》	1905年4月14日
	《庵产学堂之交涉》	1905年4月17日
	《索毁寺产租据》	1905年4月21日
	《江督致上海道台（为日僧来华传教事）》	1905年5月6日
	《寺僧租地交涉案结》	1905年5月7日
	《教士不受寺产》	1905年5月11日
	《寺产须备价赎回》	1905年5月15日
	《大善寺纠葛复起》	1905年6月7日
	《禀请另选住持》	1905年8月16日
	《查禁日僧收徒敛钱》	1906年8月18日
	《寺僧自悔依仗日僧》	1906年9月20日

由以上内容可知，杭州水陆寺事件发生后，全国各大报纸杂志对杭僧附日事件进行了高度关注，这些报道充满了强烈的民族主义色彩。

《杭州绅士与僧徒交涉记》的篇幅很长，详细介绍了杭州绅士与寺僧围绕兴办僧学堂而进行的交涉过程。为了不让寺僧依托日本僧人，杭州工艺学堂办事人许九香与杭州寺僧议定，由寺院出资，在每县创办一所僧学堂，但此议因遭到绅士潘凤洲、陆勉哉、潘陆之等人的竭力反对而作罢，最后导致诸僧依托日本本愿寺的恶果。但文章结尾时，记者为潘凤洲、陆勉哉、潘陆之等人辩护道："其命意盖误认僧学堂为欢迎日本干涉之机关，必不使日僧干预之后，利益归为他人而已，致向隅也。"①《日使诘问日僧不准传教》一文简要介绍了日本驻华公使与外务部某大臣的对话，之间有一句："敝国向宗教，不必贵国僧尼费心。"②《电复寺产》一文很短："外务部电询浙抚，有无全省寺产归日本国保护等事，旋由浙抚飞电复称，某僧纠合各寺住持僧倡兴此议，刻尚未行，已派员认真稽查，务将寺产详细开载，一律存案以破狡谋。"③寥寥数语，就将杭僧附日上升到了中日两国国权的高度。在《详记日僧干预龙兴寺案》一文在描写日僧进驻龙兴寺的情景后宣称，"寺产为地方公益，不得为外人干预"④，民族主义情感跃然纸上。

《日本僧人之势力》一文先是介绍了广东潮州僧人投靠日僧保全寺产的情况后，也加了一段记者按，深刻指出日僧保护中国寺院的危害，并呼吁国人设法制止这种侵略："日人用于吞中国者，一曰教育，一曰宗教，以教旨宗教皆与中国有密切关系者也。西教禁祀宗祖，且有剖心取目之谣传，故华民多排斥之。若佛教一门，为中国愚民所迷信，亦为一般学士所乐言。一闻日僧之传教，有不趋之若鹜者哉？杭州龙兴寺之交涉尚未了结，而泉州复以教案闻，今潮州复以日僧传教闻矣。吾知中国之寺僧必将借日僧之保护以抵抗改建学堂，而从教之

---

① 《杭州绅士与僧徒交涉记》，《时报》光绪三十一年二月二十一日（1905年3月26日），第2页。
② 《日使诘问日僧不准传教》，《申报》光绪三十一年二月二十五日（1905年3月30日），第3版。
③ 《电复寺产》，《申报》光绪三十年十二月二十四日（1905年1月29日），第2版。
④ 《详记日僧干预龙兴寺案》，《申报》光绪三十一年正月十三日（1905年2月16日），第5版。

第三章　杭僧附日及佛教与清廷关系的全面紧张　　121

人不啻为日本之顺民矣。其势力之侵入，较教育界尤大，中国人民曷筹对付之策哉？"① 而在《浙僧结会依托日僧》一文中，简要介绍杭州僧人签字依附日本佛教大谷派教徒的情况后，明确指出"日僧欲援天主、耶稣之例在华传布佛教，殊与国际交涉大有影响"，并将归附日僧的35个寺僧的名单列于文后。②《日僧干预龙兴寺产案》也是如此，报道的主要内容是工艺传习所办事人许九香写的一封辞职信，文尾加了一段记者按："工艺传习所为地方上公益之事，凡为本地绅士者，应如何同心协力，共谋其成。乃不知出此，反勾引外人，阻止新政，致热心办事之人灰志而退，殊可惜也！"③

《论浙省各寺请归日僧保护事》简述了庙产兴学上谕的颁布、实施过程以及各地僧人的惊慌失措的状况，最后直言不讳地指出："浙省各寺院，其意以提产之说既出自上，是虽接纳本地绅士，恐亦包庇无从，且与其受庇于中国而窒疑殊多，不若求庇于外人而梦魂胥适，故特毅然决然合全省之寺院庵观举而托之日人，以保其固有之财产。其计之狡，心之奸，诚足超人意想之外。吾恐此法一行，各省必有接踵而起、相率效尤者，彼日人得将国之宗教盛行于中土，来者不拒，固属情理之常。惟中国此后非特不能将寺产再提，且虑有此纠葛，不免于各属教案外，别多一交涉之事，彼缁流之为害国家，其罪可胜道哉？"④ 发表于1904年12月19日（光绪三十年十一月十三日）的社论《内讧足招外侮论》的民族主义色彩更为浓厚。论者站在外交的高度指出了杭僧附日事件的严重危害。论者首先认为，庙产兴学的正当性是毋庸置疑的："夫中国之有释子，类皆无业莠民也，痞棍出其

---

① 《日本僧人之势力》，《警钟日报》光绪三十年十二月二十二日（1905年1月27日），第3版。
② 《浙僧结会依托日僧》，《时报》光绪三十一年三月初二日（1905年4月6日），第2版第6页。
③ 《详记日僧干预龙兴寺产案》，《时报》光绪三十一年二月十四日（1905年3月19日），第6页。
④ 《论浙省各寺请归日本本愿寺保护事》，《申报》光绪三十年十一月初四日（1904年12月10日），第1版。

中,盗贼出其中,平时浪荡逍遥,逸居无教,不耕而食,不织而衣,而寺产之丰盈,少既糊口而有余,多更以数万金、数十万金计,朝廷知此辈无益有害,乃诏令将各直庵观寺院改设学堂。"在此基础上,论者指出,杭僧附日事件的实质是僧人"竟欲借日人势力,以永保其烟霞赌博之资,名为归向真宗,实系抗违朝旨",并站在外交的角度上指出了此种行为的严重危害:"他日一有事故,外人从而庇之,我恐若辈中痞棍盗贼之流恃有护符,益复恶迹昭著。容之,则为地方之大害;惩之,则启中外之衅端,奈何?"①

1905年5月,《东方杂志》发表一篇名为《佛教风潮》的社论,论者站在民族主义的立场上,深刻揭示了杭僧附日事件对中国可能造成的严重危害:"夫日本僧人之奉行佛教,谈理竖义,皆不及中国诸大师语录之精,而其惑世诬民,则又过之。当兹中国国民迷悟初启,人人怀新,并具崇外思想之时,而以其佛说,来相诱煽,尤易歆动,所谓以无厚入有间也。加以日本国家,多此传教一途,将必利用之以为伥导,浸淫日久,中国僧徒皆将归伏于日本保护权力之下,抵抗祖国,欺凌同胞,势必与耶稣、天主、福音、圣公诸教会同出于一途,中国愚民多一仇教之门,官府多一交涉之路。此之为祸虽巨,犹为有形,其无形之祸,则有不可胜言者已。中国之迷信佛教,几于十人而九,前所云骛于虚空,敢于为恶,乐于不事,事轻知重。悟者既已统贵贱贤愚不肖之伦归于一治,自浏阳谭氏以佛附耶,怀新之士已群附其说,以相提倡。今再助以日僧演说传习,纵或不为天堂地狱转轮之说,而无挂碍,无恐怖色空之说必不能免,必至于人人皆愿断种种心。若嫉恶心,若怨憝心,若难忍辱心,若乐世法心,忆世法心,若羡慕心,若善感心,若缠绵心,若诸种种心。苟断其一,即亏一分国民之资格,即不能强立,不能爱群。苟至于斯,则中国国民将求为牛,为马,为奴隶而不得,可胜畏哉!"②

---

① 《内讧足招外侮论》,《申报》光绪三十年十一月十三日(1904年12月19日),第1版。

② 《佛界风潮》,《东方杂志》第2卷,1905年第5期,《宗教》,第28—29页。

《论日本传布佛教之关系》发表于1907年9月，这篇社论的独到之处，就是深刻揭露了日本竭力在华传布佛教的真实目的。社论一开始，即直截了当地指出："日人欲施宗教政策于中国内地，其微意共有二端，一欲借兴教以收拾人心，一欲藉伸外交之力以恢张权利。盖日本自甲午与我一战以后，深惧我之复仇，故其外交家、教育家、实业家异口同声，咸以同洲同文之谊，牢笼我国，冀以消我之宿忿，而徐图与欧势争衡。此其甲午乙未以后，所持之外交政策也。"① 接着，论者详细论证了日本在内地传教的两大用意，关于日本在内地传教的第一个用意，论者从宗教与社会之关系方面进行了论述："夫国家也者，虽社会之总枢，而实以社会为其后盾，而社会之原力，则以社员经济为其根本。故凡欲研求社会之现象者，必须观其社会中之通用物品，即可知其习惯之所在，又须观其平时大群之举动，即可知其信仰之所在。中国下流社会之习惯与信仰，实以多神教为之依归，故凡有宗教之神话，无不足动其信心，而占势力于中国之社会。佛教创自印度……直至今日，比较神话之程度，未有高出印度人之上者也。至后汉时，金人见梦，其教遂东流于震旦，然所传者独为小乘经教。及五胡入主中国，而大乘经教始传至中华，至隋唐而极盛，高才硕德多出佛门，而当世之帝王，为风会所趋，亦不得不从而提倡之。于是佛教之势力，遂通贯上下两社会之人心，而深入其中矣……今日本有见于是，遂汲汲于谋在中国内地广布佛教，设令我政府不加深察，一经允从，则吾恐不及十年，将举中国之人心财产全入于日本佛教徒之手，全国之人心相与外向，举国之财源均皆外溢，而国事不可问矣。"② 关于日僧传教的第二个真实用意，论者主要从允许西方各国在中国传布基督教所带来的严重灾难说起的："按日本传布佛教之第二策，欲仿西国传布耶教之例，由彼国外交官与中国政府订立条约，得布教之

---

① 《论日本传布佛教之关系》，《东方杂志》第4卷，1907年第9期，《宗教》，第25页。
② 《论日本传布佛教之关系》，《东方杂志》第4卷，1907年第9期，《宗教》，第26—27页。

自由权。夫信教自由，当规定以法律，而不当载在条约。良以条约者，两国交际之契约，专以权力政策为事，与人心之信仰无涉者也。中国道咸年间，初与泰西各国通商，未知研究彼中政策及其国史，遂将布教之事，误列入条约之中，允以保护之责任。自是以来，一遇教民仇争，即由外交官出而干涉，杀人惩官，割地赔款，诸损失国权之事，不一而足……设今者我政府再允日本外交官之要求，将传布佛教之事载入条约，则将来教祸之起，益将难于应付。"① 另外，论者还从日本佛教与中国佛教的信仰习惯的差异性出发，指出日僧在中国传布佛教的危害："夫中国社会之信佛教者，上流社会则信佛教之徒志在出世，专修未来，故高明之士，失志之夫，乐与之游处，冀以解心理之惑滞，而脱世事竞争之苦。下流社会之信佛教者，则信佛教之徒道果精深，法力广大，可藉其忏悔之效，以免患难灾害也。"而日本最流行的佛教却允许佛教徒娶妻食肉，虽在日本得以广布，但与中国佛教习惯大相径庭，如果听任其在中国流传，则将来所引发的社会冲突必将甚于基督教。最后，论者又结合庙产兴学运动的实际，指出日僧传教的巨大危害："目今各省遍立学堂，学界中人咸欲以兴学为名指拨寺产，藉充学费，寺僧当此际会，必急投日本传佛教之徒，以图自保。中国下流社会迷信最深，一乡一镇寺庙林立，动以百十计。设令该寺僧徒咸归日本传教徒保护，则必致无地不有教案，无时不有交涉。且目今中国方期教育行政势力统一，查耶教之传布中国得有势力者，不在于教旨之入人者深，实以医院中小校学堂为其扩张之机关，而中国教育之风纪不能纯一者，其故亦未尝不由是。今日本欲传布佛教于中国，则其规必全仿西国耶教之例，然逆料其势力之扩张必较耶教为速。"②

由以上内容不难看出，伴随着杭僧附日事件的发展，《申报》和

---

① 《论日本传布佛教之关系》，《东方杂志》第4卷，1907年第9期，《宗教》，第27—28页。
② 《论日本传布佛教之关系》，《东方杂志》第4卷，1907年第9期，《宗教》，第28—29页。

《东方杂志》对僧人皈依日本本愿寺行为的认识也在不断深入,起初,不满僧人勾结外人干预庙产兴学运动,接着,面对各地僧人纷纷效仿,它们担心僧人投日行为会引发更大规模的教民冲突,进而招致西方列强的大规模入侵,最后,它们开始从国权与教务的关系上反思僧人投日行为可能会给中国带来的灾难。由此可见,在报道杭僧附日事件的过程中,媒体的民族主义的色彩非常浓厚。

第二节　关于日僧在华传教权的交涉

杭僧附日事件发生前,媒体就注意到了来华日僧的行踪,而且对日僧在华的行为颇为赞赏,这种情绪集中体现在《警钟日报》一篇名为《振兴佛教》的消息里:"日僧高田栖岸者,信佛教精佛理,痛中国佛教之息微,思有以振起而光大之,意甚善也。昨日至粤,暂寓白云能仁寺。谋于寺僧取洹与六榕寺僧铁禅,欲在羊城择地创建一振兴支那南部佛教会,调查各地佛教之现状,改良各地佛教之规则,专以宣扬佛教之精神,发挥佛教之真理为主义,而其宗旨,则尤以佛言'勇猛精进,舍身救人'为救药中国之不二法门云。噫!高田君之热心救世,殆深得佛氏'普度众生、无我相人相'之真味者欤。"[①] 这篇评论认为,日僧来华是为了振兴中国佛教,是热心救世的善举,赞叹之情跃然纸上。但在杭僧附日事件发生后,舆论却对日僧在华行为进行了猛烈抨击。态度变化如此鲜明,的确让人惊讶不已。但如果我们将杭僧附日事件与甲午战争后国人现代民族意识迅速觉醒的背景结合以来,就不足为怪了。甲午战争后,西方列强掀起了瓜分中国的狂潮,中国的民族危机空前严重。1901年,清政府被迫签订了丧权辱国的《辛丑条约》,使中国完全陷入半殖民地半封建的深渊;1904—1905年日俄战争期间,清政府竟然宣布"局外中立",让两国军队在中国大地上为争夺东北地区的控制权而放手厮杀,中国的民族危机严

---

① 《振兴佛教》,《警钟日报》光绪三十年五月初九日(1904年6月12日),第3版。

重到了无以复加的地步。在严峻的民族危机刺激下，社会各界的现代民族意识迅速觉醒：以孙中山为首的资产阶级革命高扬"驱除鞑虏，恢复中华"的大旗，发动了数次武装起义，影响力越来越大；以康有为、梁启超为代表的资产阶级维新派提出"保国、保种、保教"口号，不仅促成了戊戌变法运动，而且促成了风起云涌的立宪运动；刚刚登上历史舞台的民族资产阶级，高举"实业救国"的大旗，发起了震惊中外的抵制外货运动和收回利权运动；而北方数百万农民则在"扶清灭洋"口号的号召下发动了义和团运动，更是将民族主义的情结推向了高潮。庙产兴学运动在20世纪初形成高潮，一个很重要的原因就是社会精英逐渐意识到振兴实业、广兴学堂与救亡有着直接关系。然而，就在社会各阶层的民族意识迅速觉醒的历史条件下，杭州僧人竟然为了一己私利，签约结会归附日本僧人，这不仅使刚刚兴起的庙产兴学运动遇到极大的阻力，更为野心勃勃的日本政府快速扩张其在华势力提供了一个绝佳的机会。因此，杭僧附日事件刚一发生，立即引起了社会各界的广泛关注，新闻媒体、留日学生乃至政府官员，纷纷对杭州僧人的行为表示谴责，对日本政府乘机扩展其在华势力表示深深担忧，在这种形势下，清廷也逐渐认识到问题的严重性，随即与日本政府围绕日本僧人是否在中国内地具有传教权进行了反复交涉。

一 留日学生的对日僧在华传教问题的担忧

留学生群体的出现和迅速壮大，是洋务运动和清末新政迅速发展的结果，是近代中国社会结构变化的一个重要表现。19世纪70年代，由于洋务运动的兴起，中国迫切需要一批懂得西方科学技术的知识分子，在这种形势下，曾国藩、李鸿章接受了容闳的建议，上奏清廷选派幼童赴美留学。1870年，清廷批准了他们的奏折，并于1872年至1874年间，每年派出30名幼童赴美留学，是为中国留学生之始。此后，为了筹建新式海军，沈葆桢和李鸿章等人又分批派出88人赴英法学习轮船制造和驾驶技术，从福州船政学堂选派学生35名，赴英法学习轮船制造和驾驶技术。这些人员学成回国后，逐渐成为各项新政的骨干力量，对推动洋务运动发挥了重要作用。甲午战争以后，在民族危机特别是清廷废科举、兴学堂、奖游学政策的刺激下，赴日留学的人数逐渐增长，1896年为13人，1898年为61人，1901年为274人，1902年为608人，1903年为1300人，1904年为2400人，1905年为8000人，1906年12000人，1907年为10000人。① 留学生在刻苦学习近代科学文化的同时，还成立爱国组织，参加爱国运动，回国后积极参加各地的社会改革运动，成为清末新政的重要推动力量。清末新政期间，浙江是留学生人数最多的省份，据统计，1897—1911年间，浙江籍的留日学生有1400余人，这个数字还不包括1899、1900、1902、1905、1906和1911等年份的人数。② 如果按照其余9个年份浙江留日学生人数大概占全国留学生人数的十分之一的比例推断，清末浙江省籍的留日学生总数应在3000人以上。这些人员学成回国后，很多人投身教育，成为浙江庙产兴学运动的主要推动者。杭僧附日及其连锁反应，自然引起浙江留日学生的高度关注。杭州36座寺院归附日僧事件发生以后，"浙江留学生已将浙省构祸原因及在东逐次调查所得编辑成册，刊刻单行本，以便分寄国内"③。此外，他们还以"东京浙江同乡会"的名义，投书上海的《警钟日报》，提出了自己的意见。

在这份洋洋万言的意见书中，他们明确指出日本佛教是由中国传入的，"无俟彼之为之传宣，且西洋各国与我国均有传教条约，而日本则无"，据此断定"日本本愿寺之僧徒之来我内地，不过个人之私

---

① 李喜所：《清末的留日学生运动》，李喜所：《中国近代社会与文化研究》，人民出版社2003年版，第648、649页。
② 吕顺长：《清末浙江留日学生的人数、生源组成及专业分布》，上海辞书出版社2005年版，第174、175页。
③ 《东京浙江学生详记日僧事件》，《警钟日报》光绪三十年二月十一日（1905年3月16日），第2版。

见而已",是"吾辈万无可忍"的事情①,具体理由有四。

第一,日僧此举是干涉我国内政。他们指出:"查我国管理寺院法,在官则设僧纲司以治之,凡有不法行为之僧人,僧纲司得施其惩罚。每寺院住持之僧人,则向由本地之绅士任免之。至于寺院中之一切不动产,皆由本地之居民及有名誉、有体面之绅士集资布施而成,故寺院者,地方之公产也。各寺院之住持既由绅士任免,是住持不过委托共管理地方公产之人,非住持所能自由行其意志者也。今伊藤全不知我国之管理寺院法,骤有此举,虽非占有其产业,诱我僧徒以干涉吾国之内政,吾辈又焉能坐视也?"②

第二,日僧此举极易导致教民冲突。他们指出,自天主教、耶稣教传入中国以来,教民冲突经常发生。我国僧徒多为无业游民,全赖社会各界布施而活,我们民众向来不喜欢外教,"僧人苟归入外教之后,平民将无复行拜忏布施等事,而僧人之生计必日见困难,渐渐流而为匪,转而与平民相冲突,不待智者始能逆料。平民无知,见其藉教为名,概以教民目之,不幸暴动之事骤起,必牵连而及于天主耶稣两教之民,构成绝大之教案,亦之意中之事"③。据此,他们认为日本僧人诱惑杭僧附日的事情,将会贻害无穷。

第三,日僧此举极易损害中日两国的合作关系。他们指出,近年来,中国人士对日本普遍有好感,中国政府也颇有联日之意,凡练兵、教育、警政、地方自治等大政,皆效法日本,受清廷及各地政府所聘用的日本人也纷至沓来。其中一个很重要的原因是日本没有与中国订立传教条约,日本政府也不愿来华传教,因此,自通商以来,中

---

① 《论杭州日僧事 东京浙江同乡会来稿》,《警钟日报》光绪三十年十二月初三日(1905年1月8日),第3—4版。

② 《论杭州日僧事 东京浙江同乡会来稿》,《警钟日报》光绪三十年十二月初三日(1905年1月8日),第3—4版。

③ 《论杭州日僧事 东京浙江同乡会来稿》,《警钟日报》光绪三十年十二月初三日(1905年1月8日),第4版。

日两国之间还没有因教案而酿成外交纠葛，"此吾国朝野所深喜者也"。① 今日本如果听任少数僧人私自在华传教，"外则如俄国《中国日报》之所言，使得售其离间之计，内则大伤吾国人士之感情，万一不行酿成教案，牵连及于天主耶稣二教，致不可收拾，如吾前诸所云云，是祸我中国。而首发难端，则日本不啻如德国之于我胶州，使我国永永记念，没齿不能忘，而感情之回复无期矣。中国固失矣，而日本亦未见其得矣"②。

第四，其他国家有群起而效仿的行为。"观俄国日报所言，已隐露其嫉妒之情，将急售其抵制之术。各国皆有佛教，其流弊所至，吾国将坐困矣。以印度论，为佛教所出产之地，现为英领，苟效日僧之所为而藉口于日本，将如之何？更以土耳其论，为回教之所出产之地，俄德亦有回教徒，我国回教堂及回教徒其数亦至多，苟俄德土皆效日僧之所为，而藉口于日本，又将如之何？涓涓不塞，流为江河，苟不及早挽回，吾恐我国政教冲突正方兴未艾也。其甚者，实更开一重瓜分之门户而已。"③

在此基础上，东京浙江同乡会对杭州官绅的做法提出了批判。杭僧附日事件发生后，杭州地方官并没有反思自己的过激行为，反而以此为借口，声称要清查寺产，学绅则主张更换寺院住持。针对这两种行为，浙江的留日学生提出了不同意见，呼吁杭州官绅保护僧人权益。

首先，他们建议地方官切实保护寺院财产。"现在僧人以谣言四起，恐将有如广东学务处之举，酌提寺产为兴学经费者，往往有隐不过户及抵押等事。其实地方果为兴学起见，有官费有公费，实可无庸诛求僧人。至于改寺院为学舍，如杭州之普寺及圆通寺，均以其横行

---

① 《论杭州日僧事 东京浙江同乡会来稿》，《警钟日报》光绪三十年十二月初三日（1905年1月8日），第4版。
② 《论杭州日僧事 东京浙江同乡会来稿》，《警钟日报》光绪三十年十二月初三日（1905年1月8日），第3—4版。
③ 《论杭州日僧事 东京浙江同乡会来稿续》，《警钟日报》光绪三十年十二月初五日（1905年1月10日），第4版。

不法而始出此,明于事理者,亦断不以封禁寺院为得计。惟僧人何知难免?如前弊所言,必须速行,由县清查,注册存案,以备查核,仍力为保护云。惟禁其不得私相授受,及隐名过户,及抵押转卖而已。"①

其次,他们要求学绅尊重僧人的权益。"寺院为地方公产,而绅士为地方代表,故以任免寺院住持之权卑之绅士。住持者,管理公产者也,绅士者,监督住持者也。住持今不法如此,苟姑容之而不一顾问,是绅士以地方公产举而之赠外人也。白衣寺、理安寺二住持,祸魁也,万无可赦,宜毅然断然驱逐之,另举守分自爱之僧人,使充是职。其余有受人愚而犹在游移之间者,宜开诚详告之,使勿为人惑之。二策者,和平之举而万全之谋也。然尤有说兹事为地方自治之一问题也,其责任全在于绅士,而官吏次之,盖仍无以易吾寺院为地方公产,而绅士为地方代表之说也。故吾辈均切望吾浙绅士起而图之,时乎不再,事不宜迟,呜呼,琳宫梵阙将成罗刹之场,日暮途穷,绝少呼吁之路,此所以不能不望诸乡父老日夜薰香祷祝,而愿听好音者也。否则,权利思想有生同具,吾辈坚持宗旨,公仇必报,誓无异心焉。"②

《论杭州日僧事 东京浙江同乡会来稿》反映了远在日本东京的浙江籍的留学生对杭僧附日事件的担心和焦虑,有力地证明了杭僧附日事件影响范围的广泛。从这封来稿的内容来看,留日学生关注的重点不是杭州僧人,而是日本僧人的传教行为对中国社会及中日关系的影响。这种情绪与国内新闻媒体对杭州僧人皈依日本佛教行为的强烈谴责相比,不仅要理智得多,也更深刻得多。

二 各级官员对日僧在华传教活动的高度警惕

日僧在中国境内建设庙宇,始于1873年,经过30年的不懈努

---

① 《论杭州日僧事 东京浙江同乡会来稿续》,《警钟日报》光绪三十年十二月初三日(1905年1月10日),第4版。

② 《论杭州日僧事 东京浙江同乡会来稿续》,《警钟日报》光绪三十年十二月初五日(1905年1月10日),第4版。

第三章 杭僧附日及佛教与清廷关系的全面紧张

力,到20世纪初,日僧传教的区域已经扩大到江苏、福州、湖南、浙江、广东、江西和直隶等省份。他们建造寺院,开设学校,竭力结交当地名流,吸收本地人入教,势力和影响不断扩大。对日本僧人在中国内地的传教活动,地方官员是知情的,光绪二十五年四月十七日(1899年5月26日),《申报》发表了题为《日人开学》的消息,报道了苏州文武官与社会名流出席日本僧人在当地开办的日文学堂开学典礼的情形:

> 日本真宗东本愿寺布教使松林孝纯、山本一成、川那边圆证诸君,僦屋苏州胥门内师古桥迤西开设日文学堂,本馆曾将布启录登前报。兹得旅吴日友手笔云,华历四月十一日为开学之期,适大清国总主教大谷氏率同侍读文学士伊藤君、上海本愿寺监院佐野君由沪至苏,礼邀苏关道朱修庭观察、苏州府彦咏之太守、长洲县王瑶庭大令、吴县赖葆臣大令,以及钱松甫少尉、刘环甫部祁、沈縠臣太史、潘绅济之、尤绅鼎甫,驻苏日本领事诸井君、副领事吉冈君、片山君、邮局经理人二桥氏、总巡捕石原氏、商人荒井氏、海津氏、古馆氏、上田氏,命驾而来,同观盛礼。钟鸣二下,堂中设长案,铺以毛毯,瓶供鲜花。华官绅列坐于东,日官商列坐于西,诸生环侍于下。教习松林君中立,以日语宣颂词暨设塾原委,翻译官陈君念祖操华语述之。略谓中日本唇齿之邦,地同洲,书同文,当此中国时势多艰,强邻环伺,若不早开风气,不足以自强。日本自唐时儒教东行,咸守成法,不数年改图更张,立见成效。现在中日辑睦,玉帛往来,若言语文字之不通,诚为天壤间一大憾事,故我大法主奉日皇之命,使总主教偕同志二十余人,来华布教,先于上海、金陵、杭州建日文学堂,来学者踵趾相接。今又在苏开学,诸生之来此请业者已数□人。辱承贵国官绅辱临敝堂,松林等万分荣幸,愿日后诸生蒸蒸日上,以期造就有用人材,庶不负松林等一片婆心也。继而大谷总主教起立,命伊藤学士演开学布道之旨,诸井领事则宣讲中

日一家，凡事须互相提携之意，并勉励诸生勤学云云。朱观察更忻忻然以身心有益为劝。礼成，燃爆竹，敬出西式茶点款之。既而在座者同映一照，始尽欢与辞。①

通过这则消息，我们可以看出以下几点：第一，出席开学典礼的有日本驻苏州领事馆的主要人员，这说明日本政府对日僧在华传教行为是高度重视和公开支持的；第二，苏州的文武官员和社会名流一同出席开学典礼，说明当地官员对日僧传教行为是完全知情的；第三，从松林的翻译官转述的话语看，日本僧人在华传教是打着"同洲同文""中日亲善"的旗号进行的，这些漂亮的词语在当时对中国的社会精英来说具有极大的诱惑力。

杭僧附日事件的巨大连锁效应，社会舆论的强大压力，也引起了清廷的高度关注，各地督抚纷纷发表意见，要求清廷阻止日僧在中国的传教行为，维护国家主权，杭僧附日事件最终演变为中日两国政府的交涉事件。最早在光绪三十年正月中旬（1904年2月下旬），广东登海县县令就曾命人查办日僧管真海等人在汕头的传教行为，1904年5月10日出版的《东方杂志》刊登了该县令派人查办此事的一则公文：

窃卑职日前因公驻汕，阅日报刊有"日本僧人管真海等到汕传教，潮人陈若慈等招引，纳银入教有数百人"等语，即经卑职就近面商洋务局委员方丞，并嘱鮀浦司巡检陶在藻查明相机阻止。去后，适因要事旋署，未及会办。随奉道宪函饬查核等因。正在查核间，即准洋务局方委员廷玑函，开"又据陶巡检禀称，查该教使管真海于正月初九日来汕，初十日往潮阳县属之门辟地方，十一日回汕，十二日又往樟林、东□等处，十四日仍回汕头，二十一日搭海龙轮船回厦，即经函覆部委员在案。惟兹来外

---

① 《日人开学》，《申报》光绪二十五年四月十七日（1899年5月26日），第2版。

第三章 杭僧附日及佛教与清廷关系的全面紧张

间传言，该教使系来汕埠传教，并有本属民人入教，每人纳银三元之说，细加访查，人言大都如是。当经约同不动声色，前往该教士寓所查看，其管真海先已回厦，尚有日本教使高田栖诏安、民人陈若慈在寓。会晤后，查询因何来此传教，随据该教使将管真海由厦门致其电报送交查阅，文系传教之事已与厦门领事言明，随后即有公文至潮，照会宪台出示，伊稍缓亦即来汕。当以各国教士至中国传教，如先无领事官照会，即系有违约章，请其速回厦，不必在此逗留。该教使约期三日即行起程。除仍会同妥为照料出境，仍俟起程另行具报"等情到县。据此缘奉函饬前因，除俟将该教使起程日期情形禀覆再行转禀外，理合先将奉查日本僧人管真海等到汕传教及约期起程情形禀覆宪台察核批示祇遵。再准方委员及陶巡检复称，汕头入教之人已属不少，并连宵聚饮，结党影相，不成事体等语。卑职拟俟署中公事料理稍有头绪，即再驻汕会商各国领事，转饬教使随时劝导，恪守教规以免别滋事端。①

从这则禀文我们可以看出，广东登海县县令发现有日本僧人传教，即派人秘密查访，并正告私下传教的日本僧人"各国教士至中国传教，如先无领事官照会，即系有违约章"，随后将察访情形禀报给了上级。由此可见，地方官员对日本僧人的私自传教行为高度警惕。杭僧附日事件发生后，袁世凯、周馥、杨士骧、魏光焘、陆元鼎、端方等封疆大吏纷纷发表意见，呼吁清廷妥善处理日僧传教事件。

闽浙总督魏光焘认为，日僧根本没有必要在中国内地传教，并依据日僧在漳泉等地的行为，呼吁清廷坚决制止日僧的传教行为："查利益均沾，各国条约均有此款，而于传教一事，则无一不分别教派，于条约内专款载明。日本与中国同文，佛教亦中国所早有，无所用其

---

① 《广东澄海县杜查覆日本僧人传教禀》，《东方杂志》第 1 卷第 3 期，1904 年 5 月 10 日出版。

传布,是以中日两国订立约章,绝未议及传教之事,自不能藉他国传教专条强为援引。自日本僧人擅赴漳泉等处传教收徒以来,不安本分之人多借进日教为护符,横行无忌,甚至刊刻教规,有'教徒遭难,布教师代为伸雪'之语,并设协相员、助成员及总理各名目。刁民讼棍用银捐充,包揽词讼,藉遂鱼肉平民寻衅他教之计。"他建议清廷坚决制止日僧的传教行为:"谨请察照切商日本公使迅将传教日僧撤回,至深盼祷。倘日本公使仍前固执,似应咨行出使日本大臣,按约向日本外部切实商论。以杜后患。①光绪三十一年二月十二日(1905年3月17日),魏光焘再电外务部,驳斥了日本驻厦门领事官上野宣称禁止日僧传教有损中日友谊的说法:"日本国与中国系属同文,中国各省学堂多延日本人为教习,中国士人之游学日本者,亦不知凡几。彼此情意实已日增亲密,何必多此传教一举?且中国之习洋教者,绝少上等体面之人,上野领事亦所深悉。若竟听日僧前来传教,其进教者必多莠民,徒知藉教滋事,于两国交际不能有丝毫裨益。"②

直隶总督袁世凯也数次致电外务部,除对日僧传教可能引发新的教民冲突表示担心外,还从日本在华势力扩张的角度,建议清廷坚决禁止日僧在华传教行为:"自日俄战后,日在东亚势力日增。然彼国地狭民贫,垂涎中土,殆非一日。近日日人学汉语者颇多,意欲藉日僧设堂传教,可在内地长住,以考察中国各行省民情风土,其用心殊为叵测。将来必至以该国通人学士,或隐受政府之命,群托名于僧侣,而分布中国内地煽惑愚民,阴行其殖民政策。且日僧来华既多,易于肇衅,他日如泉州之案,势将层见迭出,彼国政府方愿得借衅端,为扩张势力范围之地,大局之患,可为寒心。日使请准日僧传教,竟以利益为言,实已微露其狡谋,不可不预为防范。中国既无治外法权,若遽许诺于前,益难抵制于后,惟有请大部坚拒勿允,俾外

---

① 《光绪三十一年正月初五日收闽浙总督魏文》,"中研院"近代史研究所编:《教务档案》(第七辑·二),永裕印刷厂1981年版,第1155—1156页。
② 《光绪三十一年二月十二日收闽浙总督魏光焘文》,"中研院"近代史研究所编:《教务档案》(第七辑·二),永裕印刷厂1981年版,第1162页。

人计无所逞，则大局幸甚。"①

持这种观点的还有江苏巡抚陆元鼎，他在致外务部的信件里直言不讳地说："窃谓此事关系极大，万一提防偶溃，星火燎原，则二十一省自通都大邑以至僻壤穷陬，一经日僧煽诱，所有庙宇必尽归日人，附属僧众将尽为教民，而种种抗违法令，挟制官长，干涉地方之事必起。以后凡有庙宇之处，皆为日僧权力所到之处，亦即为日本政治所管理之处。密探之军人，调查之官吏，从此以寺院为窟宅，杂居内地，莫可谁何。佛教又为愚民易惑，滋蔓愈多，此中隐伏百端，不能殚举，其害较西人传教为尤烈，穷其所至，恐将丧失主权，不仅于国政民防有碍也。"② 不难看出，陆元鼎的观点与袁世凯是不谋而合的。此外，陆元鼎还认为，日僧在华传教有"五不可"。一是中国的佛教徒人数众多，其中良莠不齐，"亦有屡经犯案，因而出家者，如借皈依日僧为名，在一体保护之列，有恃无恐，肆行无忌"，不但影响教民关系，也会影响佛教的声誉及僧人的生计。二是佛教寺产众多，且多由民间管理，绅僧关系一向和谐，"一旦由官保护，出示通知，凡原有护法之人，势必群焉推诿，暗中掣肘反多，且以众人捐助之庙产，官为总成，大非民间所愿"。三是日僧相貌与华人很相似，"倘遇僧民互相寻仇，谁为日僧，谁为华僧，无从辨认。殃及池鱼，殆所不免"。四是中国僧尼往往男女混杂，"通奸之事，间或有之，地方痞徒有词可藉，往往以男女混杂之故，讹诈涉讼。况当今匪徒日多，此等讼案不知凡几"。③ 五是中国寺院数量极多，且大多地处偏僻，远方僧人皆可留宿，人员庞杂，极难管理，日僧该如何处之？

山东巡抚杨士骧于光绪三十一年四月十六日（1905年5月19日）致电外务部，从主权和中日两国佛教的巨大差别等方面阐述了日

---

① 《光绪三十一年三月二十五日北洋大臣袁世凯函》，"中研院"近代史研究所编：《教务档案》（第七辑·二），永裕印刷厂1981年版，第1166—1167页。
② 《光绪三十一年四月二十二日收江苏巡抚信》，"中研院"近代史研究所编：《教务档案》（第七辑·二），永裕印刷厂1981年版，第1171页。
③ 《光绪三十一年四月二十二日收江苏巡抚信》，"中研院"近代史研究所编：《教务档案》（第七辑·二），永裕印刷厂1981年版，第1169页。

僧传教万难应允的意见："中国宗教，儒释道并行于世。本朝崇奖儒宗，兼奉释氏，凡缁流之持修精进者，蒙累圣特恩赐以国师禅师之号，各处丛林并蒙敕建，敁赐帑金法物，宠遇甚优，僧录僧正各司皆有品秩，度牒由官给发，士民皈依佛法，乃系遵奉国教，主权所在，非外人所能攙越。若日僧羼杂来华，是以中国通行之教受人干预，揆诸自主之权，显有侵损。此就主权而论，万难准行者也。各国传教载在约章，日本向无是约，亦因彼此同教，无待传习故耳。若援商约均霑之例，则传教一事与通商行船不相干涉，初无利益可图。中日交谊近更和睦，前次订约未久，遵守无渝，不应于约外忽生波澜，为此不合情理之请。此就国际而言，万难准行者也。中国佛教始于汉，而盛于唐，前后有十三宗流行至今，僧侣持斋受戒，屏绝人事，所在善男信女并预听经，佛法甚广。日本当推古时代始有三论一宗，其僧徒则茹荤授室，无异常人，与中土信佛之徒必不足以相洽。此就宗派而论，万难准行者也。山东风气未开，与外人尚多疑讶，以前天耶两教讧争迭起，民气强悍，安处甚难。若日僧遝集于此，或异教莠民借端滋祸，或方外不逞讬教忤民，衅隙多端，不可不虑。日本同洲同种，与华人向无瑕疵，若以传教杂居，转多龃龉之处。此就民情而言，万难准行者也。"①

南洋大臣总督周馥从防止教民冲突的角度，建议朝廷坚决拒绝日使的无理要求。他首先从中日两国佛教的区别谈起，他认为朝廷的管理制度也堪称完善，中国各地僧人亦向来安分，恪守清规，奉法维谨，自食其力。完粮交租，与平民无异。而日本佛教与中国佛教经典不同，师法互异。如果允许日僧在中国传教，则"将来必有中佛教、日佛教，如天主耶稣之分两派，两教相争相轧，乐祸好事之徒煽再构其间，祸且无已，此必然之势，非好为危言也"。接着，周馥结合基督教在华传教的弊端，建议禁止日僧传教。他说，佛教从印度传入

---

① 《光绪三十一年四月十六日收山东巡抚杨士骧函》，"中研院"近代史研究所编：《教务档案》（第七辑·二），永裕印刷厂1981年版，第1167—1168页。

2000年来，从无依仗外国保护之事，"今若准日僧设堂传教，僧侣及皈依之人一体归其保护，其愚昧者恃保护而轻犯法，其凶狡者藉保护而思抗官"。在此基础上，周馥又从中国宗教的现状出发，进一步强调制止日僧传教的必要性："中国教门向来不一，佛教之外，复有道教、回教。道教寝衰，回教之民在西北者且千数百万。若谟罕默德之教援日僧为例，又将何以拒之？各国基督教最盛，此外如婆罗门教、波斯教、摩门教，宗教不同者，尚以十数。若皆援日僧为例，则遍地皆教民，教祸更无底止矣！"①

湖南巡抚端方则建议朝廷与日本坚决交涉的同时，还应饬令各省密筹抵御之法："窃以为我国交涉大患，首在无治外法权。从前情形隔阂，应付未能合宜，如授租界以管理之权，授领事以裁判之权，皆为海外各国未有之事。今日僧之来华者踵趾相错，在交通之世，原不能限制过严。似宜由外省体察情形，密筹一因应之法，阳示容纳，阴立范围。其寄居寺院而为僧也，则以僧法纪纲之；其附设学堂而为教习也，即以学规管辖之，一律从同，概不歧视。或者因势利导治外之法意尚得以行乎其间。若显然以建堂传教为言，则惟有严拒之一法。"② 同时，端方还介绍了他教育湖南长沙僧人此前抵御日僧传教的具体做法，建议加强对中国僧徒的文化教育和爱国教育，并认为这是抵御日僧传教的治本之法："至治本之法，尤必使华僧略受普通之教育，稍具忠爱之精神……正气既固，外邪自不能侵。"③

浙江巡抚聂缉规，署两广总督岑春煊、江西巡抚胡廷幹、兼署闽浙总督崇善、福州将军崇文等人也致电外务部，从不同角度阐述了日僧在中国内地传教的严重危害，建议朝廷坚决拒绝日本政府的无理要求。在这种情况下，外务部对日交涉的态度越来越坚决，中日交涉便

---

① 《光绪三十一年五月初十日收南洋大臣周馥函》，"中研院"近代史研究所编：《教务档案》（第七辑·二），永裕印刷厂1981年版，第1177—1179页。
② 《光绪三十一年五月十九日收湖南巡抚端方函》，"中研院"近代史研究所编：《教务档案》（第七辑·二），永裕印刷厂1981年版，第1183页。
③ 《光绪三十一年五月十九日收湖南巡抚端方函》，"中研院"近代史研究所编：《教务档案》（第七辑·二），永裕印刷厂1981年版，第1184页。

在这种情况下发生了。

三　中日两国关于日僧传教权的反复交涉

杭僧附日事件的连锁效应，社会舆论的强大压力，各地督抚纷纷上奏，引起了清廷的高度关注，杭僧附日事件最终演变为中日两国政府的交涉事件。

日本僧人在中国内地建庙传教，是在日本政府的直接支持下进行的，以下两则资料足以证明。第一件事是1900年，厦门本愿寺被当地人焚毁，日本驻厦门领事上野即调兵舰登岸威胁，《申报》对此报道说："福州访事人云，七月二十九日厦门日本本愿寺被燬，日领事上野君即传檄兵舰，调兵三百余人，携带巨炮数尊登岸，一时人心皇皇，相率逃避，车舟之价昂贵异常。旋经道宪延观察与日领事再三熟商，估价议赔，力劝将兵撤退，民心始安。"① 因本愿寺被当地人焚毁，日本即调兵舰携巨炮登岸威胁，迫使厦门地方官员道歉议赔，足见日本政府对日僧在中国内地建庙传教行为的重视和支持。

第二件事是光绪三十年十月初四日（1904年11月10日）日本驻华公使内田康哉要求外务部饬令闽浙总督魏光焘缉捕滋扰福建本愿寺的人犯，并保护在福建省传教的日本僧人及其建造的庙宇：

> 接准本国政府电训，内开"于本月初四日泉州府安溪县东本愿寺教堂被本地人滋扰，当经驻厦门本国领事照请闽督将滋事人犯缉捕惩办。乃准闽督复称，以中日商约内并无认准在中国内地传教之条，日本教师自应无在中国内地传教之权等因。由该领事禀请核办前来。因查英美法等诸国教师来华设堂传教，历有年所，为数亦属不少，而本国东本愿寺教师按照《中日商约》第二十五条'一体均沾'，在福建省内建造佛寺，以传教法，数年于兹。乃因有人滋事，虽经本国领事照请惩办，而闽督竟不允办，

---

① 《逃弁候惩》，《申报》光绪二十六年闰八月初一日（1900年9月24日），第2版。

第三章 杭僧附日及佛教与清廷关系的全面紧张　139

寔属漠视两国条约明文，并于西历一千九百零一年各国和约内附件第十六条通行上谕宗旨有所违背，亟应转行外务部，电咨闽督除立饬将该滋事人犯务获惩办外，并将本国教堂以及寄寓该省内本国人一体妥为保护，勿稍疏忽"等因，相应遵照备文，照会贵王大臣查照施行，并祈见复，是为切盼。①

对于日本公使的要求，中国外务部予以坚决回击。光绪三十年十一月初九日（1904年12月15日），外务部照会日本代理驻华公使松井庆四郎，以中日条约内并无佛教明文为由，回绝了日本政府的要求：

日僧在泉郡建庙传教一事，本年十月十一日准内田大臣照，称"泉州府安溪东本愿寺被扰，闽督以日约内并无传教之条，日僧自无传教之权，请照英法等国教士一体办理，并将寄寓该省之本国人妥为保护"等因。当经本部以二十五年十月间，照会矢野大臣文内，声明各国约载教堂教士，专指天主耶稣两教而言，日僧约无明文，碍难一例办理各节照复，并电致闽督查复各在案。上月三十日，复准内田大臣照称，"日僧在中国传教，何尝与耶稣异歧？应照一体均沾条文，得以建庙传教。且佛教通行中国，凡日僧及皈依之人并其教堂，请妥加保护"等语。查十月十五日闽浙总督电称，"漳泉两府系属内地，外人不得居留，遇有游历通商之洋人，照章保护。请照会日本驻京大臣，转饬日僧将漳泉等处所设教堂一律撤退。十一月初七日，又准该督电称，前四五年间，漳泉等处间有日僧往来游历，而不常川居住，亦无日僧购地税契建堂之案。上年始有私设庙宇之事，以致不安本分之徒滋生事端，请将日僧商撤"等情。本部复查各国条约载明天主耶稣

---

① 内田康哉：《泉州教堂被扰请电闽督惩办由》，"中研院"近代史研究所馆藏档案，馆藏号：02-05-010-01-001。

两教字样，中日条约内并无佛教明文，未便将日僧指为教士。且佛教系中国本有之教，中国僧侣传授有年，毋庸再由日僧建堂传教。至照约保护一节，乃专指游历及商人而言，不过暂时经过。若漳泉等处本系内地，照约非外人寄寓之处，嗣后遇有日本僧人经过内地，应照游历洋人一体保护，以符条约。相应照复贵署大臣查照，并转饬日僧遵照可也。①

对于清廷的答复，日本代理驻华公使松井庆四郎当然不满意，光绪三十年十一月十六日（1904年12月22日），他再次向清廷发出照会，声称日本政府对清廷的答复甚为可惜，对"商撤日僧"要求，"殊为断难应允"：

案照本国佛教僧侣到中国建堂传教一节，现准光绪三十年十一月初九日照覆内称"中日约内并无佛教明文，未便将日僧指为教士。漳泉等处本系内地，照约非外人寄寓之处，嗣后遇有日本僧人经过内地，应照游历洋人一体保护，以符条约"等因。本署大臣查本国佛教僧侣到中国建堂传教，自系按照《中日通商行船条约》第二十五条第二节所载明文，与各国传道教士在享优例，一体均沾而行。是以一日有各国传道教士在中国内地建堂传教，则本国佛教僧侣应得一律照行。本署大臣深以未能遽允来照所称各节为惜。至如来照内称闽督电请商撤日僧一节，在本署大臣殊为断难应允。兹特申明本月初五日内田大臣照会贵部文内宗旨，并将本国政府所见，一并再行声明。相应备文照会贵王大臣查照可也。②

---

① 《中日约内无佛教明文请照闽督所电将漳泉等处日僧商撤》，"中研院"近代史研究所馆藏档案，馆藏号：01-12-021-04-006。

② 《光绪三十年十一月十六日收日本署公使松井庆四郎照会》，"中研院"近代史研究所编：《教务档案》（第七辑·二），永裕印刷厂1981年版，第1154页。

第三章 杭僧附日及佛教与清廷关系的全面紧张 141

对于日本政府的无理要求，清廷并没有让步，光绪三十一年正月初八日（1905年2月11日），清廷又一次照会日本新任驻华公使内田康哉，据理驳斥了日本政府的无理要求，明确表示，《中日通商行船条约》与后来的《中日通商行船条约续约》均专指商务而言，日僧毋庸在中国传教：

> 日僧传教一事，约无佛教明文，应照游历洋人一律保护各节，已于上年十一月初九日照复松井代理大臣在案。是月十六日复准松井代理大臣照称"按通商行船条约第二十五条第二节，各国有教士传教。则本国僧侣应一律照行"等因。十九日准闽浙总督电称，条约二十五款内载"如有给予别国国家或臣民优例豁除利益，日本国家及臣民亦一律享受"，自系指商务而言，否则各国条约亦均有此款，何必又将传教一事列为专款？本年正月初五日又准咨称"传教一事并无利益可图，与商约所指商务之利益不同，佛教又为中国所旧有，无须日僧传授，约内复无佛教明文，何得以商约享受利益"一语，移作传教之据？况光绪二十九年通商行船续约第九款，即系将二十二年条约第二十五款重为声说，内载"日本通商行船转运工艺及财产优例豁除及利益，一体均享"等语。两约参观，更可见二十五款所指利益，系专属通商行船转运工艺及财产而言，实与传教无涉等因。查二十九年续约第九款与二十二年条约第二十五款互证参观，系指商务而言，确与传授佛教一事不相干涉。约内即无传教专条，日僧无庸在中国传教，自应迅将传教日僧撤回。相应照复贵大臣查照，转饬日僧遵照可也。①

光绪三十一年正月二十一日（1905年2月24日），清廷再次照

---

① 《光绪三十一年正月初八日发日本国公使内田康哉照会》，"中研院"近代史研究所编：《教务档案》（第七辑·二），永裕印刷厂1981年版，第1158页。

会日本驻华公使内田康哉,在重申清廷对于日僧传教态度的同时,又声明如果日僧有违法行为,将由地方官遣送出境:

> 查传教一事,各国条约均系列有专款。中日通商行船条约并无日僧传教明文。约文所言利益,自系专指商务而言,实与传教无涉,不必立此名目。至日僧到中国各省游历,地方官仍照章给发护照,一体保护,惟该僧不得干预地方词讼,侵占居民暨庙宇等项产业,以及私立教规煽惑乡里。如有以上情事,地方官立遣该僧出境。如或抗违,即送交最近之日本领事官惩办。用特预为声明,即希贵大臣转饬日僧遵照,俾将来日僧游历到华,彼此可以相安。相应照复贵大臣查照见复可也。①

对于清廷的这个声明,内田康哉在继续狡辩的同时,也承认在华僧人有遵守中国法律、服从地方官员管束的义务:

> 本大臣查各国条约有传教明文,即以传布各本国所专奉之教为主,并非排挤他教,不容并行,而泰西各国之信奉耶稣教,犹与我国信奉佛教毫无歧异。然则我国僧侣到中国内地传布佛教,理应与别国教士一律有权享受保护,固不待辩。是以本大臣于上年迭次照会文内,按照中日通商行船条约第二十五条第二节,坚持我国僧侣应与各国传道教士均得有权在内地传教之议。又按照一千八百五十八年六月十八日中美商约第二十九条"耶稣无论其系新教与旧教,原为劝人行善"等语。故传教道士自当享受保护之意深明。而我国僧侣传布佛教宗旨亦不外乎此,则于耶佛两教分别歧视,应无是理。又按一千八百六十八年七月二十八日中美续约第四条载明"两国臣民无论其所信奉何教,均得任便习教,

---

① 《光绪三十一年正月二十一日给日本国公使内田康哉照会》,"中研院"近代史研究所编:《教务档案》(第七辑·二),永裕印刷厂1981年版,第1159页。

第三章　杭僧附日及佛教与清廷关系的全面紧张　143

毫无阻止，不得因异教之故，有所歧视凌虐"等语。由是观之，其于所传教习教并不限定为耶稣教之意，亦甚瞭然。为此再行申明：我国僧侣到中国传布佛法，仍当与泰西各国教士在中国传布耶稣教一律享受保护也。嗣后我国僧侣以及皈依华民并教堂倘或有被中国匪徒扰害情事，应由贵国政府认责严行弹压，合并声明。至照复内称"该僧不得干预地方词讼，侵占居民暨庙宇等项产业，以及私立教规煽惑乡愚，如有以上情事，地方官立遣该僧出境"等语，本大臣惟我国僧侣系传布宏誓妙法，劝众行善戢恶为宗旨，并非敢行似此不端之辈。特此辨明。①

在两国政府激烈交涉期间，不少日僧持游历护照到福建各地建立教堂，日本驻厦门领事官也照会当地官员予以保护，对此，兼署闽浙总督崇善致电外部予以制止："查福建下游各府，从前虽有日僧到地游历，不过随来随往。近来始在泉州安海、漳州石码等处赁屋传教，叠经按约照阻，并电蒙钧部商请日使遣回日僧在案。乃日使始终牵引约文，坚执前说，并以耶佛两教未可歧视为词。"② 日本公使内田康哉也于光绪三十一年五月十八日照会外务部，对福建地方官的行为表示不满，并要求外务部"电达闽署督转饬该管地方官，将石码分教堂所属学堂照例一体保护，以昭公允"③。接到照会后，清廷立即作出反应，于光绪三十一年五月二十四日（1905年6月26日）照会日本公使内田康哉，再次拒绝了他的无理要求：

　　查日本僧来华，照各国游历人一体保护，至传教一事，碍难应允，迭经照复在案。兹据各省督抚体察地方情形，详细声复，

---

① 《光绪三十一年二月十一日收日本公使内田康哉照会》，"中研院"近代史研究所编：《教务档案》（第七辑·二），永裕印刷厂1981年版，第1160—1161页。
② 《光绪三十一年六月初七日收兼署闽浙总督崇善函》，"中研院"近代史研究所编：《教务档案》（第七辑·二），永裕印刷厂1981年版，第1188页。
③ 《光绪三十一年五月十八日收日本公使内田康哉函》，"中研院"近代史研究所编：《教务档案》（第七辑·二），永裕印刷厂1981年版，第1182页。

皆以日僧传教为条约所无，亦于地方不无窒碍，所论一律相同。本部复加查核，各国天主耶稣等教，以中国本无其教，远来传授。佛教则为中国向有之教，行之已久，数千年民间佛寺所在皆是，久已相习成风，无待日僧为之传授。日僧所奉佛教，宗旨相同，亦无庸更立传教名目。各国传教载在约章，日僧传教向为中日条约所不载，尤难准行。至通商行船条约第二十五款第二节，虽有利益均沾之文，而传教在通商行船之外，自与此款不相牵涉。本年二月十一日来照所称"中美商约第二十九条系专指耶稣教而言，即中美续约第四条内载，不得因异教之故，有所歧视"等语。既称异教，其非中日之同一佛教可知，自不得援以并论。各国传教，每因教民与平民不和，致生事端，我两国地近情亲，日本人之来华者，民间极相浃洽，本无歧视。若以传教之故或起猜嫌，似非和好同敦之意，贵大臣必已洞鉴及此。仍希饬知来华日僧，只可照常游历，无庸设堂传教，以符约章而昭睦谊。至日僧在龙溪县石码地方设立学堂一节，该日僧既无准其传教明文，石码又系内地，自未便设立学堂，相应函复贵大臣查照可也。①

外务部的这份照会，可谓有理有据，态度鲜明。但日本政府仍不接受，光绪三十一年七月初三日（1905年8月3日），日本公使内田康哉再次照会外务部，对清廷的答复表示"殊深为憾"，坚称"日本僧传教固属我国因约已获之权"，并威胁说，"倘或日后日本僧传教事端横生，则其咎责实不在我"：

  接准函称日僧传教一事，遽难允认各节，本大臣展读之馀，复加查核。惟日本僧传教固属我国因约已获之权，屡经函照面谈。至其大纲宗旨，早承贵王大臣允同。而此次遽行坚驳如此，

---

① 《光绪三十一年五月二十四日发日本公使内田康哉函》，"中研院"近代史研究所编：《教务档案》（第七辑·二），永裕印刷厂1981年版，第1187页。

第三章 杭僧附日及佛教与清廷关系的全面紧张 145

本大臣殊深为憾。查此事要在筹定办法，预防弊端，至佛教之与新旧耶稣教在中国可传不可传之论，固在争驳之外。而贵部及各督抚仍复执定约无明文为据，而在本大臣亦只得据约办理。倘或日后日本僧传教事端横生，则其咎责实不在我，为特预先声明，相应函达贵王大臣查照可也。①

对于内田康哉的无理要求和威胁，清廷立即作出反应，光绪三十一年七月初十日（1905年8月19日），外务部发出了答复日本公使内田康哉的照会，重申日僧传教约无明文，不能允准，"以传教之故，或生事端，实非中国地方官所能忍咎"：

查日本僧传教事，迭经本部详切答复，并未应允，各省督抚体察地方情形，敦崇两国睦谊，均以约无明文，碍难照办为言。公论所在，贵大臣当能鉴及。嗣后日本僧来入中国内地，仍应照游历人例，领有执照，由地方官一体保护，并声明该僧不得干预词讼，侵占居民及庙宇等项产业，或在内地自行赁屋长住，以及私立教规煽惑乡愚，如有以上情事，地方官可拘送就近领事官管束惩办。倘以传教之故，或生事端，实非中国地方官所能认咎。②

在此后的时间里，清廷继续与日使交涉，始终没有承认日本僧人在中国内地传教的权力，与此同时，各省纷纷约束中国僧人，使之解除与日僧的皈依协议。此后，各省巡抚不断采取有力措施，查禁僧人皈依日僧事件。光绪三十二年七月（1906年8月），江苏吴县的警察在海会寺僧惠持的住处搜出日僧伊藤贤道所给锦带文牒信凭等件，随之又查获"伊藤赴绍兴嵊县新昌等处，私诱信徒数十人，并每人索费

---

① 《光绪三十一年七月初三日收日本公使内田康哉函》，"中研院"近代史研究所编：《教务档案》（第七辑·二），永裕印刷厂1981年版，第1189页。
② 《光绪三十一年七月初十日发日本公使内田康哉函》，"中研院"近代史研究所编：《教务档案》（第七辑·二），永裕印刷厂1981年版，第1190页。

十五元"的事实,浙抚张曾敭当即批饬洋务局:"海会寺僧惠持虽讯无通匪情事,惟不安本分,交接外人,辄敢收受日僧伊藤贤道所给锦带文牒信凭等件,并随伊藤赴绍兴嵊县新昌等处,私诱信徒,且有女尼及俗家人等,一律索取费项。种种胆大妄为,殊与现立佛教宗旨大相刺谬。仰洋务局移知佛教总公所绅监督、僧监督,传集僧众公议,另举海会寺住持,切实整顿宗门规则,革退该僧"①。同时,他还认为"日僧伊藤轻听怂恿,私给信物,收徒纳费,显违约章"②,"即因据移行洋务局照会日领事禁止,并不准逗留"③。署两广总督巡抚岑春煊也因日僧高田栖良在广州开设教堂一事向日本驻广州领事官提出抗议:"查日僧来粤传习佛教一事,前接贵领事官照会,当查此事。先准外务部电,开'日约并无传教专条,碍难照准',迭经照复贵领事官查照在案。现该僧不候核准,竟在省城东门直街开设教堂,实属违约。除将刘有庆强占王祖祈铺屋一案饬县从严惩究外,相应照请贵领事官查照。即饬该日僧勿得违约传教,并将所设东门直街教堂即行撤销,以敦睦谊。"④ 此后,佛教公所建立后,情况有了新变化,各地僧人"闻(佛教)公所成立,日僧被逐,皆洗心洁虑,争缴日僧所给信凭各件,以为悔过之证"⑤,仅绍兴府各寺僧就缴到信凭五十余份,佛教公所一面将这些信凭妥存备查,一面仍"广劝陈缴,并慰以既往不咎,毋庸疑虑"⑥,浙江事件遂逐渐平息下来了。

---

① 《浙抚批洋务局禀海会寺僧惠持皈依日僧敛钱文》,《申报》光绪三十二年七月初一日(1906年8月20日),第3版。

② 《浙抚批洋务局禀海会寺僧惠持皈依日僧敛钱文》,《申报》光绪三十二年七月初一日(1906年8月20日),第3版。

③ 《查禁日僧收徒敛财》,《申报》光绪三十二年六月二十九日(1906年8月18日),第3版。

④ 《岑春煊照会日领事撤销日僧教堂》,《申报》光绪三十一年九月十五日(1905年10月13日),第9版。

⑤ 《寺僧自悔依仗日僧》,《申报》光绪三十二年八月初三日(1906年9月20日),第3版。

⑥ 《寺僧自悔依仗日僧》,《申报》光绪三十二年八月初三日(1906年9月20日),第3版。

第三节　清廷佛教政策的调整

光绪三十一年三月初八日（1905年4月12日），为了消除日本政府"保护"中国佛教的理由，清廷颁布了保护佛教寺产的上谕。这份上谕尽管对中日交涉起到了积极作用，但却对如火如荼的庙产兴学运动造成巨大阻力。在开明官僚和社会舆论的强烈反对下，清廷很快将保护佛教寺产的上谕束之高阁。

一　清廷保护佛教寺产上谕的颁布

由杭僧附日事件引发的轩然大波，一时间成为社会各界关注的焦点，为了消除日僧"保护"中国佛教寺院的借口，进而增加对日交涉的筹码，清廷于光绪三十一年三月初八日（1905年4月12日）颁布了保护佛教寺产的上谕：

> 前因筹办捐款，迭经谕令，不准巧立名目，苛细病民。近闻各省办理学堂工厂诸端，仍多苛扰，甚至捐及方外，殊属不成事体。著各省督抚令饬地方官，凡有大小寺院，及一切僧众产业，一律由官保护，不准刁绅蠹役，藉端滋扰。至地方要政，不得捐勒庙产，以端政体。①

这道上谕的字数虽然不多，但内容却十分丰富。第一，它规定，"前因筹办捐款，迭经谕令，不准巧立名目，苛细病民。近闻各省办理学堂工厂诸端，仍多苛扰，甚至捐及外方，殊属不成事体"。这就公然否定了各地庙产兴学运动的合法性，进而将地方政府置于非常尴尬的地位。第二，它规定，"著各省督抚令饬地方官，凡有大小寺院，及一切僧众产业，一律由官保护，不准刁绅蠹役，

---

① （清）朱寿朋编：《光绪朝东华录》（五），中华书局1958年版，总5321页。

藉端滋扰。至地方要政，不得捐勒庙产，以端政体"，就明确要求各地官员切实保护一切佛教财产，从而公然否定了1898年庙产兴学上谕中"至于民间祠庙，凡不在祀典者，由地方官晓谕民间，一律改为学堂"的规定。第三，它宣布，"至地方要政，不得捐勒庙产，以端政体"，这就是说，以后各地不准再征用包括佛教寺院在内的一切庙产。

关于这道上谕颁布的原因，南洋大臣周馥分析得很透彻。他在光绪三十一年五月初十日（1905年6月12日）致外务部的信函中，谈到消除日僧"保护"中国佛教的方法时，认为应从内外两方面着手，对外就是力争治外法权，将日僧在中国内地的活动纳入各地官员的管辖范围："今日时势所最难者，我无审判外人之权耳。若准日僧来华传教归我保护，不法者归我审判，又何患之有？诚恐商办不到，倘能声明，万一有不法之事，准由中国官按照日律判罪，或由中国送回日本，亦较胜于耶稣交涉之案，此对待日僧之一端也。"① 他接着说，在日本政府不肯将在华日僧的活动纳入地方官管辖范围之内的情况下，就不得不"复思内治之法"，而保护佛教寺产上谕的颁布，无疑是"治内之法"的治本之策：

> 伏查三月初八日钦奉电传谕旨（略），大抵因各省设立学堂，酌提庙产，恐奸僧隐相勾结，藉作护符，故特保护庙产，为正本清源之计，自应钦遵谕旨，饬地方官认真保护。惟是各属寺院财产散处四方，倘不考查明白，分别立案，则官亦无从保护。现拟责成各州县，立将所辖大小寺院僧道产业一律查明立案，无论何人，不准干预侵占。僧道不蚕而衣，不耕而食，所有产业均是民间施与，即是民间公产，亦不准该僧道自行与人私相授受。似此互相钳制，庶可使善良者安分乐业，不必藉他人为外援，狡黠者

---

① 《光绪三十一年五月初十日收南洋大臣周馥函》，"中研院"近代史研究所编：《教务档案》（第七辑·二），永裕印刷厂1981年版，第1180—1181页。

第三章　杭僧附日及佛教与清廷关系的全面紧张　149

守法畏威，不敢托皈依为勾结。既可免丛雀渊鱼之患，亦可杜舐糠及米之谋。彼知无利可图，或可废然思返。①

按照周馥的意思，外务部在对日交涉时据理力争治外法权，努力将日僧的在华活动纳入地方官的管辖之下，是治外之策，而认真执行保护佛教寺产的上谕，"庶可使善良者安分乐业，不必藉他人为外援，狡黠者守法畏威，不敢托皈依为勾结"，就是釜底抽薪的治内之策。周馥的意见无疑是正确的，这道上谕的颁布，确实起到了上述作用。1905 年的《东方杂志》曾发表了题为《论提倡佛教》的社论，清楚地谈到了保护佛教寺产上谕对中日交涉的积极作用："当各处士绅议改寺院为学堂之时，三十六寺僧依附日僧，欲藉日本之国权，以保众姓所捐之寺产，设布道场，议僧学堂，举浙省官绅之全力以与之抗，几不能胜。及保护寺产之上谕降，而三十六寺僧悉就范围，布道场可以不复设矣，僧学堂可以不议开矣。利既可保，教可不论，绅僧互定条约，而浙僧引日本国权之风潮息矣。"②

二　舆论的反对

保护佛教寺产上谕是在中日两国围绕日僧能否在中国传教进行激烈交涉时期颁布的，其目的是消除日本政府"保护"中国佛教寺院和僧人的借口，在当时也确实起到了这种积极作用。由于这道上谕公然否定了光绪二十四年五月（1898 年 7 月）光绪皇帝颁发的庙产兴学的上谕，也推翻了光绪二十八年七月十五日（1902 年 8 月 15 日）颁布的《钦定小学堂章程》里"地方绅商得依小学堂章程立寻常小学堂、高等小学堂，谓之民立寻常、高等小学堂……均得借用

---

① 《光绪三十一年五月初十日收南洋大臣周馥函》，"中研院"近代史研究所编：《教务档案》（第七辑·二），永裕印刷厂1981年版，第1181页。
② 《论提倡佛教》，《东方杂志》第 2 卷第 7 号，光绪三十一年七月二十五日（1905 年 8 月 25 日）出版。

地方公所祠庙，以省经费"① 的规定，因此成为清政府庙产政策的重大变化。如果这个上谕得到切实的贯彻实施，各地强征佛教寺产的行为就会因此告一段落。这虽然会使当时的社会改革因为失去佛教寺产的支撑而变得更加艰难，但同时也会消除各地僧人和广大信教大众对社会改革的仇视，这对当时的社会改革来说未必不是一件好事。然而，由于清廷强力推进各项新政的决心没有改变，各级政府的财政状况没有改善，新型知识分子对佛教、道教的态度没有好转，故清廷保护佛教寺产的上谕刚一颁布，即遭到了社会舆论和开明官吏的强烈反对。

光绪三十一年三月初十日（1905年4月14日），即保护寺产上谕颁布后的第三天，《申报》就在显著位置发表社论，认为刚刚颁布的保护寺产上谕不但"事甚不平语极相反，乖政体而失人心"，而且后患无穷，全文如下：

> 近年以来，朝廷举一政，行一事，方其煌煌纶綍，颁布寰区，语意真切未尝不动人以信服，迨久而察之，往往所言异于所行，民已不能不窃窃疑也。然未有事甚不平语极相反，乖政体而失人心如此次保护寺产之谕之甚者也。谕中谓"前因筹办捐款，迭经谕令不准巧立名目，苛细病民"，是朝廷之意固以爱民为心，深知民力艰难，不忍以苛细之捐重为民累。所谓爱护元元者，立言何等正大！谕谓"近闻各省办理学堂工程诸事，仍多苛扰。甚至捐及方外，殊属不成事体"。敬绎语意，亦惟责地方官办理之不善，深恐因筹捐之故扰及闾阎，僧道虽系方外，亦不可过于苛勒。语虽回护，亦尚不失宽大之政。至欲"著各省督抚饬令地方官凡有大小寺院及一切僧众产业，一律由官保护，不准任刁绅蠹吏藉端滋扰。至地方要政，不得勒捐庙僧，以端政体"，呜呼！

---

① 《钦定小学堂章程》，朱有瓛主编：《中国近代学制史料》（第二辑·上册），华东师范大学出版社1989年版，第157—158页。

第三章 杭僧附日及佛教与清廷关系的全面紧张

事之不平,语极相反,何其如是之甚哉!

夫提寺产以建学堂之谕初发于戊戌年,迨康梁事起,忽又反讦。至庚子拳乱既定,诸事更新,又申前议。纶音所布,薄海内外,无不仰皇上重视学堂,化无益为有益。惟各省地方官遇事因循,不能风行雷厉,一律照办坐令缁衣黄冠者流淫佚骄奢,庙产任其挥霍。皇上苟知其弊,方裁抑之不暇,乃非惟不裁抑,而反饬地方官为之保护。夫近年以来,所办各项捐款,无一不取之于民,彼为僧道者,不耕不织,坐靡廪粟,何尝有毫末输之公家?即偶有略拨余资,藉充学费,然寺产本系地方公费,与僧道毫不相干。今谕之发端,虽为捐款烦琐,虑民受病,然其归束,则仍在寺众产业由官保护,且重言以申明之曰"地方要政,不得勒捐庙僧",而于民间之迫于捐输则并不提及,吾独不解朝廷于百姓则如此漠视,而僧人则如此爱护,呜呼!事之不平而语之相反何其如是之甚哉!

盖尝推此事之原因,必由年来日僧本愿寺在中国内地广为传教,中国僧徒闻有寺产提拨学堂之言,不觉惴惴于心,深恐失其所恃。于是浙省法喜等三十五寺,首先明目张胆皈依日教,而闽之泉州。粤之廉州。以及苏赣等省劣僧,亦皆怀依草附木之想。朝廷以为与其受保护于外人,不若先明降谕旨自行保护。然佛教与耶教情形不同,中国据约力争,彼日僧虽以扩张势力为心,亦何能援利益均沾之文强行干预?乃不此之务而为之补苴弥缝,名虽悯百姓之困于捐输,实则为彼教之别开一路。办理一不得平,吾恐此后民间窥知其微,将无事不借重外人以求免捐纳之因,是欲弭患而患转伏于其中矣。抑又思之,僧与道同类也,寺僧有产,羽流亦未尝无产,乃此次之谕一则曰大小寺院及一切僧众产业,一律由官保护,再则曰地方要政不得勒捐庙僧。夫既所谓保护,所谓不得勒捐者,专指寺僧言,是平民且不得占此特别之恩惠,各处道院岂不可危?彼日本本愿寺僧,其势力既以庇僧众而有余矣,特不解彼托老氏之宇下者,其将何所依附而可占据庙产稳如磐石哉?①

这篇社论一开始即将清廷保护寺产的上谕斥为"乖政体而失人心之甚",其依据是保护寺产上谕"朝廷于百姓则如此漠视,而僧人则如是爱护"。社论也承认朝廷颁布这道上谕的本意是消除日本僧人"保护"中国寺院和僧人的借口,但同时又认为,对于日本政府的图谋,清廷应当据约力争,而不该轻率颁布这道保护寺产的上谕,因为这道上谕仅仅要求保护僧人的寺产,而没有提及道人的财产和其他百姓的财产,这样不仅不公平,而且还遇到更多更大的麻烦,"吾恐此后民间窥知其微,将无事不倚重外人以求免捐纳之困,是欲弭患而患转伏于其中矣"。这篇观点犀利的社论,不仅一语道出了问题的实质,而且也道出了问题的严重性。此外,还有人认为这道上谕是太监干政的结果:

> 谕禁提取庙产之原因,已纪十八日本报。兹悉某方丈即白云观住持僧也,该僧与李太监素有密切之关系,官场之欲通李监者,必求媒于僧。现因浙江广东诸省将寺产改作学堂经费,而袁官保又有将白云观产拨作学费之意,不日入奏,故遂告知李监,为此疾雷不及掩耳之举,京师谑者咸称此次谓太监之上谕。②

《申报》的这则消息是否属实有待考证,但将这道上谕讽刺为"太监之谕",足见民间舆论对清廷颁发保护寺产上谕一事的强烈不满。

三 地方官员的反对与清廷保护佛教寺产上谕的中止

开明官吏对保护佛教寺产上谕的不满情绪集中体现在直隶总督袁

---

① 《饬地方官保护寺产感言》,《申报》光绪三十一年三月初十日(1905年4月14日),第1版。
② 《续志谕禁提取庙产之原因》,《申报》光绪三十一年三月十八日(1905年4月23日),第4版。

世凯身上。保护佛教寺产的上谕颁布后,直隶各地的僧道纷纷要求当地官府退还已经征用的庙产,这让地方官左右为难。束鹿县官绅和议,拟出了这样的办法:"凡未奉谕旨以前查办庙产业已竣事者,准照原议办理,不得横生枝节,致启争端;至已奉谕旨以后,则一概免提,并饬令遵旨切实保护,以昭体恤。倘或有不守清规,滋生事端者,亦必按例惩办,不得稍事姑容,庶几杜渐防微,预遏刁风。"① 这个办法的主要着眼点在于如何处理该地爆发的僧俗纠纷,从这一点上看,该办法不失为一个稳妥的办法。但直隶总督袁世凯断然否定了这个意见,他批示道:

> 查民间祠庙不在祀典者,由地方官一律改为学堂,早经奉旨通饬在案。恭绎此次谕旨,系指确列祀典者而言,岂能任无赖勾串,妄生希冀?嗣后除载在祀典之庙宇及住持积资自置者不得侵占外,其余或淫祀本干例禁,私设庵院,律有明条,又绅民先曾布施,暨僧众情愿报效者,应照旧筹办,以昭公允。仍禁止刁绅蠹役藉端滋扰,仰学务处查照办理。②

袁世凯的意见非常明确,那就是只保护祀典以内和僧徒自置的庙产,不在祀典的民间神庙和民间集资建造的庵观,可一律提充学堂经费,而不是遵照朝廷保护寺院的上谕(因为好多寺院并没有载在祀典)。不难看出,袁世凯的着眼点在于如何筹集经费以推进各项业已展开的社会改革事业,而不是解决由此引发的僧俗纠纷。

袁世凯不仅指示下属官员依然按照1898年庙产兴学的上谕处理当地的庙产纠纷,而且还上奏朝廷,建议仍然按照光绪二十四年五月(1898年7月)颁布的上谕处理民间庙产:

---

① 《束鹿县请将二月以前议提庙产拨充学费准照原议办理禀并批》,甘厚慈辑:《北洋公牍类纂》卷十一《学务二》,清光绪丁未年铅印本。
② 《束鹿县请将二月以前议提庙产拨充学费准照原议办理禀并批》,甘厚慈辑:《北洋公牍类纂》卷十一《学务二》,清光绪丁未年铅印本。

伏查民间祠庙不在祀典者，由地方官晓谕民间，一律改为学堂，早经奉旨通饬在案。又恭读钦定学堂章程内载"创立中小学堂，得借用寺观公所"等语。谨绎先后谕旨、章程，是地方官应行保护之庙宇，系指列在祀典者而言。其未入祀典各庙宇，率由绅民禀请改设学堂，相安数年，业已允协。诚恐僧众误会圣意，纷起争端，藉开隐射之门，至坏已成之局，有不得不分别办理，缕析声明者也。

臣惟兴学育才，为富强之本，军国大计无愈于斯。直隶学务经臣竭力经营，现稍有规模，但终限于财力，赖有不入祀典之庙宇，通融修改，早日告成。其或确载祀典及僧人手置产业，均不得稍有侵占，俾清界限。余如淫祠本干例禁，私设庵院，律有明条，又绅民先曾布施，原无殊于善举，或僧众情殷报效，未便令其向隅者，均由公正绅耆分头筹办，应请悉如其旧，以昭大信。倘有刁绅蠹吏藉端滋扰，遵旨从严禁办，不稍宽容。①

袁世凯的用意很明确，就是建议朝廷继续执行戊戌年间庙产兴学的上谕，为此他陈述了四点理由。一是庙产兴学是朝廷的既定方针。戊戌年间的上谕就明确规定将所有不在祀典的民间神祠一律改为学堂，《钦定学堂章程》也明确规定创立中小学堂，可以借用寺观公所。如果现在保护寺院财产，就等于废除了上谕和《钦定学堂章程》，这显然有损于朝廷的声誉。二是这几年各地绅民已经将很多不在祀典的庙产改做了学堂，而且僧俗两界一直相安无事，如果将保护寺院的上谕付诸实施，僧道肯定会借机反攻，这样就势必会引起很多争端。三是办理学堂为当今中国的头等大事，但国家财力不济，只能依靠不在祀典的民间庙产来筹集学堂经费。如果现在执行保护寺庙财

---

① 袁世凯：《遵旨严禁刁绅蠹吏滋扰寺院并分别声明折》，廖一中、罗真容：《袁世凯奏议》（下），天津古籍出版社1987年版，第1154—1155页。

产的上谕，办理学堂就失去了经费来源。四是各地淫祠及私建寺庵都属于违法行为，各地绅民将这些财产用来办理学堂，是理所当然的正当行为。袁世凯的陈述显然是很有道理的，也因此打动了清廷，几天后，即光绪三十一年五月初三日（1905年6月4日），袁世凯的奏折就有了回音："奉朱批：知道了，仍遵前旨办理。"① 这里的"前旨"，显然是指戊戌变法期间光绪皇帝颁布的庙产兴学上谕，清廷同意袁世凯的建议，就等于否定了一个多月以前颁布的保护寺院上谕。

此后，清廷又陆续颁布了几个文件，不断强调征用民间庙产的政策。1906年，清廷颁布了《学部奏定劝学所章程》，要求"各厅府州县应于本城择地特设公所一处，为全境学务之总汇"，并明确要求劝学员"查明某地不在祀典之庙宇、乡社，可租赁为学堂之用"②，这就再一次肯定了光绪二十四年五月（1898年7月）庙产兴学的上谕。光绪三十四年十二月二十七日（1909年1月18日），清廷又颁布了《城镇乡地方自治章程》，其中第十四条明确规定"自治公所，可酌就本地公产房屋或庙宇为之"③，这不仅仅是又一次对各地征用民间庙产做法予以肯定，而且还无意中扩大了庙产征用的范围。此后，在庙宇内设立自治公所便成为名正言顺的事情，而庙宇的范围没有具体明确。言外之意，此后设立自治公所，既可占有祀典以外的民间神祠庙宇，又可占用寺院庵观，这和张之洞的提议并无两样。

总之，杭僧附日事件发生后，为了消除日本政府"保护"中国寺院的借口，清廷颁布了保护佛教寺院的上谕。由于这道上谕公然否定了1898年颁布的庙产兴学上谕，因此是清廷佛教政策的重大调整。但是，由于社会舆论，特别是地方官员的反对，清廷又很快否定了保护佛教寺产的上谕，依然按照1898年庙产兴学的上谕精神处理征用

---

① 袁世凯：《遵旨严禁刁绅蠹吏滋扰寺院并分别声明折》，廖一中、罗真容：《袁世凯奏议》（下），天津古籍出版社1987年版，第1155页。
② 《学部奏定劝学所章程》，朱有瓛、戚名琇、钱曼倩、霍益萍编：《中国近代教育史资料汇编·教育行政机构及教育团体》，华东师范大学出版社1989年版，第62页。
③ 《城镇乡地方自治章程》（光绪三十四年十二月二十七日），徐秀丽编：《中国近代乡村自治法规选编》，中华书局2004年版，第3页。

包括佛教寺院在内的各类庙宇庙产，这无疑是清廷佛教政策调整的失败。

小 结

杭僧附日事件是清末佛教史上的一件大事，它从光绪三十年（1904）夏一直延续到光绪三十二年七月（1906年8月），延续时间之长，波及范围之广，各方关注度之高，都是前所未有的。从它的产生原因来看，各地官绅奉旨行事，肆无忌惮地征用民间庙产，而以僧道为主体的民间庙产管理者毫无反抗理由，但又不甘心坐以待毙，于是企图借助日本僧人的庇护保全其庙产。尤其值得注意的是，浙江僧徒的行为在极短时间迅速波及福建、广东、江苏、江西等省，大有星火燎原之势。杭僧附日事件的迅速发展，不但引起了社会舆论的高度关注，引起了中日政府的关于日僧传教权的激烈交涉，还导致了清廷佛教管理政策的重大变化与反复，佛教与清廷的关系也因此全面紧张起来了。

第四章　僧人反抗及佛教与清廷关系的全面恶化

清廷庙产兴学政策颁布以后，各地官绅便肆无忌惮地强占佛教寺产。为了保护佛教的物质基础和自己的生活资料，各地僧人展开了旷日持久的普遍反抗。这些反抗由开始的和平请愿逐渐发展到群体性暴力毁学事件，再由自发的、分散的群体性暴力毁学事件，逐渐发展为有组织的僧人反自治运动，态度日益激烈，规模不断扩大，成为清末民变的主要形式之一。频繁发生的僧人反抗运动，不仅给各地新政平添了极大阻力，也逐渐威胁到清廷的反动统治，因此遭到了各地官府的强力镇压，在反抗与镇压过程中，佛教与清廷的关系全面恶化。

第一节　僧人的请愿活动

所谓僧人请愿，是指庙产兴学运动中各地僧尼为了保全庙产而向官府请求保护的活动。活动随着庙产兴学上谕的颁布而开始，随着庙产兴学运动的迅猛发展而迅速增多，随着清廷保护佛教上谕的颁布而达到高潮。尽管僧人的请愿活动的理由比较充分，但在官绅联合强力推进庙产兴学运动的形势下，这些请愿运动均以失败而告终。

一　戊戌变法期间的僧人请愿活动

最早的僧人请愿活动发生在1898年庙产兴学上谕颁布以后。当时由于朝廷颁布了庙产兴学上谕，要求各地官员将没有被列入祀典的庙宇一律改为学堂,此道圣旨一下,即有衙门差役、兵丁及社会闲杂人等到寺院庵观敲诈勒索,"有匪徒捏造善后局告示,高悬是处,淆惑人心,希图趁乱抢劫"①,甚至有人威胁尼姑从良做妾,一时谣言四起,各地僧人惶惶不可终日。在这种形势下,一些地方的僧人即到官府请愿,请求官府予以保护。为了安定社会秩序,一些地方官员便发出告示,严禁借辞敲诈僧人。如江苏省松江府张子虞太守即广发告示,严禁衙役、兵丁及地方流氓、痞棍等借端敲诈僧道女尼,告示全文如下:

> 署理松江府正堂张为出示严禁事:案奉总督部堂刘札,以"民间祠宇其有不列祀典者,由地方官晓谕,酌量改为学堂,系钦奉谕旨饬办之件,自应由地方官查明办理。乃各属地方衙役营兵以及无业流氓痞棍,现经本部堂访明,竟有互相勾串,私赴各寺庙藉词勒索,任意诈扰情事,亟应通饬各府厅州县剀切晓谕严禁,凡民间应改为学堂之祠庙,应由官查明,谕令遵办。各文武衙门差役、兵丁以及地方流痞人等,均不准干预其事,以杜滋扰。仍会同营巡,严行约束,加意稽查,如再有前项情事,即严拿究办,札府饬属,一体遵办"。旋奉布政使聂、按察使朱札同前因,并刊示颁发晓谕严禁各等因,奉经先后转饬各属遵办在案。兹本府访闻郡属城厢内外及各厅县境内,竟有流氓、痞棍及不肖差役、兵丁等,胆敢互相勾串,赴各祠庙及庵观寺院等处藉辞恐吓,肆意诈扰,以致僧道女尼惊恐迁匿,扰害不堪。殊不知此举原为议创学堂,及各地方仓猝,难得现成房屋可用,应即以不列祀典庙宇之合用者,归官改作学堂,以为教习、学生讲肆诵习之所,并非谓所有庵观寺院一应发封入官也。即有应改学堂庙宇,亦应由地方官查办履勘,然后晓谕该庙住持迁让,岂有无故驱逐僧道女尼之事?乃事未举办,而流氓痞棍以及不肖差役兵

---

① 《尼庵被扰》,《申报》光绪二十四年十月二十三日(1898年12月6日),第2页。

丁，遂藉为诈索之资，殊属不成事体！亟应严禁以靖地方。除秘饬查拿外，合亟出示谕禁。为此示仰合属军民人等一体知悉，自示之后，如再有前项情事，必不能瞒本府耳目，定即按名拘拿，从重惩办。地保容隐不报，察出并究。所有被诈之僧道女尼，并准其据情至有司及该管衙门喊控，以凭拿究。本府执法除奸，断不宽贷，慎勿轻身尝试，伊戚自贻，其各凛遵。切切特示。①

这则严禁衙役、兵丁及地方流氓、痞棍等借端敲诈僧道女尼的告示，是官府对当地僧人请愿的回应，尽管这则告示明确宣布严禁借庙产兴学上谕骚扰僧尼，但它又明确宣布将未被列入祀典的庙宇改为学堂，系钦奉谕旨行事，应由地方官具体经办，然后命令该庙的住持僧尼迁让。类似的事情还发生在广州，针对当时有人乘机勒索尼庵致使当地不少尼姑惊慌出逃的事情，广州地方官也发出告示予以安抚。由于戊戌变法期间各地的庙产兴学并未全面展开，故僧人请愿活动并不多见。但是，这类告示的核心意思是维护社会秩序，而非保护僧人的利益。1901年清廷变法上谕颁布以后，各地的庙产兴学运动便迅速展开，但直到光绪三十一年三月初八日（1905年4月12日）清廷保护寺产上谕颁布以前，僧人的请愿活动也不多，造成这种状况的原因主要有两个：一是在此期间，各地兴办学堂的主要途径是将书院改为学堂，庙产兴学运动并未全面展开，故僧人请愿的活动不多见；二是此时期的庙产兴学运动是奉旨行事，各地僧人虽然心存不满，只能想方设法进行逃避，甚至不惜投靠日本僧人以保全庙产，根本不敢质疑征用庙产政策的合法性，更没有公然对抗的勇气，故这个时期僧人请愿的事情并不多见。

二 清末新政时期的僧人请愿活动

在清末新政期间，僧人的请愿活动时有发生，但数量最多的僧人

---

① 《示安释道》，《申报》光绪二十四年八月十六日（1898年10月1日），第3页。

请愿活动集中发生在光绪三十一年三月初八日（1905年4月12日）清廷保护寺产上谕颁布以后。其主要原因是，这道上谕公然否定了各地庙产兴学运动的合法性，要求各省督抚饬令各属官员切实保护所有佛教寺产和一切僧众财产，并且特别强调"至地方要政，不得捐勒庙产"。这对那些深陷恐惧和绝望状态之中的僧人来说，无疑是一剂特效强心针，他们纷纷拒认以前与办学绅士订立的捐款协议，并到当地官府请愿，要求归还此前业已被征用的庙产，惩治那些强提庙产的办学绅士。

面对僧人的请愿活动，一些地方官开始通令各属保护寺院财产，如两江总督札饬各属"办学不得再征庙产，札文通行后，凡庵产充公及借庙设学或寺僧呈明捐款各案均受影响，计徐属各州县于七月以后僧徒控翻前案者已数十起"①。浙江绍兴府"札县传知士绅不得轻动寺产，以安方外"②。安徽巡抚也叫停滁州的提取庙产行为："滁州开办中学堂将及两载，颇著成效。惟每年开支不下二千金，仅恃书院田租一项，甚觉不敷，故熊菊葆直刺查得城乡庵庙林立，半关淫祀，拟提产变卖以充学费，当详奉学务处批准造册照办。讵今忽奉大宪通饬，庙产宜一律保护，变卖之举顿成画饼，故该学堂有不可终日之势。"③山西巡抚指示各州县，凡是有僧道驻守的庙产均不得变价："至庙产变价一节，查现奉上谕地方要政不得捐勒庙产等因，自应钦遵办理。惟晋省各县社庙多而僧庙少，社庙并无僧徒，庙产皆村民经管，如该处士民愿以庙产兴学，较用之迎神赛会，得失固自悬殊，是在地方官督同绅董等体察情形，分别办理。若如该县城隍庙等处既有僧徒，综计地止三百亩，房止五处，应即不必变价归公，仍留为各该僧养赡。此后各州县议提庙产一节，即一律查

---

① 《僧徒认捐学款控翻前案之防维》，《申报》宣统元年十二月十五日（1910年1月25日），第一张后幅第3版。
② 《寺僧禀求保护》，《申报》光绪三十一年四月十八日（1905年5月21日），第3版。
③ 《学堂难办》，《申报》光绪三十一年五月初六日（1905年6月8日），第10版。

第四章　僧人反抗及佛教与清廷关系的全面恶化

照此次批示，酌量核办。"① 有的地方做出决定："凡未奉谕旨以前，查办庙产业已竣事者，遵照原议办理，不得横生枝节，致起争端。至奉谕旨以后，则一概免提。并饬令遵旨切实保护，以昭体恤。尚或有不守清规滋生事端者，亦必案例惩办，不得稍事姑容，庶几杜渐防微，预遏刁风。"② 但当朝廷批准了袁世凯的奏折以后，各地官员的态度大变，对请愿的僧人大加申斥，僧人的请愿活动遂以失败而告终。

（一）四川僧人请愿活动的失败

在四川省，保护寺产的上谕颁布以后，各州县都发生了僧人推翻协议，拒缴此前已经认捐学款的事情。永序厅各庙宇在当地最大的寺庙真武山普照寺带领下纷纷拒缴已认之款，致使庙捐收支局列举了19座拒缴庙捐的庙宇，要求地方官传究。③ 起初，四川总督鉴于清廷保护寺产上谕的精神，部分答应了僧人的请愿，并要求各地官员在庙产兴学的实践中妥善保护僧人的利益：

> 前因各属办学，筹费艰难，是以多方主持，于地方公项设法提拨之外，旁及神会、庙业，无非哀多益寡，借补官力之不及，……尚无遍查阖邑，按成分等，逐庙提取之案。该厅既无巨富禅林，现于境内全数查明，凡收租在八石以上者共有一百七十庙，按成提谷折银上纳，以助学费。不特数太零星，而数至八石即便抽捐，抑已势同竭泽。学董贤否不一，年岁丰歉不等，一经限定，即成科则。抑勒追呼，浸成苦累。是于筹款之中，又不能不慎防流弊。现复奉有护持庙产之旨，自当格外体恤，以广皇仁。所有该厅拟捐各庙，果有力厚而慨然乐施者，无论款之巨

---

① 《晋抚批大宁县禀查官庙各地兴学由》，《时报》光绪三十一年四月二十四日（1905年5月27日），第6页。
② 《束鹿县请将二月以前议提庙产拨充学费准照原议办理禀并批》，甘厚慈辑：《北洋公牍类纂》卷十一《学务二》，清光绪丁未年铅印本。
③ 徐跃：《庙产兴学政策的缘起与演变》，《社会科学研究》2007年第7期，第156页。

细,仍为禀请奖励;其余概予豁免,不得勉强抑制,转失因势利导之意。至神会乃众姓所集,与庙产之属于僧徒自置者有别,亦不得藉端影射,横生阻力,是为至要。①

四川总督锡良在这份批示中所表达的意思是显而易见的:此前提拨庙产兴办学堂,是为了弥补兴办学堂的经费不足,永序厅境内各庙的产业均不丰富,而且丰歉年份收入不稳,故征收庙捐显然不太合理。现在既然有保护庙产的上谕,就不能再继续征用庙捐,各种神会的庙产虽然与佛教寺院产业有别,也不能借端勒索。但在清廷批准袁世凯的奏折后,他的态度出现了巨大变化,针对资阳县僧人反对该县高等小学堂提取庙会各款行的呈请,他批示道:

查本年三月初九日,虽奉有僧众产业由官保护不得勒捐庙产上谕,系专指僧众庙产世代相承,食指繁多,封殖自守,不能不尤加存恤,以副皇恩。至于地方公庙及各省会馆资业,固由公捐,招僧仅供焚献,与方外生计毫无关碍者,自不得相提并论。其有殷富丛林、好义缁流慨捐在先,自当由地方官核其捐数多寡,分别报请奖励。数在千两以上者,例得奏请建坊,是朝廷推恩之意,深防勒捐,而释家乐善之心,未尝稍阻,岂得以从前认定之款藉端诿避,致无相干涉之神会群相效尤? 既贻为德不卒之讥,复冒阻碍学务之咎,稍知利害者必不出此。仰即录批,剀切晓谕,凡有奉旨以前寺僧自置产业,各庙已经慨认捐款及拨归学堂者,概免纷更,统以奉旨之日为始,一律永加保护,不准苛派。其公庙神会余资,多耗于酒食戏醮之用,酌取办学,以资公益,本为新旧定章所许,不在保护庙产之列。如有抗者,定干重究。并候通饬各属一体遵办,以示限制而维学务。仍先录批,报

---

① 《总督部堂批江北厅详请查庙产提助学费一案》(光绪三十一年四月),《四川学报》第5册,光绪三十一年"公牍",第20页,转引自徐跃《清末四川庙产兴学及由此产生的僧俗纠纷》,《近代史研究》2008年第5期,第73页。

明该管上司照缴。①

在这份批示里，锡良的态度则有了明显变化：一是地方公庙及各省会馆产业僧众产业不属于上谕所说的"僧众产业"的范围，因此不在地方官应保护范围之内；二是以前各庙所认定的捐款以及拨充学堂经费的庙产，属于僧道的急公好义行为，不能借端诿避；三是现在各庙僧道借上谕拒绝缴纳业已认定的捐款，其行为是"既贻为德不卒之讥，复冒阻碍学务之咎"。有了川督的支持，地方官便残酷地对待领头抗捐的僧人寸光，责掌四百，关押二十天，其他僧人见此情形，再也不敢与官府作对了。

（二）广西僧人请愿活动的失败

广西的僧人请愿活动集中在梧州，其背景就是朝廷保护寺产上谕的颁布，《时报》进行了报道：

> 梧州庄守思诚自到任后锐意兴学，特将该郡所属城乡不列祀典各庙宇饬县驱出僧道，拟分别改作官私学堂，及严饬地方官切实查明各庙之产业丰富者提拨学费。正在办理得手之际，忽奉三月初八日谕旨，饬各省保护寺产，而各僧道有为官绅逐出者，各庙产有得覆办提拨者，有已改学堂垂成者，有僧绅争执攻讦致讼未结者，此时均纷纷请示于郡守。各僧道意气扬扬，纷赴各地方衙内禀争，并有硬性抵拒及捏控失落物件等词，不一而足。庄守特于日昨飞电督辕，禀求作主，并请示机宜，究竟如何办法。岑督接阅后，惟有抚胸愁叹，电复数字，云不会办，任该守如何酌夺等语。②

---

① 《川督严禁僧道藉旨阻扰学务批》，《时报》光绪三十一年六月二十六日（1905年7月28日），第6页。

② 《梧州府对于寺产问题之困难》，《时报》光绪三十一年四月十八日（1905年5月21日），第6页。

保护寺产的上谕确实给广西的庙产兴学运动带来了巨大的负面影响，但在学绅掌握社会舆论、地方官掌握上谕解释权的形势下，强行占据寺院的行为仍然时有发生，广西僧人的请愿行为就是在这种形势下发生的，其导火线是水井寺事件。光绪三十一年四月下旬（1905年5月下旬），庄太守又接到了学绅欲借水井寺创办学堂的请求，在得到广西巡抚李经羲的批准以后，庄太守不仅将水井寺改成了学堂，而且在扩建水井寺学堂的过程中，还将郡中盘龙洲的关帝庙和大雄寺拆毁，《时报》对此报道说：

> 梧州改水井寺为学堂一案，自李抚深知庄太守办事认真，电覆该守着其办学。闻改造亦大费工程，因材料不足，毁拆郡中盘龙洲关帝古庙以充□。因工程浩大，材料依然不足，复毁拆城外大雄寺，将□□□材料悉移为水井学堂之用，五月十七日已将大雄寺□□□□尽行焚毁云。①

此事引起了有关寺僧的强烈不满，请愿活动随之展开，四月十三日（5月16日），李经羲接到水井寺僧人立然的请愿呈文后，竟然承诺将水井寺发还，而且责令庄太守实力保护境内寺院。《申报》对此报道说：

> 西省梧州水井寺前经府宪庄□宽将该寺查封，改作学堂，并将所有产业发作该学堂经费，业已定案。该寺住持今忽赴省上控，竟奉西抚批准，将寺产一并给还，并责成梧州实力保护。②

李经羲的态度游移不定，不仅给广西的庙产兴学运动带来了诸多

---

① 《寺庙与学堂之消长》，《时报》光绪三十一年五月三十日（1905年7月2日），第6页。
② 《西抚实力保护寺产》，《申报》光绪三十一年五月二十五日（1905年6月27日），第3版。

第四章　僧人反抗及佛教与清廷关系的全面恶化

负面影响，而且也引起了办学绅士和留学生的不满。光绪三十一年五月二十七日（1905年6月29日），即《申报》披露李经羲实力保护寺产的消息的第三天，《申报》就发表了一篇题为《论桂抚批准拨还寺产之荒谬》的评论，对李经羲的行为提出了尖锐批评：

> 昔孟子以容悦其君为人臣之大戒，注谓阿徇为容，逢迎为悦，而均斥之为鄙夫之事，妾妇之道。呜呼！今之事君者，何其鄙夫妾妇之多哉？夫朝廷降一谕旨，人心为之向背系焉。所言而当于理，臣下固当谨敬遵行，否则，或上疏力争请收回成命，或即其事而分别声叙，俾得补弊救偏而不致多所误会，如是则可免大失政体，过拂人情。即如近日朝廷谕令保护寺产一事，夫"民间祠庙不在祀典者，由地方官晓谕，一律改为学堂"，此早经奉旨通饬者也。学堂章程内载"创立中小学堂，皆得借用寺观公所"，此又钦定章程颁发各省者也。纶綍昭垂，固中外所共闻共见。不意三月初八日上谕"大小寺院及一切僧众产业，一律由官保护，地方要政，则不得勒捐庙产"，前后语意相歧若此，显系有势力之奸僧贿通权阉从中播弄，蒙蔽圣聪。惟朝廷既降此谕，封疆大吏能详陈利弊，具疏相争，固足尽事君之义，或虑批鳞极陈反触朝廷之怒，转至与大局有妨，则惟有委曲周旋，别筹两不相妨之道，此固稍明事理者无不为之。
>
> 异哉！桂抚而竟有发还寺产之事也。夫西省梧州永井寺院，经知府庄元宽将其查封，改作学堂，且立案将所有产业拨作学堂经费，是固照章办理，能尽地方官之义务者。乃今因住持赴省上控，遽批准将寺产一并给还。夫前时上谕之令，以寺产提充学费，早经明白宣布各处遵行，即此次谕令，亦不过不准刁绅蠹役藉端滋扰耳，不准向之勒捐耳，若已经拨充者，亦并无谕令发还之说。不知桂抚果何爱于永井寺僧，而必令一律给还，是非因朝廷加惠缁流之意，而不惜揣摩风气，藉以显其阿徇逢迎之技耶？
>
> 要而言之，朝廷于寺产一事，忽令提拨，忽令保护，朝令暮

更,固足为圣明之累。然事必出于僧人之奸计,阉官之狡谋,可以一言而决。直督袁宫保知其意,故具奏疏,并不明言寺产之不应保护,特声明干禁之淫祠、私设之寺院,与夫并非僧人自置之产业,仍令公正绅耆分投筹办,以昭大信。夫天下寺院虽多,然何在非干禁者、私设者?僧人产业虽富,何者为自置?似此分别奏明朝廷,既有前旨,亦不能责之为非,僧众知事在必行,亦必俯首帖耳,不致大开隐射之门,致坏已成之事。慰帅平时办事未必悉臻妥洽,而此次则不阿徇,不容悦,维持大局,所裨实多。彼桂抚之□知取悦僧众,亟亟以寺产给还者,其贤不肖相去为何如哉?虽然,仆所论犹系井寺一事耳。闻保护之旨颁行,各省僧人多有闻此风声起而效尤者,已拨而请发还犹可办也,万一请将已经开支之款重请追给,否则即指为不实力保护,不知疆吏遇此又将何以处之。办理一误,必多纠葛,天下大抵如斯也,其作俑之桂抚,其亦何以对天下哉。①

这篇评论给了李经羲很大的压力,与此同时,梧州选派留日学生也联名致电李经羲,对他将寺产发还寺僧的作为表示不满:"桂林李抚帅鉴:阅报有札梧交还寺产一节。梧废寺兴学在先,奉生上谕在后,乞力转圜,学务甚幸。梧州选派东洋留学生公呈。"② 梧州知府庄元宽也再次致电李经羲,说明查封水井寺的理由以及水井学堂的建设情况,请求李经羲收回成命。在这种情况下,李经羲随后致电庄元宽,先说自己接到寺僧的呈文在先,庄元宽的禀文在后,而且庄元宽的禀文中之请示开学,没有叙述水井寺及其住持僧立然的情况,故自己不了解情况。接着李经羲对庄元宽和办事人员予以充分肯定,对水井寺僧立然进行了一番训词:

---

① 《论桂抚批准发还寺产之荒谬》,《申报》光绪三十一年五月二十七日(1905年6月29日),第1、2版。

② 《梧州留学生电争交还寺产》,《申报》光绪三十一年六月初二日(1905年7月4日),第3版。

第四章 僧人反抗及佛教与清廷关系的全面恶化

> 庄守：甲江电悉。查立然等一禀，系四月十三日批驳，该守三月三十日请将水井寺作高等小学堂一禀，系四月十九日到院。当立然等呈禀时，本院并不知水井寺非敕建，亦未知该守当日谕僧迁让，酌给养赡。即该守三月三十日一禀，亦祇请示开学，并未叙立然系著名奸劣、累经邑绅控告、暨学堂已经改造、僧房内起出刀械赌具多件存案等情。该守热心办事，素所信谅，本院心深依畀。此事著即明白禀叙，本院但求有益地方，岂肯拘执成说？该守亦毋庸预为激言。既然据查明立然系奸恶，善著诬控搜括陈蒙。李三举人实心任事，本应电批照准，因来电不便发行，仰即将立然劣迹并水井已改造学堂、已酌给养赡各情，迅速切实详禀，以便照禀批行。即奉旨一节，但禁刁绅蠹役藉端滋扰及勒捐等弊，既非滋扰勒捐，则兴学要政历奉严旨，岂容奸僧藉口？况学堂已造，断无毁成之理也。①

由于广西巡抚李经羲态度的迅速转变，梧州太守庄元宽对庙产兴学的态度更加积极、坚定，他指示各属严格按照学务公所的规定和期限推进庙产兴学运动，同时饬令学务公所严惩到省督抚辕"敢冒名混控"的水井寺住持立然，并取消了其名下的养赡费：

> 照得各寺庙产业，前经本府禀明大宪批饬学务公所清查，分别代收、给回各僧养赡等费并提充学费在案。兹据学务公所绅董陆续将各寺庙产簿调齐，亟当妥定分拨之法。除行知学务公所外，为此牌示各寺住持及各庙祝等遵照，即将该寺庙中共有僧人若干，限以五日内报知学务公所，其有愿还俗者一并声明，以便酌给养赡、还俗等费。惟水井寺各僧，前本府业经酌定数目给

---

① 《西抚自知保护寺产之不合》，《申报》光绪三十一年五月二十八日（1905年6月30日），第4版。

谕，饬到学务公所具领，乃至今未到，而立然竟敢冒名混控。现奉抚宪批饬，将立然一僧提究，其名下所准给养赡费应即注销。其余仍照律依限具禀请领。此举系酌盈济虚，□行保护，藉杜偏枯豪强侵霸之弊，而提其余款以充学费，尤为一举两利之□。各宜遵照，切勿自悞无违。特示。①

这则牌示，为梧州僧人的请愿活动画上了一个句号。这次僧人请愿活动的起因是清廷颁布的保护寺产上谕，面对僧人的请愿活动，两广总督岑春煊没有表态，广西巡抚李经羲起初按照保护寺产上谕的要求，饬令梧州知府发还被征用的寺产，但在新闻媒体和留日学生的压力下迅速妥协，转而支持了梧州知府庄元宽的主张。在李经羲的纵容下，庄元宽对庙产兴学的态度更加积极，更加坚定，在强力推进境内庙产兴学运动的同时，还严厉惩处了带头请愿的水井寺住持僧立然，轰动一时的梧州僧人请愿活动就这样落下了帷幕。

(三) 湖北僧人请愿行动的失败

湖北江汉关道继莲溪是一个锐意兴学的官员，《申报》报道说："江汉关道继莲溪观察因兴设学堂，苦无地址，爰遵照戊戌年上谕庵堂寺院一律充公改造学堂等语办理，故此委员详细察查通镇庵堂寺院计若干所，或敕封，或公置，或私置，分别报告，以凭核办。"② 保护庙产的上谕颁布以后，迫于各地僧人的压力，他被迫将一些已经征用的寺院还给了僧人。《申报》曾对此报道说："江汉关道继莲溪观察素以兴学为急务，所有寺院分别改设学堂，如栖隐寺、大佛寺、甘露寺，均已充公。方将筹款改造，不意保护寺产之上谕已颁，只得将充公各寺一律发还。"③ 当清廷批准袁世凯的公然否定保护寺产上谕

---

① 《梧州府示提拨寺产》，《申报》光绪三十一年七月十六日（1905年8月16日），第4版。

② 《寺院改建学堂》，《申报》光绪三十一年三月初八日（1905年4月12日），第3版。

③ 《充公寺院发还》，《申报》光绪三十一年三月十九日（1905年4月23日），第3版。

第四章　僧人反抗及佛教与清廷关系的全面恶化　169

的奏折后,继莲溪的态度变化很大,他批准了学董们的请求,又将此前发还的栖隐寺改成了学堂,后因永安善堂与杨鸿渐都想占栖隐寺设立学堂,双方争执不下,继莲溪又作出了以下批示进行调停:

> 前据杨鸿渐等称栖隐寺既系废庙,又系公地,当经该厅堪明,批准设学。嗣据该寺住持呈控,明是为得租息阻扰,该街邻等禀词亦似代僧进言,无理取闹,是以屡行批驳。兹复据王玉山等联呈,语尚近情。本道因汉镇学堂未兴,深以教育阙如为憾,幸有永安善堂能知大义,亟与扶持,系为地方有裨起见,初无私意。但学堂既设,互相竞争亦殊,无谓杨鸿渐等果朦混占地,藉设学以便私图,致令邻里失和,亦非秉公办事之人,自未便少事回护。但尔等所称正殿,乃街坊集资重修,是本街王玉山等限一月内议定在栖隐寺设立初等小学一所,禀明照章开办,如藉词欺饰,并延不开办,或敷衍从事,应即将具呈各人责罚示惩,以为阻扰学务者戒,并示令杨鸿渐等仍自于永安堂内自行就地设学,免致愈相争执,愈生是非。虽所称教习带刀,学生持械,不免言之或甚,然杨鸿渐等诡谋力占,办理不善,咎何可辞?当亦自知其非是。本道处事,无不曲顺人情,但求其所安,固不嫌迹似反复。诚以民立学堂乃属义举,若因之涉讼,是未开学已贻口实,非初意也。至此外各善堂欲改学堂,经费不足,亦拟由本道助以经费,但藉尔学堂之地造就尔等子弟,以期与呈内所谓广宇之义相符,量尔等不至再有异议矣。①

继莲溪对保护寺产上谕的态度变化还表现在他的另一份批示里,这份批示是针对胡永兴的,起因是胡永兴请求继莲溪按照保护寺产上谕的规定,将准备用来开办学堂的沙家巷后稷宫发还。看到胡永兴等人的禀文,继莲溪大怒,便作出了如下批示:

---

① 《道批照录》,《时报》光绪三十一年五月二十四日(1905年6月26日),第6页。

奉旨兴办学堂为当今之亟务，而本镇地狭人稠，度地不易，因饬警察局各就公所庙宇择租数处，先行开办初等小学堂，以期渐次推广，非强行租借，恃官力欺压百姓。近奉谕旨庙宇不得充公，亦只言庙宇产业不准提做兴学经费，庙宇房产不准充公改为学堂，并非谓庙宇不准借开学堂，何得以奉旨为藉口？然不愿租作学堂，亦不免强。惟学堂犹不肯租，则凡有租给住户以及各小贩等类，尤属不应。当即一律迁出。兹据胡永兴等联呈，沙家巷后稷公所系同业，无依诸人居住其中，该民等肯建公所矜恤同业，甚善。然既悯其贫苦无依，兹不应收租金，所称前栋赖收租金又是何说？难免饰词搪塞，仰警察局查明禀覆，并仰警察总局转饬各局一体查照。所有商借公所庙宇开办小学堂之事，按照原议酌给租价，固不容任令居奇，亦不容稍有抑勒，如不愿亦不相强，特以后不准再行招租住户、闲杂人等，以昭整肃。①

继莲溪的这份批示的要点有：第一，兴办学堂是当务之急，更是奉旨行事，警察局选择性地租借了几所庙宇，是正当行为，并不是借势压人；第二，保护寺院的上谕只是说不准将庙宇充公，并没有说不准租借庙宇办学，故警察局沙家巷后稷公所兴办学堂不属于三月八日上谕的保护范围；第三，该庙如果不愿租给学堂，也不该租给其他人员。这个批示虽然不是由僧人请愿引起的，但继莲溪的这个批示却适用于所有的庙产兴学事件，故也是对僧人请愿行为的直接回应。

（四）江苏僧人请愿活动的失败

高邮州办理团练，开始于光绪二十四年，总人数共有500人，分为五个大团，每大团又分为五个小团，其费用主要来自境内商户和殷实寺院的捐款。保护寺产的上谕颁布以后，高邮州僧人群情激愤，他

---

① 《庙宇不愿租作学堂批词》，《申报》光绪三十一年五月初一日（1905年6月3日），第3版。

第四章 僧人反抗及佛教与清廷关系的全面恶化

们致函团练局，声称此前团练局强迫各寺院缴纳的团练费违反保护寺产上谕，从此以后不再缴纳。关于事情的原委，《申报》曾进行过报道：

> 高邮州城乡团练共募练丁五百名，分为五大团，每大团分为五小团，城中为一团，四乡各设一团，城中派武生贾翰章管带，四乡由董事就近督率，亦各派管带一人随时教练巡缉。上年办理警察，又添置器械、靴帽、操衣。所用经费由各铺户绅富及富厚之庵观寺院捐助。甫有端倪，乃各寺院僧人近因奉有学堂不得捐及庙产之谕旨，遂聚集高邮殷实寺院十九处，会议由各住持僧函致团练局各董，以学堂捐款尚有谕旨不准派捐，所有团练经费各寺院亦不认缴等情。现经团练局董事宋预立等禀请高邮府转详省宪核示。①

根据这则消息，我们可知，高邮州办理团练的所需费用的一大部分，是由境内十九所殷实的寺院承担的，在保护寺产上谕颁布以前，僧人也没有公然反对。当他们得知朝廷保护寺院上谕的内容后，便一起致函团练局，表示不再依照惯例缴纳团练费。据实而论，僧人的这个要求是符合上谕精神的。但是，高邮僧人不知道的是，此前不久，朝廷已经批准了袁世凯否定保护寺产上谕的奏折，所以，他们的行为就先后遭到了江苏巡抚陆元鼎和两江总督周馥的严厉批判。陆元鼎的批示是：

> 查警察为保卫地方而设，庵观寺院同在保护之列，所需经费自应与商民一体，量力输捐，岂容歧视？□称该州庵寺殷富者多，既经认捐在先，何得藉口吝惜？批饬该州督董勒令照常捐

---

① 《僧寺抗缴团练经费》，《申报》光绪三十一年七月初三日（1905年8月3日），第3版。

缴，以济要公。①

陆元鼎的意思有二：第一，各寺僧人既然在与其他商民同在警察的保护之下，就应该量力捐输，不能搞特殊；第二，各寺既然是殷实寺院，而且又认捐在先，自然要照常缴纳。在这份批示里，陆元鼎并没有提及僧人们视为护符的保护寺产上谕，这绝不是一时疏忽，而是刻意为之，其目的就是要求僧人继续缴纳团练费。两江总督周馥的批示虽然没有回避保护寺产的上谕，但强调上谕只是禁止将庙宇庙产充公，而没有禁止租借庙宇办学：

> 查保甲团练乃保护地方要政，与他项学堂工厂等事情迥不相同，光绪二十四年间，经刘前部堂奏明章程，贫者出力，富者出资，并声明常住宽裕之僧道不能充练丁者，则酌派养练口粮，及制办军械、军火、军装经费，奉旨允准在案。今该寺僧等以现奉上谕饬令保护，藉口抗捐，要知上谕系不得勒捐庙产，岂能与勒捐团练经费相提并论？且已认捐于前，仍应循旧捐助，仰苏臬司会同江藩司转饬遵照。高邮州团防保甲每月经费入有若干，出需若干，转饬造具详细清册呈送察核。②

周馥的意思很清楚：第一，团练与工厂、学堂等地方要政的性质不同；第二，关于兴办团练的事情，前两江总督刘坤一早在光绪二十四年就曾上奏过朝廷，并且得到了批准，故举办团练是奉旨行事；第三，僧人缴纳团练费已经有多年的历史，保护寺产的上谕说得很清楚，就是不得勒捐庙产，根本不能与勒捐团练经费相提并论。基于以上三点理由，周馥指示高邮团练局继续向十九家寺院征收团练费，高

---

① 《批饬寺僧仍须捐缴警察经费》，《申报》光绪三十一年八月十五日（1905年9月13日），第9版。
② 《批斥高邮州僧寺不缴团练经费》，《申报》光绪三十一年七月十三日（1905年8月13日），第3版。

邮僧人的请愿活动也因此而失败。

(五) 陕西、直隶、河南等省的僧人请愿活动

陕西地处内陆，风气一向闭塞，庙产兴学运动的规模自然不及东南各省，但也发生征用佛教寺产的现象。1905年保护寺产上谕颁布以后，该省也发生了一些僧人请愿的事情，其中最典型的要算凤县僧人宽来等到省巡抚衙门禀控县令戚幕吓索霸契昧银行动的事情了。光绪三十四年（1908），凤县僧人宽来等来省学务处控告该县县令纵容戚幕抢占寺产，要求秉公处理。提学使不但不为他们做主，反而将他们训斥了一番：

> 察阅禀词，显系该县兴办学堂，酌提庙款，尔等不肯承认，乃派人至寺调取契簿，欲清查寺产，以再议酌提。尔遂捏控官亲幕友将尔银两钱贴一并掠去，计图抵赖。佛戒诳语，尔何狡展至此极耶？况既奉本道批示，饬该县秉公酌提，仍留焚修之赀，以示体恤，已属平允之至。乃不静候结办，辄砌词来辕呈控，尤属刁健可恶。著速安分回凤，毋再逗留，致干押发。仍一面由司札饬该县持平妥议，详复核夺，切切此批。①

从这份批示的内容可以看出：第一，提学司仅凭禀词就断定是僧人妄渎；第二，凤县县令酌提庙产兴办学堂是奉旨行为，况且已经给僧人留下了一定的焚修之赀，已经仁至义尽了，但僧人宽来依然到省禀控，实属刁钻至极；第三，僧人宽来必须立即离省回县，敬候县令的处置，否则将受到严厉惩处。省学务处对待僧人请愿的态度如此，陕西省其他僧人请愿活动的结局就可想而知了。

直隶是京畿重地，是实实在在的天子脚下，各项谕令的执行情况无疑是最及时的，1901年清廷变法上谕颁布以后，直隶总督袁世凯

---

① 《学司余批凤县僧宽来等以悋己刻人嗾使戚幕吓索霸契昧银等情上控一案由》，《陕西官报》第13期，光绪戊申（1908）九月上旬。

就闻风而动,强力推进庙产兴学运动。1905 年保护寺产上谕颁布以后,袁世凯不但没有盲目执行这道上谕,而且还上奏朝廷,婉转指出了保护寺产上谕的严重缺憾,并建议清廷仍按照 1898 年庙产兴学上谕处理各地的僧俗纠纷。由于直隶的庙产兴学政策没有出现大的波动,故该省的僧俗纠纷也较其他省份相对缓和。尽管如此,光绪三十四年八月二十四日(1908 年 9 月 19 日),直隶也发生了一次大规模的僧人请愿运动。关于事情的原委,《盛京时报》曾进行了报道:

> 上月二十八日,达赖由晋入直,驻阜平县,时有赵州等处僧人约百余名,环跪道旁,求见活佛。闻禀单内直隶全省僧众悉皆列名。略谓直省庙产全被官家索去,无以为生,情愿随同活佛赴藏归入喇嘛教,或于入京陛见时,向大皇帝前代为乞恩,将庙产全数发还云云。时阜平令纪云鹏亲自弹压,欲令解散。而僧众环跪不起,并有恶僧多名,带有戒刀,势欲用武,幸达赖畏其纠缠,亦避不敢见。后经军队用强迫压力,始克驱散云。①

从这则报道中,我们可以窥探出以下几点。第一,直隶僧人请愿的原因是庙产兴学运动对各地寺院财产的强力征用。从前文对直隶庙产兴学运动的详细叙述可知,从 1902 年初直隶庙产兴学全面展开到光绪三十四年七月(1908 年 8 月)僧人请愿事件发生时,该省的庙产兴学运动已经持续了七年之久,在此期间,直隶各地官绅对包括寺院财产在内的各种庙宇庙产的征用力度一直都特别大,但在袁世凯的强力压制下,各地僧人虽然损失惨重,但也只能是敢怒而不敢言。僧人请愿事件发生前夕,袁世凯已经离开直隶,调任外务部尚书,他的离开给直隶僧人一丝希望,在这时候,恰巧达赖进京朝圣从赵州经过,僧人请愿事件便发生了。第二,这次请愿的规模很大。据《盛京

---

① 《赵州僧众乞救于达赖奇闻》,《盛京时报》光绪三十四年九月初一日(1908 年 9 月 25 日),第 3 版。

时报》的报道，当时求见达赖的僧人竟有100多人，而且"直隶全省僧众悉皆列名"，他们声称"直省庙产全被官家索去，无以为生，情愿随同活佛赴藏归入喇嘛教，或于入京陛见时，向大皇帝前代为乞恩，将庙产全数发还"，从这些内容不难看出，这次请愿事件是直隶僧人对该省庙产兴学运动不满情绪的一次集中爆发。第三，请愿僧人的态度非常坚决。从纪云鹏亲自弹压、众僧环跪不起、多名僧人带刀并欲动武等情节看，参加请愿的僧人事前进行了充分的准备，大有不达目的不罢休的意味。第四，这次请愿活动遭到坚决镇压。我们从达赖避而不见、后经军队用强迫压力等语言，可以看出这次请愿的结果依然是失败的。

在清末庙产兴学运动期间，河南也发生了僧人请愿活动。笔者在《申报》上发现了一则关于河南僧人请愿的报道。具体内容如下：

> 日前，河南海镜寺僧畅衷等以开办僧侣学堂事具禀提学司，现经提学宪剖析办法，批示如下：据禀及章程均悉。查奏定学堂章程并无僧侣学堂名目，该各丛林受布施者数百十年，体释迦慈悲之心，以舍身救世为宗旨，发大愿力为众生造福，又岂区区仅为僧侣计，便足称热心公益耶？该僧等如果志在兴学，应将各该寺产呈明，实数若干，足敷设小学堂若干间，以其余开设工艺实业学堂，呈由本司派员划定学区，综理一切教授，仍准该僧人等附学，不分畛域，似此办法，与该僧等热心兴学之诚，方为圆满无憾，而揆诸佛门普济之旨，尤惟忻合无闲者也。该僧等应即遵批统筹办法，再行具禀听候核夺，所请设立僧侣学堂之处，应毋庸再议。①

从这则报道的内容看，这次僧人请愿与其他省份有很大的不同。

---

① 《批驳寺僧请设僧侣学堂》，《申报》光绪三十二年八月二十五日（1906年10月12日），第3版。

其他省份的僧人请愿多是要求地方官府归还已经被征用的寺产，而河南僧人这次请愿却是请求官府批准其利用寺产开办僧学。河南提学司的答复也很出人意料，笔者在查阅报纸、杂志的有关资料时，曾见到过不少僧人的办学呈请，地方官对此类行为大加赞赏，说这些僧人乐善好施、热心公益。只有河南提学司做出了这样一份很奇怪的批示，非但没有对僧人的办学行为进行表彰和肯定，反而说他们只拿出部分财产办学是存心不良"该僧等如果志在兴学，应将各该寺产呈明，实数若干，足敷设小学堂若干间，以其余开设工艺实业学堂，呈由本司派员划定学区综理"，最后断然拒绝了僧人的请求。在河南提学司这种态度的主导下，清末河南的庙产兴学运动对僧人权益的伤害无疑是巨大的。

以上情况只是清末僧人请愿活动的几个典型例子，类似的事件还有很多，由于篇幅所限，就不再一一赘述。总之，清末各地僧人的请愿活动，是僧人反抗庙产兴学运动的一种主要方式。这类事件发生的直接原因，就是1905年清廷保护寺产上谕的颁布，而僧人请愿活动的结局，则是由当时的庙产兴学运动的大环境决定的。

第二节　僧人的泄愤毁学事件

在传统社会里，僧人是各类庙宇的实际管理者，普通民众是佛教的忠实信奉者，各地庙产兴学运动的迅猛发展，不仅损害了僧人的实际利益，也伤害了普通民众的宗教信仰，因而激起了广泛反抗。在清末新政期间，僧人和普通民众对抗庙产兴学运动的最普遍行为就是由僧人发起、普通民众参加的毁学事件。笔者曾翻阅《申报》《盛京时报》《东方杂志》《教育杂志》等多种资料，发现清末各地僧人毁学案件此起彼伏、层出不穷，比较著名的有20多起：四川广安寺僧毁学聚众案（1904年8月30日）、山东忻州费县寺僧聚众毁学案（1904年10月29日）、广州长寿寺僧人聚众毁学案（1905年3月）、江苏青浦县白鹤江海月堂僧人聚众毁学案（1905年3月20日）、浙江青田县南田乡妙果寺僧人聚众毁学案（1905年3月6日）、江苏崇明县僧人聚众捣毁致用学堂案（1906年9月）、江苏南浔镇慈阴庵僧人聚众闹学案（1906年7月）、浙江镇海县妙胜寺僧人率众毁学案（1907年3月）、广东宁丰寺僧人聚众毁学案（1908年4月）、山东宁海州僧人聚众毁学案（1908年5月）、江苏南汇县六角亭庙僧人聚众阻学案（1907年8月）、湖南省东安县寺僧聚众毁学案（1908年4月）、安徽合肥县僧人聚众毁学案（1908年9月）、安徽庐江县灵泉寺僧人聚众毁学案（1908年11月）、山东省黄县城南周家庙住持惠益兴学被杀案（1908年11月）、浙江慈溪县永明寺僧人聚众毁学案（1910年4月）、广东省香山县僧道聚众抗捐案（1910年6月）、江苏泰州僧人松月等聚众毁学案（1910年11月）、江苏海州僧徒毁学案（1910年12月）、浙江上虞南乡太岳寺僧人聚众毁学案（1911年4月）、江苏南汇县沙涂庙僧人聚众毁学案（1911年4月）等。在这些案件中，有的聚众数百人，有的聚众数十人，其激烈程度实在骇人听闻。这些寺僧聚众毁学案，无一例外均遭到社会舆论的谴责和官府的残酷镇压，汉唐以来佛教与政府的和谐关系被彻底打破了。为了使读者了解僧人聚众毁学案对政教关系的影响，笔者就对广州长寿寺僧人毁学案做一详细剖析。

长寿寺又称长寿庵，位于广州西关，初建于明万历三十四年（1606），到清末已有近400年的历史。《康熙南海县志》记载了长寿寺的来历："万历丙午八月，巡按沈正隆初至得疾，士民争走神祠，祝釐僧为诵观音救苦经数日。御史梦见一白衣妇人，翼蔽而前，询云来自城西，疾遂痊。因即□地恢拓，鼎建慈度阁，以奉大士。余为妙证堂、临兰亭，左右禅房悉备，地可八亩。同知魏伯麟、知县刘廷元益以白云废寺田四十三亩一分，俾世香灯，遂成名刹。"① 光绪五年（1879）的《广州府志》对长寿寺进行了详细记载："在城西南五里

---

① 郭尔撕、胡云客、王贽等修：《康熙南海县志》，第二卷《建置志》，第35页。影印本载《日本藏中国罕见地方志丛刊》，书目文献出版社1992年版。

旧顺母桥故址。明万历三十四年巡按御史沈正隆建，为慈渡阁，为妙证堂，禅房翼之，地可八亩。（县令刘廷元益以白云废寺田四十三亩，以供香火）有御史碑记。后僧大池重新之。"① 经过历代高僧大德的苦心经营，到清康熙年间，长寿寺成为当时广州著名的苏州园林式寺院："寺西偏有池通珠江，水增减应潮汐。池北为半帆，循廊曲折，而东为绘空轩，轩前佛桑宝相诸花，丛萃可爱。由半帆竝池而南，缘岸皆荔枝龙目。池之南为怀古楼，高明洞豁。其下为离六堂，水木清华，房廊幽窈，如吴越间。寺有拈花释迦像，饰以黄金珠玉，蝉璖玛瑙瑟瑟之属，庄严妙好，又有铜像，云是唐铸也。"② 清代诗人曾裴有诗称赞道："郭外丛林暑亦凉，慧灯传影挂长塘。涛声入树三幡静，花气临阶四大香。一榻卧能参半偈，六时僧自禅空王。行吟竟日无人和，闲倚朱栏看鹤翔。"③ 由此可见，清末的长寿寺已经成为广州规模宏大、景色优美的著名寺院，深得文人墨客的喜爱。

　　光绪三十年（1904），当地办学绅士要利用该寺房屋，创办商业学堂、时敏学堂，此举得到了广州知府的许可，却引起了该寺僧人的强烈不满。光绪三十一年正月二十二日（1905年2月25日）晨，该寺云游僧将商业学堂匾额及校具抢毁，并将时敏分设小学匾额毁去。二十四日，该寺信众又将设在该寺的操场和阅报处拆毁。事件发生后，办学绅董立即以全省学界绅董和广东总商会的名义致电两广总督、商部管学大臣、翰林院掌学、东京两粤留学生同乡会等，要求严惩闹事僧人及幕后主使伍铨萃。伍铨萃也致电戴鸿慈、伍廷芳等同乡京官，控告学董对他的诬告，双方各执一词，真假一时难辨。为了尽快平息事态，全力推进两广地区的庙产兴学运动，署两广总督岑春煊下令将长寿寺拆毁，寺产充公。这些事经上海《申报》、《警钟日报》

---

① 瑞麟、戴肇辰等修，史澄等纂：《广州府志》光绪五年刊本，第八十八卷《寺观》，成文出版社1966年版，第6—7页。
② 瑞麟、戴肇辰等修，史澄等纂：《广州府志》光绪五年刊本，第八十八卷《寺观》，成文出版社1966年版，第7页。
③ 瑞麟、戴肇辰等修，史澄等纂：《广州府志》光绪五年刊本，第八十八卷《寺观》，成文出版社1966年版，第7页。

和《新闻报》、天津《大公报》连续报道后，成为轰动一时的焦点事件。

一 寺僧毁学事件的原因

1904年，广东省的庙产兴学运动全面展开，省农工商会要在长寿寺创办商业学堂，时敏学堂的绅董也提出在长寿寺创设时敏小学堂，长寿寺僧人虽然很不情愿，但也不敢公开反对。关于这些情况，上海的《时报》进行了详细报道："商业学堂与时敏学堂绅董某，为普及教育计，以长寿寺为公共之地，乃循例商之于该寺僧库房某。寺僧阳诺之，阴筹抵抗。半出告商业学堂绅董曰，寺之东廊时敏学堂捷足先登矣，君盍向时敏绅董通融。商业学堂同人不知其诈也。他日，时敏同人又以此问题诘寺僧，寺僧对如前，久乃知为伪，群向寺僧诘责，不得已乃以寺之东廊许时敏，西廊许商业，并允暂借铁汁堂、祖堂各地，先行开学，俟两廊改筑后乃迁地焉。两堂同人信为实，一面赶置校具，并招选学生为开学计。"① 从这段报道看，长寿寺僧人的做法确实不地道，既然答应将房屋借给商业学堂为校舍，却又让时敏学堂占用，是典型的一女聘二夫。

但长寿寺僧人伟光却对学绅借用长寿寺办学的经过有另一种说法："寺内之铁汁堂，上年三月间由各学堂绅士来借演说，声明每一礼拜借用三点钟，自十二点钟起，至三点钟止，并订明十二月即可交还。殆十二月十五日，有番禺负崎社学张福等租做致用学堂，伊是以允租与他。其匾额委由张福所挂，并非伍太史送来。"② 这就是说，长寿寺内的房屋铁汁堂此前曾借给学绅做演说场地，期满后，寺僧才将铁汁堂借给番禺负崎社学的绅董张福，用于创办致用学堂，此后，无论是商业学堂还是时敏学堂，再借用铁汁堂显然属于强占。考虑到

---

① 《寺僧毁学骇闻》，《警钟日报》光绪三十一年二月初一日（1905年3月6日），第2版。
② 《朱崔两委员暨南海傅令会查伍铨萃主谋毁学案详文续》，《时报》光绪三十一年三月初八日（1905年4月12日），第7页。

两则资料的具体出处和当时的形势,寺僧的说法似乎更符合实际。

结合以上两则资料,我们不难看出一个基本事实,那就是对于学绅租用铁汁堂的行为,长寿寺僧人是很不情愿的,但由于形势所迫,不敢公开拒绝。他们一面答应办学绅董的要求,一面拜托广东名士伍铨萃进行通融。伍铨萃(1863—1933)广东新会人,光绪十五年乙丑恩科本省乡试举人,十八年壬辰科会试中式进士,改翰林院庶吉士,以后历充国史馆协修官、庚子恩科云南乡试副考官、辛丑并补行庚子恩科广西乡试副考官、起居注协修官、国史馆纂修官、学部图书局校定员、宪政编查馆统计局副科员、编辑,光绪政要纂修官、英武殿协修官等职,与庆亲王奕劻、大学士张之洞都有交往,是当地名人之一。① 伍铨萃当时丁忧在粤,对当地绅士强占寺院的行为非常不满,曾"受增城正果寺僧之贿托,致函学务处为之庇护,受花地大通寺僧之贿托,破坏垂成之工艺厂"②,更为甚者,伍铨萃与长寿寺僧人关系密切,"该绅久住长寿寺半帆亭,为寺僧护法"③。对于长寿寺僧人的请求,伍铨萃当然义不容辞。"二十二日晚,(该绅)乘坐大轿至半帆亭门首,令跟役手持名片,直诣商业学堂,倍言三大人嘱令勿遽开学等语言,该堂绅董不理。"④ 至此,长寿寺僧人企图利用名人进行融通的行为宣告失败。与此同时,长寿寺僧人还鼓动普通信众群起反抗,"(他们)散布谣言,鼓动寺外下流社会,谓办学各员藉名办学,实则蟠踞寺内各地,建造礼拜堂,礼拜堂成,若辈将无憩息之所,于是群情汹涌"⑤。至此,寺僧与学董的矛盾迅速激化。

---

① 秦国经主编:《中国第一历史档案馆藏 清代官员履历档案全编》(8),华东师范大学出版社1997年版,第280—281页。
② 《广东全省学界绅董为长寿寺僧毁学公呈》,《时报》光绪三十一年二月十七日(1905年3月22日),第6页。
③ 《广东全省学界绅董为长寿寺僧毁学公呈》,《时报》光绪三十一年二月十七日(1905年3月22日),第6页。
④ 《广东全省学界绅董为长寿寺僧毁学公呈》,《时报》光绪三十一年二月十七日(1905年3月22日),第6页。
⑤ 《劣绅纠僧毁学详报》,《时报》光绪三十一年二月初二日(1905年3月7日),第6页。

二　寺僧毁学的过程

关于长寿寺僧人毁学过程，当时的《时报》和《警钟日报》进行了详细报道，从语气和用词来看，这些报道显然出自同情学绅的人士之手。

《申报》对毁学过程的报道比较简单："广省农工商会创办商业学堂，已禀准开，暂指定长寿寺为校地，招收学生，定期开学。上月二十一日，寺僧伟光忽纠僧人数人，将商业学堂匾额及校具恣行抢毁，并将时敏分设小学匾额毁去。至二十四日，复纠众将体操场毁坏。时有少年二人，指挥仆从身先抢毁。堂中人携有照相具，当场将一人摄入影中，闻系伍太史之弟，各华官现已禀官究办矣。"① 这则报道采取了素描的手法，简洁地报道了寺僧毁学的过程，看似不偏不倚，但稍加分析，不难看出其立场：第一，学绅借长寿寺办学得到了官府批准，是合法行为；第二，寺僧伟光纠僧毁学，实出意料之外；第三，毁学是由伍铨萃之弟指挥的，暗示伍铨萃是幕后黑手。所以，长寿寺毁学事件一开始，素以客观公正著称的《申报》便站在了学绅的立场上说话。

上海《时报》的报道要比《申报》详细得多，而且完全站在了学绅的立场："长寿寺自农工商会创办阅书报处，颇收良效。去腊，各同人复拟在铁汁堂办公立商业学堂，经禀准学务处存案，亦经向该寺方丈商允，于是，各同人遂将阅书报处归并商业学堂内。数日前，悬挂匾额，均无异议。越日，又有致用学堂匾额悬挂于上，各同人究问寺僧，寺僧含糊以对，乃据情禀官，奉批饬县查究。于是连日赶办堂内事宜。俟廿四日考验学生，即于二月朔日开学。讵经营至廿二晚，忽有人到堂内，口称三大人有要话候商，诘以三大人为何？则伍太史铨萃也。诘以究有何事？支吾不能对。各同人以堂

---

① 《寺僧抢毁学堂》，《申报》光绪三十一年二月初十日（1905年3月15日），第4版。

内事忙,遂不往,而寺内僧提灯笼络绎奔走,若有秘密运动者。至廿三早,忽来素服者二人,咸指为伍之弟与子,带同操北音之家人,率寺内凶僧,持械闯进堂内,有警兵出而拦阻,亦被殴打。所有校具图器书籍及教员行李全行毁坏。寺内另有时敏初等小学堂,同时波及,并将匾额揭下,寸断而尺裂之。同人睹此凶悍,向前研诘,寺僧复持械追逐,各同人纷纷逃避,幸农工商会闻警,急将大门紧闭,不至受累,而抛砖掷石,已吃惊不少矣。事甫定,素服者复向寺外鼓动下流社会,欲激之使毁农工商会,目为教会中人,大于地方有害。于是,瞬息之间,哄集无赖千余人,拥挤门内,势甚汹涌。凡长衣者无论出入,均以砖石掷击之。各同人不得已商之警局,由寺后巡警驻宿所取路而出,随有巡警五局六局大厅广协续备军,得内堂电话告警,即行驰至弹压,诸无赖始逐渐散去。"① 第二天,该报又以《劣绅纠僧毁学详报》为题,报道了众人拆毁学堂操场的情景:"十一时下钟时候,有为首者数人率引,无赖等闯进寺内菜圃,将体育操练场拆毁,平台、手折、钢架等无一存者。复迁怒于农工商会、阅书报处,有无赖数辈排立门前喧闹大呼,有敢出者必殴辱之,于是,农工商会急发电至各处告警。当喧闹时,一恶僧立农工商会照壁二殿石台上,手指口骂,谓任是甚么官,我等总通气,皇帝且不怕,有本事便取我头去,各同人置之不理。至一下钟,农工商会电线竟为恶僧等从瓦面割断,消息不通,益焦灼,幸未几续备军弛至弹压,农工商会乃仅以得存。日将暮,无赖辈尚未尽散,续备军驻扎铁汁堂,以备不测。"②

仔细阅读上海《时报》的两则报道,不难看出,主要突出强调了五个问题:第一,农工商会在长寿寺创办商业学堂,经过了官府批准,寺僧也无异议,致用学堂匾额悬挂于其上,显然是寺僧的阴谋;

---

① 《劣绅率僧毁学详报》,《时报》光绪三十一年二月初三日(1905年3月8日),第6页。
② 《劣绅纠僧毁学详报》,《时报》光绪三十一年二月初二日(1905年3月7日),第6页。

第二，伍铨萃仗势阻挠办学在先，寺僧暴力毁学在后，二者肯定有内在联系；第三，毁学行为由伍铨萃之弟现场指挥，且当场暴打巡警，态度极为恶劣；第四，毁学寺僧行为野蛮，且毫无惧色，简直是无法无天；第五，学绅虽然竭力忍让，力避冲突，但还是损失惨重。很显然，长寿寺毁学事件刚发生，上海《时报》就站在了学绅的立场上，对长寿寺的野蛮行为和支持毁学的幕后黑手大加批判。

《警钟日报》的报道大同小异："是早，突来寺僧数十人，汹涌到堂，大肆咆哮，将商业学堂内新置校具并木匾一方均当堂破碎净尽。随涌至时敏学堂分立处，将该堂匾额碎之于地。顷又拟到农工商会阅报处纵掠。"① 根据这则报道，我们可以发现，毁学者只有寺僧，没有其他人。

那么，毁学场景究竟如何呢？在场处理毁学事件的巡警第六分局的巡官巡长的说法应该最接近真相。他们声称："今年正月二十二日二更后，巡兵经过铁汁堂，见有洋人坐在廊下。寺僧即知会伊等，谓有洋人到农工商会阅书报处，请派巡兵弹压，以免生事。是夜安静如常。二十三日早约八旬钟时候，寺内击梆，云游僧二三十人同到铁汁堂吃饭，洋人在坐阻拦，众僧愤哄然直入，遂将商业学堂内抬椅搬至廊下，一齐动手拆毁，掷入堂前池中，洋人即避入书报处。伊等闻知带兵到堂弹压，当时只见僧人，并无闲人在场，并见一老僧，站在书报处门首，阻止云游僧不得入内滋斗。铁汁堂距寺头门颇远，维时别局巡警尚在头门习操未散，并不知僧人在内闹事。该寺每到午饭后即有许多闲人聚集，伊等虑及藉端生事，即派巡兵紧守入铁汁堂之路廊门口。惟巡兵换班站街，不能久守，一面知会西关迅派勇来寺替代。十旬钟时，汛兵已到，巡兵即退。十二旬钟候，闲人闻知此事，陆续入寺观看，聚至数百千人，内有好事者掷石喧哗，伊等恐致滋事，复派巡兵协同讯兵弹压，仍守路廊门口。是以闲人仅到书报处门外，不

---

① 《寺僧毁学骇闻》，《警钟日报》光绪三十一年二月初一日（1905年3月6日），第2版。

能入铁汁堂。直至张灯时,闲人始散。"① 以上这段话,是当时在场的巡官巡长答复两广总督岑春煊派来的特使和南海县令讯问时说的,而且朱崔两委员将此段话列入汇报详文,应该比较符合事实。

综合几个方面对毁学过程的描述,我们可以得出一个结论,那就是游僧闹学事件发生后,周围的普通民众也群情激愤,他们不约而同地支持寺僧,围攻商业学堂,并拆毁了设在长寿寺菜园里的操场。由此可见,在清末庙产兴学运动中,普通民众与寺僧是天然的同盟,也正因为有广大民众的支持,寺僧才有勇气与官府及学绅对抗。长寿寺毁学事件发生后,僧人一面向西关各街坊散发布告,声称"寺庙地方经奉旨借作学堂,伊寺铁汁堂各地方去腊经借与梁林两姓绅士开办致用学堂,乃农工商书报社竟强占此地,毁坏致用学堂什物,有巡警作证,伊等势必追究"②,一面向十八街公局控告,"称商业时敏两学堂实未与伊商允,情同强占,伊等必有以对待,且地方官亦允逐之"③。如果寺僧真像学绅们宣传的那样聚众暴力毁学,能有这样的胆气吗?尽管如此,长寿寺僧人还是认识到事态的严重性,为了缓和矛盾,寺僧伟光恳请一位何姓的绅士从中调停,表示愿意归还校地,赔偿两学堂一切损失,但学董并不领情,事态的发展对寺僧越发不利。

三 学绅与士绅的攻防战

毁学事件发生后,办学绅董一口咬定长寿寺僧人聚众毁学,广东名士伍铨萃就是幕后主持,立即以广东省农商学会的名义致电督抚两院、商部管学大臣、翰林院掌院及广东留日学生会,请求严惩指示寺僧毁学的在籍编修伍铨萃。其文如下:"在籍编修伍铨萃声名恶劣,

---

① 《朱崔两委员暨南海傅令会查伍铨萃主谋毁学案详文》,《时报》光绪三十一年三月初七日(1905年4月11日),第7页。
② 《劣绅纠僧毁学详报》,《时报》光绪三十一年二月初二日(1905年3月7日),第6页。
③ 《劣绅率僧毁学详报》,《时报》光绪三十一年二月初三日(1905年3月8日),第6页。

第四章 僧人反抗及佛教与清廷关系的全面恶化

屡次庇僧阻学。廿三日早，督弟子纠长寿寺僧毁抢商业时敏两学堂校具，阖省公愤停学。先电后禀，乞奏参严办，以昭炯戒。"① 虽然是短短数语，但杀伤力却是巨大的，先说伍铨萃声名恶劣，且屡屡阻学，后说阖省学绅非常愤怒，决意停学抗争，不难看出，长寿寺毁学事件刚结束，学绅不但将伍铨萃当成了幕后黑手，而且欲将其置于死地而后快。同时，他们还以广东省农商学会的名义致电同乡京官，请求舆论支持："伍铨萃耸长寿寺僧毁商业时敏校具，翌日复毁公立操场，公愤罢学。经电京控呈，再乞据情代达。"②

同时，两学堂绅董还发出两份联名禀呈，争取更多的支持。首先，他们以全省学绅的名义，由联合述善学堂、四堡学堂、光仁学堂、九江高等小学堂、启明学校、颍川学堂、恭都学堂、义育学堂、沙头公里小学校、梦养学塾、蒙学书塾、进取学校、育英学校、宝华学堂、工艺学堂15所学堂的数十名董事、教习和地方绅士联署的《广东全省学界为毁学公呈》：

> 为主谋毁学，激动公愤，谨胪列罪状，联乞奏参处治，以锄公敌而警凶□事：窃丁忧在籍编修伍铨萃声名臭劣，士林不齿。通籍之始，赴南洋遍打抽丰，因挟妓私逃，龟鸨控诸洋官，为梓里所呵逐。去年新会东北局绅贿其出头阻学，禀控有案，致有不忠不孝之伍铨萃揭帖，遍布街衢。该绅仍怙恶不悛，叠胆用函向广协黄副将保释蛋家塾所获著匪。近复自居为铁路废约粤绅首领，交结当道，无恶不作。受增城正果寺僧之贿托，则致函学务处为之庇护；受花地大通寺僧之贿托，则破坏垂成之工艺厂；受十一铺伍润色之贿托，则出面而与街坊抗衡；去腊以失婢一端，致巡警局提调方守去差，尤为合省官绅所切齿，各报攻之不遗余

---

① 《劣绅纠僧毁学详报》，《时报》光绪三十一年二月初二日（1905年3月7日），第6页。
② 《劣绅纠僧毁学详报》，《时报》光绪三十一年二月初二日（1905年3月7日），第6页。

力，自应闭门思过，稍自敛抑。乃事隔不过二十余日，又纵令子弟胁同凶僧毁抢商业学堂校具，击碎时敏分设初等小学堂匾额，拆烂各学堂公立会操场操具，可惊可怖，敢作敢为，视朝旨若弁髦，藐官吏为木偶，气焰之盛，一至于斯，学界同人势难复忍，谨胪陈确据，为□□言之。

　　事缘该绅久住长寿寺半帆亭，为寺僧护法。此次商业学堂时敏分设小学堂借地开办，系奉官批准，与寺僧订明，非迫迁半帆亭，又非开罪大护法。而该绅公然出首，于廿二晚乘坐大轿至半帆亭门首，令跟役手持名片，直诣商业学堂，备言三大人嘱令勿遽开学等语，该堂绅董不理。翌日辰刻，该绅之弟名铨华，若子不知名，身穿素服，带同跟役寺僧数十人，闯进该学堂，不由分说，尽将所有校具拆毁净尽，并将隔邻时敏小学堂匾额一并击碎，铨华等欢声鼓掌，督抛下塘。该堂同人躲入农工商会阅书报处以避，即电知巡警到门弹压。惟时阅书报者踵至，苦不得门而入，祗见铨华与寺僧跟役手持无数小洋，在寺外散给无赖，声言教徒霸占全寺，改建教堂。各无赖哄然而来，为巡兵所阻。铨华先将巡兵殴打，跟役又复飞脚乱踢，寺僧与无赖一并拥入，遇有学生装束者即指为洋人，石如雨下。幸有巡兵带令绕道由巡警六局而出，始获脱险。该绅知事已决裂，因托伊戚何祐，函请时敏报主笔黄青海到寺打恭作揖，恳其调停。又函托羊城报主笔莫任衡勿登其名，以存直笔。讵越日午刻，铨华又乘商业学堂绅董往时敏学堂议事，复率寺僧与及无赖，闯进寺内菜园，将合省学堂会操场所有操棚、平枱、钢架、秋千等具，尽行锯断，毁拆无余。学界同人眦裂发指，传单集议，宁不办学，誓不容此狠心辣手、目无人类之人。该绅平时蒙蔽官绅，破坏公益，见诸各报，在在皆罪不容诛。今复为寺僧主谋，为学界公敌，若不奏参处治，此等气焰，尚有王章？绅等共见共闻，若有一字虚言，斧钺刀锯，甘心同受。为此，胪列罪状，联名上渎，伏乞（此处有12个□），并拘为首滋事人犯，尽法惩究，则全粤学绅公愤同

第四章 僧人反抗及佛教与清廷关系的全面恶化

伸，铸像刊碑，永为纪念矣。①

这篇呈文初看义正词严，但若对照《申报》、《警钟日报》和上海《时报》的有关报道，不难发现诸多不实之处，如果再参照巡警的说法，不实之处就更多了。由此不难看出，学绅的用意就是要将伍铨萃和长寿寺僧人打入万劫不复的境地而后快，绅僧矛盾的激烈程度由此可见一斑。

他们还以广东总商会的名义，致电商部，要求严惩伍铨萃，全文如下：

> 为遵旨创办商业学堂，甫经成立，惨被毁抢，乞恩严究主谋，惩治凶犯，以伸公愤而重商务事：窃董等于光绪三十年十二月初五奉广东商务总局照会，内开"商部左参议王清穆奏准通饬各省筹办商业学堂"等因，先由董等禀准商务局，蒙局宪批准听候奏咨在案。复公推董为商业学堂总理。讵于本年正月廿二日晚，突有假寓长寿寺内之丁忧在籍编修伍铨萃，命家人持片到堂，传谕董等毋得开办等语。董等明知该编修向来极力为寺僧护法，然念其身居清要，读书明理，断无抗旨阻学之事，此种举动必为寺僧藉名恫吓无疑，遂不与校。翌晨早起，即有少年二人身穿素服，率领寺内凶僧三四十人，手持铁棍，闯进学堂，将所有校具及图书仪器毁抢一空。附近警勇到场弹压，复为两少年所痛殴。并声言，何物巡警，胆敢与伍太史子弟作对，警勇遂不敢干预。该寺地当要冲，校具被毁，堆之门外，路人引观，愈聚愈众。伍之子弟及寺僧伟光、心著等，余怒未息，乃嗾使无赖诋学堂为教会，指学生为洋人，无知小民一唱百和，砖石交下，势甚汹涌。该管文武各官竭力救护，董等始能冒险而出。此伍铨萃以

---

① 《广东全省学界绅董为长寿寺僧毁学公呈》，《时报》光绪三十一年二月十七日（1905年3月22日），第6页。

护法而仇学,寺僧以恃势而毁学之实在情形也。伏念朝廷锐意兴学,于实业一门尤所注重,粤省为滨海要区,商务夙称繁盛,互市之后,商战之说腾播五洲,优胜劣败,关系綦重。董等眷怀大局,轸念时艰,不揣冒昧,特创商业学堂,以仰副朝廷兴学育才之盛心,与大部富国裕民之至意。乃甫经草创,猝被推翻,商界前途何堪设想?夙仰大部主持商务,体恤商艰,断不容此等败类阻挠新政。应如何参奏惩处之处,大部自有权衡,非董等所敢擅拟。且董等与伍铨萃生同里巷,其平日劣迹皆其共见共闻,向不忍出之于口,以为全粤羞。惟事关悖旨阻学,情罪重大,倘复扶同隐匿,自问市井微末,何能当此重咎?迫得沥情,先电后禀,再赴商部王大臣爵前察核施行。①

在这份禀稿里,商会董事们说他们借长寿寺创办商业学堂一事,经过了商务总局的批准,而借寓长寿寺内之丁忧在籍编修伍铨萃却于二十二日晚命家人持片到堂阻拦开学,遭到拒绝后,遂指示寺僧毁学泄愤:"翌晨早起,即有少年二人身穿素服,率领寺内凶僧三四十人,手持铁棍,闯进学堂,将所有校具及图书仪器毁抢一空。附近警勇到场弹压,复为两少年所痛殴,并声言;何物巡警胆敢与伍太史子弟作对,警勇遂不敢干涉。该寺地处要冲,校具被毁,堆之门外,路人引观,愈聚愈众。伍之子弟及寺僧伟光、心著等,余怒未息,乃嗾使无赖诋学堂为教会,指学生为洋人,无知小民一唱百和,砖石交下,势甚汹涌。该管文武各官极力救护,董等始能冒险而出,此伍铨萃以护法而仇学,寺僧等以恃势而毁学之实在情形也。"接着,他们声称创办商业学堂,为响应朝廷兴学育才之圣心,"乃甫经草创,猝被推翻,商界前途何堪设想。夙仰大部主持商务,体恤商艰,断不容此等败类阻挠新政,应如何奏参惩处之处,大部自有权衡"。最后,他们要求

---

① 《粤绅请究伍铨萃主使毁学禀稿》,《时报》光绪三十一年三月初六日(1905年4月10日),第7页。

第四章 僧人反抗及佛教与清廷关系的全面恶化

严惩伍铨萃,"董等与伍铨萃生同巷里,其平日劣迹皆共见共闻,不忍出之于口,以为全粤羞。惟事关悖旨阻学,情罪重大,倘复扶同隐匿,自问市井微末,何能当此重咎",要求商部察查施行。由此可见,长寿寺僧人毁学事件发生后,学董很快将矛头对准了伍铨萃。

面对学董的指责,伍铨萃的应对之法有三。一是以退为进,竭力撇清与毁学事件的关系。《警钟日报》报道说:"当商业、时敏两堂校具被毁后,某绅(实指伍铨萃)知公论所必不容,乃晤时敏报社员,力辩不干己事,又恐羊城报直斥其奸也,又以函托其社员某君。"① 上海《时报》也报道说,"伍铨萃自因毁学被控后,即由半帆亭将行李搬出,殆欲藉此以掩饰众人耳目。特遣心腹在省中极力运动各绅,欲大集明伦堂,思掩护其主使闹学之罪,又派私人侦探反对者之意见"。② 这些报道虽然已经认定伍铨萃就是毁学事件的幕后黑手,但从这些报道看,伍铨萃在竭力撇清关系的同时,还积极托人从中说和,以免事情闹大。

二是致电京师管学大臣、户部右堂戴(戴慈)、外部右堂伍(廷芳)和其他同乡京官,竭力否认自己是长寿寺毁学的主谋,并控告学董对他的指责是污蔑。在致管学大臣的电文里,伍铨萃首先说明长寿寺僧毁学案发生的时候,他本人并不在广州,他的兄弟和儿子也没有去过长寿寺。学绅之所以指控他为毁学案的幕后黑手,纯粹是假借事端泄私愤的卑鄙行为,"因去夏借寓寺内半帆亭,冬初,黄有棠、潘金牲欲为议路权公所,后绅商该借天后宫,疑铨踞住半帆亭,宣报攻击,此次藉端泄忿"③,接着,伍铨萃声明自己还没有愚蠢到公然违

---

① 《寺僧毁学再志》,《警钟日报》光绪三十一年二月初四日(1905年3月9日),第2版。
② 《劣绅嗾僧毁学续报》,《时报》光绪三十一年二月十五日(1905年3月20日),第6页。
③ 《劣绅嗾僧毁学续报》,《时报》光绪三十一年二月十五日(1905年3月20日),第6页。

抗圣旨的地步："方今明诏借寺办学，铨虽至愚，岂敢为此？"① 最后，伍铨萃指出，广东省各县在办学过程中因为争财占地屡屡发生争执，希望管学大臣力主正义："敝省兴学屡激风潮，争财占地，到处兴讼。伏乞主持正论，学界甚幸。"② 在致戴鸿慈、伍廷芳以及各位同乡京官的电文里，伍铨萃的说法与给管学大臣的电报内容大体一致。他说："去夏铨借寓长寿半帆亭，冬初议争路权，黄有棠、潘金甡拟为公所。绅商以西隅僻处，改借新城天后宫。有棠等疑铨不允借用，宣报攻击。廿三辰刻，寺僧滋闹，潘金甡等电禀商部、大学堂，诬为主使，藉端洩忿。时铨往河南拜客，亦无弟子在寺，众目共见，方今朝旨借寺办学，铨虽至愚，岂肯为此？借寓半帆，至被牵涉，伏乞据情剖白。切祷。"③

三是致电广州督抚两院，为自己辩诬。二月初三日，在得知岑春煊札饬南海县令彻查详情的消息后，伍铨萃又具禀督抚两院，一面为自己辩白，一面请求追究学董的诬控之罪，"略谓长寿寺内之铁汁堂，原系路权公所地方，并未借与商业学堂，祖堂之借与时敏分设小学，亦未经寺僧允许。廿四闹学之日，绅已往官遥乡赴生菜会，实不知情。所有诬控各节，全由时敏绅董黄景堂一人主谋，假公愤以报私怨。如宪台查得绅有毁学实据，请予奏参。倘为黄景堂诬控，则请按律惩办"④。从伍铨萃的电文和禀文中，我们可以很清楚地看到，他虽然有意为长寿寺僧人开脱，但当学董攻击他庇护寺僧、阻止借寺办学的时候，伍铨萃便毫不犹豫地撇清自己与长寿寺僧人的关系。

那么，伍铨萃是毁学案的幕后主使吗？从《警钟日报》对毁学过

---

① 《劣绅嗾僧毁学续报》，《时报》光绪三十一年二月十五日（1905年3月20日），第6页。
② 《劣绅嗾僧毁学续报》，《时报》光绪三十一年二月十五日（1905年3月20日），第6页。
③ 《劣绅嗾僧毁学续报》，《时报》光绪三十一年二月十八日（1905年3月23日），第6页。
④ 《劣绅嗾僧毁学续报》，《时报》光绪三十一年二月十八日（1905年3月23日），第6页。

程的报道来看,伍铨萃并不是毁学案的主使。另据《朱崔两委员暨南海傅令会查伍铨萃主谋毁学案详文》的记载,寺僧伟光也坚称伍铨萃不是毁学的主使:"提该僧伟光详加开导,晓以此事若将主使之人从实供出,尚可从宽办理,否则,该僧一人全任其咎。该僧坚称,若有主使之人,岂有不肯供出自轻其罪?惟实在无有,何敢妄供等语,加以刑讯,矢口不移。"① 由此可见,伍铨萃主使毁学一说很可能是子虚乌有。

在长寿寺事件中,办学绅董与广东名士伍铨萃的冲突十分激烈,深刻反映了新旧知识分子对佛教的不同态度。所谓传统知识分子,是指那些在科举考试中取得功名的地方名士,他们既是封建官府处理乡村事务的主要依靠者,又是乡村社会的文化领袖,在做官无望的情况下,他们常常通过给著名庙宇捐款捐物、积极参加公共祭祀活动等方式,彰显自己的优越地位,进而掌握了乡村社会的公共资源和公共权力,是庙产兴学运动的反对者。所谓新型知识分子,是指新式学堂毕业生或有留学经历的新式知识分子。新型知识分子队伍的快速壮大,与清廷光兴学堂政策的长期实施有直接关系。清末新政开始后,清廷就谕令各地广兴学堂。在这种形势下,国内的学堂数量和在校生人数的增长都非常迅速:"据不完全统计,1902—1911 年间,学堂数从 1903 年的 769 所发展到 1909 年的 59117 所,约增加了 76 倍;在校学生数 1902 年为 6912 人,1909 年为 1639641 人,约增加 236 倍;毕业学生数 1904 年为 2167 人,1909 年为 23361 人,约增加 10 倍。"② 这些知识分子深受西方近代科学知识与民主思想的影响,对一切鬼神崇拜都深恶痛绝,对僧道等神职人员均无好感,他们既不掌握公共权力,又不掌握公共资源,是清末庙产兴学运动的直接推动者。由于思想观念和社会地位的巨大差异,新旧知识分子在庙产兴学运动中的矛

---

① 《朱崔两委员暨南海傅令会查伍铨萃主谋毁学案详文》(续),《时报》光绪三十一年三月初八日(1905 年 4 月 12 日),第 7 页。

② 张海鹏、李细珠:《中国近代通史》(第 5 卷),江苏人民出版社 2006 年版,第 106 页。

盾也十分尖锐，长寿寺毁学事件中办学绅董和伍铨萃之间的激烈斗争，就是这种矛盾的集中体现。

四 各级官吏对长寿寺毁学案的态度

从1904年开始，各省的庙产兴学运动均已进入高潮，广东的庙产兴学也在岑春煊的强力推动下进入高潮，不少州县的地方官因办学不力受到严厉处分，《申报》直言不讳地指出："粤省各府州县开办学堂，往往以寺观产业缴充学费，若无此项产业可缴，则必开办无期，地方官由此撤任者不少。"① 在这种形势下，寺僧与学绅的冲突也随之进入高发期。这类冲突处理起来都很棘手：一方面，办学绅士均自恃奉旨办事，盛气凌人，如果不能满足他们的要求，就会受到舆论的批判和上级的训斥；另一方面，寺僧在普通乡民中有极强的号召力，如果激起大规模的毁学事件，同样会受到上级的严厉惩处。在两难之间，基层官员对毁学事件往往会选择柔和的方式进行低调处理。

毁学事件发生后，两学堂的绅董立即要求当地巡警、南海县令和学务处出面弹压，但这些警察和官员并不积极。据《警钟日报》报道，事件发生后，距最近的巡警分局虽然派出警察到场，但遭到闹事者殴打后，就悄悄退去："当闹事时，寺内六局警察齐出弹压，某绅之子若弟恐不洩其私忿，乃操京话语，将警察殴打，警察鉴于前辙，乃悄悄遁去。"② 清末，巡警是地方治安的维护者，拥有很大的权力，长寿寺事件发生后，附近的巡警接到场镇压，但却被两个闹事者打跑，这种情况在封建专制时期是不可想象的，这篇报道竭力将巡警描述为受欺负的弱势群体，其目的就是渲染闹事者的狂妄无理，激起舆论对学绅的同情。所以，巡警是否挨打暂且不论，弹压不力却是事实。

---

① 《粤省兴学筹费情形》，《申报》光绪三十一年四月十八日（1905年5月21日），第3版。

② 《寺僧毁学再志》，《警钟日报》光绪三十一年二月初四日（1905年3月9日），第2版。

第四章　僧人反抗及佛教与清廷关系的全面恶化　193

　　长寿寺毁学事件发生前后，广东省学务处已经派员调查省城内外的寺庙产业，为庙产兴学作准备，据天津《大公报》报道："粤省财赋支绌，举办一切要政，多因经费未裕不能建设完全。虽寺产庙业原可酌拨归公，俾得兴办地方公益，是以大吏有查提之议。兹闻学务处日间遴选委员，将省垣城内之南岳古庙、药师尼庵及城外之永胜寺，分别调查产业云。"①但出乎意料的是，当商业学堂董事们向其求助，并要求派人到现场处理长寿寺僧人毁学事件的时候，学务处却并未派人到场。《警钟日报》报道说："学务处本拟派员到寺勘寺，因畏某绅而止。"②学务处未派人到场的原因究竟是什么暂且不论，但未派人到场却是事实。

　　南海县令对长寿寺毁学事件的态度也让学绅们大为不满。事发之时，南海县令恰逢有事外出，二月初五日回衙后，虽然到寺勘验，也"出有告示一通，并不拘押恶僧"③，反而于二月初六日到长寿寺拜会被学绅控为毁学主使的伍铨萃，会晤结束后，南海县傅令"即发一札，谕交商业学堂，饬令和平办理，勿过操切"。④南海县令的这些行为让学绅们颇为不满，"学界中人皆料傅令必不敢公断"⑤，并猜测"江西僧某为傅令同乡，亦曾代恶僧伟光缓颊"⑥。后来，南海县令虽然拘捕了寺僧伟光和心著，并让学董们观审，但"对于恶僧之诘问，语语圆融"⑦，最后责令寺僧赔偿学堂"所毁校具银二千元，限二十

---

① 《调查庙寺产业》，天津《大公报》光绪三十一年三月初六日（1905年4月10日），第3版。
② 《寺僧毁学再志》，《警钟日报》光绪三十一年二月初四日（1905年3月9日），第2版。
③ 《广东劣绅奸僧毁学续志》，《警钟日报》光绪三十一年二月初七日（1905年3月12日），第2版。
④ 《广东劣绅奸僧毁学续志》，《警钟日报》光绪三十一年二月初七日（1905年3月12日），第2版。
⑤ 《广东劣绅奸僧毁学续志》，《警钟日报》光绪三十一年二月初七日（1905年3月12日），第2版。
⑥ 《广东劣绅奸僧毁学续志》，《警钟日报》光绪三十一年二月初七日（1905年3月12日），第2版。
⑦ 《广东劣绅奸僧毁学续志》，《警钟日报》光绪三十一年二月初七日（1905年3月12日），第2版。

日内缴案,并将铁汁堂借回商业学堂开办"①。由以上报道可知,长寿寺闹学事件发生以后,南海县令并没有按照学绅的意见严惩长寿寺僧人和伍铨萃,而是想从中调和、息事宁人。

南海县令的所作所为,使学董大为不满。为了向地方官施压,学董们便以全省学界绅士和广东总商会的名义向督抚两署、管学大臣、商部大臣和东京广东留学生会发出呼吁和禀文,"必令将伍参革,将恶僧处决,然后罢手"②。在学绅的连续上控和报刊舆论的压力和商部、管学大臣的干预下,广东巡抚岑春煊下令彻查真相,严惩肇事者。《警钟日报》报道说:"日前岑督连接京中数电,均系严询学堂被毁以及饬其重惩劣绅僧之事,故日来岑督面语胡藩,饬其从速查覆。如该劣绅果有历次毁学实迹,怙恶不悛,即行严参,决不姑容。"③根据岑春煊的指示,藩司、学务处和商务局于二月初六进行会商,明确指示南海县令严惩肇事者:"省城何地,兴学何事,该僧何人,竟敢如此横行,一若有恃无恐,实属不法已极。仰南海县即便严拘该僧伟光到案,切实讯究,有无主使,饬令据实供出。尚可从宽办理。倘不实供,是毁学之咎该僧一人承认,即将全寺产业一概充公。"④并派朱令、崔令二人会查此案。在上级的压力下,南海县令的态度发生了重大变化,不但立即将寺僧伟光和心著拘押,而且在会审时,由于伟光坚称无人主使,而且所供致用学堂匾额的悬挂时间与别人不同,就"将伟光责掌十板,以儆狡供"⑤。

就在岑春煊决定严惩毁学寺僧和幕后主使的时候,朝廷于三月初

---

① 《劣僧毁学汇志》,《警钟日报》光绪三十一年二月十三日(1905年3月18日),第2版。

② 《广东劣绅奸僧毁学续志》,《警钟日报》光绪三十一年二月初七(1905年3月12日),第2版。

③ 《劣僧毁学汇志》,《警钟日报》光绪三十一年二月十三日(1905年3月18日),第2版。

④ 《朱崔两委员暨南海傅令会查伍铨萃主谋毁学案详文》,《时报》光绪三十一年三月初七日(1905年4月11日),第7页。

⑤ 《劣僧毁学五志》,《警钟日报》光绪三十一年二月十八日(1905年3月23日),第2版。

八日（4月12日）颁布了保护寺院的上谕："前因筹办捐款，迭经谕令，不准巧立名目，苛细病民。近闻各省办理学堂工厂诸端，仍多苛扰，甚至捐及外方，殊属不成事体。著各省督抚令饬地方官，凡有大小寺院，及一切僧众产业，一律由官保护，不准刁绅蠹役，藉端滋扰。至地方要政，不得捐勒庙产，以端政体。"① 尽管有了朝廷保护寺产的上谕，但长寿寺的命运并没有实质的改变。光绪三十一年四月十八日（1905年5月21日），《申报》全文刊登了岑春煊对长寿寺闹学事件的批示。

首先，他对南海县令仅仅将罪过归结于寺僧一身的做法非常不满："天下事此事则彼非，总应有一著落，断无模棱两可之理。使两造互有是非，亦应分别某某为此是，某某为彼非，断无均无是非之理。来禀数千言，于此案孰是孰非无一确切注脚，归结处仅以'无论有无主使，该僧伟光实属咎无可辞'为言。夫寺僧咎无可辞更何待说，现在对待之两造不但学堂与寺僧，且是学堂与伍绅。该印委仅仅归结于寺僧者，不过以得罪学界与得罪巨绅同有未敢，遂姑以寺僧相搪塞耳。不知办事当论是非，不当论势力。学堂果非，虽众谤集于一身，亦不能丝毫假借；伍绅果非，虽势焰炙手可热，又岂能顾忌瞻循？"② 这就是说，岑春煊对朱令、崔令和南海县傅令联合出具的处理意见非常不满。

其次，他对学堂绅董也提出了尖锐批评："商业学堂借用长寿寺铁汁堂，该绅董等如果与寺僧说妥，何致该僧另租作致用学堂？无论租作致用学堂一说是真是假，是否藉学抵学，致用学堂匾额为伍绅所挂，为张福所挂，然该寺之不愿借用商业学堂应用灼然可知。该绅等如实因无地可觅，断不能不借铁汁堂，则当见致用学堂匾额时，自应仍与该寺僧和商，或仍暂借，或照致用学堂租价租用。该堂既为寺产，寺僧即有所有权，自须俟寺僧允愿，方能置该绅董等管理权之

---

① （清）朱寿朋编：《光绪朝东华录》（五），中华书局1958年版，总5321页。
② 《粤督批长寿寺毁学案》，《申报》光绪三十一年四月十八日（1905年5月21日），第9版。

下。今乃于寺僧未允愿之时，遽以学堂器具人役迁入该堂，是与强占何异？该绅董必曰：'固与寺僧商借在先，彼已允愿，非强占也。'不知借用既无契约，即不能禁其另租，另租之时，即是不允愿之时。何能以借用在先为解？该绅董又必曰：'吾固已禀官立案者也。'不知商务局之批准立案，是认可该绅董等借用铁汁堂设商业学堂，并不能因此批遂夺寺僧之所有权以与该学堂。即谓寺僧翻异前约，何以不于翻约时禀官查究，顾汲汲焉强占，何也？是即毁学果系伍绅主使，而此一节终是该绅董之过。"① 这就是说，岑春煊认为学绅强占长寿寺房屋创办学堂的行为是非常不妥的。

其三，岑春煊对长寿寺僧人的暴力毁学行为尤其不满。他说："寺僧于铁汁堂虽有所有权，原不能禁其另租。惟当商业学堂迁入校具之时，何以不阻？就使阻之不听，何以不禀官候断？其校具于廿二日移入，明知该堂已为校具所占，无地可以会食，何以廿三日犹击梆往该堂会食？谓非有意鼓众滋事，谁能信之？"② 这就是说，毁学事件的发生，寺院僧人有不可推卸的责任。

其四，对伍铨萃为毁学主谋一事将信将疑。他说："学堂是奉旨饬办之事，该寺僧有何势力，竟敢蓄意为难？谓无人为之后盾，又谁信之？且检阅伍绅前递诉禀，所列毁学实情，言之历历如绘。虽据称博访所得，然当廿三日毁学时，目击者惟寺僧与学堂绅董耳，巡兵及其余各人到场，则毁学固已毕事，无从目击矣。然则伍绅所谓博访，非访之于绅董，即访之于寺僧。若云并非得之绅董与寺僧，仅仅得之道路传闻，又安得谓之实情耶！况伍绅著重者，在案外无端牵涉，故具禀自明。诚如此也，则但声明实系案外牵涉，并无主使，请严究诬捏可耳，何须铺叙商业学堂如何雇佣洋人，及以前如何演说滋事？直以此次毁学，均由学堂激成，声明无干之意转少，

---

① 《粤督批长寿寺毁学案》，《申报》光绪三十一年四月十八日（1905年5月21日），第9版。
② 《粤督批长寿寺毁学案》，《申报》光绪三十一年四月十八日（1905年5月21日），第9版。

第四章　僧人反抗及佛教与清廷关系的全面恶化　197

辩诬毁学之意转多。夫办学诸人诚有可訾，然伍绅既自不居被告之地位，何须控诉原告以轻被告之罪耶？是即学堂绅董实属不合，何庸案外之人代被告辩诬乎？"① 这就是说，伍铨萃主使毁学一事并非子虚乌有。

其五，岑春煊对办案人员讯供不实的行为大为震怒。他说："今潘金甡等控伍绅主使，伍绅恐潘金甡等诬捏，并请究坐，已成两造。有一是即有一非，岂容含糊了结？该印委来禀，亦称本案以伍绅有无主使为最要关键，何以于此等处并不详究？伟光、心著虽狡不认供，当时在场滋事之僧徒甚多，又何以不多拘数僧到案环质？至禀内罅漏参差之处，尤不一而足。如第六局巡官巡长称闹事时不见僧人在阅报处门首阻止，伟光则云伊与一老僧出来弹压；又如巡官称廿三日十二点钟时，韩善甫父子带一印度洋人仓皇由局后门而入，由局头门出走；潘金甡等供称韩教习带一印度洋人照应行李；伟光供则云廿二日晚有二洋人带同工人将行李枱椅挑至铁汁堂安放。以上所指各各不符，试问此等不实不尽之供词，从何定案？该印委等奉派查讯此等重案，乃竟如此敷衍，实属可恶，各记大过一次。"② 这就是说，印委各员并没有将案情查实讯明。

最后，岑春煊在毁学案件的几个关键处没有查实讯明的前提下，决定严惩长寿寺僧人："此案关系重要，固不容二三绅董动藉兴学大题肆意用强，尤不容毁学者得以逍遥法外。此案无论潘金甡等控伍绅主使各款，及伍绅所控潘金甡等各款孰虚孰实，而寺僧纠众毁学固已共见共闻。此风一开，兴学者将有所畏，毁学者且日以多，于兴学大有妨碍。本部堂于寺庙僧徒向无歧视，惟此等顽僧断难曲贷，应饬县先将长寿寺所有产业一概查封充公，以为纠众毁学者警。伍绅与潘金甡等两造，讯明另行详结。仰广东布政使、学务处、商务局讯饬南海

---

① 《粤督批长寿寺毁学案》，《申报》光绪三十一年四月十八日（1905年5月21日），第9版。
② 《粤督批长寿寺毁学案》，《申报》光绪三十一年四月十八日（1905年5月21日），第9版。

县遵照办理具报。"① 这就是说，伍绅与学绅互相控告的实情是无关大局的，随后再作处理，而寺僧纠众毁学直接关系着兴学大业的成败，必须予以严惩。

在岑春煊随后呈递朝廷的奏折里，讲出了他查封长寿寺的缘由："查学堂得借用寺庙开设载在奏定章程，原为朝廷所准许，今商业时敏两学堂借用长寿寺开设已久，如果该寺僧因学堂绅董办理未善，忽然不愿借给，省城咫尺之地，尽可禀官谕令学堂迁徙，何为迫不及待，纠众凶毁？聚众本法律所不容，毁学尤士民所共愤，该寺僧长等举动，不特目中无官府，抑且心中无王章。近来广东各属公立学堂时闻毁抢，无非因办学必资地方，公款多由劣绅把持，因提款而仇视学堂，仇学而嗾人毁抢，比比皆是。然犹未有如长寿寺僧之近在省城敢于明目张胆也。若不严惩，办学者皆有所畏，毁学者且将愈多，殊非朝廷敦促兴学之意。臣于寺庙僧徒向无歧视，近来奉明谕保护寺产，亦经通令钦遵。第以谕旨之□保护者，为安分之僧徒，若如长寿寺僧徒，自在应行严惩之列。已由臣饬县将该寺先行查封充公，滋事僧徒分别责惩驱逐。其未在场毁抢各僧，仍给资财别予安置，俾免失所。"② 从这份奏折中，我们可以看到，岑春煊查封长寿寺，是要杀一儆百，进而遏制此起彼伏的毁学事件。

接到岑春煊的命令，学务处委派方子顺、朱子琴两委员，会同南海县新任县令胡明府负责处理长寿寺产业，共查得租簿一百二十余本，店铺 27 间，土地 1007 亩，另有田庄数座，连同该寺房产土地，价值 50 余万元，变价后全部充作师范学堂经费。③ 长寿寺被官府拆卖后，原地辟为长寿大街、长寿东街等，其大雄宝殿改成乐善戏院。然而，岑春煊仍不解恨，饬令查办官员命工匠将寺内佛像移往操场内尽

---

① 《粤督批长寿寺毁学案》，《申报》光绪三十一年四月十八日（1905 年 5 月 21 日），第 9 版。
② 《署粤督岑奏查明长寿寺毁学情形片》，《申报》光绪三十一年六月十二日（1905 年 7 月 14 日），第 4 版。
③ 《长寿寺产业之价值》，《时报》光绪三十一年六月二十六日（1905 年 7 月 28 日），第 6 页。

行焚毁。① 百年名刹，从此灰飞烟灭，以致有人叹息道："半帆亭子今何在，陈迹图中约略看；韵事百年偏不继，还他方外拾丛残。"②

轰轰烈烈的长寿寺事件就这样落下了帷幕。在这场历时半年的风波中，学绅与士绅严重对立，僧界与学界激烈冲突，省府州县的高效联动，商部、管学大臣和戴鸿慈、伍廷芳等高官严重关切，署两广总督岑春煊虽然对涉案各方都进行了严厉训斥，但最后只有长寿寺僧人遭到了严厉惩处，僧人被驱逐，寺院被拆毁，全部寺产被变卖充公。这种看似荒唐的结局，却有着某种必然性。

岑春煊是慈禧太后的宠臣，又刚刚调任署理两广总督，一心想干出一番成绩，无奈资金严重匮乏，各项新政举步维艰。他曾忧心忡忡地说："窃广东盗贼日多，游民日众，推其所致，实因民穷。臣常调查近数年海关贸易总册，每年进口货之价值浮于出口货之价值，率在三四千万两。脂膏日竭，无怪其然。欲塞漏卮，在兴制造，此广东工厂之不能不急办也；省港省澳之路既已属于英葡，他处可以造路者尚多，此广东铁路之不可不急办也；矿利之饶，人所共悉，粤省尽多佳矿，徒以款绌，未能大开，此广东矿务不能不急办也；省城近年暑疫盛行，春夏之交死亡枕藉，天灾之酷，惨不可言。虽致疫不止一端，而大端由饮水之不洁。欲消沴戾，宜讲卫生，此省城自来水之不能不急办也。以上数端，不过举其最大者，以外此等要政尚多，所以未能次第举行，则以每年入不敷出且三百万，腾挪筹款之不遑，奚有余力以办地方之事？"③ 尽管财政极端匮乏，但朝廷下达的办学任务又须完成，庙产兴学自然就成了地方官员的唯一选择。天津《大公报》曾直言不讳地说："粤省财赋支绌，举办一切要政，多因经费未裕不能建设完全。虽寺产庙业原可酌拨归公，俾得兴办地方公益，是以大

---

① 《焚毁佛像》，《申报》光绪三十一年七月十八日（1905年8月18日），第4版。
② 樊波主编：《美术学研究 2 第五届全国高校美术史学年会特辑》，东南大学出版社2012年版，第329页。
③ 《署两广总督岑春煊奏拟息借民款举办地方要政折》，《东方杂志》第1卷第6期，1904年8月6日出版。

吏有查提之议。兹闻学务处日间遴选委员，将省垣城内之南岳古庙、药师尼庵及城外之永胜寺，分别调查产业云。"① 在这种情况下，严惩长寿寺僧人聚众毁学行为，自然成为岑春煊的必然选择。

广州长寿寺毁学事件，只是清末庙产兴学运动中诸多僧人毁学案件的一个缩影，这些案件深刻反映了清末庙产兴学运动中诸多复杂关系：第一，普通民众是寺僧的坚定支持者；第二，办学绅士和传统知识分子的矛盾非常深刻；第三，基层官员和封疆大吏的态度差别很大，基层官员都主张息事宁人，而封疆大吏则主张严惩肇事僧人。这些差异充分说明，在清末社会剧变中，庙产兴学运动对官、绅、僧、民各个社会层面都产生了重大而深远的影响。尽管毁学事件并非长寿寺僧人鼓动，尽管朝廷颁布了保护寺院财产的上谕，尽管广州名士伍铨萃为长寿寺僧人竭力辩诬，尽管地方官并无心将长寿寺查封，但在学绅的强大攻势下，为了保障兴学大业的顺利完成，署两广总督岑春煊还是断然决定，驱逐长寿寺所有僧人，查封长寿寺一切产业，并将长寿寺彻底拆毁无遗。这个残酷的事实，充分说明庙产兴学运动已经将传统佛教逼入生死存亡的危险境地。

第三节　僧人的反自治运动

所谓地方自治，是近代西方国家的资产阶级提出的一种改良主义方案，其宗旨是通过实行地方民主改革而获得参政权。甲午战争以后，在空前严重的民族危机和统治危机的不断刺激下，地方自治思想便在中国迅速传播，1904年日俄战争结束以后，国人有感于"立宪的日本战胜专制的俄国"的事实，强烈呼吁清廷仿行宪政，一些有远见的地方督抚也呼吁清廷仿行宪政，两江总督端方认为，"自列强均势，凡政治学家之言，皆曰非立宪无以自存，非地方自治无以植立宪

---

① 《调查庙寺产业》，天津《大公报》光绪三十一年三月初六日（1905年4月10日），第3版。

之基本",并呼吁清廷"亟宜择地试办地方自治,以为人才历练之地,以速立宪之期";① 广西巡抚张鸣岐也认为"地方自治为宪政始基,办理不容稍缓"②。在地方督抚的呼吁下,清廷也认识到实行地方自治的重要性,并于光绪三十四年十二月二十七日(1909年1月18日)颁布《城镇乡地方自治章程》和《城镇乡地方自治选举章程》,由清政府主导的地方自治运动正式开始。实行地方自治的过程中,由于各地自治机关将各类庙宇庙产作为自治经费的主要来源,严重损害了各类庙宇的实际管理者——僧道的切身利益,因此,随着地方自治运动的全面展开,由僧人主导的反自治运动也迅速发展。为了使读者对清末僧人的反自治运动有一个较为完整的认识,笔者对1911年浙江僧人的反自治运动进行系统剖析。

一 僧人反对地方自治运动的原因

地方自治的全面开展,使清末新政的各项措施迅速向广大乡村蔓延,对中国社会发展无疑具有十分重大的积极意义,但对佛教来说,则是更大的灾难,其原因有以下几点。

第一,根据《城镇乡地方自治章程》的规定,府、厅、州、县衙门所在地为城,其余市镇、村、庄、屯、集等地方,人口满5万以上者为镇,人口在5万以下者为乡,各城、各镇、各乡都要设立议事会和董事会。至于各地设立议事会、董事会所需要的房屋,《城镇乡地方自治章程》则明确规定:"自治公所,可酌就本地公产房屋或庙宇为之。"③ 这就意味着将会有更多的庙宇被强制征用。

第二,根据《城镇乡地方自治章程》的规定,地方自治开始后,各城镇都要按照人口多少,选举产生20—60名议事会议员、6—16名

---

① 《两江总督端方等奏江宁筹办地方自治局情形折》,故宫博物院明清档案部编:《清末筹备立宪档案史料》(下),中华书局1979年版,第722页。
② 《两江总督端方等奏江宁筹办地方自治局情形折》,故宫博物院明清档案部编:《清末筹备立宪档案史料》(下),中华书局1979年版,第743页。
③ 《城镇乡地方自治章程》(光绪三十四年十二月二十七日),徐秀丽编:《中国近代乡村自治法规选编》,中华书局2004年版,第3页。

董事会董事,各乡要产生18名议事会议员和1名乡董和1名乡佐,负责本辖区的各项自治事业,这就意味着各地绝大部分的新型知识分子将成为乡村社会各项现代化事业的组织者和领导者。同时,《城镇乡地方自治章程》还明确规定僧道或其他宗教师不得担任各地自治会议员和董事,这样,新型知识分子便可以利用国家政权的名义堂而皇之地征用各类庙宇庙产。

第三,《城镇乡地方自治章程》明确规定,各地方自治机关的职责是在官府的指导下办理辖区内的学务、卫生、道路、实业、慈善、水利、巡警、团练等八项事务。至于各地兴办公益事业所需要的经费,《城镇乡地方自治章程》第九十条规定:"城镇乡自治经费,以左列各款充之:一、本地方公款公产;二、本地方公益捐;三、按照自治规约所科之罚金。"① 这就是说,地方自治所需经费,完全要靠各自筹备。

《城镇乡地方自治章程》刚一公布,江苏省咨议局便迅速作出决议,"各州县设立清查公产公款事务所,实为自治入手要著",并请求督抚两院"严定期限,再行札饬,责令一律依照限成立"②。在这种形势下,各地便纷纷成立清查公产公款事务处,并将各类庙宇庙产视为自治经费的主要来源。直隶总督署所在地的天津就迅速选举产生了议事会,为了筹集自治经费,刚刚成立的天津县议事会就将全省所有的庙宇庙产列入地方自治经费,具体内容如下:"一、各项庙宇庙产无论已占未占,统由董事会调查注册,并遵章备案。一、各项庙宇庙产已经各局所学堂占有者,仍照原案办理。一、已经占用之庙宇庙产如该局所学堂迁出不用时,应交董事会收管,不得由原占各局所学堂变卖或转租或转交他处。一、未经占用之庙宇庙产,非经议事会允许,无论何人不得占用。一、各项庙宇庙产已经因事充公者,仍照原

---

① 《城镇乡地方自治章程》(光绪三十四年十二月二十七日),徐秀丽编:《中国近代乡村自治法规选编》,中华书局2004年版,第15页。
② 《陈官彦提议拟呈请督抚宪严饬宁属各州县一律依限设立清查公产公款事务所议案》,《申报》宣统元年九月二十七日(1909年11月9日),第3张第2版。

案办理。一、各项庙宇庙产既充做自治经费，此后即应统由董事会管理，他处不得以该庙宇庙产充公。"① 为了缓和僧道的不满情绪，天津县议事会在宣布《清理庙宇庙产办法》时，还拟定了《赡养僧道办法》，规定那些庙产被征用的僧道可以领取一定数额的生活费："甲、围墙以内　收租价在一百元以内者养赡费给租价全数，一百元以外者给一百元，四百元以外者给一百二十元，六百元以外者给一百五十元，八百元以外者给一百八十元，一千元以外者给二百元，一千五百元以外者给二百五十元，二千元以外者给三百元。乙、围墙以外　收租价在五十元以内者养赡费给租价全数，五十元以外者给五十元，二百元以外者给六十元，三百元以外者给七十五元，四百元以外者给九十元，五百元以外者给一百元，七百五十元以外者给一百二十五元，一千元以外者给一百五十元，一千五百元以外者给一百八十元，二千元以外者给二百元。"其第三条还规定："所有庙宇庙产，若有变卖时，应给僧道之养赡费细数如左：收卖价在三百元以内者养赡费给卖价全数，三百元以外者给三百元，一千元以外者给三百三十元，一千五百元以外者给三百六十元，二千元以外者给四百元，二千五百元以外者给四百五十元，三千元以外者给五百元，四千元以外者给五百六十元，五千元以外者给六百元，六千元以外者给七百元，七千元以外者给八百元，八千元以外者给九百元，九千元以外者给一千元。"② 按照这些规定，地方自治实施以后，天津境内的全部庙宇庙产将被各地的自治公所收归公有，寺院的住持僧尼只能领取一定数量的赡养费。天津是直隶总督署的所在地，天津县议事会议定的这两项自治办法经过直隶总督杨士骧的签署后，自然也就是直隶全省的样板。

与此同时，江苏等省也出台了类似的办法。江苏省也拟定了《自

---

① 《天津县议事会禀督宪拟定清理庙宇庙产办法文》，甘厚慈辑：《北洋公牍类纂续编》，宣统二年刊本，卷二《自治》，第 8 页。

② 《天津县自治会移董事会议定养赡僧道办法文》，甘厚慈辑：《北洋公牍类纂续编》，宣统二年刊本，卷二《自治》，第 10 页。

治公所使用庙宇之办法》，内容如下："照章自治公所可酌就本地公产房屋或庙宇为之，庙宇自亦就本地公有者而言。惟公有庙宇，如为愚民信奉，香火素多者，即宜划清界限，除酌就办事务处所外，仍听俗例进香，以免误会而启事端。如系私人所有，须庙主自愿出租，方得租借。其私人庙产如犯法律由官查封充公者，定案后由地方官出示晓谕，方得由自治公所承领，归本地公用。承领后由自治职员点验房屋器具，升折呈报收管，以明心迹。"① 按照这项办法，绝大部分佛教寺院都是地方公产，即便个别寺院确实属于私人所有，自治公所也会找各种理由让庙主"自愿租与"，否则极有可能被安上"不守清规、有伤风化"等罪名受到地方官府的惩处，其庙宇也就自然而然地被收归自治公所所有了。据宣统三年（1911）的《江苏省自治公报类编》记载，该省共成立自治公所 26 个，其中就有 16 个是建在庙宇里的，占总数的 61.5%，详见表 4—1②。

表 4—1   江苏苏属自治公所成立情况

监督官厅	所址	成立日期
太湖厅	文昌宫	六月初一日
长洲县、元和县、吴县	妙远观方丈室内	五月二十八日
常熟县、昭文县	自治研究会	五月初一日
吴江县、震泽县	城隍庙	五月初三日
昆山县、新阳县	朱孝定祠内知止山房	六月初一日
川沙厅	至元堂	六月十六日
华亭县、娄县	王忠毅公祠	五月二十五日
青浦县	文昌宫	六月初一日
奉贤县	邑庙东厢	五月初一日
武进县、阳湖县	双桂坊忠义祠	六月初一日

---

① 江苏苏属地方自治筹备处：《本处议定整顿自治办法十三条》，《近代中国史料丛刊》第三编第 53 辑，文海出版社 1985 年版，第 24 页。

② 《江苏苏属自治公所成立表》，《江苏省自治公报类编》卷二《图表》，《近代中国史料丛刊》第三编第 53 辑，文海出版社 1985 年版，第 122 页。

续表

监督官厅	所址	成立日期
无锡县、金匮县	锡金垣善堂	六月十三日
宜兴县、荆溪县	厚余堂	六月初一日
江阴县	武庙内	六月初五日
靖江县	邑庙后厢	七月初六日
太平洲厅	三茅宫	—
丹徒县	安仁堂	六月初八日
崇明县	土地祠	七月初六日

以上数据仅仅是江苏一省的情况，根据前文提到浙江、直隶等省的有关规定，我们不难想象，占用庙宇创办自治公所应该是一个极为普遍现象。地方自治的广泛开展严重损害了僧人的利益，因此激起了各地僧人的强烈反对。由于长期以来僧人与普通乡民信仰上的契合，特别是各地自治公所大肆取资于民，僧人的反自治运动便与普通乡民的抗捐斗争结合在一起，迅速演变为大规模的群体性暴力事件，成为清末民变的主要表现形势。为了使读者对清末僧人反自治运动有一定的认识，笔者就对浙江僧人捣毁自治公所案、广东僧道大闹僧道捐案和山东僧人参与曲诗文起义案进行系统剖析。

二 浙江僧人捣毁自治公所案

在清末新政期间，浙江的绅僧矛盾非常尖锐。一方面，浙江自宋元时期便有"东南佛国"的美誉，近代以来，尽管浙江佛教危机四伏，但禅宗、净土宗和天台宗依然十分活跃，印光、敏曦、谛闲、月霞、太虚、圆瑛、弘一等诸多高僧仍然扎根浙江，弘扬佛法，故浙江佛教的社会影响依然很大。另一方面，近代的浙江又是中国资本主义发展较快的省份，是留学生人数最多的省份之一，故在清末庙产兴学运动中，僧界与学界的矛盾十分尖锐，1904—1905 年期间的杭僧附日事件就是典型例子。地方自治运动开始以后，浙江省的府厅州县相继成立了自治机关和清查公产公款事务所，谘议局迅速制定了《自治公所借用寺院办法》，将佛教寺院作为自治经费的主要来源，《申报》对此报道说："浙抚签发租用寺院章程，经谘议局审查后，以此项章程与城镇乡自治章程第十四条第二款显有抵触，认为不可行事件。惟于修正城镇乡自治章程施行细则内酌加修改，以期僧俗相安，业经日前大会公决通过。兹将议决修正之条文录下（第二条）一、城镇乡自治会之自治公所，各择其区域内之公产房屋设立，若公产房屋认为不适用时，得酌就庙宇之一部为之。"① 并特别指出："凡供奉神佛之寺院、庵观、宫殿、楼阁及先贤祠庙，凡社庙之由公建者皆借用之。"② 不难看出，地方自治运动开始以后，浙江佛教面临的形势更加严峻。在这种情况下，浙江多地相继发生了由僧人主导的群体性暴力事件，其中最具代表性的是鄞县僧人捣毁自治公所案和慈溪县民众闹学案。

鄞县僧人捣毁自治公所案发生在宣统三年二月（1911年3月），关于鄞县僧人捣毁自治公所的案件具体情况，《申报》进行了连续报道。宣统三年二月初八日（1911年3月8日），《申报》发表《鄞县僧界捣毁自治公所纪闻》一文，报道了事件大致经过：

> 鄞县城自治前经借万寿寺为公所，而镇乡之自治公所亦多由官绅协议借用庵寺。各处寺僧因此有愿退让者，有被驱逐者。兹闻初四日各处寺僧前来郡城僧教育会开会，提议对付方法。当由众僧蜂拥至道府县各衙门，要求归复旧寺者已有百余人。经邓太尊谕以静候核办，始退。旋复至万寿寺鄞城自治公所，众僧聚集约有二百余人，遂出其野蛮之举动，捣毁什物，并闻殴伤自治职员詹某手腕，当经郑大令驰往谕解矣。③

---

① 《自治公所借用寺院之规定》，《申报》宣统三年四月初五日（1911年5月3日），第1张后幅第3版。
② 《自治公所借用寺院之规定》，《申报》宣统三年四月初五日（1911年5月3日），第1张后幅第3版。
③ 《鄞县僧界捣毁自治公所纪闻》，《申报》宣统三年二月初八日（1911年3月8日），第1张第5版。

由这则消息可以看出两点：第一，事件的起因是自治会强占寺院、驱逐僧人，这种行为涉及全县的各镇、各乡，具有普遍性；第二，僧教育会是这次事件的组织者，各寺僧人先聚集在僧教育会商量对策，随后又赴道府县各衙门请愿，在请愿无果的情况下，二百余名僧人便砸毁了设在万寿寺的鄞城自治公所。

宣统三年二月初九日（1911年3月9日），《申报》又以《鄞县僧界大闹自治所之真相》为题，报道了僧人砸毁自治公所的详细情形：

> 自治公所为僧徒捣毁一节，大略已志昨报。兹复探得是日捣毁物件，殴伤职员外，又将选民正原各册及议事会规约细则、议事录、一切函件文牍均被焚毁，并由谘议局寄来议决案百余部亦在其内。损失物件多系别处借来，约计银数百元之谱，已由该会详实开单，呈报地方官存案。当是日僧徒到万寿寺时，声言万寿寺早被毁佛逐僧，及众僧蜂拥入寺，则见佛像依然，本寺僧亦无被逐情事。而其中见事生风之僧人遂藉此各处搜掳，并殃及本寺僧舍，瓦石乱飞，势甚汹汹，并误将在公所中之汪君认为议长某君。上前扭执。经汪君竭力开导，始知误认，虽未受伤，然已将衣袖扯碎矣。是日傍晚，郑大令到万寿寺时，风潮已□稍定，被僧殴伤之詹君等遂于是时脱身。次日（初五日），僧徒愈聚愈多（约计又添百余人），盘踞寺中，由有力之僧把持寺门，不许外人进内。当夕，有李哨官奉当道委遣，带勇数名到寺中稽查弹压，众僧已睡，疑为来捕，竟将李哨官凶殴。后经道署委提管带领巡防队数十名并巡士二十余名往援，李始得脱身。下午，鄞县城众议员会集习药公所开临时会，有长电约二百余字禀达省台。议员对于此事多愤恨不平，有主张先解散议会，后图严紧之手续者，有主张当以严紧手续为前提者。当夜，各议员奔走络绎，多在别处商议。至众僧亦已议及经费问题，闻拟由各庵寺每日输运薪米，以备供应。初六日午

后，巡防勇复排队前往万寿寺，间僧徒人数已不甚多，而以僧人曾殴李弁，群思报复，乃又口角起衅，殴伤僧徒二人，伤势甚重，僧众当将被伤二僧舁至僧会矣。①

由这则消息所描述的僧人砸毁自治公所、焚毁诸多文件、殴伤哨官、对抗巡防队、盘踞万寿寺等情形，我们不难看出事件的严重性。这也从一个侧面反映了僧人对自治运动的强烈抵制态度。

宣统三年二月十三日（1911年3月13日），《申报》再次发表《自治之难办如是》一文，报道了鄞县自治会全体议员三十八人请求省谘议局、江苏巡抚严惩闹事僧人的情况：

宁波僧众反对自治会，纠众暴动，捣毁自治事务所，并伤议绅各情形曾纪前报。现鄞县自治会励议长、郭副议长及全体议员三十八人联名具呈谘议局，环请转呈浙抚从严查办。略称：鄞邑以万寿寺为城自治公所，经前邑尊邹会同筹办自治事务所，邀集城乡绅士开会公议通详立案，并蒙抚宪汇咨民政部在案。旋由郑邑尊照会事务所，内称："奉筹办处宪札，宁波府僧立教育会呈请，寺观并非公产，该邑以万寿寺等十余寺拨作自治公所，请饬县收回成命，或双方协议改拨为借"等因。即经筹办自治事务所开会集议，佥谓寺观列入公产范围之内，前经清查公款公产绅董编订范围一册，呈县转详自治筹办处宪核定，奉批："范围一册解释明晰，权限分明，自可照行"等语。是万寿寺等十余寺是否作为公产早在省宪洞鉴之中。第现当筹办之时，定限綦严，似不妨遵札妥议，以促进行。复由前任徐邑尊邀同清查公款公产绅董并僧教育会僧会长敬安、绅会长冯绅毓学，与该寺住僧成茂彼此妥商，当面定议，由该寺允借一部分作为城自治公所，并由事务

---

① 《鄞县僧界大闹自治所之真相》，《申报》宣统三年二月初九日（1911年3月9日），第1张第3版。

第四章 僧人反抗及佛教与清廷关系的全面恶化 209

所与该寺僧画清界限，绘图立说，呈县核定。本年正月十二日，议事会成立，十三日，职员入所办事，二十八日选举董事会职员，是日适值佛会老幼烧香，彼此各守界限，相安无事。本月初四日上午，忽闻僧教育会召集外来僧众数百人，在白衣寺特开大会。方以为研究佛学，别无他意，旋闻该僧众等蜂拥至府县跪香。下午，突有僧众三百余人蜂拥至万寿寺内本公所，捣毁议场一切物件，殴打议员詹、汪二绅，并将选举人名册、选举票及各项册籍一律烧毁，遂即盘踞公所，愈聚愈众。并闻初五夜三更尚有拒殴提营小队某哨官受伤情事。至初六日午后，闻统制将发兵围捕，始启门而出，纷纷至僧教育会及城内各寺。其恃强不出诸僧，尤敢拒敌官兵，经官兵还击，闻亦受伤数僧。初七日下午，该匪僧等仍复盘踞公所，并于门外张贴"宁波府属全体僧界事务所"字样，声言召集僧众，定期报复，而外来各流僧尤复成群结队，布满街市。此后尚有何种暴动，不得而知。伏查地方自治为预备立宪之基础，指定公所为筹办应有之手续，且遵照自治筹办处札，双方妥议，改拨为借，未尝不体恤僧界，并顾兼筹。乃成立伊始，遽遭奇祸，此风一开，恐城厢乡镇更无可作公所之地，绅商士民再无愿办自治之人。风声所播，人人自危。年来社会生计恐慌，民心思逞，匪伊朝夕，设因此次暴动惹起人民仇学仇教等祸，后患更何堪设想？伏希贵局转呈抚宪，严饬地方文武各官，勒令解散，驱逐出境，并严拿首要，务获究惩，以儆将来而维自治，不胜迫切待命之至。①

尽管报道的内容均出自鄞县自治机关，但我们还是能够从中看出一些情况。第一，鄞县自治会声称"鄞邑以万寿寺为城自治公所，经前邑尊邹会同创办自治事务处，**邀集城乡绅士开会公议通详立案**，并

---

① 《自治之难办如是》，《申报》宣统三年二月十三日（1911年3月13日），第1张后幅第2版。

蒙抚宪汇咨民政部在案"，这就是说，强占寺院创办自治机关是经过江苏巡抚和民政部同意的，由此可见，强占寺院设立自治机关是全省的普遍现象，这在前文的《江苏苏属自治公所成立表》中也有具体体现。第二，鄞县县令将僧教育会的意见"寺观并非公产，该邑以万寿寺等十余寺拨作自治公所，请饬县收回成命，或双方协议改拨为借"转给自治会，不仅表述了僧教育会对自治机关强占寺院行为的不满，而且间接表明了县令也不太同意自治会的做法。自治会的答复不仅否认了僧教育会的意见，也是对县令"袒护"僧人行为的回应。第三，自治会声称"本月初四日上午，忽闻僧教育会召集外来僧众数百人，在白衣寺特开大会，方以为研究佛学，别无他意，旋闻该僧众等蜂拥至府县跪香"，进而砸毁设在万寿寺里的自治公所，其用意就是认定僧教育会是僧人闹事的组织者和策划者，从而将矛头指向了僧教育会。第四，自治会对僧人砸毁自治事务所、殴伤官兵以及第二日僧人盘踞万寿寺、以僧教育会的名义召集各地僧人进行报复等情形的描述，意在突出僧人的"野蛮暴行"和事态的严重性，进而给官府施加压力，希望官府严惩闹事僧人。

宣统三年三月初三日（1911年3月31日），《申报》以《鄞县僧尼反抗自治进行纪闻》为题，报道了两件事，一是鄞邑城区自治公所全体议员开会讨论僧人捣毁万寿寺自治公所的善后办法，二是西成乡士绅开会商讨僧人砸毁设在法华庵的西成乡自治公所的善后意见：

> 鄞邑城区自治公所被僧众捣毁后种种情形，迭详本报。兹悉本月二十六日该区议员齐至报德观内开临时会议，到会者二十七人，先由议长励君提议，今日开会有两种问题，请诸君表决。一系监督郑令已将办法五条内之四条承认，惟有发封该寺一条，尚未提及。各议员谓，所有批准四条，请速实行，发封一条暂缓。一切以两星期为限，万一逾期不办，准开选民大会，议员当场辞职。一系总董洪复斋君决意告退。各议员谓，先请监督亲至洪宅劝驾，之后再由议会备函恭请。至四下钟散会。而西成乡士绅等

为自治公所事，邀同各乡议会当选人等在乡约总局内开会，妥筹办法，一面联合各乡公禀县令，以西成乡自治公所借用法华庵地方，去年面奉宪谕，并经该乡绅董与该庵女尼立有契约，双方允协。本月初四日，僧众聚集来郡，捣毁城自治公所，城自城，乡自乡，一为男僧，一为女尼，如风马牛之不相及，牵连附合，似近架陷。况西成乡可以退让另觅，则其余他乡可知事关宪政，官民交负责任。合亟具呈环叩，俯赐察核，维持公益。至法华庵女尼自奉宪谕，仍敢将看经寺佛像迁回本庵，并驱出看守公所仆役，显系有意违约，反抗宪政，应请饬传严讯，按律问拟，以资惩儆，并一面将以上略情电禀抚宪核示矣。①

从鄞邑城区自治会全体议员议决的"监督郑令已将办法五条内之四条承认，惟有发封该寺一条，尚未提及"一句可知，自治会议员曾经与官府进行了交涉，官府接受了自治会的四条意见，唯独不同意将万寿寺发封；从西成乡自治会议员讨论的问题看，僧人捣毁设在万寿寺内的鄞县城区自治公所后，西成乡法华庵尼僧也不再遵守与自治公所达成的协议，并"将看经寺佛像迁回本庵，并驱出看守公所仆役"。该乡自治会声称"与该庵女尼立有契约，双方允协"，显然不符合实际。由此不难看出，西成乡自治会借用法华庵设立自治公所的行为显然是强势进行的。

宣统三年三月初四日（1911年4月2日），《申报》以《鄞县僧众哄闹自治案将结》为题，报道了浙江巡抚增韫对鄞县僧人聚众捣毁自治公所一事的最终处理意见，他的意见主要是两则批示，一则是给鄞县县令的，内容是：

> 鄞县郑令禀批、禀及另禀均悉，嗣后自治会借用寺院，该县

---

① 《鄞县僧尼反抗自治进行纪闻》，《申报》宣统三年三月初三日（1911年3月31日），第1张后幅第3版。

应遵照僧立教育总会禀准章程办理,以免纷扰。至寺僧腐败,不妨另换住持,亦不得藉词擅提寺产。僧众逞蛮,整顿约束,该县督同该分会随时禀办。惟现据该分会先后禀呈,法华庵佛像暨庵额均被消灭,西廉庵产业并其农具已被变卖等情,如果属实,亦宜责令归还赔偿,以昭平允。仰将遵办情形分别禀报察夺。①

在这则批示中,浙江巡抚增韫明确指出"嗣后自治会借用寺院,该县应遵照僧立教育总会禀准章程办理,以免纷扰。至寺僧腐败,不妨另换住持,亦不得藉词擅提寺产",显然是对各县自治会议员强占寺院行为的约束,这说明增韫对此前各地自治机关强占寺院行为的批评,并饬令鄞县县令归还西廉庵产业并其农具,赔偿其损失,这无疑是对僧人的极大让步。由此不难看出,浙江巡抚增韫吸取了僧人捣毁自治公所行为的教训。

另一则是给鄞县僧教育会的,内容是:

僧教育分会禀批:据禀该县西成、塘界、丰和、天然、首南等乡自治各员强占寺庵,固属躁切,而马流游僧任意逞蛮,竟有捣毁议场,殴打职员之举动,究属不法,已饬县督同该分会随时整顿约束。至借用寺产,现经县会绅和平了结,并由僧立教育总会拟定租用寺院章程,业经批准照办。嗣后该县自治公所有须借用寺产之处,两方均应遵守禀准章程办理。仰鄞县转饬该分会准照,并传谕城乡各僧知照。②

在这则批示里,浙江巡抚增韫首先指出,"任意逞蛮,竟有捣毁议场,殴打职员之举动,究属不法,已饬县督同该分会随时整顿约

---

① 《鄞县僧众哄闹自治案将结》,《申报》宣统三年三月初四日(1911年4月2日),第1张后幅第2版。
② 《鄞县僧众哄闹自治案将结》,《申报》宣统三年三月初四日(1911年4月2日),第1张后幅第2版。

第四章　僧人反抗及佛教与清廷关系的全面恶化　213

束",这无疑是对僧人捣毁自治公所行为的批评,但这种批评的语气是相当温和的。增韫要求僧教育会对僧人的行为进行整顿和约束,但同时要求僧教育会与自治公所协商解决占用佛教寺院问题,这就是说占用佛教寺院设立自治公所是合法行为,僧教育会必须予以配合。

就在社会各界对鄞县僧人的反自治运动惊讶不已的时候,浙江慈溪县也发生了僧人聚众反对地方自治的事件,《申报》对此报道说:"宁波僧众反对自治,酿成纠众暴动一案,经官绅折中调处,事已敉平。讵僧教育会擅订租赁寺院章程,迳呈抚院草率通饬,致咨议局认为侵权违法,具呈质问。并将原件返还在案。本月十七日,慈属桃源乡特开选民大会,先期订借方广寺为投票区,不料该寺住持智圆恃有僧教育会左袒,怙势逞蛮,不准选民入内,致十方主权伤失殆尽。激成合属公愤。于念(应为廿)一日电禀抚院,环请讯饬府县严惩刁僧,俾免酿成民变。具名者多达六百数十人,业经中座札饬筹办处电札查办矣。"①这说明,鄞县僧人的反自治运动仅仅是当时僧人发起的众多群体性暴力事件的一个典型案例。对这些群体性暴力事件,浙江巡抚增韫均采取了和平解决的办法,因为这样有利于地方自治运动的健康发展,得到了社会舆论的认同。但省咨议局和各县自治会却对增韫的折中处理非常不满,认为增韫批准僧教育会的寺院租赁章程是违法侵权,并将原件退回。官绅矛盾之尖锐由此可见一斑。正如《申报》所评论的那样:"自治者,所以救官治之穷,而为人民谋乐利也。乃不谓以乐利斯民之举,转为扰乱民生之阶。数日以来,华亭、川沙、鄞县等纷纷暴动,彼此接踵,或以民,或以僧,或以抗捐,或以占据庙宇,是岂愚民之憨不畏法乎?抑亦在事绅董之办理不善,有以阶之厉也。记者曰,各地之风潮纷然竞起,夫岂尽是二者之过与?恐彼高拱民上之官吏,亦不得辞其咎也。"②

---

① 《慈溪又有僧聚众反对自治之公愤》,《申报》宣统三年三月二十五日(1911年4月23日)第1张后幅第3版。
② 《自治风潮如是》,《申报》宣统三年二月初八日(1911年3月8日),第1张第6版。

三 广东僧道大闹僧道捐案

地方自治开始以前,广东省的经费筹集就十分困难,为筹集各项新政所需的经费,历任两广总督都挖空心思。地方自治开始以后,两广总督张人骏更为筹备自治经费而头疼,他曾为此向致民政部大倒苦水:"据自治筹办处详称,大部指列各项经费,宣统二年应需银一十四万七千九百一十余两,三年应需银一十四万九千八百三十余两,四年应需银一十四万六千一百九十余两,五年照该处预定以四个月计算,应需银二万五千八百一十余两。第一次城镇乡暨厅州县各会均可于此数年内陆续成立。惟此项经费出于何处,除筹办处及省城研究所两项暂由藩运两司筹给外,实在无处预定。虽该处详定办法,各属第一次调查选举费及开办研究所费,均饬各就地方公款或杂款自为筹措。而现据各属详报,遵办者固多,其以公款或杂款早经挪作别用为辞,请办各项杂捐以为暂时开办之计,实亦不少。民间财力深恐不胜,随时饬令该处会同司道酌量准驳外,拟饬将各属地方公款逐渐调查。"① 抱怨归抱怨,但事情不能不做,无奈之下,只好谕令各县自筹经费。为了筹集自治经费,香山县决定征收道巫僧尼捐,这就引起该县僧道的激烈反抗。在全县僧道的倡导下,周围群众蜂拥而起,接连砸毁了设在歧阳里的道巫僧尼捐征收局、承办海防经费及甑捐的绅士陈善余住宅和上基盐埠等处,造成了巨大的财产损失,酿成了轰动一时的大闹僧道捐案。对此,《申报》有详细报道:

> 承办香山道巫僧尼捐之王进,自奉县令核准给示开办,即租定歧阳里旧易昌店设局抽收。先于本月初一日,各僧道等众即联合都业抵制,复连日派人分赴各乡筹议对待之策。至初六日傍晚时,该局门首即齐聚多人往来辱骂,后愈聚愈众。至晚间八点

---

① 《粤督致民政部电》,《江苏省自治公报类编》卷二《近代中国史料丛刊》第三编第53辑,文海出版社1985年版,第111页。

第四章 僧人反抗及佛教与清廷关系的全面恶化

钟,途为之塞,即将该局拆毁。九点钟,该区巡警弹压不住,马协镇即率勇数十人驰往弹压。行至广生行门首,被众用砖石乱掷,击伤面部及肩际,护勇即放空枪示威,众愈愤激,汹涌上前,将马协坐舆毁碎,随将该局窗门瓦面尽行拆毁,所有器具杂物亦毁坏无余。巡警正局张巡佐亦被砖石掷破头颅,该捐局内人等早向瓦面潜行遁去,不至受伤。拆至十点钟时方毕。各人复拥至悦来正街,前承办屠捐、现承办海防经费及甄捐之陈善余住宅,毁墙而入,陈闻风偕其眷属向后邻某宅逃去。众即将该宅拆毁,复放火焚烧,所有衣服器具概行付之一炬。各处水车闻警赴救,为大众吓止,不许灌救该宅,祇许向邻右将水喉射击,故邻右幸未殃及。马协复驰往弹压,卒无法解散。是夜十二点钟,复拥众到上基盐埠,毁墙入内。该埠中人以来势凶猛,即令巡丁放枪抵拒,轰伤数人(闻有一人回家后即因伤毙命)。群情愈愤,冒险前进,放火将该埠烧毁。埠中贮盐甚巨,被焚后众人复将埠内之杂物及食盐夺取。翌日,各人前往该埠夺盐者尚络绎不绝。初七日,夏捕厅带各区警局巡士数十人到该埠看守,各闲人之往取盐者仍肩挑背负,任意夺取,经巡士拦阻,亦置之不恤。午后始将闲人遣散。即用板片将该埠门口及毁开之墙孔钉密。是日,上基一带商店均闭门罢市,暂避其锋。此事初起时,邑令适于是时下船往省,及未在场弹压。初七日早,县署发出四言告示,到处张贴,大致以绅办巫捐为地筹款,应否照准,听候官厅,尔等良民,立宜解散,勿再聚众,致滋事端云。①

从这则报道看,这起群体性暴力事件具有以下几个特点。第一,僧道是事件的发起者。道巫僧尼捐征收局设立后,各僧道群起抵制,他们不仅联合都业,而且"连日派人分赴各乡筹议对待之策",可

---

① 《香山大闹道巫捐详情》,《申报》宣统二年五月十七日(1910年6月23日),第1张后幅第4版。

见,僧道是这起群体性暴力事件的倡导者。第二,普通乡民是闹事主体。当天傍晚时分,道巫僧尼捐征收局门口只有几个人往来谩骂,晚上八点时分,聚集的人数就非常多了,以致道路为之堵塞。九点钟时,聚集的群众竟然将前来弹压的几十名勇兵打败,将该局拆毁,可见人数已经相当多了。在接下来的时间里,闹事民众先后拆毁了自治职员陈善余的住宅,并在"巡丁放枪抵拒,轰伤数人"的情况下拆毁、抢掠了上基盐埠,由这些情况不难看出,参与闹事的普通乡民的人数是非常多的。

四 山东僧人参与曲诗文起义案

山东曲诗文起义又称莱阳民变。这次起义爆发于宣统二年(1910),起因是莱阳县衙门为了筹办学堂、警察和地方自治等项新政经费,不断抽捐加税,致使民众不堪重负,怨声载道,进而在曲诗文的领导下发动了武装起义。这次起义以莱阳为中心,席卷海阳、荣成等地,参加人数多达五六万人。起义爆发之时,莱阳僧人因政府强征庙产提成捐也激愤无比,遂加入起义队伍。山东莱阳县僧人参与曲诗文起义一事,《盛京时报》《东方杂志》对此都有报道。关于山东僧人参加曲诗文起义的原因,《盛京时报》报道说:"先是凡庙产概提三成兴学,僧道储怒久,至是又饬以所提三成归官变价,僧道愈愤而莫敢发。闻曲诗文当堂要求以众力占据优胜,从而生心。越二日,亦聚僧道数百,乘衅扰官府,请以后免提,并将前已提公者尽数追索。朱令懦,阳诺之,亦予以谕单而去。十六日,朱令请古现村水师营派兵四十名,严拿僧道数十,分别责押监禁,饬铁匠速制镣铐数百具备用。"① 也就是说,僧道赴县滋闹,是受曲诗文抗捐胜利消息的鼓舞。由于僧道人数太多,县令被迫答应他们的要求,但随后却派兵残酷镇压,迫使僧道加入起义队伍。

---

① 《莱阳事变实地调查报告书》(续五),《盛京时报》第1172号,宣统二年八月二十八日(1910年10月19日),第2版。

第四章 僧人反抗及佛教与清廷关系的全面恶化

《东方杂志》的报道有两则，一则是："四月十三十四等日，莱阳县乡民因知县藉辞办理新政，苛政重税，苦不堪言，又侦知仓中积谷，已无余存，当纠集万余人，至县署喧扰，要求数端：一、将抽取人口税免去（闻私收丁税每人一口铜元三枚）；一、将戏捐减去（此则奉官抽收已二三年）；一、征收钱粮，铜元不折不扣；一、不肖门丁，各班衙役，以及绅董乡长，有鱼肉乡民者即速撤换；一、往年仓谷无论何人侵吞，非从速垫出不可。经某庄长竭力劝解，官亦一一允许，始散。十五日，又有僧道一千数百人麇集县署，要求免提庙捐，知县朱某不得已亦许之。十六日，朱知县即邀请巡防队到县防守，十七日，遂拘拿僧道二十余名，施以非刑。"① 第二则是："朱槐之筹办地方自治研究所，以庙产年捐不及十分之一，议捐三成，以免另向民间筹款。乃各僧道闻曲诗文滋事，亦复生心效尤。聚众千余人，于十五日入城，接踵滋闹，殴伤县署厨役，自撰免提庙产谕稿，逼官照抄用印。翌日，朱槐之调附近防兵数棚，捉拿僧道十余名，拟办首要以示儆。曲士文闻之，复啸聚土棍赌徒及沿海□匪，阴相结合煽乱。"②

从这些报道中，我们可知：第一，在山东莱阳县庙产兴学和地方自治运动中，将庙捐作为筹集经费的主要手段，这就引起了僧道的强烈不满，成为僧道参加曲诗文起义的重要原因之一；第二，在莱阳民众数万名乡民向县署请愿的过程中，到县署请愿要求免除庙捐的僧道多达1000余人，成为莱阳民变的一支重要力量；第三，僧道请愿事件发生后的第二天，县令朱槐之就调动军队拘拿了二十余名僧道，并施以非刑，这就是说，在曲诗文起义中，首先遭到官府镇压的就是僧道；第四，朱槐之调动军队拘拿僧人并施以非刑的消息传出后，"曲士文闻之，复啸聚土棍赌徒及沿海□匪，阴相结合煽乱"，这就是说，朱槐之拘拿僧道的行为是莱阳民变由请愿到起义的重要因素。

---

① 《山东莱阳县乡民滋事将乡董房屋焚毁》，《东方杂志》宣统二年（1910）第6期，第79—80页。
② 《山东莱阳县官民交战续闻》，《东方杂志》宣统二年（1910）第8期，第61页。

小 结

尽管清末的庙产兴学运动有诸多合理性和进步性，但它也严重伤害了各地僧人的宗教信仰和经济利益，从这个意义上说，僧人的反抗运动也具有一定的必然性和合理性。从形式上看，清末僧人的反抗主要有请愿、泄愤毁学和反自治运动。这三种反抗形式都贯穿于清末庙产兴学运动的整个过程，但在诸多因素的影响下，在某一具体时期则有不同。庙产兴学政策颁布之初和保护寺产上谕颁布之初，僧人的反抗活动主要是请愿活动，在此时期，请愿僧人普遍对地方政府抱有较高期许，认为自己的权益应该得到保护。随着僧人请愿运动的不断失败，越来越多的僧人在投诉无门的情况下，先后以砸毁学堂的极端形式发泄对地方政府的失望和不满情绪。地方自治运动开始以后，各地自治机关按照统一的章程进一步加大了对寺产的征用力度，僧人的信仰和经济权益遭到更为普遍和严重的损害，在这种形势下，有组织、大规模的僧人反自治运动随之展开。总之，在清末的庙产兴学运动期间，僧人或请愿，或毁学，或集体反对地方自治运动，反抗的方式越来越激烈，反抗的规模越来越大。但是，由于主张改革的地方绅士掌握着报纸杂志等现代舆论工具，由于征用佛教寺产的谕令来自至高无上的皇帝，由于地方官吏和新型知识分子形成了经济的和政治的利益共同体，因此，各地僧人的维权斗争，无论是请愿、暴力毁学还是大规模的反自治运动，都以失败而告终，汉唐以来形成的佛教与国家的和谐关系也因此全面恶化了。

第五章　民国初建与佛教处境的复杂化

甲午战争以后，中国政坛上逐渐崛起三支新的政治势力：以孙中山为首的革命派，以康有为、梁启超为首的维新派（后发展为立宪派）和以袁世凯为首的北洋派，随着清末新政的不断深入，这三支政治势力也在不断地发展壮大。1911年10月10日武昌起义爆发后，革命派和立宪派闻风而动，他们或发动武装起义，或逼迫当地督抚赞同共和，在不到两个月的时间内，便有十三个省宣布独立，中华民国南京临时政府就是在此基础上成立的。与此同时，以袁世凯为核心的北洋集团也巧妙利用辛亥革命的声势，迫使清廷摄政王载沣接受吴禄贞、蓝天蔚等人提出的十二条政纲，解散皇族内阁，任命袁世凯为内阁总理大臣，并授予其完全的组阁权，清政府的大权从此落入以袁世凯为首的北洋集团手里。在此后的两个多月的时间里，南京临时政府与袁世凯执掌的北方政权进行了艰苦谈判，终于就组建统一的中华民国中央政府的诸多重大问题达成一致意见，随后在北京组建了以北洋派为核心、由革命派和共和派（即清末的立宪派）共同参加的中华民国北京政府，中华民族经历了半年的激烈动荡，终于进入了民主共和的新时代。政治形势的剧烈变化，民主共和制度的水土不服，三种政治势力之间的激烈斗争，无政府主义思想的高度泛滥，使刚刚成立的中华民国政府步履艰难，佛教与国家之间的关系也因此显得非常复杂。

第一节　破除迷信运动对佛教的伤害

"迷信"一词对应的英文是 superstition，原意是基督教徒对一切非基督教神灵信仰的蔑称。清末新政时期，留日学生将这个词由日文转译为中文，其时的意思有二，一是指不加分析地盲目崇拜行为，二是指与科学相对应的非理性信仰，其意思与传统的"淫祀"大体相当。在民族危机、统治危机和社会危机都非常严重的形势下，以留学生为代表的新型知识分子，逐渐丧失了对中国传统文化的自信心，把传统的神灵信仰均斥为"迷信"，认为这是中国落后的原因所在。辛亥革命后，留日学生成为各级政权的骨干，在他们的推动下，以抢占庙宇、驱僧毁像为主要内容的破除迷信运动迅速风靡全国。

一　清末的破除迷信言论

从远古时期起，我国民众即信奉万物有灵，蔡元培先生对此有精辟的论述："上古之世，草昧初开。其民智识浅陋，所见惊奇疑异之事，皆以为出于神意。如人之生也从何来，人之死也从何去，万物之生生而代谢也为之者何人，高山之崔巍，大海之汪洋，雨露之恩泽，雷霆之威严，日月之光华，即下至一草一木，一勺水，一撮土，凡不知其理由者，皆以为有神寓乎其间而崇拜之。"① 西周以来，普通民众的诸神崇拜尽管被历代王朝和正统知识分子斥为"淫祀"而遭到鄙视和禁止，但一直具有强大的生命力，在乡村社会广泛流传。甲午战争以后，随着民族危机、统治危机和社会危机的空前严重，以新式知识分子和开明官僚为主体的社会精英对中国的传统文化越来越失去信心，他们在强烈要求改革的同时，发表了一系列倡导破除迷信的言论。

以康有为为代表的资产阶级改革派首先将批判的矛头指向了普通民众的杂神崇拜，他在1898年戊戌变法期间上奏光绪帝，对普通民

---

① 蔡元培：《蔡子民先生言行录》，岳麓书社2010年版，第20页。

众的杂神崇拜大加抨击：

> 中国尚为多神之俗，未知专奉教主，以发德心，祈子则奉张仙，求财则供财神，工匠则奉鲁般，甚至士人通学，乃拜跳舞之鬼，号为魁星，所在学官巍楼，高高坐镇，胄子士夫，齐祈膜拜，不知羞耻，几忘其所学为何学也。即称为城隍，列为正祀，而号为阴官，多列鬼判，虽狞恶足警，亦非经典所昭垂，其里祀土地，亦犹是矫诬也。其他龙王、牛王、猴王之祀，以人祀兽，尤为反异。若夫木居士之一株，石敢当之一片，亦有无穷求福之人。夫神道设教，圣人所许，乡曲必庙，祷赛是资。而牛神蛇鬼，日窃香火，山精木魅，谬设庙祀，于人心无所激厉，于俗尚无所风导，徒令妖巫欺惑，神怪惊人，虚糜牲醴之资，日竭香烛之费。而欧、美游者，视为野蛮，拍象传观，以为笑柄，等中国于爪哇、印度、非洲之蛮俗而已。于国为大耻，于民无少益。①

从这个评价里，我们不难看出，康有为将对国家祀典以外的神灵信仰称为"淫祀"，认为这是中国落后的集中表现。

至于当时迷信具体有哪些内容，新式知识分子也曾做过全面的分析，这集中表现在《论革除迷信鬼神之法》一文中。在这篇社论里，作者开门见山地指出："中国之所以日即于贫弱者，其原因非一端，而下流社会之迷信鬼神，实为其一大影响。"接着详细论述了国人迷信的主要表现：神鬼崇拜、术数崇拜和宗教崇拜的现状及其危害，接着，论者逐项揭露了国人迷信的严重程度。

关于当时鬼神崇拜，论者指出："试一游中国全土，无论十室之邑，一尘之地，而岁必有迎神建醮之举，糜巨费而不惜，经大乱而不改，且不特内地为然也，海外各埠，但有华商侨居之地，亦必因仍故

---

① 康有为：《请尊孔圣为国教立教部教会以孔子纪年而废淫祀折》，汤志钧编：《康有为政论集》，中华书局1981年版，第279—280页。

国之风，历数十年而如一日。"①

关于崇信术数的习俗，论者说道："中国上下之人无不信术数者，而愚民尤甚。非术数之说独行与中国也。盖世界之人虽有智愚贤不肖之不齐，而欲富贵而恶贫贱，耽安乐而厌劳苦，故五洲万国之人所同也。而一国之中，得保富贵而享安乐者常居其少数，又五洲万国之所同也。合天下之人心，弋群思以取其最少数之位置，而又适值此专制之政体，愚民之法律，任探□之法以取人才，凭穿窬之术以觊禄位，天下之人见夫同是人也，我则劳苦而彼则安乐，且此一人也，昔则贫贱而今则富贵，此或然或不然之事，可解或不可解之理，不谓之命运不得也。且术数与鬼神在古固分为二，而今则沟合为一。盖术数有定而鬼神无定，术数可测而鬼神不可测，以为无定与不可测，由是祷祀之说起，崇拜之心生，遂以傀儡为能造福之主，土偶为有夺命之权，此其信之有素，持之最坚，殆非笔墨口舌之力能争也。"②

关于盲目崇信宗教的习俗，论者说道："中国之宗教行于上而不行于下，故至今日惟士大夫间有学术，而农工商贾以至妇女则无之。所谓天经地义，三纲五常之大法，惟上之人自喻之，而下之人初不瞭然也。此无量数不学无术之人，其智识极短，其生计极艰，其道德极浅薄，其社会极涣散。使无术以靖之，则争夺相杀之事日起，而天下将不能一日安。靖之之法，惟恃有奉信之具以为依归而已。由是听天由命之说起，而鬼神遂大有权。试一游中国内地，见夫穷乡僻壤之间，天子之条教所弗喻也，官府之命令所弗及也。而惟其乡之长，管理其一乡之政，其管理之法，有凶荒之事则祷之神，求神之庇己也；有喜庆之事则祷之神，谢神之福己也。甚至有关系公众之事，则请于神而决之；有得罪公众之人，则誓于神而罚之。盖俨然犹一神权世界之时代也。"③论者最后指出，如果不尽快破除国人迷信鬼神的风俗，终将难逃被奴隶的命运。这篇社论论据翔实、逻辑严密，现在读起

---

① 《论革除迷信鬼神之法》，《东方杂志》1905 年第 2 卷第 4 期。
② 《论革除迷信鬼神之法》，《东方杂志》1905 年第 2 卷第 4 期。
③ 《论革除迷信鬼神之法》，《东方杂志》1905 年第 2 卷第 4 期。

来，仍有醍醐灌顶之感。

关于迷信的危害，新式知识分子的认识并不相同。庙产兴学运动进入高潮以后，积极兴办新式学堂的新式知识分子关于"迷信"对兴办新式教育的阻碍作用有深刻的认识。这集中体现在《论欲进化教育宜先破除迷信》的社论里。社论认为，迷信鬼神是中国的普遍现象，不仅下层社会迷信盛行，就是在上层社会也是如此。他们"身服孔孟之教，口道尧舜之言，日以教育宗旨，宣讲于大庭广众之中，而其心醉乎术数，神游于命运之谈，有较甚于下等社会者"。在此基础上，社论直言迷信对教育的巨大阻碍作用："试观中国二十二行省，无论十室之邑，一尘之地，岁必有迎神赛会之举，糜巨金而不惜，经大乱而不知，一旦设学堂，筹自治，谋地方之公益，则拔一毛而不为，嘻！人心之锢于迷信也。如欲破其心中之傀儡，固非振兴教育不可，然欲教育之进化，则必先去其牢不可破之迷信，而后能浚其识见，增长其学力，使其晓然于大义之所存，庶不致永坠于迷途也。"①

在具有革命思想的新型知识分子看来，迷信不仅害身家，而且害国家，这种言论频频出现在革命派主办的杂志里：

> 我国之俗，赛会迎神，崇拜偶象之思想，已达极点。某处有一人病，则争相祈祷于城隍，或丰都，或土地，奔走恐后焉，故廿一行省中，庙宇如林，香火相接。一若生死之权，鬼神主之，人有疾病，而不求救于神明，则病终不可治，惟仆仆乞怜，鬼神其或佑我，于是求灶签者有之，延巫卜方士者有之。病已入于膏肓，犹必以祈祷鬼神，为惟一之急务，急其所缓，而缓其所急，人之因此而死者，不可胜言。此信鬼之害身家者也。我又见今之人，无端而生疮疽，则以为动土而至此者矣。信地师之妄言，而呶呶于风水之善否，以致祖宗不葬，任其摧破。前凡开矿、运

---

① 《论欲教育进化宜先破除迷信》，《盛京时报》光绪三十四年七月十三日（1908年8月9日），第2版。

河、筑铁路之大利，皆不能兴，国日以贫，交通因之不便，此信鬼之害全国者也。①

在这段言论中，论者将国人有病不去就医而求助于生灵的行为斥为"迷信"，并认为这种行为是"害身家"，因为迷信风水，而阻挠开矿、运河、筑铁路的行为是害全国，这种言论显然击中了迷信的危害之处。不久，《浙江潮》杂志发表了陈榥的《续无鬼论》，认为迷信是导致国家兴亡的直接原因：

非洲之人聚木石而拜之，以为无上之尊，而种将尽矣；印度之人信天堂地狱之说，至以溺死殑伽河以为登天堂，而社已墟矣；埃及人以尼罗河流卜岁丰歉，而国已奴矣；安南人喜蛊魇之术，而邦已覆矣；回教以为其始祖出于天神，至今犹礼拜之勿替，而土耳其、波斯、非利宾殆或亡矣。亚洲之东，有待亡之老大帝国焉，亦一信鬼神之国也。各行省之中，庙宇不知其几千万落，坛壝不知其几千万家，香火不知其几千万种，浸淫滂濞，忘反流连，故风俗如中国，实可信为纯粹信鬼神之国。而窥信者之心，以为鬼之智甚超，而权甚赫。君相有生死，鬼神主生死，国家有兴亡，鬼神宰兴亡，凡民有起居饮食，鬼神察起居饮食。呜呼！鬼神信如是，卓绝也，固宜泥首听命矣。②

这篇文章从非洲国家以及印度、埃及、波斯、菲律宾、土耳其等国的鬼神崇拜及其国家灭亡的事实说起，再谈到中国"各行省之中，庙宇不知其几千万落，坛壝不知其几千万家，香火不知其几千万种"的基本事实，得出了信鬼神必然会导致亡国灭种的惨剧，最后，论者

---

① 导迷：《无鬼论》，张枬、王忍之编：《辛亥革命前十年间时论选集》第一卷（下册），生活·读书·新知三联书店1960年版，第861—862页。

② 陈榥：《续无鬼论》，《浙江潮》第2、3期合刊，光绪二十九年二月十五日（1903年3月13日）印刷。

叹息道："呜呼！举国而为深夜暗行，愚愚相贻，犹可说也；愚愚相贻，而众智乃环伺于其旁，而国亡，而种亡，不可说也。而不然者，以四万万同胞敬礼勿替，依恃如命之鬼神，而独起而辩之抵之，不惜出全力以搏之，乡土大夫其以横流被放之言相诟病矣。虽然，其志可哀也，其心亦可见也。"① 这篇文章的逻辑的严密性暂且不论，但其结论确实有振聋发聩的效果，集中表达了革命派人士对中国鬼神信仰的极度厌恶和担忧。

随着地方自治运动的迅速兴起，新式知识分子又将破除迷信的矛头指向了制度化的宗教。光绪三十四年正月二十八日（1908年2月28日），《申报》发表《论宗教妨害社会之进步》，认为宗教是专制政体的灵魂，束缚人民的大魔王，社论首先指出，宗教有稳定社会秩序的功能：

> 古昔圣贤创立宗教之初，未尝不具普世觉民之意，但其时人类尚未进化，无思想，无智力，无社会之结合，无秩序之可言，祇求纳诸范围之中，使之循规蹈矩不稍逾越，则政治之基础已立，而宗教之能事亦尽。所以造兼爱之说者，惧人民交际之有抵触也；造为前因后果之说者，惧贫富等级之有斗争也；造为天堂地狱、末日审判诸说者，惧人民之肆意暴戾而不知自节抑也；造为生则暂时死则永久之说者，惧人民之强取豪夺而不肯忏悔也；造为孽报之说以平其愤怨；造为余庆之说以生其希望者，惧人民之怨天尤人而不能素行也。夫人民□器薄弱，智识幼稚，最易感受可嘉可羡可欣可怕之谬说，释迦、耶稣、摩罕默德等起而乘之，以其悠谬荒怪之理想，达其虑牢六合之目的，则蠢蠢愚民自潜移默化于在不知不觉之中，而社会之基础立矣。②

---

① 陈榥：《续无鬼论》，《浙江潮》第2、3期合刊，光绪二十九年二月十五日（1903年3月13日）出版。
② 《论宗教妨害社会之进步》，《申报》光绪三十四年正月二十八日（1908年2月28日），第1张第3版。

接着，论者详细论述了宗教阻碍社会进化的作用。第一，从社会进步表现的角度论述了宗教的阻碍作用：

> 社会之进化，必经一次之破坏，而后进一级，经二次之破坏而后又进一级，是以破坏愈骤，则社会之进化亦愈速。但所谓破坏者，非祗破坏其秩序也，一面破坏，二面即建设，如筑室然，去其旧者，易其新者，日新而不已。则思虑愈密，格式愈精，自有日进千里之势。若言宗教，仅仅使人畏惧，使人服从而已。使人畏惧则迷信生，使人服从则奴性根。但求循循规矩之中，不越范围之外，便奉之为良善之人民，而人类进化之事则反归之不可知之天帝，以坐待其时期之至。于是雷电风雨之不测，则谓有司之者也，天地山川之伟大，则谓有造之者也，而神灵上帝构造万物之说自此生焉。彗星不知其为无定轨道之行星也，地震不知其为地心热度之膨胀也，日蚀月蚀不知其为地形月形所遮蔽也，而天灾流行警戒万民之说自此生焉。推其流弊，势必人人脑中只藏有祈福禳祸之二念，人人行事不出委天任运之一言，而世界永无进化之一日也。①

第二，从时代变化的角度论述了宗教对社会进化的阻碍作用：

> 政治之原理以人类断不能有齐一之道德，处于同等之地位，故以政治为机关，支配公平之法约，以为锄强扶弱之用，而宗教即补政治权力之不及，于不知不觉之中驾驭一般凶恶之人民，使之渐归于秩序，是宗教固不得谓无益于社会也。不知人类之进化与岁月而俱新，当草昧初开之时，无思想，无智力，见夫风云雷雨之奇幻，山川天地之构造，彗星地震日蚀月

---

① 《论宗教妨害社会之进步》，《申报》光绪三十四年正月二十八日（1908年2月28日），第1张第3版。

蚀之种种不可思议，遂哗然诧为神奇，以为必有主张网维之者，而斯时所谓大圣大贤，既不能语以确当之见解，又不知施以相当之教育，毋宁即以其所诧为神奇者附会而穿凿之，使之一言一动皆若有鬼神监其前，十年百年均若有希望，在其后则蠢蠢群愚自贴然就我范围，不敢有横恣暴厉之举动。所谓以跛导跛，宜用跛法，以盲导盲，宜用盲法，而我宗教之势力即于是确定。盖宗教者，一半化导人民，一半束缚人民，一半为人民著想，一半实为宗教著想，故能使人迷信，使人服从，即宗教之效用已举。初不望其有超卓之心思，敏捷之手腕，能大造于社会也。今日新理大明，迷惑尽破，既确见宗教之不可深信，正宜以正当之教育代荒诞之宗教，裨得民智日开，真理日辟，又安得以己之昭昭，导人于昏昏，使后此之民智反日就黑暗乎？①

第三，从专制政体与宗教的愚民效果的角度论述了宗教对社会进化的作用：

今日万国痛恶之专制政体，本以压制人民束缚人民为事，则与宗教之宗旨既同，自于政治之补助有益也，何也？专制令人敬畏，宗教亦令人敬畏；专制令人服从，宗教亦令人服从；专制令人愚暗，宗教亦令人愚暗。但专制之令人敬畏服从愚暗，不过恃其威吓利诱之手段，而威吓利诱犹有技穷之时，不能胥人而纳诸豚笠，若宗教则不恃手段之作用，全恃心理之作用，造为种种怪诞之说，务使一举一动天堂地狱若在目前，则长日昏昏，方求免罪过之不暇，民气安有发达之时？故历代君臣将相无不取其利己，借阐扬教旨之名，扬汤以沸之，古今迂儒贼僧亦无不取其利

---

① 《论宗教妨害社会之进步》（续），《申报》光绪三十四年正月二十九日（1908 年 3 月 1 日），第 1 张第 3 版。

己,借镇心定志之说推波而助之,而宗教遂为愚民之具,与政治有密切之关系,其势力则双方并进。一言以蔽之,政治束缚民智之发达于有形,宗教束缚民智之发达于无形;政治阻碍社会之进化于有形,宗教阻碍社会进化于无形者也。今欧西学子发明人类进化之说,渐脱出其范围,故社会之进步日速,而我国犹沉迷其间,将见信仰愈隆服从愈惯,不至尽为他人奴隶不止也。①

由于革命党人将破除迷信上升到了国家兴亡、社会进步的高度,故破除迷信也成为革命任务之一。广东光复后,革命党人发出文告,要求各属同志破除人民迷信风水的陋俗。在文首,还专门加上编者按予以强调:"本会政纲第一条曰行政统一,促进地方自治。吾粤素号开通,然迷信最深,自治能力之不发达,实坐此故。近日神权堕落,自无所容其忧虑。惟风水一途,最足为自治之障碍,是编条解详,明发透辟,实迷信风水者之当头棒喝,而对于地方自治尤有裨也。"②

这篇文告的正文,集中从三个方面论述了迷信风水的错误。第一,用历史事实说明风水之说不可信:

言葬经者,始于郭璞《青囊》一书,皆术者之妄词,吕公驳之,司马温驳之,最为明快。《后汉书》载汉廷尉吴融以人所封之地葬母,人皆言其必灭,而子孙贵盛;《隋书》载文帝曰"我家墓田,若云不吉,我不当贵为天子;若云吉,我弟不当战死"。黄巢李自成之败,俱以为掘其祖坟故也,乃唐高祖起兵,亦被长安留守尽发其祖墓,而依然无恙。郭子仪被鱼朝恩发其祖坟,而子仪富贵寿考,七子八婿,皆贵显朝廷。王季之墓,为滦水所

---

① 《论宗教妨害社会之进步》(续),《申报》光绪三十四年正月二十九日(1908年3月1日),第1张第3版。
② 《敬告各属同志亟当破除人民之迷信风水以免阻碍地方进化》,《中国同盟会杂志》1911年第6期。

□，无损周家气运，宋明帝恶萧道成墓有五色云气，暗遣人以铁钉长五六尺者，钉墓之四维，以为压胜，而卒无验。蔡京酷嗜风水，葬其父于杭州之临平，以钱塘江为水，以越之秦望山为案，似乎大吉矣，而全家灰灭。蔡元定好地理而贬，后人以诗嘲之曰"先生果有尧夫术，何必先言去道州"。风水之无明验，史册所载，历历可考，此征著诸往昔之事实，则风水之说，不足信也①。

第二，以近今事实，说明风水之说不可信：

有同此祖先所遗，共此地脉所及，乃甲家升斗无留，乙家则仓箱有庆。又有同此胚胎所生，共此父母所养，乃兄营正业而日臻富厚，弟入歧途而竟罹贫困。此种事实，乡邑间不乏其例，可知福祸由人自造，贫富在人自取，原与风水无关。乡人不察，动辄归其功过于风水，倘将此等实例，详细推求，则迷心自不难觉悟。此征诸近今之事实，则风水之说，不足信也。②

第三，从执业者的素质来说明风水之说不可信：

世之业舆术者，类皆无业之人，借此糊口，其与操神仙术卜巫术以求活者，殆无所异……试思业舆术者不能为自己致福，而能为他人致福，此理已属欠解。③

第四，从天命论的角度来说明风水之说不可信：

---

① 《敬告各属同志亟当破除人民之迷信风水以免阻碍地方进化》，《中国同盟会杂志》1911年第6期。
② 《敬告各属同志亟当破除人民之迷信风水以免阻碍地方进化》，《中国同盟会杂志》1911年第6期。
③ 《敬告各属同志亟当破除人民之迷信风水以免阻碍地方进化》，《中国同盟会杂志》1911年第6期。

> 夫事有常亦有变，其常者如种良因而得良果是也，其变者如种恶因而获恶果是也。人生不幸，而处事变，只可委诸天命，不宜委于风水。孔子曰"道之将行也欤，命也，道之将废也欤，命也"。孟子曰"吾不遇鲁侯，天也"，又曰"若夫成功，则天也"。圣贤不言风水，只言天命者，盖有深意存焉。故君子则修身以俟命，英雄豪杰则尽人以合天，同此不可知也，委之天命则无害，委之风水则祸不可胜言。①

文告在全面论述风水之说不可信的理由后，最后号召各属同志积极投身到破除迷信风水的活动中去：

> 二十世纪，环球列强，莫不注重人为，即据风水言，以形势为有征，我国占世界地形之优势，胡以国家则库帑如洗，人民则哀鸿遍野，贫困一至于斯。……亟愿各属同志，对于父老伯叔兄弟，破其迷心，除其锢疾，为个人去一种蒙翳，即为社会扫一大障碍，此非仅我粤之幸，亦我中华民国之福也。②

在清末的报纸杂志里，破除迷信的言论比比皆是，由于篇幅所限，在此不予赘述。这些振聋发聩的激烈言论，在民族危机、统治危机、社会危机和文化危机空前严重的历史条件下，对提振士气、凝聚人心起到重要的促进作用，是民国初年破除迷信运动的理论来源和先声。

二 民初初年的破除迷信运动

辛亥革命推翻了清朝的腐朽统治，一大批具有现代科学思想和民

---

① 《敬告各属同志亟当破除人民之迷信风水以免阻碍地方进化》，《中国同盟会杂志》1911年第6期。
② 《敬告各属同志亟当破除人民之迷信风水以免阻碍地方进化》，《中国同盟会杂志》1911年第6期。

主意识的社会精英掌握了从中央到地方的各级政权,清末新政期间被压抑的破除迷信思想迅速爆发,以破除迷信为宗旨的现代社团雨后春笋般地在各地成立,其中最有影响的是社会改良会。该会成立于1912年2月,由唐绍仪、蔡元培、宋教仁等26位著名人士联合发起,总机关设在北京,不久,在南京、天津、上海、武昌、广州等处设立了分会。该会成立的主要目的之一就是"以人道主义去君权之专制,以科学知识去神权之迷信"①,凡是加入该会的会员必须具备36个条件,其中有"婚、丧、祭等事不作奢华迷信等举动""戒迎神、建醮、拜经及诸迷信鬼神之习""戒供奉偶像牌位""戒除风水及阴阳禁忌之迷信"等②。由于这个组织的发起者都是闻名全国的社会名流,故该会的影响很大,破除迷信因此成为当权者的实际行动。

在四川,还没有完全掌权的革命派宣布:"风水之阻害,社会之迷信,亦一概禁止。"③在辛亥元勋的带动下,各地官府纷纷加入破除迷信的行动行列中。1912年3月,江苏省江宁县知事发出告示,禁止当地百姓举行迎神赛会:"案据北乡保卫会会长顾良遇呈称,北乡一带每届春季各有节期,为买卖农具聚集之日,恒有演戏赛会等事,岁月习俗相沿,不失雅颂承平之盛。而办公益者,每剧一本即一天,收费四元五元不等;又有开场聚赌,每桌收费若干,每日竟有数十桌、百桌之多者,以致赌博棍徒明目张胆,恃为护符,莫可禁止。无论是否正当公益费用,似有不合。况赌博恶习,巧取人财,有乖人道,呈请示禁等情到部。据此批示外,合行令知该知事,即便通示各乡,一体严禁,以杜流弊而保治安。"④从这篇公文里,我们可以看

---

① 《社会改良会章程》,陈旭麓编:《宋教仁集》(下),中华书局1981年版,第377页。
② 《社会改良会章程》,陈旭麓编:《宋教仁集》(下),中华书局1981年版,第378页。
③ 《蜀军政府之对内宣言》,中国史学会主编:《辛亥革命》(六),上海人民出版社2000年版,第21页。
④ 《内务部令江宁知事示禁各乡演戏赛会文》,《临时政府公报》第42号,1912年3月19日。

出,江宁县知事将当地普通百姓喜闻乐见的迎神赛会活动视为必须禁止的封建陋俗,并主张严厉禁止。1912年3月,辽宁省新民府知府以破除迷信为名,发出告示,禁止百姓春节互相拜年,《盛京时报》对此事进行了报道:"(新民)张守以清帝退位,共和初定,人心尚未安帖。新年甫过,人众结伙成群,沿街拜年,恐匪人混迹其中,滋生事端。是传知商会发出传单,俾众遵守,勿以俗情而惹出事端。"①这份告示虽然以防止歹人闹事为借口,但其核心是禁止人们拜年的习俗。在黑龙江省,1912年6月,阿城县令以破除迷信为名,发出告示禁止庙会:"信教固可自由,妖妄尤宜禁绝。阿城旧习,每年阴历四月十八日为娘娘庙会,举邑若狂,趋车祈福,跳墙还愿,愚民耗费动辄数千。男女杂沓,丑态百出。藉烧香为名,为冶容之诲,甚至以纸人写免死之代价,以毛驴为替身之和样。种种陋习,殊堪痛恨。本县下车伊始者,以端风俗正人心为治化之本。值此共和成立,文明竞进之秋,岂容再有此种怪象哉?宜永远革除。吾人能除一份迷信,即能少一分浪费,是即同胞之幸福,何须土偶之祈求?……自示之后,此项庙会永远不准举行。"②这份文告,将乡间庙会斥为必须永久禁绝的妖妄之举,指出它的社会危害在于劳民伤财、伤风败俗,可谓义正词严。吉林省警察局也曾颁布告示,禁止妇女进庙烧香:"巴尔虎门外白云山有狐仙庙一座,向例每逢初一、十五,满城妓女均乘车赴庙烧香,希图卖弄风流,勾蜂引蝶,因此寻花问柳之辈,至是日前往观瞻者不可胜数,而兵丁游民亦多众杂其间,每至激起风波,时形骚扰。昨阳历二十二日,巡警总局出示禁止,嗣后不准妓女前往行香。"③上海浦东也发生了官员以破除迷信为名,禁止民间举行迎神赛会的事情:"浦东杨思桥东首排塔泾庙内之猛将,每届清明,例由乡民抬出游行。兹又有好事之徒谎称近年田禾丰收,系是神灵默佑,遂邀集各会首,定于阴历二月十一、十二两日迎神赛会,并由年轻子

---

① 《传谕不准拜年》,《盛京时报》第1593号,1912年3月7日,第7版。
② 《破除迷信之文告照录》,《盛京时报》第1675号,1912年6月11日,第7版。
③ 《禁止烧香》,《盛京时报》第1610号,1912年3月27日,第5版。

弟扮演三百六十行及荡湖船等怪剧，业已兴高采烈分头预备。事为三林塘区长王崇善访闻，以赛会一事最伤风化，且盗窃之案必因之而起，不得不从严禁止，业于前日呈报商埠巡警厅出示严禁矣。"① 由此可见，民国初年的破除迷信运动是在政府的主导下进行的，并且已经蔓延到全国各地。伴随着这股破除迷信之风的盛行，具有现代意识的社会精英对民间神灵崇拜的厌恶之情必然会进一步加重，这种情绪的迅速蔓延，无疑会进一步推动各地征用民间神庙财产的行为向纵深发展。

在破除迷信运动向全国迅速蔓延的形势下，不少地方发生了拆毁城隍庙的事件。在湖南，都督谭延闿"顷从黄克强之议，拟毁长沙、善化两城隍庙，俾便开办贫民工艺厂"②。在奉天，自治会于1912年8月拆毁了城隍庙："本郡城隍庙旧有前殿后殿及东西两廊与大门等项，庙貌辉煌，极为壮观。自归自治会经理后，即将两廊房屋租与电话局居住，现又将大门拆去，所有木料一切移至自治会院内堆存矣。"③ 更为严重的是，一些地方还发生了军警砸庙毁像的极端事件。1912年2月，苏常州赵将军"猝派多兵，赴府县城隍庙，将所有城隍夫妇公子及十八阎罗，刀山剑林，刳肠剔骨种种迷信时代之怪现象，一律仆击殆尽，旁及龙王殿三茅宫等。此举本为元旦日进香迷信男女而发，先期去之，亦一节省靡费之善政。然本地士绅颇不为然，谓赵分府系受民政长屠敬山之指使。屠自任民政后，专以结党树援纳贿垄断为事。此次屠欲封庙产为局所，先期声言。天宁寺、清凉寺及都城隍庙均以纳贿未累，府县城隍因未纳贿，遂受民政长之指使，尽力毁之。毁像时，至对于城隍夫人加以调笑，而裂其足，扪其乳，继遂攫各像中金心玉胆以去。军人因争此金心玉胆，至相斗殴。旧历初三，又至东岳庙，将各像毁去。并至关帝庙，将关帝庙像开放排枪，

---

① 《禁止迎神赛会》，《申报》1913年3月18日，第7版。
② 《湘人反对拆毁城隍庙》，《申报》1913年1月5日，第6版。
③ 《拆毁城隍大庙门》，《盛京时报》第1728号，1912年8月11日，第7版。

像身颇受重伤。"① 众所周知，城隍自明代以来就一直被人们奉为阴间的地方官，清代更是册封为祀典，备受社会各界的普遍尊重；关羽一直被尊为忠义之神，不少行业将之奉为祖师爷，在社会各界中享有崇高的威望，它们在民初的遭遇，就充分说明了民国初年破除迷信运动之激烈。

在各地破除迷信运动中，安徽应该是一个典型地区。都督柏文蔚1912年9月到任以后，即掀起了破除迷信运动。他指示警察厅长祁庚寰派警察将全省各府县的所有佛寺庵庙里的偶像撤毁，并将安庆城隍庙改为学堂和市场。这种行为引起了当地绅士的严重不满，安庆的绅士在当地名士邵国霖的带领下，上书都督府，抗议军警打砸城隍庙的行为，声称"城隍庙非他淫祠可比，且遗像即为汉之纪信将军，人民素所崇拜。今都督欲废淫祠，破除迷信，已将该庙两廊泥塑偶像投诸水火，后殿亦改为学堂，中殿纪信将军颜威咫尺，请予保存，以维汉典"②。柏文蔚颇不以为然，他驳斥道："城为城垣，隍为城壕，安得有神为之主宰？考城隍之名北宋以前不见记载，宋人钱舜《北廷奉使录》载，契丹德光敕设城隍寺，为筑城凿池之官，峻宇宏大，令废为佛寺云云。是为城隍祠建设之始，然仍是佛寺之类，非谓另有城隍之神。元明以来，此风渐炽，前清时代演为不经之谈，谓城隍专司鬼录，某人为某处城隍。此原巫觋之流，造言惑众，流俗风靡，是为我国民最大污点。本都督废毁淫祀，正欲先毁城隍，为拔本清源之计，岂有任听存在，留此障碍物，以阻风化之理？况纪信死于荥阳，事隔二千年，何以今日忽然为神，忽然来皖？该公民等细一思想，当亦哑然自笑矣。着仍照前示办理，毋再固执。"③ 在柏文蔚的坚持下，安徽的破除迷信运动迅猛发展，1912年10月31日，警察厅长祁庚寰派警察砸毁了城外的东岳庙④，11月17日，又派军警砸毁了安庆城隍

---

① 《常州大打城隍》，《申报》1912年2月25日，第6版。
② 《柏都督论废城隍祠之理由》，《申报》1912年11月1日，第6版。
③ 《柏都督论废城隍祠之理由》，《申报》1912年11月1日，第6版。
④ 《皖垣毁灭东岳神像之风潮》，《申报》1912年11月4日，第6版。

庙神像①。到1912年12月初,"皖省城厢内外之庙宇庵堂所有土木偶像近日已一律毁灭"②。

在破除迷信运动的猛烈冲击下,传统信仰遭到了空前的破坏,这集中体现在对国家祀典的冲击上,民国初年的破除迷信运动对祀典庙宇的冲击情况,主要表现有以下四个方面。

第一,天坛、地坛、先农坛被改作农业试验场。农林部为了开通全国农智,决定在北京筹办农业试验场,但由于经费困难,遂对正阳门外天坛、先农坛,安定门外地坛等地进行了勘察,并与1912年7月呈请国务院,请求在天坛设立林艺试验场,在先农坛设立畜牧试验场,在地坛设立农艺试验场。农林部的呈文如下:

> 为咨呈事:窃惟辟中国固有之富源必以兴办农林为亟,聚全国视线之所注仍以中央行政为先。本部自成立以来,亟欲于京师首善之区,筹办中央农林分科试验场,以为全国农林模范。惟值财政支绌之际,购置大宗地亩,经费固属难筹,且既为开通全国农智起见,必须密迩国门,方足便各省人士之参观而树全国农事之标准。查有正阳门外天坛、先农坛,安定门外地坛,向为前清郊祀祈谷亲蚕之所,民国初建,此项典礼应否继续举行,尚未确定。惟顾名思义,该坛设立之本旨,均与本部农林行政相关。在前清仅降明礼报飨之文,在民国宜行教民稼穑之实,是宜于上三处分别设立农艺、林艺、畜牧试验场各一所,合之旧有西直门外之农事试验场,须重行组织,改为蚕桑、园艺、鱼艺、试验场,及张家口外旧有官荒,拟设一垦牧试验场,共成场所七处,则组织可期完备,试验可期精密,俾知民国更始,首以重农务本为前提,庶全国大势所趋,胥归重于本计。且该处迭经本部派员踏勘,天坛与林艺试验场最为相宜,先农坛于畜牧试验场最为相

---

① 《皖垣毁灭东岳神像之风潮》,《申报》1912年11月4日,第6版。
② 《皖垣毁灭东岳神像之风潮》,《申报》1912年11月4日,第6版。

宜，地坛于农艺试验场最为相宜，一转移间，即化无用为有用，既于财政上可资撙节，并于首都内先树风声。在该坛所余空旷之地，以敷试验场之用。其原有殿庑坛场，本部更当就近竭力保护，随时修缮，以美旧观而存国粹。至将来郊祀祈谷亲蚕诸典礼，倘民国定议续行时，仍可在该处举行，实属两不相悖。况该处为国都公有地，实应设法利用，以筹全国公众利益，若仅供一日祭祀之用，长令其终岁荒芜，亦非民国时代事求实际之道，何如于其中设立试验场，任人参观，更允协民为邦本，食为民天之义，而本部开宗明始之办法即寓其中。以上所拟各节实属农林要务，如荷钧院赞同，除关于典礼事仍咨商该管衙门办理外，所有试验等事头绪繁多，亟宜由本部及时赶速布置，以期早日观成。如何之处相应咨呈钧院察核见复施行，此咨①。

众所周知，天坛、地坛、先农坛一直是明清以来的郊祀重地，在传统祀典中的地位是最高的，现在农林部居然提议将它们改为农业试验场，足以说明祀典在民国初年的处境。

第二，各地文庙被移作他用。民国初年的反封建运动对文庙的冲击也是很严重的。其一，各地孔庙纷纷被移作他用：1912年3月，王锡蕃发起孔教会，其章程第三条明确规定"借各处圣庙为会所"，对此内务部并未反对，内务部的批示如下：

> 呈及修正会纲均悉。前批未妥各节既经逐一修正，尚属可行，应即准予立案。惟大纲第三条称借各处圣庙为会所一节，查各属圣庙每年除举行祀典外，平时属旷置，该会借用自无不可。但其建筑之费向皆出自官家，则该庙所有权仍当以各该地方为主体，是事前商取同意，事后保存官物，皆该会应行注重之务，不

---

① 《农林部咨国务院拟在天坛等处分设农林畜牧试验场文》，《政府公报》第66号，1912年7月5日。

得藉口在部立案硬行强借，致生冲突，亦不得径将全庙占用，有碍祀典。庶权限既清，而亦公私两便，仰即遵照，并将此意及修改之处呈教育部备案，俟开正式大会时仍将情形呈部核准可也。①

在这份批文中，内务部认为"各属圣庙每年除举行祀典外，平时属旷置，该会借用自无不可"，因而批准了王锡蕃等人的建议。内务部的这份批示具有风向标的作用，此后，各地政府不断批准各种社团占用孔庙的请求。1913年1月，江苏省金坛县议事会拟"借用该县文庙内前学官废署及明伦堂东西斋舍等处，改筑会场"，对此，江苏省民政长和内务部均未加反对，批示"既经该民政长批令，按照租借规则办理，尚无不合"②。江苏省的情况在当时具有普遍性。在这种情况下，各地孔庙遭到破坏的情况非常严重，在一份报道里，前湖南内务司司长任福黎就详细描述了当地孔庙遭到破坏的惨状：

> 伏查列代尊崇圣道，凡直省各府州县均设立文庙以祀孔子，并设立学官主持祭祀，赞佐教育，典礼备极优隆。逮后科举停废，学官一职即被裁撤，然尚改为奉祀官，专理祭祀。诚以学校虽有变更，道德不容沦丧。福黎前在湖南内务司任内，见各处文庙军队杂居，学生寄宿，或改作新剧团演唱戏剧，或占为女学校，晾晒秽污，触目伤心，令人流涕，均一律饬令迁移。湖南如此，他省可知。近年以来，类此事情当复不少。今大总统尊崇至圣，特议上仪，维持世道人心，功用至伟，钦服莫名。拟由本会议呈请大总统，令饬各省民政长转饬各地方行政长官，将原有文庙一律归复尊崇，不得任听损坏。③

---

① 《内务部批孔道会王锡蕃等遵将该会纲删改请核准立案呈》，《政府公报》第151号，1912年9月28日。
② 《内务部指令第六十号》，《政府公报》第611号，1914年1月19日。
③ 《政治会议议长李经羲呈大总统据本会议议员任福黎等提出归复文庙一案谨以议决祀孔咨询案后提出并案讨论经议员大多数赞成认为建议成立录案请裁夺施行文并批》，《政府公报》第636号，1914年2月14日。

其三，各地文庙所属的学田被充公。1913年1月19日，内务部发出指令，要求各地主管官厅切实清查各地学田，"交由地方自治机关管理，按年征收田租，专充地方补助小学经费之用"，命令全文如下：

> 令各省民政长：准教育部函，开"据北京教育会呈称：案前清旧制，各府厅州县设立学官、典守、文庙祭祀，并增置学田以赡贫生。现在文庙祀典改归内务部掌管，学官已归裁汰，此项学田自应仍留归学校，不得视同寻常祭田，惟不设法清查，恐不免为书斗所侵没。因思地方小学经费正苦难筹，拟请特颁训令，饬由主管官厅将各处学田切实清查，交由地方自治机关管理，按年征收田租，专充地方补助小学经费之用"等语。查各属学田原系地方公有财产，向来用途专在赡给学子。今既情事变更，该会所请移交学校经费之处，应责成县知事认真清理，作为县教育费之基本财产，每年征租济用，无任不肖之徒侵吞隐没，庶与教育前途裨益匪浅，函请核定并通行各省遵办等因前来。查该教育会呈请通行各省清查文庙学田，专充教育经费各节，事属因公，尚无不合，除函复教育部外，相应通行民政长，请烦转饬遵办施行。此令。①

众所周知，在传统社会的祀典中，祀孔的地位仅次于祀天，清代对此更加重视，"孔子于清光绪三十三年由中祀升为大祀"②，与祀天礼节相同。各地文庙一直是历代知识分子心中的圣地。民国初年，各地文庙纷纷挪用、学田被征用的事实，也从一个侧面说明了祀典在当时所遭到冲击的严重程度。

第四，部分先贤、忠烈祠遭到冲击。晚清时期，内忧外患接连不

---

① 《内务部指令》，《政府公报》第253号，1913年1月19日。
② 《政事堂礼制馆呈遵令核议兴武将军朱瑞呈请加隆关岳祀典暨酌增加从祀情形请核示文并批》，《政府公报》第1073号，1915年5月4日。

第五章　民国初建与佛教处境的复杂化　239

断，为了加强道德教化，鼓励人们对清王朝尽忠，清政府竭力表彰为国死难的忠臣义士，其主要方法就是建立昭忠祠、贤良祠和名臣专祠，其中以镇压太平天国起义和抗击八国联军侵华两次事件为最。"从咸丰七年（1857年）到咸丰十一年（1861年），胡林翼曾先后17次为'忠臣义士'请恤。从咸丰十年（1860年）到同治四年（1865年），曾国藩先后21次上'忠义案请恤'折"①；1900年，清政府命令，崐冈续等人查报在抗击八国联军过程中为国尽忠的文武官员，以便褒扬，从1900年至次年秋季，崐冈续查奏报请恤官绅人等达15次之多②。至此，昭忠祠、贤良祠、忠烈祠遍布全国各地，成为晚清祀典的重要组成部分。南京临时政府成立后，出于对满洲贵族的仇恨，就将晚清的忠烈祠从祀典中排除出去了。1912年3月临时大总统孙中山致江西都督马毓宝的一封电报，就清楚地表达了这层意思：

> 南昌马都督鉴：艳电称请令行各省前清显宦专祠不能任意销毁，此欲留作办公廨宇为前提尚确，若谓藉此以崇体统，保文明，殊为不合。查前清专祠崇祀之显宦莫如曾左，然曾左之所以得馨香俎豆者，特以彼能献同胞之骨肉于满廷，而满廷乃亦以尘饭土羹酬酢之，且欲诱吾汉族子孙万骥视曾左为师法，而遂其煮豆燃萁之计。从古专制家之蔑视公理，自谋私利，大抵如此，不特满廷为然也。夫崇德报功，应以国利民福为衡准，而后不论何期皆能血食，盖果功德在民，斯民亦永矢勿谖，荣以崇礼，庶标巨蠖。若功不过一姓之良绩，不过一时之著。此当时资其效用者，固宜图有以报称之，而于后世何与焉？况此中有道德标准之关系，更安能以人人目为自残手足之

---

①　张昭军：《圣贤学问与世俗教化：晚清时期程朱理学与纲常名教关系辨析》，《孔子研究》2008年第4期，第91页。
②　张昭军：《圣贤学问与世俗教化：晚清时期程朱理学与纲常名教关系辨析》，《孔子研究》2008年第4期，第93页。

人，乃因满廷私意建有专祠，遂永使吾民馨香之，向往之，模范之，以淆乱是非公论乎？本大总统为世道人心起见，对于前清显宦固不欲因敝制而率行崇德，以惑是非，亦决不执偏私而有意推求，以诬贤哲。惟前清诸显宦，倘人民对之已无敬爱之心，即政府视之应在淫祀之列，理应分别充公，改作正用，毋滥祀典，致蛊来兹，是则崇体统、保文明之正当办法也。特覆。孙文支。①

南北统一后，袁世凯就任临时大总统，虽然对孙中山此行为进行了一些纠正，但并没有恢复曾、左、李等人昔日的荣光。这种状况到"二次革命"以后有了重大变化。1913年11月6日，袁世凯颁布大总统令，宣布英烈祭祀要仿照日本的做法，并将曾、左等前清英烈重新纳入祀典：

> 崇德报功感观攸赖，知人伦世彰瘴斯公。当洪杨草泽构乱之时，正欧美文化未输之日，朝野之新知尚塞，君臣之旧义犹存。况夫寇氛所至，郡邑为墟，道路流离，沟壑枕藉，怨气弥于宙合，仁师望若云霓。当时在世诸公，或授命疆场，或指挥等策，卒能削平扰乱，收拾凋残，综其救民水火之勋，隆以庙食馨香之礼，揆之情理，岂曰不宜？乃闻各省起义以来，辄有矫枉过情之举，因失其亲，几于比匪，坐非其罪，竟至诬宾，遂使美祀载湮，贞魂无托，子孙饮泣，将士寒心。感逝抚存，与言陨泪，亟宜修复，以示优崇，与革命死事有功之人并隆肝鬈。惟是或崇新构，或复旧观，土木繁兴，物力难给。推前哲忧勤之意，容有未安。为此，通令各省行政长官，各就该省所有各祠切实调查，除有家属捐赀建筑及忠裔所置祠产应归私人享有者悉予给还外，其

---

① 《总统覆江西都督马毓宝毁淫祀电文》，《临时政府公报》第31号，1912年3月7日。

有为国家及地方公帑所营构者，应仿日本神社之例，酌留两祠，分别前代勋臣、民国烈士为位合祀，余悉拨充公用。庶几礼仪具备，丰俭咸宜，妥群贤如在之灵，垂新代不刊之典，明令所至，主者施行，此令。①

祀典是西周以来历代王朝和正统知识分子倍加推崇的信仰体系，清末的庙产兴学运动虽然猛烈异常，但祀典庙宇始终得到了各地官府的有力保护，足以证明它的优越地位。在民国初年的破除迷信运动中，尽管以袁世凯为首的北洋集团掌握着中华民国北京政府的核心权力，国家祀典还是遭到了如此严重的冲击，由此不难想象民国初年破除迷信运动对传统信仰的严重伤害。

三 破除迷信运动对佛教的空前伤害

民国初年的破除迷信运动对佛教的伤害很大。辛亥革命前后陕西省庙产兴学的情况就很能说明问题②。自西周到汉唐，陕西一直是中国的政治文化中心，以西安为中心的关中地区又一直是中国佛教的发祥地，这里的许多佛教寺院，均为汉唐时期的皇家寺院或敕建寺院，享有与祀典庙宇同样的政治待遇，因此，在清末，陕西省庙产兴学运动对佛教寺院冲击并不大。据清宣统三年（1911）编订的《陕西省泾县志》记载，当时该县已经建立了73所，其中"官立学堂二十七，城内文昌宫、昭忠祠、马王庙、东关先农坛、西关关外，南关吉乐庵，北关关帝庙"③，这就是说县城内的7所学堂中就有6所是建在庙宇里边的，而佛教寺院只有一座。另外，该县四乡学堂还有43所，尽管列举的地址绝大多数是村庄名字，但也出现了甘皇庙、关帝庙、高氏祠、田村庙、文塔寺、鲁桥关帝庙、显圣庙、玉皇庙等字样，这

---

① 《大总统令》，《政府公报》第543号，1913年11月7日。
② 许效正：《试论民国初年陕西的庙产兴学运动》，《西北大学学报》（哲学社会科学版）2013年第4期。
③ （清）刘懋官修，周斯亿纂：《陕西省泾县志》卷六《学校志》，清宣统三年刊本。

就是说，分布于四乡的公立学堂也有不少是以庙宇为校址的，但其中占用的佛教寺院只有文塔寺一座。① 另外，据《陕西全省财政说明书》记载，在兴办学堂的过程中，一些府县还抽取一定数量的庙捐，"凤翔府收抽庙租钱三百二十六串，麦十石二斗，作工艺厂经费；陇州收文昌宫房租钱二十串，作教育会费；长武县收西关庙地旧基租钱三十三串，作学务经费；长安府收武庙租谷价银约一百五十两，榆林府收南关外废庙遗田租钱二百四十串八百六十六文"②。可见，在清末，陕西征收庙捐的府县并不多、数量不大，涉及的佛教寺院也很少。

  1911年10月22日陕西光复以后，在政治形势和破除迷信运动的影响下，陕西的庙产兴学运动迅速演变为一场猛烈的拆庙运动，机关、军队、学校、社团乃至个人，纷纷打着兴办地方公益和破除迷信的旗号，大肆抢占佛教寺产，许多著名寺院因此毁于一旦。据中华佛教总会陕西支会报告："近日城关拆毁庙宇甚多，或云西北大学堂，或云各司，不问官私庙宇，择庙大木佳者即行拆毁，如东门内之真武庵，九府街十方院，西关安庆寺等处，或已全拆，或拆一殿。且城内之西五台，为隋唐之古迹，向归佛教公产，昨亦经西北大学堂贴条，派兵看守，即日将拆。"③ 在另一份报告中，中华佛教总会陕西支会称："本省西关弘福寺报称，现在实业司条示欲拆用佛殿。由本支部交涉，已允不拆。然如安庆寺、弘济庵、西五台等均为本省古迹，现已陆续拆毁。"④ 西安的拆庙运动也影响到其他地方。如大荔县军队抢占庙产，"以致兵民交闹，枪毙民人二命"⑤，岐山县知事因为距城十五里的周公庙"地势清幽，林木参天，又有溪流湍湍，映带左右。

---

  ① （清）刘懋官修，周斯亿纂：《陕西省泾县志》卷六《学校志》，清宣统三年刊本。
  ② 《陕西全省财政说明书》，中央财经大学图书馆辑：《清末民初财政史料辑刊补编》（二），国家图书馆出版社2008年版，第125页。
  ③ 《陕西通信》，《佛教月报》1913年第1期，1913年5月13日发行，第214—215页。
  ④ 《佛教月报》第1期，1913年5月13日发行，第192—193页。
  ⑤ 秦省都督府印铸局编发：《秦中公报》1912年9月1日。

坡可牧，泉可渔，水可稻，圃可蔬，坎可果，地可谷，分区布置，天然美产，长安以西无此合格之试验场"，于是将该庙开辟为农林试验场①。此外，周至县的天台寺，长安县的旃檀林及西安的大荐福寺都被强行改成了驻军营地。②陕西佛教因此面临着空前严重的生存危机。

安徽省的破除迷信运动对佛教的伤害引起了宗教社团的极端不满。1912年11月，上海的世界宗教会会长陈芾致电临时大总统袁世凯，控诉柏文蔚的过激行为："皖柏督纵令耿警长蹂躏佛教，庙像悉被占毁，逼嫁女僧致死，显违约法，恳迅电饬阻"③，并同时致电内务部，声称警察厅长祁庚寰"蹂躏佛教，逼嫁女僧"，要求内务部对之彻查严究④。对于世界宗教会的控告，柏文蔚致电内务部进行了辩解："敝省省城内有城隍庙暨东岳庙各处，现议改为市菜场，并无僧人在内，西门外旺尼庵一处，中有女尼十余人，另有一并未出家之裴江氏借住在内，该氏之子违犯烟禁，由警士拘引，时该氏之子即逃逸庵内，警士追踪到庵，仅将该氏之子拘留到庙，并将该氏驱逐出庵，其余女尼均安居如故。敝省居民迷信太深，对于改庙为市菜场一事颇有不赞同者，因此遂成谣啄，其实并无此事。"⑤ 以上三份电报均发表于《政府公报》，安徽省的破除迷信运动随之传遍全国，影响之大可想而知。从柏文蔚给内务部的解释中，我们不难看出，他对警察逼嫁尼姑之事矢口否认，但对上海世界宗教会"纵令耿警长蹂躏佛教，庙像悉被占毁"的指控却避而不谈，这充分证明在此期间，安徽各地的破除迷信运动对佛教的冲击是非常严重的。

安徽省的破除迷信运动对佛教的伤害引起了一些温和人士的批判。1913年初，同盟会会员、前安徽都督孙毓筠发表公开信，强烈

---

① 《岐山农业》，《申报》1912年12月7日，第6版。
② 李庆东：《近代西安佛教沿革》，西安市政协文史委编：《西京佛教》，陕西人民出版社2000年版，第19页。
③ 《上海世界宗教会陈芾等呈大总统电》，《政府公报》第203号，1912年11月20日。
④ 《内务部致安徽都督电》，《政府公报》第198号，1912年11月15日。
⑤ 《安徽柏都督致内务总长电》，《政府公报》第203号，1912年11月20日。

批判安徽破除迷信运动，也充分说明这场运动对佛教的巨大伤害。孙毓筠公开信的全文如下：

> 昨于沪上中华佛教总会，得见怀庐舒六各地该会分部及各寺庙报告所述收寺产，逼逐僧尼之种种惨状，竟非吾人意料所能及，以其流离尾琐，足使吾人心痛不宁。弟与佛法粗有一日之因缘，且与吾兄投分非泛，故不得不及今为兄进一忠告，甚望容纳斯言，而速取消此前之通告，庶几垂救桑榆，并消无穷反对之口实也。
>
> 在兄欲禁淫祀，藉收其产为公有，以冀挹彼注兹，助进教育，立心不可谓不善，顾今乃以至善之心，酿成至恶之果矣！公家所获庸有几何？适令劣绅、奸役、地棍、蠹民乘风作浪，恃官符为劫夺之具，流波所届，吾皖缁林将并失其生业。此不可一也。
>
> 约法原则力护人民财产自由，居处自由，身体自由，意念自由，信教自由。此五自由者，固即共和之神髓，其与专制时代之人民享受判殊，即判于有此物否也。其在前清时代，行政大官口衔天宪，人民之不自由至矣，尚未闻有此纷扰之举。今乃反见于共和政体成立之后，与共和国家之原则一切不顾，是将使人民疾首共和而讴思专制，患气萌蘖，能不使人危惧乎？此不可二也。
>
> 所谓自由者，即不受他力限制之谓也，即无论何种秉权之人，皆不能容或有侵犯之谓也，法律必有如是之贞信，始能使全国共享法治之祉。今日民国本无国教，即不能以吾人之任意而定何教当存，何教当废，而指一教为淫祀也。况在前清，以曾颁有祀典，故可指祀典以外者曰淫祀。今民国于坛墠百神之祭率皆撤废，则淫祀之名初无由立，今显强以意思，定其存废，是尤大违于约法，此不可者三也。
>
> 财产之取得与相续，归在民法，若置法律不讲而横事收没，讵知流弊所至，为重大乎！果恃强力为之，即为破坏法律，实为

第五章 民国初建与佛教处境的复杂化

民国行政官绝不宜有之事。况寺产之所有权久于习惯规定，欲议变更，非中央国会秉有立法权能者不能提议，况为法律所范之行政官，安可予夺自专，贸贸然而行之乎？果其行之，诚有破坏政体之嫌矣，此不可者四也。

大寺之与小庙，在法律上视之其别，但如钜室之于穷檐耳。中华人民所享权利一律平等，安可于产业大者则保护之，而产业小者则摧残之乎？斯尤大悖法律平等之原矣！从来治民法讲物权者，初无僧俗财产之分别，因而异其处置，诚以无论购致让受，其取得者之享有本无二致故也。如谓布施者让渡之初以神为权利主体，此种言说尤属罕闻。今世东西法律极备之国要，未闻有规定神为权利主体之法典。则以财产名词，原为人类享受者所独设，与神故无与也。盖财产者，乃能生息以供人类营养之一物，神固无待于营养，而依神之庙祝僧道实资赖之，此种人受檀越之布施，在布施者之用意，意实欲斯人专诚一致，不治他事而常保守其庙，无冻饿之虞也。是则神为权利主体之说，初无成立之余地矣。况吾国历史所记，前人颇有毁寺撤庙者，在当时毅然为之之人，盖莫不自视以为独辟之徵，虑谓将来有神文化也。顾自后人观之，其功效究何存乎？诚以不揣其本而齐其末，徒令一时傲扰，终无补益于人智。以人智之进须赖学问，其与行政官一时之思虑所存而出之手段，藐无丝密之关连，此不可者五也。

而况此风一播，益令蒙藏声闻而解体乎？今仅涉论其略，为势所至，固已若是。使弟更加寻绎，将至万言，累累不能自止。以与吾兄情谊关切，故特不嫌词费而进兹言。且今桐城各邑多有奸民利此时会，公然劫夺少尼为妾婢者，又有藉假官吏威势，逼迫僧尼致之死地者。以弟所闻，其事已多。又有悉夺僧尼居处服食驱之旷野使为填壑之饿殍者。目睹耳听，事尤至众，讵非仁人君子所宜闻而动心者乎？况观兄为此事之通告，颇犯破坏约法之嫌疑，果起行政诉讼而受质于法庭，则此通告绝无能以成立之理，以其为约法所不容之故也。故今特不避忌讳，而急望兄速自取消，无任翘盼。①

这封公开信以民主、法治、平等以及宗教自由的原则为依据，参酌古今中外，义正词严地批判了柏文蔚等激进人士对佛教庙宇大肆破坏的行为，指出此种行为不仅违反了《临时约法》的基本精神，也与民主共和的宗旨严重不符；不仅不该在民国出现，即使在清末封建专制时代也是不曾出现的。这无疑是对民国初年各地破除迷信运动的最好注脚。

如果说陕西和安徽的情况只是一个缩影，那么，1913年中华佛教总会给国务院的上书则是破除迷信运动对佛教严重伤害的综合概括：

> ……本会蒿目时艰，慨佛教之凌夷，感蒙藏之多事，特先邀集全国僧众组成中华佛教总会，设立支分各部。曾蒙贵院咨行各省解释约法人民平等及佛教财产为佛教得有之原理，统由各该管长官切实保护在案。续又订立章程，呈请大总统鉴准发交贵院印刷，分行部、省查照保护在案。唯是保护之先声，已风行海内。而内务部保护之咨文亦告诫备至。并规定凡祠庙所在，不论产业之公私，不计祀典之存废，不问屋宇之新旧，均应一律妥为保护。盖当时臆造新学者，虽孔庙亦在觊觎之列，而于释、道两道为尤甚。近据各省支分部报告，如奉天、吉林、黑龙江、直隶、山东、山西、四川、陕西、新疆等省，两湖、两广、河南、福建、云南、贵州、安徽、江苏、浙江等省，均纷纷攘夺庙产，假以团体名义，毁象逐僧者有之，苛派捐项者有之，勒令还俗者有之，甚至各乡董率领团勇强行威逼，稍有违抗，即行禀报该管官厅严行拘捕，各僧道累讼经年，迄未得直。强半假托议会议决，

---

① 《孙少侯请柏烈武取消没收寺产通告函》，《佛学丛报》第5期，1913年3月1日出版，专件二，第1—3页。

并回护于抽提庙产者，盖肆行无忌，仍愿继续勒捐，否则认为违法犯罪。凡有财产，均一律充公。去年湖南、奉天、安徽、吉林、河南、江苏、浙江各省僧徒，以此毙命者，均征诸事实。而各省僧徒流离失所相丐于道者，亦实繁有徒。虚祸逆流，迭演成不可收拾之势，而暴烈分子犹觑然对怨。矧其两年，军兴之后，寻祸相仇，各庙一经军队驻扎，即可援例改为他项公所。一隅倡乱，全国骚然，讵影响所及，几邻于边省。喇嘛各庙亦有不能自保者。近如云南丽江、永宁、中甸、阿敦子、巴堂、西庄各分部报告，曾经土住汉人攘夺之庙产，虽迭经行政公署允与发还，而地方之抗罢依然如故，屡次呈请，仅发还数处，其未发还者均置若罔闻。黑暗潮涌，纷然并起，虽周武紫皇时代，未有若是之甚也。①

从中华佛教总会的这份上书中所透露的情况，我们不难看出，在民国初年的破除迷信运动中，佛教遭到的破坏是空前严重的。从地域上看，不仅内地的佛教寺院和僧人遭到严重迫害，就连新疆、云南、贵州等偏远省份也没有幸免；从各地强占寺院、迫害僧尼的手段来看，不仅大大超过了清末，即便在历史上的"三武一宗"灭佛期间相比，也有过之而无不及。

第二节　政府要员对佛教的友好态度

清政府的迅速垮台是革命派、立宪派和北洋派共同努力的结果，1912年3月成立的中华民国北京政府，也是一个以北洋派为核心，包括革命派、共和派在内的民主共和政府。这个政府囊括了几乎所有的政治精英，如孙中山、宋教仁、蔡元培、唐绍仪、袁世凯、段祺

---

① 《中华佛教总会致国务院呈》，中国第二历史档案馆编：《中华民国史档案资料汇编》（第三编《文化》），江苏古籍出版社1991年版，第690—691页。

瑞、熊希龄、梁启超、周学熙、汪大燮、汤化龙、张謇等。这些人既受到以儒道佛为基本内容的传统文化的长期熏陶，又接受了西方现代政治思想文化的基本观念，更认可《临时约法》中保护宗教自由的基本精神，因此对佛教有不同程度的好感。由于这些人物既是影响巨大的社会名流，又是大权在握的政府要员，因此，他们对佛教的同情和好感，对民国初年的佛教管理政策产生了重大影响。

一　袁世凯对佛教的友好态度

民国初年，袁世凯无疑是一个举足轻重的人物，武昌起义刚一爆发，革命派和立宪派就对其抱有极大希望，迅速达成"如袁世凯反正，当公举为临时大总统"①的共识。滦州兵谏以后，袁世凯也被北京资政院选举为内阁总理大臣，成为北方政府的实际当家人；清帝退位以后，他又被南京临时参议院选举为中华民国的临时大总统，1912年3月10日在北京正式宣誓就职；在此后的四年多，袁世凯依靠北洋集团和共和派的鼎力支持，逐步建立起了专制独裁统治。袁世凯的权势、地位和威望，注定了他在民国初年无可替代的重要地位。在清末民初时期，袁世凯对佛教的态度经历了一个明显变化过程：在清末新政期间，作为封疆大吏的袁世凯，为了推进各项新政的发展，采取了诸多强力措施推进庙产兴学运动，在此期间，他对佛教的反感和鄙视态度是不言而喻的。

民国建立以后，我国的政治体制发生了根本性的变化，"共和民国以人民为主体，而人民代表以国会为机关。政治不善，国会有监督之责，政府不良，国会有弹劾之例。大总统由国会选举，与君主时代子孙帝王万世之业迥不相同"②。这种政治体制的建立，极大地解放了人们的思想，使民主、共和、法制迅速成为时代主题，也使袁世凯的个人思想发生巨大变化。更为重要的是，此时的袁世凯已经成为中

---

① 张难先：《湖北辛亥革命知之录》，上海商务印书馆1946年版，第391页。
② 袁世凯：《临时大总统令》，《政府公报》，1913年7月19日。

华民国的最高统治者。政治形势和个人身份的巨大变化，促使袁世凯迅速改变对佛教的反感和鄙视态度。他就任临时大总统时，就发誓，"深愿竭其所能，发扬共和精神，涤荡专制瑕秽，谨守宪法，依国民之愿望，蕲达国家于安全强固之域"。① 此后，尽管袁世凯不断强化中央集权，但"中华民国人民，无种族、阶级、宗教之区别，法律上均为平等"，"人民于法律范围内，有信教之自由"② 等规定一直载于宪法。

针对民国初年的破除迷信运动，袁世凯采取了比较圆滑的手段，一方面公开支持各地的破除迷信运动，以尽快构建民主共和政治所急需的现代文化基础。另一方面为了尽快平息各地不断爆发的暴力性群体事件，恢复社会秩序，作为国家元首的袁世凯，不断发表讲话、发布命令，强调国民平等和信教自由，强调保护佛教道教庙产。1912年4月29日袁世凯在出席参议院会议时，公开宣布："人民信教自由。举凡各教，均一视大同，毫无偏倚，不论其信教与否，亦不论其信仰何教，均须互相尊重，悉泯猜嫌，冀享幸福。"③ 这就等于承认了佛教在当时社会的平等地位，而要保护佛教，就必须制止各地大肆征用庙产的过激行为。

1913年6月，内务部颁布了《寺院管理暂行规则》，它规定国家保护庙产的范围"以供奉神像见于各宗教之经典者为限。寺院神像设置多数时，以正殿主位之神像为断"④。这个标准的确定，不仅将众多的民间私自建筑的佛寺庵观以及财产纳入国家的保护范围，而且正式废除西周以来将祀典以外的民间神祠视为淫祀的传统政策，具有了鲜明的时代特征。在这样的前提下，袁世凯政府加大了对佛教庙产的保护力度，《寺院管理暂行规则》明确规定"不论何人不得强取寺院

---

① 《莅临时大总统誓词》，《大总统书牍丛编》，广益书局1914年版，第1页。
② 《中华民国约法》（1914年5月1日公布），夏新华、甘正气等整理：《中国近代宪政历程：史料荟萃》，中国政法大学出版社2004年版，第471—472页。
③ 袁世凯：《莅参议院宣言》，《大总统书牍丛编》，广益书局1914年版，第3页。
④ 《寺院管理暂行规则》，《政府公报》第403号，1913年6月20日。

财产""寺院住持及其他关系人不得将寺院财产变卖、抵押或赠与人"①,这不仅使晚清以来饱受庙产兴学运动摧残的佛教庙产得到政府的明令保护,而且明确禁止庙产的住持僧道私下处置庙产的行为;同时,该规则还规定"应归国有之财产,因办理地方公益事业时,得由该省行政长官呈请内务总长、财政总长许可拨用"②,这就将处置佛教寺产的权限由县级政府收归到了省级政府甚至中央,对保护佛教寺院的合法权益是非常有利的。

1915年8月10日,为了制止各地强占佛教寺院财产、迫害僧尼的现象,袁世凯再次颁发保护佛教的命令:

> 据内务部呈称:各省寺庙财产争讼纠纷,请明令保护,以维宗教而资信守等语。民国肇建,于法律范围以内均有信教与财产之自由。惟改革之初,土豪莠民往往藉端侵占,控诉之案纷纭不决,关系于僧侣庙产者尤多。嗣经该部规定《寺院管理暂行规则》,藉示限制,而诉讼旧案往往缠抗不休。此等庙产或由于教徒之募集,或由于人民之布施,其所有权未经让与以前,当然属诸寺庙。应由该部通饬地方官吏,对于寺庙财产,责成该管官切实保护。除僧侣热心公益自愿捐输仍准禀明立案外,均应严禁侵占,违者依法治罪。关于庙产构讼事件,秉公清结,毋任宕延。其在该部寺庙管理规则公布以前,事实业经解决,权利早已转移,自当不溯既往,截清旧案。仍查明当时让与之教徒,由该部量予褒扬,并准于原捐地方勒石表彰,以昭平允。总之,保护民间财产为地方官应有之职权,国家一视同仁,断不容营私罔利之徒横加蹂躏,将此通令知之。此令。③

---

① 《寺院管理暂行规则》,《政府公报》第403号,1913年6月20日。
② 《寺院管理暂行规则》,《政府公报》第403号,1913年6月20日。
③ 《大总统申令》,《政府公报》第1171号,1915年8月11日。

这个命令明确指出庙产所有权属于寺庙,从而解决了社会各界分歧的核心问题,有利于从根本上制止侵占佛教寺产的行为,对保护佛教有着深远的意义。1915年10月29日,袁世凯政府又颁布了《管理寺庙条例》,系统总结了几年来处理庙产问题的经验。该条例共包括总纲、寺庙之财产、寺庙之僧道、寺庙注册、罚则、附则共六章31条,内容涵盖了宗教管理的各个方面。它正式确立了庙产注册制度,明确规定凡是已经注册的庙产均由地方政府一体保护,袁世凯政府的庙产政策由此正式形成。总之,由于政治体制和个人身份的巨大变化,袁世凯对佛教的态度发生巨大变化,这种变化直接导致了袁世凯政府的宗教政策的变化,进而颁布一系列命令、法规,以制止各地大肆征用佛教寺产、迫害佛教僧尼的过激行为。这对佛教来说是很有利的。

二 梁启超对佛教的友好态度

在清末民初的政坛上,梁启超的影响可谓大矣!戊戌变法期间,他与康有为共同领导了维新变法运动;戊戌变法失败以后,梁启超又成为海外保皇派的核心人物;清廷宣布仿行宪政以后,梁启超随即成立政闻社,表示拥护清廷实行宪政,并与国内主张君主立宪的实业家、新式知识分子遥相呼应,形成了势力庞大的立宪派,有力推动了清末君主立宪运动的发展。民国建立以后,梁启超由日本回到国内,随即成为共和派的核心。1913年5月,在梁启超的努力下,共和派的三个政党(统一党、民主党、共和党)合并为进步党,梁启超随即成为进步党人的灵魂人物。在民国初年的政治纷争中,梁启超虽然坚持共和政体,但并不赞成革命派的激进行为,在诸多重大问题上支持了袁世凯的政治主张。"二次革命"以后,梁启超担任袁世凯政府的司法部长和造币局总裁,成为袁世凯的重要幕僚。1915年袁世凯复辟帝制后,梁启超挥泪反袁,与其学生蔡锷共同领导了著名的护国运动。梁启超不仅是近代中国杰出的思想家、政治家、教育家、史学家、文学家,而且也是著名的佛学家。他"愿夙好治佛学史","颇好读佛家掌故之书",①早在万木草堂学习期间,就在康有为的影响下对佛学情有独钟,1920年至1925年间,梁启超致力于佛学研究,成为著名的佛学专家。他在《论中国学术思想变迁之大势》一文里,对中国佛学大加赞美:

> 美哉我中国,不受外学则已,苟受矣则必能发挥光大,而自现一种特色。吾于算学见之,吾于佛学见之。中国之佛学,乃中国之佛学,非纯然印度之佛学也。不观日本乎?日本受佛学于我,而其学至今无一毫能出我范围者。虽有真宗、日莲宗,为彼所自创,然真宗不过净土之支流,日莲不过天台之余裔,非能有甚深微妙,得不传之学于遗经者也。真宗许在家修行,许食肉带妻,是其特色,但此亦印度所谓"优婆塞",中国所谓"居士"之类耳。若以此为佛徒也,何如禅宗直指本心,并佛徒之名亦不必有之为高乎?未尝能自译一经,未尝能自造一论,未尝能自创一派,以视中国,瞠乎后矣。此宁非我泱泱大国民可以自豪于世界者乎?吾每念及此,吾窃信数十年以后之中国,必有合泰西各国学术思想于一炉而冶之,以造成我国特别之新文明以照耀天壤之一日。②

在这里,梁启超认为,中国佛学并不同于佛教和日本佛学,日本佛学转之于中国,而且至今毫无超过中国佛教之处,据此发出了"此宁非我泱泱大国民可以自豪于世界者乎?"的感叹,对中国佛学的赞美之情跃然纸上。

在对中国佛学赞美有加的同时,梁启超还非常欣赏佛教的信仰,这种态度集中体现在他于1902年写下的《论佛教与群治之关系》中。

---

① 梁启超:《佛家经录在中国目录学之位置》,《梁启超全集》(1—10册),北京出版社1999年版,第3869页。

② 梁启超:《论中国学术思想变迁之大势》,梁启超:《新史学》,北京商务印书馆2014年版,第210页。

在这篇文章里，梁启超对佛教大加赞赏，认为佛教之信仰是智信而非迷信，是兼善而非独善，是入世而非厌世，是无量而非有限，是平等而非差别，是自力而非他力。在谈到佛教是智信而非迷信时，梁启超说，其他宗教的信仰，都是认为教主的智慧是高深莫测的，绝非一般教徒所能达到的，所以强迫其教徒以教主的信仰为信仰，对其教主绝对服从，而"佛教之言信仰也，则以为教徒之智慧，必可与教主相平等，故以起信为法门。佛教之所以信而不迷，正坐是也"。① 在说到佛教的信仰是兼善而非独善时，梁启超认为，凡是创立宗教的人，其出发点都是企图以宗教仪轨改造不良的世道，所以，所有宗教教主的初衷都是以兼善为归宿的，但佛教信仰的兼善特征，又是其他任何一种宗教所不能及的："佛说曰'有一众生不成佛者，我誓不成佛'，此犹其自言之也。……夫学佛以成佛为希望之究竟者也，今彼以众生故，乃并此最大之希望而牺牲之，则其他更何论焉。故舍己救人之大业，惟佛教足以当之矣。"②

宋代以来，一般知识分子认为佛教是以清净寂灭为宗旨的，但梁启超认为，这是儒生对佛教宗旨的误解。他认为只有小乘佛教是以清净寂灭为宗旨，大乘佛教则以积极的入世态度对待人生的："佛固言天堂也，然所祈向者非有形之天堂，而无形之天堂；非他界之天堂，而本心之天堂。故其言曰'不厌生死，不爱涅槃'，又曰'地狱天堂，皆为净土'。何以故？菩萨发心当如是故。世界既未至一切众生皆成佛之位置，则安往而得一文明极乐之地？……故佛弟子有问佛者曰'谁当下地狱'，曰'佛当下地狱，不惟下地狱也，且常住地狱；不惟常住也，且常乐地狱；不惟常乐也，且庄严地狱'。夫学道而至于庄严地狱，则其愿力之宏大，其威神之广远，岂复可思议也！然非常住常乐之，乌克有此！彼欧美数百年前犹是一地狱世界，而今日已

---

① 梁启超：《论佛教与群治之关系》，《梁启超全集》（1—10册），北京出版社1999年版，第907页。

② 梁启超：《论佛教与群治之关系》，《梁启超全集》（1—10册），北京出版社1999年版，第907页。

骤进化若彼者,皆赖百数十仁人君子住之乐之而庄严之也。知此义者,小之可以救一国,大之可以度世界矣。"①

在谈到佛教信仰是乃平等而非差别时,梁启超说,其他宗教,都是将信众视为教主的奴仆,佛教则不然,所以才有了"一切众生,皆有佛性"和"一切众生,本来成佛,生死涅槃,皆如昨梦"的说法,故释迦牟尼创立佛教,就是为了"使人人皆与佛平等"。由此,梁启超断言,佛教对政治改良是有好处的:"夫专制政体固使人服从也,立宪政体亦使人服从也。而其顺逆相反者,一则以我服从于他,使我由之而不使我知之也;一则以我服从于我,吉凶与我同患也。故他教虽善,终不免为据乱世小康世之教;若佛教则兼三世而通之者也。故信仰他教或有流弊,而佛教决无流弊也。"② 在谈到佛教信仰是自力而非他力时,梁启超说所有宗教都谈祸福,故都将祈祷视为修福的最重要的方法,佛教自然也不例外。但佛教更注重因果报应,佛祖认为,现在的果,是由于过去的因;现在的因,必然有未来的果。如果现在造下恶因,则将来一定会收到恶果;如果现在造下善因,则将来一定会收获善果。在此基础上,梁启超推而广之,将佛教的因果观运用到政治改良上,他说:"一国之所以腐败衰弱,其由来也非一朝一夕,前此之人蒔其恶因,而我辈今日刈其恶果。然我辈今日非可诿咎于前人而以自解免也。我辈今日而亟造善因焉,则其善果或一二年后而收之,或十余年后而收之,或数百年后而收之;造善因者递续不断,而吾国遂可以进化而无穷。造恶因者亦然。前此恶因既已蔓茁,而我复灌溉而播殖之,其贻祸将来者,更安有艾也? 又不徒一群为然也,一身亦然。吾蒙此社会种种恶业之熏染,受而化之,旋复以熏染社会。我非自洗涤之而与之更始,于此而妄曰吾善吾群,吾度吾群,非大愚则自欺也。故佛之说因果,实天地间最高尚完满博深切明之学

---

① 梁启超:《论佛教与群治之关系》,《梁启超全集》(1—10 册),北京出版社 1999 年版,第 907—908 页。

② 梁启超:《论佛教与群治之关系》,《梁启超全集》(1—10 册),北京出版社 1999 年版,第 909 页。

说也。"①

在赞美佛学、欣赏佛教信仰的同时，梁启超对佛教社团的态度也非常友好。1912年10月，梁启超由日本回国，从此结束了长达14年的流亡生涯。回国以后，尽管梁启超的政治活动非常繁忙，还是应邀出席了中华佛教总会为他举行的欢迎会，这充分体现了梁启超对佛教社团的友好态度。在这次欢迎会上，梁启超发表长篇演说，再次阐述了他对佛教的感情。在讲话中，梁启超开门见山表达了他对佛教的向往之情："某甲俗人也，虽夙昔皈依我佛，信仰颇诚，然自维修证极浅，仅发心而未能闻道。今幸接于诸大师、诸居士之前，方求教不暇，岂敢复有所饶舌。顾维我佛之法，广大精深，譬犹四大海水，得其一滴，即可以毕生受用不尽。"②

接着，梁启超对中国时局与佛教的关系发表了意见。首先，梁启超认为民主国家和佛教都是一个社团，都是一个法人，而什么是社团，什么是法人，只有深明佛法的人才能说清楚：

> 今中国非共和国耶？共和国所以异于君主专制国者，其对于国家之根本观念异也。君主专制国，以君主为主体，国家为客体，君主与国家成对待相，故以国家为君主所有物，而国人之奔走于君主权力之下者，亦皆认国家为其所有物，种种流弊，缘此而生。共和国之所以成立，由其人民皆知国家为一团体、为一法人，然团体、法人之义，非深明佛法者不能言其故也。夫国家者，视之无形，听之无声者也，而却有真实之本体，历劫常在。此本体立夫全国人民之上，而实存乎全国人民之中，指四万万人即为中国不可也，离四万万人以求中国亦不可也。此其义惟深明佛教所谓法身者，乃能引证而了解之。法身者与众生非一非二，

---

① 梁启超：《论佛教与群治之关系》，《梁启超全集》（1—10册），北京出版社1999年版，第909页。

② 梁启超：《莅佛教总会欢迎会演话辞》，《梁启超全集》（1—10册），北京出版社1999年版，第2524页。

立夫众生之上，而实存乎众生之中。众生妄起分别相，不自知其与法身本同一体，于是造成五浊恶世，扰扰无已时。国家与国民之关系亦然，国民不自知与国家本同一体，故对于国家生人相我相，于是乎始有以一己之利益牺牲国家之利益者，人人如是，则国家或几乎毁矣。泰西各国，汲汲于普及国民政治教育，而政治教育之最急务，则莫先于使人民皆有明确之国家观念，吾以为此种国家观念，法学家千言万语而未能发挥尽致者，以曾受佛教之人观之，则一言而了耳。何也？国家譬则法身也，舍法身之外，求所谓我者，了不可得，舍我之外，求所谓法身者，亦了不可得。舍国家之外，求所谓我者了不可得，舍我之外，求所谓国家者，亦了不可得。明乎此义，则爱国岂犹待劝哉。①

接着，梁启超说，方今社会道德沦丧，世风日下，究其本源，皆因为人人时时处处皆为自己着想："今日中国人心道德之堕落，有识之士，莫不引为深忧，而思所以矫正之。然非清其本源，则矫正之效，终不可得观也。吾以为万恶之本，皆在以自己为本位而已。以自己为本位，是故作官为自己也；作议员亦为自己也，入政党为自己也，不入政党者，亦为自己也；言革命为自己也；言立宪为自己也；乃至言教育、言宗教，亦为自己也。故一切国利民福社会公益等名词，无非借以为自私自利之一种手段。推其所由起，不过视自己过重，误认区区七尺之臭皮囊为我，而以我相与他相对待，种种钩心斗角损人利己之卑劣手段，皆由此而生。"随后，梁启超从佛法的角度解释了佛教在挽救道德沦丧方面的积极作用："殊不知此臭皮囊者，不过四大和合而成，刹那刹那，代谢不已，以近世神学言之，不过数十种原质偶然凑泊，成此蠢相，每七日间，迁化全尽。今日之我，已非昨日之我，明日之我，又非今日之我，欲求我相，了不可得，以云真我，则与佛法身一体，众生所共，何

---

① 梁启超：《莅佛教总会欢迎会演说辞》，《梁启超全集》（1—10 册），北京出版社1999 年版，第 2524 页。

由得私为自我。今乃疲精敝神，日日为此梦幻泡影之躯作奴隶，首《楞严经》有言，如来名此辈为可怜悯者。以我观当世所谓达人志士，皆若是矣。苟能参透此著，则道德之大原庶可立也。"①

这篇讲话的篇幅虽短，但涵盖的内容却很丰富，在这篇讲话里，梁启超不仅清晰表达了他对佛教的赞赏和向往之情，而且从佛教的法身与众生的关系出发，阐述了民国与国民的关系，阐述了佛教对社会教化的巨大作用，可谓深入浅出，鞭辟入里，全面反映了梁启超对佛学、佛法和佛教团体的深刻认识。

三 熊希龄对佛教的友好态度

熊希龄（1870—1937），字秉三，湖南湘西凤凰县人，是中国近代著名的教育家、社会活动家、实业家和慈善家。他1894年高中二甲进士，被钦点为翰林院庶吉士。维新变法期间，他与谭嗣同、梁启超等人创建时务学堂和南学会，从此名噪全国。维新变法失败以后，熊希龄被革职并交地方官严加管束，后得湖南巡抚赵尔巽的赏识，赵升任东三省总督后，熊希龄先后任为屯垦局总办、东三省农工商局总办、奉天盐法道、东三省财政监理官等职，有理财能手之称。在清末预备立宪中，熊希龄也是非常活跃，他曾随端方出国考察宪政，回国后积极为宪政而奔走，经常沟通于袁世凯、端方、赵尔巽和立宪派首领梁启超等人之间，冀图以立宪消弭革命。民国建立后，熊希龄先后担任财政总长、热河都统、国务总理和筹办全国煤油矿事宜等要职。1914年退出政坛以后，熊希龄长期从事慈善事业，是著名的慈善家。熊希龄不但是清末民初政坛上的活跃人物，而且也是著名的佛教护法，对佛教的态度非常友好。

在清末新政期间，熊希龄虽然是东三省各项新政的主要推手之一，却不赞成各地唯寺产是图的行为。1911年，熊希龄致电湖南巡

---

① 梁启超：《莅佛教总会欢迎会演说辞》，《梁启超全集》（1—10册），北京出版社1999年版，第2524页。

抚杨文鼎，为沅州府城的南寺寺僧开脱：

> 窃维沅州府城旧有南寺一所，规模宏大，产业富赡。前因芷江邑绅创办地方自治，需款甚巨，拟提该寺租谷以充自治经费。寺僧体云不甘其请，互相控诉，曾经抚宪批饬沅州府县查核办理等因在案。查南寺僧人体云深通佛理，办事有才，当其主讲南寺，正逢该寺颓败之时，旧日田产大半为人侵占，甚被盗卖。体云出而整理，屡兴讼狱，官吏为之护法，旧业从此规复。迄今每年约收租谷千数百余石。然监押追缴，民怨沸腾。以法律论，反其侵产，实不为过；以宗教论，丧其慈悲，罪亦难宽。以致地方自治各绅，遂有提产充费之议。惟是自治云者，所以谋地方之幸福，保地方之安宁，既非一人一家之事，则应合全邑人民负担纳税，以尽国民之义务。若不统筹全局，仅此寺产是图，亦于名义不甚相符。且先出儒、释之意见，僧、俗之冲突，非自治，实自乱也。夫当今之时，民智初开，教育未普，见解日新，道德反堕。论补救者莫不以宗教为最重之问题，是则佛教一门未可全废也，明矣。①

在这份禀文里，熊希龄不但为寺僧叫屈喊冤，而且还明确指出，实行地方自治的目的是"谋地方之幸福，保地方之安宁"，但如果唯寺产是图，不仅有悖地方自治宗旨，而且还会引发僧俗冲突，这不是自治而是自乱行为。同时，熊希龄还认为，当今社会民智未开，时风不佳，民众道德沦落，提倡佛教是最可行、最有效的补救办法，故明确反对摧残佛教。在当时庙产兴学运动风靡全国的形势下，熊希龄能有如此清醒的认识，真的很不简单。

民国成立以后，熊希龄担任政府要职，又为进步党的主要领导人

---

① 熊希龄：《为恳请饬拨寺产提充孤儿院事上督宪禀》，周秋光编：《熊希龄集》(2)，湖南人民出版社2008年版，第304—305页。

第五章　民国初建与佛教处境的复杂化

之一，党务、政务十分繁忙，但对佛教的处境非常关注。1912年11月，各地的破除迷信运动如火如荼，佛教备受摧残，中国佛教总会会长寄禅大师赴京请愿，与内务司长杜关发生激烈争吵后，竟于当夜郁闷而死。此事引发了社会舆论的高度关注，此时熊希龄正因负责善后大借款谈判而倍受各方指责，闻知此事，还是禀请袁世凯，劝他善待佛教：

> 窃惟共和成立，各省秩序未尽恢复，争夺相乘，毫无人道。其故由于旧日社会腐败，道德堕落，教育未普，风俗日颓。今欲匡其不及，惟须由宗教着手，乃足以济教育之穷。前因军队布道一事，曾经面陈钧座。兹有湘人八指头陀天童寺僧敬安，道行高洁，热心救世，以国人风气浇漓，思欲振兴佛教，又因各省攘夺寺产，日本僧人乘隙而入，虑及为渊驱鱼，求政府按照约法信教自由，力加保护，俾得改良佛教，敦进民德，以固共和基础。将来仿照日本办法，军中亦设布教僧徒，稍弭残杀抢掠之心，实于世道有裨。龄因该僧宗旨相合，用敢代恳钧座饬交内务部及各省都督加以保护，勿任摧残，不胜待命之至。①

在这份禀文里，熊希龄指出的仿照日本办法在军队里设立布教僧侣的办法显然不适合中国的国情，但他向袁世凯指出佛教对社会教化的重要作用，并建议袁世凯按照《临时约法》的精神保护佛教，在当时的情况下，确实很有必要。

1914年3月，中华佛教总会的新任会长章嘉呼图克图又通过时任国务院总理的熊希龄向袁世凯上书，痛陈各地强占佛寺、驱逐僧侣的严重事实，呼吁"咨行各省行政公署，罢除各项苛令，转饬所属一体查照保护，并发还喇嘛原产，以遏乱萌而免侵夺"②。时任国务总理

---

① 《熊希龄为保护佛教僧众及在军中布道致大总统禀》，中国第二历史档案馆编：《中华民国史档案资料汇编》（第三辑《文化》），江苏古籍出版社1991年版，第689页。
② 《中华佛教总会致国务院呈》，《政府公报》第611号，1914年1月29日。

的熊希龄尽管为解散国民党一事忙得焦头烂额，还是将中华佛教总会的上书呈递给大总统袁世凯，并将中华佛教总会的上书刊登在《政府公报》上，通令各省切实保护佛教。由以上三件事不难看出，在清末民初时期，熊希龄对佛教的态度是比较友好的。

总之，民国初年的政治纷争中，尽管各派政治势力争权夺利的斗争一直非常激烈，但各派政治人物，无论是革命派的领袖孙中山，还是北洋集团的首领袁世凯，以及共和派的领袖梁启超和熊希龄，都对佛教抱有好感。由于这些人物的社会影响大、政治地位高，故他们对佛教的友好态度，直接促成了袁世凯政府不断颁发保护佛教的命令，佛教的处境因此大为改善。

第三节 《临时约法》的颁布与佛教处境的改善

清末新政时期的寺产冲突中，僧人的抗争只是一个个的孤立事件，故处理的难度并不大。民国初年，佛教人士有组织的抗争给各地官府以强大的压力，处理的难度也大大超过了过去。追根溯源，这些有组织的抗争迅速兴起的直接原因是《临时约法》的颁布。《临时约法》是辛亥革命的标志性成果，它所确定的四个基本原则，即"中华民国人民一律平等，无种族、阶级、宗教之区别""人民有信教之自由""人民有言论、著作、刊行及集会、结社之自由"以及"人民有保有财产及营业之自由"[①]等原则，对民国初年的政治和社会活动乃至以后我国社会的发展产生了无法估量的巨大影响。由于这些原则唤醒了佛教人士的国民意识、平等意识、社团意识、法制意识和维权意识，从而为他们反抗粗暴征用其寺产行为提供了强大的精神动力和法律武器。与此同时，《临时约法》还赋予佛教人士聚集力量的渠道，进而改变了清末新政以来寺产纷争的力量对比，对民国时期佛教与国家关系的重构产生了重要影响。

---

① 《中华民国临时约法》，《临时政府公报》第35号，1912年3月11日。

一 "国民一律平等"原则与僧人平等意识的觉醒

清末的寺产纷争,是在君主专制制度下发生的一个重大社会问题。当时的社会等级森严,各级官僚掌握着一切权力,绅士掌握着话语权并有较高的社会地位,是当时的特权阶层。虽然各地高僧很受优待,但广大下层僧人却备受歧视,他们不但被社会精英当做"不耕而食,不织而衣"的社会寄生虫,而且被视为勾引良家妇女、败坏社会风气的罪魁祸首,因此,在清末的寺产纷争中,各地僧人的权益处于极端不利的地位。而处于寺产纷争另一方的地方绅士,却被视为"四民之首",他们掌握着乡村社会的文化权威和公共资源,长期享有各种特权,再加上改寺产设学堂为"奉旨行事",是替各级地方官员完成朝廷下达的办学任务,因而在清末的寺产纷争中处于绝对的有利地位。正如时人所说的那样:

> 论绅士之名义,似与民为近,然而所处之地位高于民,享有之权利优于民,人民无此资格也。论绅士之资格,似与官相埒,然而此身初无行政之责,行事不受法律之拘,官又非其侪偶也。大抵绅士者,有权利而无义务者也,所以在社会之上别成为一种之团体,而其权力则在民之上官之次。且所谓绅者,或为去任之官,或为有职衔而未到任之官,或为去任之官之叔伯子弟,或为在任之官之叔伯子弟,其间尚有高下大小之殊,而各视其所处之地之适宜与否以为衡。譬如仅仅一举,责在一郡一邑之间,俨然绅士也。而以置诸通都大邑,则藐如矣;皇皇一编检,在通都大邑之间,不为巨绅,而移诸一郡一邑,则赫然矣。是故绅士之小者,其权力恒在官之次,而绅士之大者,其权力又往往在官之上,但其倚官之势,以剥民之食,则一而已矣。①

---

① 《论绅权》,《申报》光绪三十四年正月十五日(1908年2月16日),第1张第3版。

清末新政期间，虽然封建专制统治危机四伏，但绅士的特权非但未受到冲击，反而进一步增大。更为重要的是，1908年12月，清政府颁布《城镇乡地方自治章程》，明确规定绅士是地方自治的主体，拥有学务、卫生、实业、巡警、道路、水利、公共事业、善举等八项权力，这不但使绅士权力进一步扩大，而且获得了合法地位。从此以后，"若学务，若军备，若警察，若工程，若商业，若路矿，从前权力大半握于官场之手者，一旦举而委诸于绅"①。无怪乎有人感叹道："教育之机关则绅士握之，实业之大权，则绅士揽之，将来自治、谘议等局成立以后，董事、议员等等，其大多数又将以绅士充之（津鄂二省已有成例）是岂一为绅士而即万能者乎？抑以上种种皆绅士应得之权利，而人民无此资格者乎？一言以蔽之，新政发生以后，乃绅士恢复权力之一好机会也。"②

相比之下，2000多年的君主专制和等级森严的社会现实，明清以来历代帝王对普通僧尼的严格限制，正统知识分子对普通僧尼的严厉批判，小说、戏剧、报纸、杂志等社会传媒对僧尼负面形象的过度渲染，都造成了广大普通僧尼在官绅面前自甘卑微、逆来顺受的心理状态。在清末新政的寺产纷争中，面对各地官绅对其财富的洗劫和精神信仰的践踏，绝大多数的人选择了逆来顺受。1905年以来，尽管朝廷颁布了保护寺产的上谕，各地僧人也曾据旨抗争，但在官员任意曲解上谕的情况下，他们的呼声显得那么苍白无力，最后只能以暴力毁学的形式宣泄心中的愤怒。这些极端行为不但招来了残酷的暴力镇压，也受到了具有现代意识的社会精英的无情批判。

《临时约法》的颁布，确立了以自由、平等为核心的新型社会关系，废除了等级制度，也废除了绅士的特权。《临时约法》第五条规定："中华民国人民一律平等，无种族、阶级、宗教之区别。"③ 这条

---

① 《论绅》，《申报》光绪三十四年五月十七日（1908年6月19日），第1张第3版。
② 《论绅权》（续），《申报》光绪三十四年正月二十一日（1908年2月22日），第1张第3版。
③ 《中华民国临时约法》，《临时政府公报》第35号，1912年3月11日。

规定有两层意思：一是所有国民都是平等的，各项权利和义务都毫不例外地属于每一个国民，绅士不再享有任何特权，普通民众也不再是任人摆布的贱民；二是国家必须制止任何组织和个人的特权行为，以保护每一个普通国民的合法权益。这就以国家根本大法的形式，一方面废除了绅士的特权，另一方面确立了国民的合法权益。1912年5月14日，司法部就发布命令，宣布："现在国体改建共和，凡我人民一律平等，初无阶级之区分。况新律既已颁行，旧例当然废止，所有从前文武举贡生监有犯，自应照平人一体办理，惟须文明待遇，一切审判手续不得仍前专制，以重人道而尊法权。"① 由此可见，《临时约法》所确立的国民一律平等原则，已经成为民国初年司法活动的基本原则。这条原则的确立，促进了国民意识和平等意识的迅速觉醒，为宗教人士和普通民众保护庙产提供了强大的精神动力。

民国初年，佛教人士纷纷要求政府保障他们的国民待遇，1912年6月，佛教会就曾上书国务院，要求按照公民一律平等的宪法精神，保护佛教徒的合法权益："佛教自东汉流传已历数千载，虽专制时代犹属加意保存。民国成立，凡属民人应享法律上同等之权利，约法所载，昭如日月。乃云南、浙江、广东等省，于佛教庙产纷纷攘夺，移作他用。且教徒无罪不应受罚，何得夺其财产？即使犯罪，止可治人，即欲夺产，止得夺其一处，不得动及全局。又约法所载，人民有保有财产之自由。佛教公产，佛教得而有之，佛教得而用之，谁得而夺之，理至当也。"②

与此同时，各地佛教领袖也纷纷呼吁政府依照国民一律平等的精神，切实保护佛教。他们主张"济济苍生，本来平等，妄分贵贱之殊"③，"我全国之僧众，亦我中华民国四万万同胞之一部分，非西域

---

① 《司法部令》，《政府公报》第16号，1912年5月16日。
② 《国务院咨内务部各省都督佛教财产为该教所保有，如有临时占用之处应清理发还以符约法文》，《政府公报》第56号，1912年6月25日。
③ 圆瑛：《中华佛教总会一周纪念演说》，中华佛教总会主办：《佛教月报》第1期，1913年5月13日发行。

送来者。值兹世界大同，即使外来，亦不相欺侮"①。据此，他们"主张与一般国民，同尽国家之义务，同享国家之权利，同受国法之制裁，同得国法之保护"②；1913年，《佛教月报》第1期刊登了署名仁山的文章《佛教总会进行策》，"临时约法载有人民一律平等，无种族阶级宗教之区别，人民有保有财产之自由，人民有信教之自由，神圣哉！约法，国宪之根本，民权之保障也"③。对于各地肆意驱逐僧道，闭毁寺宇，攘夺庙产的行为，佛教人士非常愤怒，他们表示，"愿拼命而玉碎，勿畏凶而瓦全"④。1913年8月，太虚大师上书参众两院，明确要求承认佛教徒的国民资格：

> 伏查民国约法所载，人民无种族、宗教、阶级之区别，一例平等，据此则云公允矣。夫太虚固佛教徒也，就佛教以按之一年余来之事实，殊有大惑不解者矣。夫既云无区别而平等矣，则吾佛教徒应同在此无区别而平等之内。佛教徒既同尽纳税之义务，同尽守法之义务，理合同享保护之权利，同享参政之权利。顾吾佛教徒之居宅、之财产独不蒙完全之保护，多有为各地方之私法团、公法团假种种名目，侵入占夺，甚有以其为佛教徒，不据法律而逮捕、而拘禁而刑鞫者。此大惑不解者一也；佛教徒非皆残疾者、精神病者、未成年者、犯罪者，何为而于地方中央议员之选举权、被选举权而均被限制之？此大惑不解者二也；兹者正式国会成立，正式之宪法亦将以订定，故吁请贵院根据信教自由一条，实行承认政教分权，凡佛教范围内之财产、居宅，得完全由佛教统一机关之佛教总会公有而保护之，以兴办教育、慈善、布教等事业。除佛教统一机关之外，无论何项机关，或团体，或私

---

① 《忠告我全国僧界兴学刍言》，中华佛教总会主办：《佛教月报》第3期。
② 太虚：《佛教之僧自治》，《太虚大师全书》第19册，新文化彩色印书馆1980年版，第337页。
③ 仁山：《佛教总会进行策》，《佛教月报》第1期，1913年5月13日发行。
④ 太虚：《佛教之僧自治》，《太虚大师全书》第19册，新文化彩色印书馆1980年版，第338页。

人，均不能侵蚀而干涉之。而佛教徒除兴办佛教范围内之事外，亦不得侵入政界应有之权利，及混杂政界应办之事业。以此订为宪法尚条，则镠镥纷扰之风庶几可免，否则亦宜根据一律平等之条，切实保护，并规定佛教徒同有参政之权，义务权利乃两得其平。伏乞贵院力准施行，太虚不胜迫切待命之至。①

在这封上书里，太虚大师不仅要求政府切实保佛教庙产，而且要求政府给予选举权和被选举权，足见佛教人士的平等意识和国民意识觉醒之迅速。而这种意识的迅速觉醒，也极大地激发了佛教人士保护庙产的积极性，使庙产冲突变得更加尖锐复杂。

二 "人民有信教之自由"原则与保护佛教政策的出台

清末新政期间，各地征用佛教寺产的标准就是看其是否载在祀典。早在戊戌变法期间，光绪皇帝就曾颁布上谕，命令各地将书院改为学堂，特别强调"至于民间祠庙，其有不在祀典者，即著由地方官晓谕民间，一律改为学堂，以节靡费而隆教育"②，清末庙产兴学运动由此拉开序幕，而这个上谕所确立的征用庙产的标准，就是看它是否载在祀典。清末新政开始后，各地纷纷制定相关规定，将不在祀典的庙产充作新政之用：顺天府曾规定"各属不入祀典庙产悉准提充公用"③。束鹿县曾"督饬公务局绅董邀集各村正副公同复议，酌定暂行章程"，对境内不入祀典的庙宇"就地清查，悉归实用"④。天津县议事会通过决议，规定"县境庙产应作为公款公产收入自治经费项

---

① 太虚：《上参众两院书》，《佛教月报》第3期，1913年版，第68页。
② （清）朱寿朋编：《光绪朝东华录》（四），中华书局1958年版，总4126页。
③ 《束鹿县请将二月以前议提庙产拨充学费准照原议办理禀并批》，甘厚慈辑：《北洋公牍类纂》卷十一《学务二》，清光绪丁未年铅印本。
④ 《束鹿县请将二月以前议提庙产拨充学费准照原议办理禀并批》，甘厚慈辑：《北洋公牍类纂》卷十一《学务二》，清光绪丁未年铅印本。

下……各项庙宇庙产既充做自治经费，此后即应统由董事会管理"①。尽管清政府于光绪三十一年三月初八日（1905年4月12日）颁布了保护佛教庙产的上谕："前因筹备捐款，迭经谕令，不准巧立名目，苛细病民。近闻各省办理学堂、工厂诸端，仍多苛扰，甚至捐及方外，殊属不成事体，著各省督抚令饬地方官，凡有大小寺院，及一切僧众产业，一律由官保护，不准刁绅蠹役，藉端滋扰。至地方要政，不得捐勒庙产，以端政体。"②但是，清政府颁布这道上谕是为了应对杭州36座寺院投到日本僧人的本愿寺名下所引发的外交纠纷，并非真的要保护佛教庙产。一个多月后（5月31日），直隶总督袁世凯就提出了变通意见："伏查民间神祠不在祀典者，由地方官晓谕民间，一律改为学堂，早经奉旨通饬在案。又恭读钦定学堂章程内载，创立中小学堂，得借用寺观公所等语。谨绎先后谕旨章程，是地方应行保护之庙宇，系指在祀典者而言，其未入祀典各庙宇，率由绅民禀请改设学堂。"③几天后，袁世凯的建议就得到了光绪的批准："知道了，仍遵前旨办理。"④这里的"前旨"，显然是指1898年庙产兴学的上谕，这就否定了保护佛教庙产的上谕，仍将是否载在祀典作为判定某处庙产是否征用的唯一标准。1906年5月13日，清政府为了推动学堂建设，在各地成立劝学所，并颁发《奏定劝学所章程》，其中明确规定劝学员的职责之一是"查明某地不在祀典之庙宇、乡社，可租赁为学堂之用"⑤；1908年12月，清政府又颁布了《城镇乡地方自治章

---

① 《天津县议事会禀督宪拟定清理庙宇庙产办法文》，严修辑：《北洋公牍类纂卷一·自治一》，近代中国史资料丛刊三编，文海出版社有限公司印行。
② （清）朱寿朋编：《光绪朝东华录》（五），中华书局1958年版，总5321页。
③ 袁世凯：《遵旨严禁刁绅蠹吏滋扰寺院并风别声明折》，廖一中、罗真容：《袁世凯奏议》（下），天津古籍出版社1987年版，第1154—1155页。
④ 袁世凯：《遵旨严禁刁绅蠹吏滋扰寺院并风别声明折》，廖一中、罗真容：《袁世凯奏议》（下），天津古籍出版社1987年版，第1155页。
⑤ 《奏定劝学所章程》，陈学恂主编：《中国近代教育史教学参考资料》上册，人民教育出版社1896年版，第596页。

程》，其中明确规定"自治公所，可酌就本地公产房屋或庙宇为之"①。这些规定都把在不在祀典作为庙产征用标准。正是有了这些规定，在整个清末新政期间，各地才敢肆无忌惮地征用不在祀典的佛教寺产。

辛亥革命推翻了清政府的腐朽统治，结束了长达2000多年的封建帝制，确立了资产阶级共和政体。《临时约法》第六条第七款规定："人民有信教之自由。"这项规定有两层意思：一是各宗教一律平等，国民有信仰某种宗教的权利，也有不信仰某种宗教的自由，国家要保障国民自由信教的权利；二是国家对各种宗教要一视同仁，保障各种宗教都能够自由发展。对此，袁世凯有清醒的认识，1912年4月29日在出席参议院会议时，袁世凯公开宣布："信教自由，举凡各教，均一视大同，毫无偏倚，不论其信教与否，亦不论其信仰何教，均须互相尊重，悉泯猜嫌，冀享幸福。"②按照这种精神，再把祀典作为征用庙产的标准显然是不合时宜的。

在这样的形势下，袁世凯政府就废除了清末征用庙产的标准，并按照世界通用的"保护宗教自由"的惯例和《临时约法》"人民有信教之自由"的精神，确立了新的庙产征用标准，即保护宗教财产：1913年初，内务部发出《内务部通饬各省民政长请转饬所属切实保护祠庙文》，要求"凡祠庙所在，不论产业之公私，不计祀典之存废，不问庑宇之新旧，均应一律妥为保存"③，这就废除了清末将是否载在祀典作为征用庙产标准的政策。此后，袁世凯政府按照《临时约法》的精神，逐步确立了新的征用庙产标准，那就是凡属于宗教的庙产由国家妥为保护，此外的可以征用。1913年6月22日内务部颁行了《寺庙管理暂行规则》，这是袁世凯政府规范庙产管理的第一个

---

① 徐秀丽编：《城镇乡地方自治章程》（光绪三十四年十二月二十七日颁布），《中国近代乡村自治法规选编》，中华书局2004年版，第3页。
② 袁世凯：《莅参议院宣言》，《大总统书牍丛编》，广益书局1914年版，第3页。
③ 《内务部保护祠庙之通饬》，中华佛教总会主办：《佛教月报》第1期，1913年版，第177页。

法规，它明确规定"本规则所称寺庙，以供奉神像见于各宗教之经典者为限。寺院神像设置多数时，以正殿主位之神像为断"①，再次明确了庙产保护的范围是以供奉的神像是否见于各宗教的经典为标准。此后，袁世凯政府进一步完善寺庙管理政策，于1915年10月29日颁布了《管理寺庙条例》，将国家保护的庙产分为七类，"一、十方选贤丛林寺院；二、传法丛林寺院；三、剃度丛林寺院；四、十方传贤寺院庵观；五、传法派寺院庵观；六、剃度派寺院庵观；七、其他习惯上现由僧道住守之神庙"②。显然，《管理寺庙条例》仍然把庙产保护的范围限定于宗教范围，这就是说，宗教之外的庙产即可以征用。

　　这个标准的逐步确立，是贯彻《临时约法》保护信教自由精神的产物。庙产征用标准的变化，对寺产纷争的影响是很大的。在这种形势下，佛教人士纷纷要求政府根据《临时约法》保护信教自由的精神，采取切实措施保护其权益。总之，清政府的垮台和《临时约法》的颁布，使宗教人士一下子挺起了腰杆，理直气壮地要求政府保护他们的利益。《临时约法》确立的"保护信教之自由"原则，对民国初年庙产问题的影响是非常深远的。

三 "国民有结社集会之自由"原则与佛教社团的诞生

　　清末的庙产兴学是按照以绅士为主体，以官员为后盾的方式进行的。在这种形势下，征用者处于压倒的优势地位：享有各种特权的绅士是征用佛教寺产的急先锋，他们的行为不仅得到了各级官员的支持，而且还利用商会、农会、教育会等组织聚集力量，协调行动。相比之下，由僧人和普通民众所组成的另一方却是一盘散沙。长期以来，佛教一直是皇权的婢女，一切事务均由官府严格控制，加上内部派系林立，各地寺庙也是处于互不相统的相对独立地位，"此庙彼庵，

---

　　① 《寺院管理暂行规则》，《政府公报》第403号，1913年6月20日。
　　② 《管理寺庙条例》，《政府公报》第1249号，1915年10月30日。

各自封执，传徒及孙，俨同世俗"①。更为甚者，由于许多寺院的财产都由当地名门大户捐助，故不少寺院（特别是乡村规模不大的寺院）的管理权掌握在会首手里，而会首与普通百姓之间的联系是不密切的。所以，在清末，无论传统佛教还是普通民众都没有有效的组织形式，根本无力抗拒官绅征用民间寺产的行为。

民国建立后，这种状况发生了很大变化。《临时约法》第六条第四款规定："人民有言论、著作、刊行及集会、结社之自由。"这条规定直接促成了民国初年的社团热。据张玉法先生统计，1912—1913年，全国各地的新建社团有682个②。在社团热的形势下，佛教人士现代社团意识迅速觉醒。民国元年四月初八日（1912年5月24日）出版的《佛教月报》就刊登了署名端甫的《论今日振兴佛教当以统一融合为第一要务》的文章，大声疾呼"居今日而谋振兴佛教乎？固不得不以统一融洽为第一要务矣！"在这篇文章里，作者首先指出佛教衰微的主要原因就是门户之别："门户之判，意见之争，填积于胸臆，而教主之感情疏，道德之思想日薄，无统一之念，故分隔而情易揆也；无融洽之怀，故行事而务多缪戾也。"接着，论者呼吁建立巩固之机关，"所谓巩固之机关，即整齐之聚会是也。由无巩固之机关，故消息不灵；由消息不灵，故诸方隔绝；由诸方隔绝，故意见不融；由意见不融，故声气不孚；由声气不孚，故调查不行；由调查不行，故实业不兴；由实业不兴，故研究不盛；由研究不盛，故教育不溥；由教育不溥，故智识不齐；由智识不齐，故材艺不充；由材艺不充，故群力不振；由群力不振，故虽有四众之徒，日发利生之弘愿，抒爱国之热忱，而世仍鲜蒙其益也。唯世鲜蒙其益，故有种种讥嫌诟诤，攘夺仇害，匪伊朝夕，此至而彼作，殆哉！"继而他指出："今欲巩固大教之机关，其孰如联合同志，共襄会事乎？会也者，萃荟众人之道德，以合群而行事者也，是故谓之会；会通众人之智识，以合

---

① 太虚：《上佛教总会全国支会联合会意见书》，《太虚大师全书》第19册，新文化彩色印书馆1980年版，第328页。

② 张玉法：《民国初年的政党》，岳麓书社2004年版，第32页。

群而行事者也，是故谓之会；交换众人之材艺，以合群而行事者也，是故谓之会。"最后，论者断言，只要有了巩固之机关，佛教就会重新振兴："以能同力维持会务，而后四众有灵敏之机关；有灵敏之机关，而后消息得灵；消息灵，故诸方无阻；诸方无阻，故意见融；意见融，故声气孚；声气孚，故调查举；调查举，故实业兴；实业兴，故研究盛；研究盛，故教育溥；教育溥，故智识齐；智识齐，故材艺充；材艺充，故群力振；群力振，故有种种之进行，道德之风遍于国中，其利益显著，于是讥嫌日转而为赞扬颂美，于是，如来慧灯大光明于法界，众生慧命长延绍于华邦矣！"这篇文章所提出的主张，就是用现代社团的形式振兴佛教，这个思想是在《临时约法》的基本精神启发下产生的，它代表了宗教界人士的共同心声。①

在这种思潮的推动下，我国现代性的宗教社团纷纷出现，仅1912—1913年获内务部批准的全国性的宗教社团就有17个，其中由佛教人士组织的全国性社团有5个：中华佛教总会（僧敬安、饶融等发起，1912年12月4日批准立案）、蒙藏佛教联合会（僧谛闲等发起，1912年10月11日批准立案）、中华佛教公会（僧诚修等发起，1913年5月17日批准立案）、中国佛教青年会（王绮等人发起，1913年7月31日批准立案）、蕃汉僧俗佛教联合会（僧光大等发起，1913年9月3日批准立案）②。这些社团的参加者不仅有宗教人士，更有热心宗教事业的知识分子和普通民众。在这些佛教社团中，最著名的就是中华佛教总会。该会由全国的80多家寺院发起，1912年2月由南京临时政府内务部批准立案，"不久全国陆续成立了22个省级支部，400多个县级分会。一些原有的佛教组织，如佛教协进会等也大多并入，一时间，中华佛教总会成为几乎是唯一的全国佛教团

---

① 本自然段引文均出自端甫的《论今日振兴佛教当以统一融合为第一要务》，中华佛教总会主办：《佛教月报》第1期，1913年版，第45—48页。
② 《内务部临时政府期内教会立案一览表》，《政府公报》第615号，1914年1月23日。

体"①。1912年12月4日，中华佛教总会的立案呈请又获得袁世凯政府内务部的批准，势力得到了进一步的扩张。

佛教总会的迅速壮大，给了佛教人士保护庙产的新希望，他们纷纷要求佛教总会担当起保护佛教财产的重任："夫佛教财产，无论檀那、布施与寺僧集资所购，与他项公产私产性质不同，佛教公团应当保守。现前各省恶劣长官破坏约法，不顾公理，擅提寺产充作别用，僧尼稍勃其欲，拘捕随之，如是现象，见不一见，闻不一闻。佛教总会既为佛教徒所组合之公共团体，理宜根据约法实力抵制，或用和平，或出激烈，随湾拨舵，不使僧尼呼吁失所，哭诉无门，且坚其信仰佛教之心，不致逼入于天主耶稣，而转视佛教为畏途，浸至将来，无人敢信从矣！此佛教总会对于寺产应负完全保护之责任。大好时机，趁此开国会时，联络省县各支分部，上书议院，请定一保护佛教财产之专条，一请不成，再请之，再请不成三请之，三请不成，是议院诸人同有破坏佛教之意也。吾念余省僧侣宜如何准备最后之手段对付，必达佛教财产与人民财产平等保护之目的。万不能由恶劣之省县议事、自治等会，及卑污之长官任意提拨，直接陷佛教于不幸，间接陷国家于不幸也。"② 这篇文章的主要意思，就是希望中华佛教总会采用一切必要手段，努力促使民国政府切实保护佛教的切身利益。在这种思想的推动下，中华佛教总会不断上书国会、国务院和内务部，要求切实保护佛教庙产，制止各地大肆征用佛教庙产的行为。

四 "人民有保有财产之自由"原则与寺产纷争的转向

在皇权至高无上的专制时代，普天之下莫非王土，包括绝大部分佛教寺产在内各类民间庙产也被当做国家公产，由官府随意处置，历史上曾发生的"三武"灭佛事件即为明证，清末征用庙产兴办新政也是这种传统的继续。辛亥革命是以反封建为目的的资产阶级革命，

---

① 陈兵、邓子美：《二十世纪中国佛教》，民族出版社2000年版，第37页。
② 仁山：《佛教总会进行策》，中华佛教总会主办：《佛教月报》第1期，1913年版，第52页。

保护人民私有财产也是各地新政权的一贯政策。早在辛亥革命之初，各地军政府即宣布："保护国内各项人等生命财产，不得侵犯。"①1912年2月3日，南京临时政府发出通令，明确宣布："凡在民国势力范围之人民所有一切私产均应归人民享有。"②《临时约法》第六条第三款规定"人民有保有财产及营业之自由"，这就以国家根本大法的形式确立了保护国民财产的原则。1912年5月11日，袁世凯也颁布《临时大总统令》，宣布："共和以法治为基，民权以财产为重，保护财产为世界万国法律所同。……本大总统既膺公选，即当以国利民福为己任，用特申戒国人，须知人民权利载在《临时约法》，保护财产自由，无故不得侵犯。从前用兵之际，虽有将无主财产及官吏私产充公等情事，乃出于军事上之便宜，断难沿为习惯。现在政府成立，自应实行法治，严戒武断。嗣后应由各省长官及各军队长官恪遵约法，严饬所属切实保护人民财产。倘再有逞私谋夺情事，一经告发，务必按法惩治。其从前迫胁立约尚未履行者，自奉令之日始，概失效力。至若坐赃犯科，应行籍没者，自可按照法律，由检察官提起公诉，归司法衙门审断，绝无尽人可得越俎之理。"③这些规定和命令，就使清末以来各地随意征用民间庙产的行为失去了合法依据，也使佛教寺产纷争的形势发生了重大变化。

但是，佛教寺产与国民的私有财产有着极大的区别。千百年来，载在祀典的佛教寺产一直被视为国家公产，而那些没有载在祀典的佛教寺产，则被视为地方公产，"中国各项宗教向无独立形式，一切庙产均视为公有财产，得由团体或国家随意处分，千百年来已成习惯"④。在清末的庙产兴学运动中，各地就是按照这个习惯强征佛教寺产的，如果按照《临时约法》保护国民财产的精神对各类民间庙产加以保护，势必会"主权含混，轇轕滋多，僧俗争持，政教冲突，

---

① 《湖南军政府示》，《辛亥革命》（六），上海人民出版社2000年版，第167页。
② 《内务部通饬保护人民财产令》，《临时政府公报》第6号，1912年2月3日。
③ 《临时大总统令》，《政府公报》第12号，1912年5月12日。
④ 《内务部复奉天都督电》，《政府公报》第329号，1913年4月6日。

不独此后公益阻力横生，目前自治机关与夫地方小学即将首蒙其影响，推其结果，势必尽归于破坏"①，这显然不符合当时社会发展的总体要求；如果继续沿用清末大规模征用民间庙产的成例，不仅有悖于《临时约法》，而且势必引起佛教人士和普通民众更大规模的反抗。《临时约法》颁布后，社会各界对佛教寺产归属的主张也是尖锐对立的：地方政府认为"僧侣不勤四体，能自置产业者百中不过二三，故各处寺庵，或由地方人民倡合建筑……或则殷富之室女流佞佛整理别业……诸如此类，其主权所在，非属华宗巨族，即属地方众民"②。据此，他们认为征用庙产兴学堂、办自治是理所当然的事情；佛教人士则认为："查中国习惯，寺庙财产凡属于国家发帑建设，或个人与团体集资建造者，公缘信仰佛教起见，延僧管理，先已固定其财产不得作为他用，……其所有权已属于佛教之公团，故于处分权亦有连带之关系。"③ 据此，他们要求政府"如有藉端占用者，一概发还。其未占有者，按照约法切实保护"④。

中华佛教总会成立以后，即以保护佛教庙产为己任。该会章程明确规定"各寺庵财产无论十方捐建及自行手置，均为佛教公产，只应保守，不得私自变卖。如出于特别事故欲变卖者，须报告就地分部调查，转呈支部及本会认方可推割"，"各寺庵如有同袍冲突及外界寻常交涉，须受就地分部长理处，倘难解决，即呈由支部及本会提议"，"本会有整顿佛教进行一切事宜，及保全佛教公团财产上处分之权"，"凡会中各寺庵所有财产，无论檀越、施助、寺僧苦积，外界有欲藉端攘夺，本会得据法律实力保护，以固教权"⑤ 等。这些

---

① 《湖南都督咨内务部中华佛教总会在湘设立支部批据民政教育两司研究该会章程拟请明定界限等情应烦查照核覆文》，《政府公报》第115号，1912年8月23日。

② 《湖南都督咨内务部中华佛教总会在湘设立支部批据民政教育两司研究该会章程拟请明定界限等情应烦查照核覆文》，《政府公报》第115号，1912年8月23日。

③ 《中华佛教总会致国务院呈》，中国第二历史档案馆编：《中华民国史档案资料汇编》（第三辑《文化》），江苏古籍出版社1991年版，第691页。

④ 《内务部批道教会发起人陈等请援案保护财产呈》，《政府公报》第121号，1912年8月29日。

⑤ 《中华佛教总会章程》，《佛学丛报》第1期，有正书局1912年10月1日出版。

规定对动员力量保护佛教庙产起了相当的作用。中华佛教总会保护佛教庙产的活动主要是上书中央政府，呼吁切实保护佛教庙产。1912年11月，该会的首任会长敬安大师赴北京政府内务部，与主管宗教的礼俗司司长杜关据理力争，要求修改将佛教庙产分为官公私的政策，并因此抑郁身死。1913年，中华佛教总会上海本部、北京机关部暨苏、闽、湘、赣各支部联名上书参议院，主张："按照法律，声明国内一切庙产，无论其为公为私，概以佛教为主体，僧固不得擅行变卖，移为佛教之外之用度，俗亦不得迳行提拨，以供佛教以外之设施。"① 1914年3月，中华佛教总会的新任会长章嘉呼图克图又通过时任国务院总理的熊希龄向袁世凯上书，痛陈各地强占佛寺、驱逐僧侣的严重事实，呼吁"咨行各省行政公署，罢除各项苛令，转饬所属一体查照保护，并发还喇嘛原产，以遏乱萌而免侵夺"②。此外，各省支会和各地县分部给当地政府的上书就更多了。这些上书活动引起了较大的社会反响，给袁世凯政府以很大的压力。

由于以中华佛教总会为代表的现代性宗教社团的积极活动，民初的庙产纠纷迅速增加，大量的司法诉讼逐渐引起了袁世凯政府对庙产问题的重视。内务部不断发布训令、批示，命令各地切实保护佛教庙产。1914年1月19日，内务部将《中华佛教总会致国务院呈》转发给顺天府尹、各省民政长、京师警察厅总监，要求彻查各地强占佛教庙产的行为"如果属实，自应严行申禁"③；1915年8月，袁世凯发布总统令明确指出："对于寺庙财产，责成该管官切实保护，除僧侣热心公益自愿捐输仍准禀明立案外，均应严禁侵占，违者依法治罪。关于庙产构讼事件，秉公清结，毋任宕延。"④ 而这些训令、命令和

---

① 《中华佛教总会上海本部北京机关部暨苏民湘赣各支部代表文希道阶应乾本忠月宝大春等上参议院书》，中华佛教总会主办：《佛教月报》第1期，1913年版，第127页。

② 《中华佛教总会呈国务院请通令保护佛教财产文》，《政府公报》第611号，1914年1月19日。

③ 《内务部训令第三十七号》，《政府公报》第611号，1914年1月19日。

④ 《大总统令》，《政府公报》第1171号，1915年8月11日。

批示给了那些深受庙产兴学运动之害的僧人们新的希望,进而引发了更多的合法反抗活动。

由上可知,《临时约法》的颁布,使清末以来持续发展的寺产纷争变得更加复杂化了。尽管袁世凯政府于1914年5月废除了《临时约法》,但关于国民权利和义务的规定并没有变化,《中华民国约法》第二章第四条规定"中华民国人民,无种族、阶级、宗教之区别,法律上均为平等",第五条第三款规定"人民于法律范围内,有保有财产及营业之自由",第四款规定"人民于法律范围内,有言论、著作、刊行及集会结社之自由",第七款规定"人民于法律范围内,有信教之自由"等;第二章第六条规定"人民依法律所定,有请愿于立法院之权",第七条规定"人民依法律所定,有诉讼于法院之权",第八条规定"人民依法律所定,有请愿于行政官署及陈诉于平政院之权"等①。这些规定,与《临时约法》的精神是一致的。也正是这些连续性的规定,才使袁世凯政府的庙产政策逐渐明晰化。

小　结

民国初年,由于共和制度的建立和自由、平等、民主、法制思想的广泛传播,佛教与国家关系出现了更加复杂的局面:一方面,由于破除迷信运动的迅猛发展,佛教的生存环境更加险恶,受到的摧残更加严重;另一方面,由于《临时约法》的颁布,饱受摧残的佛教获得了保护自己合法权益的法律武器。从此以后,佛教人士充分利用《临时约法》所赋予的强大法律武器,充分利用现代社团的力量,采取上书、请愿、代理寺产纠纷官司等合法的手段,坚决抵制各地强占寺院财产、迫害僧尼的非法活动,取得了一个又一个重大胜利。与此同时,由于佛教在社会精英中的广泛影响和《临时约法》保护宗教

---

① 《中华民国约法》,《政府公报》第712号,1914年5月1日。

自由原则的确立，佛教人士维护合法权益的斗争也得到梁启超、熊希龄、张謇、程德全、孙毓筠等社会名流同情和大力支持，这些社会名流纷纷上书当局者，呼吁切实保护佛教人士的合法权益，在这种形势下，佛教与国家关系面临着更加复杂的局面。

第六章　佛教与国家关系的重新建构

武昌起义以后，随着民主共和政体的建立，以及以《临时约法》为代表的一大批具有现代意义的法律法规的颁布实施，佛教与国家的关系开始在民主共和的基础上得以重新建立，这一过程是在中央政府和地方政府、佛教人士和激进人士的激烈斗争中进行的。

第一节　佛教人士的合法抗争

民国建立以后，随着民主共和制度的建立和完善，特别是袁世凯政府的一系列保护佛教寺产政策的颁布实施，佛教人士越来越倾向以合法的手段保护自己的合法权益，这些手段主要有司法诉讼和社团运作两种形式。

一　司法诉讼

民国建立以后，随着一系列法律法规的颁布实施，人们的法律意识迅速觉醒，面对地方官府动用警察强占佛教的粗暴行为，一些地方的民众在暴力反抗的同时，还聘请律师，提起了司法诉讼。仅仅上海一地，在1912—1914年间，发生的庙产司法诉讼案件就多达15起：老北门内穿心街春申侯庙庙产纠纷案、拱辰门城关关帝庙庙产纠纷案、沪南大王庙庙产纠纷案、小南门外小天台寺庙产案、广福寺庙产纠纷案、地藏庵庙产纠纷案、莲花庵庙产纠纷案、闸北分水庙庙产纠纷案、浦淞城隍庙庙产纠纷案、南市老白渡风神庙庙产纠纷案、海神庙庙产纠纷案、西门外西方庵庙产纠纷案、西门外打铁浜莲池庵庙产纠纷案、西门内关帝庙庙产纠纷案、南区小普陀寺庙产纠纷案等。综观民国初年的寺产诉讼，大体可以分为三类：第一类是僧人与官厅的争讼，第二类是僧人与社团的争讼，第三类是佛教社团与学堂的争讼。①

（一）僧人与官厅的争讼——小天台案件

1912年7月，上海南市裁判所以集益会告发小天台寺有僧尼同居、聚众赌博等现象为由，驱逐了该寺僧人谛行，并将所有寺产拨归地方绅董改办公益②。事情发生后，僧谛行不服，就聘请律师狄梁孙为代理人，于7月23日向上海地方裁判所提起诉讼。上海地方裁判所受理了案件，并进行了公开审理。对于开庭情况，《时报》和《佛学丛报》均进行了报道：

> 小天台庙产，前经僧谛行代理人狄梁孙律师在上海地方审判庭呈请不行为，业经由厅移行警务所派警前往该庙产所在地停止工作等情，已载前报。昨日由民庭长谢君健、推事戴君斡如、汪君桐开庭审理。据谛行供称，此庙产系其师公观竺所置，为该僧私屋，并由律师呈出前清同治六年间契据。复行谛行师兄谛闲出庭，供称太祖观竺私产，自其圆寂后，此产暂归道明管理。再问契据完粮究归何处，答，契存龙华，粮亦归龙华承完等语。问及道明，则只称为龙华下院，不知何人之产。复又行证人钱德到庭，供称是庙为龙华下院，只见道明居住。上月，忽集益会有人报告庙中僧尼杂居，前往调查，果见僧道明及尼功耀等在内，是以即在二十三号拘赴南区，旋送市政厅收管。后由律师复声明，所呈者系绝契，南市裁判所据僧尼混杂一语牵入刑事，并不侯上诉期间，遽行发封，请求赔偿等语。庭长谢君健决定侯令行该分

---

① 许效正：《民国初年（1912—1916）上海庙产纠纷透视》，《史学月刊》2013年第4期。
② 《争夺庙产之调停办法》，《申报》1912年8月13日，第7版。

所呈复后，即行判决，随命各当事人画押退庭。①

不久，小天台寺的代理律师向上海地方裁判所呈递了上诉状。在上诉状里，律师首先对南市裁判所查封小天台寺的两个理由进行了有力驳斥：

> 小天台寺之查封，其理由一为无主之物，一为犯罪所用物。查该寺主僧谛行向在龙华充当执事，派有香工管理，香工假归，委托道明，占有之权并未中断。虽称龙华下院，不过因谛行身在龙华，作为下院，藉便管理，谛行有支配权，龙华无之，是该寺之与龙华各个独立，并无主从之关系，安能以龙华失其人格即指该寺为无主之物？即使该寺系龙华公有财产所置，为龙华所有物，而查封仅限于龙华，效力不及于该寺。前清民国案牍可考，且法人设立必有定款，社团之主在人，财团之主在财，财产一日不散，法人一日犹生，故法解散清算律有明规。就令主体消灭，该寺无所依附，而龙华本案业经照交议会，亦应静候处置，岂能卤莽武断，硬指为无主之物？况原卷中云，西有当家和尚已回浙江之供，该所岂竟遗忘？所云人证，既系草率疏忽之讯供，所云法理，实食臆测之谬论。事前既未深求，事后安能弥缝？此该所之理由不正当者一也。
>
> 至于犯罪物一节，尤属可嗤。谓为僧尼同居耶，僧尼嫁娶为其宗教所不许，而非国法所不容，况仅有同居之寰而无相奸之证。试问该寺僧尼是否向来同居？年已四十之老尼，年仅十四之幼女是否同居？即推定为相奸，僧尼相奸有无证处？该寺除当家僧谛行回浙外，尚有老僧两人，何人与尼相奸？该会曾否讯及？就令奸情确实，触犯刑律何条？集益同人是否有告诉之特权？殊难索解！谓为聚众赌博耶，试问赌博犯罪应处千元以下之罚金，

---

① 《和尚控诉南市裁判所》，《佛学丛报》第 1 期，有正书局 1912 年 10 月 1 日出版。

三等以下之徒刑，该所应否受理？民事尚可藉口合意选择，刑事是否可以藉口？赌犯是男是女？是何姓名？共有几人？共赌几次？该所曾否讯明？曾否逮捕？赌具是骰是牌？共有几具？该所曾否搜得？凭三两人之空言，赌犯赌具毫无着落，悍然呈复，谓聚众赌博罪业已成立，天下有是理乎？谓为龙华犯罪，龙华窝藏乡妇，该寺是否同揆？本身犯法，效力是否及于有关系之各物？尤藉为口实。此该所之理由不正当者二也。

乃该所悍然不顾，即判罚道明三十元，将该寺收没，试问道明果为小天台寺之住持否？如为小天台寺之住持，则该寺明明有主，何认为无主之物？若非该寺之住持，则该僧在该寺毫无主权，僧尼入居，赌徒聚集，无权禁止，安能处罚？若为不应引尼同居，则卷中明有引尼入寺之老妪，何以不罚？若谓为与赌徒同赌，则遍搜全卷，并无是语，处罚以何为理由？三十元以何为标准？法官之自由心证耶？南市裁判所之自由定法律耶？犯罪所用物之没收，必须为犯罪人所有，或专为犯罪人所用者。试问该所既认该寺为犯人所用，则该寺即有主矣，何以又认为无主物？岂同一物产欲解释作没收，即为有主物，欲解作没入，即为无主之物乎？变幻无方，巧为造物矣！

试问该寺系专为聚赌藏奸而设，该所依何证据？若充该所之意，则学堂之学生在堂聚赌，则没收学堂，商店之学徒在店相奸，则没收商店？抑更充该所之意，则不相识之男女偶聚，则指为相奸，二三人之供词偶同，即可认为聚赌，胥天下之人皆为囚犯，胥天下之营造物咸予没收，快意诚快意矣，其如国法何？其如人权何？……①

此案前后延续两个多月之久，"忽而发封，忽而上控，忽而佛教

---

① 《小天台之批呈》，《佛学丛报》1912年第1期，有正书局1912年10月1日出版。

公会开会讨论，忽而警务长出面调停，函牍往来，人皆注目"①，最后，上海地方裁判所将该寺产业判给了谛行，并在警务长出面调停下，地方绅董与谛行协商，赔款了事。对于这起诉讼纠纷，上海多家报纸杂志争相报道，成为轰动一时的新闻，也成为民国初年民国法制意识觉醒的一个突出事例。

（二）僧人与社团的争讼——地藏庵庙产纠纷案

1912 年至 1914 年，地藏庵住持僧春荣延请律师陈则民至第一初级审判庭，状告十五铺商团会长凌伯华强占该寺庙产，声称："地藏庵系先祖师相传，由僧住持，迄今已历数十年，并非公产。庙旁余地由僧人自行筹资，于前清光绪二十二年份建造楼房十一幢出租，向来相安无异。迨至辛亥年九月十三日沪上光复之后，至是月十八日，即有十五铺商团会长凌伯华前来向僧人商议，因沪地光复之初，人心不靖，拟假庵中社团驻防，僧人以此事为地方公益之举，当时允可。不料至十月十五日，凌即将僧人驱逐出外，庙中佛像被毁一空。该庙并所造之房，悉被据为己有。各租户处由凌出面，另立租折、租契。僧人自被驱逐以来，损失颇巨，受苦不堪。现在请求庭上如数追还给领管业供奉。"②

对于地藏庵僧人的说法，十五铺商团会长并不认可，他的辩护律师狄良孙称，地藏庵为公有物，而且春荣已经被市政府驱逐出境，与地藏庵绝无关系为由，反驳陈则民的观点，并且着重指出："十五铺商团在地藏庵中设团驻防，实为保卫地方公益起见。况春荣于辛亥年上海光复之后即不别而行，所以该商团入内执管，至是年十月初十日，由该团会长凌伯华，禀准上海县民政长吴怀疚批示，准归该团执管。"③对于商团代理律师的主张，地藏庵代理律师陈则民反驳道："其时上海行政司法并立，机关所处各种文告，均认为无效。自民国元年五月十一日奉大总统命令之后，行政司法各立机关，所出示谕方

---

① 《小天台之大锣鼓》，《佛学丛报》第 1 期，有正书局 1912 年 10 月 1 日出版。
② 《僧人控告商团之辩论》，《申报》1914 年 2 月 3 日，第 10 版。
③ 《僧人控告商团之辩论》，《申报》1914 年 2 月 3 日，第 11 版。

为有效。所以现在狄律师呈案之批示不能认为有效。"①

陈律师又称："该庵实为私有物，而非公有物，被告于根本上既已认错，自然枝节皆误。并谓被告反诉状中有谓地藏庵系被十五铺商团所取得，不应以凌伯华为被告云云，不能不辨。缘去年九月十八日系由被告一人来借，云为保卫团驻防之用。今既久假不归，则被告对于原告自应负责，不能诿之商团，脱卸责任。为此提出反诉之辩诉状，请求该庭速令被告将占用地藏庵退还，并请追给各物，如有损失，责令赔偿。"②

对于被告律师声称藏庵为公有财产的说法，原稿律师陈则民也不以为然，他辩称："查地藏庵系顺治七年为僧中恒所建，邑乘具在，可查可证。而被告反以邑志所载证明为公有物，可谓离奇。按所有物之性质，有官有公有私有之别，由国库支出之款为建造者，谓之官有物，由地方支出之款以建造者，谓之公有物，由一私人支出之款为建造者，谓之私有物。该庵既为僧中恒所建，其为一私人支出之款以建造者，无疑故为私有物，已成铁证。而被告辩诉状则指为公有物，徵之邑志，并未载有该庵系由上海地方公款支出之款为建造者之文，妄指为公有物，可谓信口雌黄，毫无事实之证明者也。"③

由于双方各执一词，涉及问题又都很敏感，主审法官很是为难，最后，上海初级裁判庭判决地藏庵方面败诉："查本案请求之目的，系房屋佛像等既非一定数量之代替物，即无所债务支付，所请发还支付命令之处，核与督促程序诚有未合，不能照准。"④

接到上海初级裁判所的判决后，地藏庵住持僧春荣不服，再次聘请陈则民律师为代理，提起了抗诉，理由如下：

> 该决定之为债务者，必为一定数量之替代物，若非一定数量

---

① 《僧人控告商团之辩论》，《申报》1914年2月3日，第11版。
② 《地藏庵僧人之辩诉》，《申报》1912年12月29日，第7版。
③ 《地藏庵之辩诉状》，《佛学丛报》第4期，有正书局1913年2月1日出版。
④ 《地藏庵案之批示》，《佛学丛报》第3期，有正书局1912年12月1日出版。

第六章　佛教与国家关系的重新建构　283

之替代物，各房屋佛像等必不能为债务者。既非债务，即不能发给支付命令，故不能照准。是该决定认定替代物三字为包括债务标的之全体，换言之，即包括债权标的之全体。易言之，除替代物之外，即无所谓债务，亦无所谓债权。查《民律》草案第三百二十五条，有特定物之规定，同律第三百二十七条至三百二十九条有金钱债之规定，同律第三百三十条至三百三十二条有利息债权之规定，同律第三百三十三条至三百四十条有选择债权之规定，是债权之标的有五种，不仅为替代物一种明矣。本案之请求支付者，为特定物，地藏庵基及庵产、佛像等为特定物也。然该决定之所谓替代物也，凡债权之可以请求支付者，不第规定于手续法，亦且规定于实体法律，《民律》草案第三百二十四条"债权人得向债务人请求给付"，准此规定，凡债权标的节所规定之五种债权标的，均得请求给付。今本案之春荣为特定物之债权人，凌伯华为特定物之债务人，债权债务业已确定，该决定之所谓即无所谓债务支付云云，不识根据于何种法文？岂真各该决定所谓除替代物之外无所谓债权债务者耶？故即特定物债权金钱、债权利息，债权选择，不能成为债权债务者耶？本律师据上所列举各条，则凌伯华当然为债务人，而该决定指为非债务人，此不服者一也。诉讼法中有两种手续，即学者所谓确认之诉及给付之诉，确认之诉即所谓普通诉讼程序，给付之诉即所谓督促诉讼程序。今地藏庵寺僧春荣之保管财产，且庵为上海古刹之一，载于上海县志。其为寺僧之保管财产，且即绝对非凌伯华之财产，均无有争议之余地，是地藏庵之究为何人财产，可无容其确认矣。物之所有的有人，在凌伯华为占据此庵者明矣。则对占据者请求给付，非适用给付之诉，则将何所适用耶？故民诉第六百二十条之书状程序第二项规定"请求之物并数额及请求原因。"夫法律所指为物者，除人之外，天地间之有体物悉可为物，非指为替代物之物而言。若立法者必指替代物之物而言，自必明白规定，何必泛言之为物？原申请书对于程序上均符合于督促程序，自无违背,此不服者二也。①

此案从 1912 年一直持续到 1914 年,经地方审判庭数度开庭审理,控辩双方各执一词,互不相让,报纸杂志又进行了大量的追踪报道,成为上海轰动一时的社会新闻。虽然此案的最后结局不得而知,但此案给地方官庭所造成的压力无疑是非常大的。

(三)佛教社团与学堂的争讼——江苏省如皋县的广福寺寺产纠纷案

如皋县工业校长吴西垣以广福寺曾供龙牌为前清以祝万寿之地为由,请县封闭,并将该寺拨归工业学校。该寺寺僧铁岩向地方初级审判庭提起司法诉讼。后又不服一审判决,再向江宁高等分厅提出抗诉,仍没有得到妥善解决,中华佛教总会如皋县分部、江苏省支会都参与其中,最后报告给了中华佛教总会机关部。1913 年 3 月 9 日,中华佛教总会上书大总统、国务院和内务部,请求归还其庙产:"北京大总统、国务院、内务部钧鉴:本会如皋分部设在广福寺,工业校长吴西垣谋夺庙产,指该寺曾供龙牌,为前清藉祝万寿之地,请县封闭。寺僧铁岩向初级审判提诉,判决不公,复向江宁高等分厅抗告,准予开庭,吴西垣不待审理,硬将寺内什物搬出,意在拆毁,情迫无奈,叩请电知江苏民政长转饬阻止,仍候分厅讯段。"② 对此,内务部于 1915 年 11 月做出批示:"兹准咨复广福寺为前清供奉龙牌之所。同治年间,寺僧兰溪不戒于火,屋宇焚烧,寺僧畏逃,由邑绅张如杰等禀经周县令改为万寿宫,筹款重建,责成地方绅士经管,无僧住持,垂十七年。嗣因绅董交讦,复谕两方寺僧鸿禅暂为管理,成案具在,确凿可稽。民国元年,因僧人把持,经县详奉前都督程批饬交让。僧铁严朦诉法庭,经江苏地方审判庭决定,前案自有效力,无可变更等因。是此案事实业经解决,权利早已转移,自不得援引保护庙

---

① 《地藏庵案之批示》,《佛学丛报》第 3 期,有正书局 1912 年 12 月 1 日出版。
② 《函电》(1913 年 3 月 9 日),《佛教月报》第 1 期,1913 年 5 月 13 日发行。

产之申令，溯及既往。所禀各节碍难照准，毋得来部渎诉，前呈印契各节，应即发还，仰即来部具领，合行批示遵照。"① 由此可见，如皋县光福寺案经历了数年诉讼，几经反复，最后被内务部以"此案事实业经解决，权利早已转移，自不得援引保护寺庙之申令，溯及既往。所禀各节碍难照准，毋得来部渎诉"等词压制下去了。

关于庙产的司法诉讼案还发生在其他省份。1912年5—6月间，江苏扬州就发生了一场庙产诉讼案件。起因是天宁寺等六家公举僧弥山为扬州北门外建隆寺住持，兴教寺住持僧密阴不服，鼓动僧教育会推翻原议，万寿寺僧寂三等赴民政司提起诉讼，要求罢免弥山，另举僧人接任建隆寺住持，"并据江心镜等公禀，罗列密阴、久安各僧平日劣迹"，此案累讼数月，轰动一时，最后汪民政长裁决，令各寺会商，"另举妥僧接任"。② 1912年9月，苏州灵鹫寺住持僧可兴，聘请上海著名律师陈则民为代理人，到吴县初级裁判庭，控告吴县行政科员朱礼傅率人强行将该寺的桌椅床凳及铜佛、藏经等物搬到家中，占为己有。10月18日，吴县初级裁判庭作出判决："据灵鹫寺住持僧可兴状称，该寺中桌椅床凳铜佛藏经等，被告朱礼傅搬至家中，据为己有。查寺中所有物件自当永远保存，安得擅自搬取，殊属不法行为。仰该被告朱礼傅将铜佛三尊、藏经八大橱及桌椅床凳等件迅速归还毋为。切切此令。"③ 1912年12月，杭州城隍山海慧寺住持僧慧持，向县法院控告诸暨人杨某"带同无赖及丐僧多人盘踞此庙，将慧持逐出，鹊巢鸠占，已将一载。月前，城绅杭辛齐等十余人，会同警察，将慧持护送还山。不料，杨某反客为主，仍将慧持逐出。现慧持已向县法院起诉。该院前日将杨某提案对质，问明原由，确系侵占无疑，限令五日内还产"。④ 类似的案件还有很多，在此不一一赘述。

---

① 《内务部批》，《政府公报》第1273号，1915年11月23日。
② 《僧界大聚讼》，《佛学丛报》第1期，有正书局1912年10月1日出版。
③ 《关于苏州灵隐寺案牍之汇录》，《佛学丛报》第5期，有正书局1913年3月1日出版。
④ 《县法院保存古刹之裁判》，《佛学丛报》第4期，有正书局1913年2月1日出版。

这些案件经当地报刊连续报道，影响很大，成为轰动一时的新闻，也成为民国初年庙产问题的新特征。

民国初年大量寺产纠纷诉讼案件的出现，给各级政府很大压力。为了平息这些寺产诉讼案件，袁世凯政府不断发布命令、训令和批示，要求各地切实保护佛教庙产，秉公处理寺产纠纷。1914年1月19日，内务部将《中华佛教总会致国务院呈》转发给顺天府尹、各省民政长、京师警察厅总监，要求彻查各地强占佛教庙产的行为"如果属实，自应严行申禁"①。1915年8月，袁世凯发布总统令明确指出："对于寺庙财产，责成该管官切实保护，除僧侣热心公益自愿捐输仍准禀明立案外，均应严禁侵占，违者依法治罪。关于庙产构讼事件，秉公清结，毋任宕延。"② 这些命令、训令和批示的精神虽然很明确，要求也很严格，但各地政府官员和社会精英对它们的理解并不一致，执行的情况也不理想，这就不可避免地增加了庙产纠纷的数量，同时也增加了寺产纠纷解决的难度。

二　社团运作

所谓社团（mass organization）就是指公民自愿组成，为实现会员共同意愿，按照其章程开展活动的非营利性社会组织，它具有民间性、自治性、合法性、非营利性和组织性等特征。社团组织首先出现在西方资本主义国家，它既是政治民主化和经济工业化趋势不断发展的产物，同时又是政治民主化和经济工业化不断发展的有力推动者。在传统社会里，中国只有匍匐于君主专制统治下的各种社会群体，没有现代意义的社团团体，主要原因有三：一是在高度集权的专制统治下，为了维护其统治的权威，历代统治者均严厉禁止民间的一切结社活动；二是在传统社会里，自给自足的小农经济几乎是全国唯一的经济类型，人们的活动范围狭小，一生都生活在以宗法制度为特征的血

---

① 《内务部训令第三十七号》，《政府公报》第611号，1914年1月19日。
② 《大总统令》，《政府公报》第1171号，1915年8月11日。

缘关系组成的社会网络之中，没有结社集会的意愿；三是深受儒学熏陶的知识分子，一直以"修身、齐家、治国、平天下"为最高人生追求，时时处处以皇帝的意志为最高利益，长期奉行"君子群而不党"的行为关系准则，世世代代以结党为不齿。

（一）佛教社团的产生

鸦片战争以后，在中国社会剧变和各种现代因素的刺激下，为了挽救民族危机，具有现代意识的社会精英开始组织现代社团。我国现代社团最早出现在戊戌变法期间，即由资产阶级维新派发起的70多个学会，维新变法失败后，这些学会也随之销声匿迹，但它们在社团动员方面的巨大作用，已经产生了深远影响。清末新政期间，随着我国各项革新运动的不断深入，现代社团生存的条件逐渐成熟：1904年，清廷颁布了《商会简明章程》，1906年颁布了《奏定各省教育会章程》，1907年颁布了《农会简明章程》，此前大量存在的商会、农会、教育会等现代社团因此获得了合法地位。1908年，清廷又颁布了《结社集会律》，废除了汉唐以来的党禁制度，现代社团由此进入快速发展时期，到1911年，全国成立的商会（包括总会、分会和商务分所）就有2000多个[1]，教育会723个[2]，农务总会19处，农务分会已达276处。[3] 此外，还有数量更多的私法社团。现代社团的快速发展，既是中国政治民主化的重要标志，又是中国政治民主化的重要推动力量，清廷的迅速覆亡和中华民国的建立，都与这些社团有着直接关系。辛亥革命胜利后，君主专制制度被彻底推翻，结社集会自由作为国民的基本权力之一明确载入宪法，一时间，"集会结社，犹如疯狂，而政党之名，如春草怒生"[4]。据张玉法先生统计，从1911年武昌起义爆发到1913年底，全国各地新成立的社团就有682个，

---

[1] 朱英：《辛亥革命前的农会》，《历史研究》1991年第5期。

[2] 金顺明：《中国近代教育团体的发展历程》，《华东师范大学学报》2002年第1期。

[3] 夏如冰：《清末的农政机构与农业政策》，《南京农业大学学报》（社会科学版）2002年第3期。

[4] 善哉：《民国一年来之政党》，《国是》第1期，转引自刘景泉、郭德宏主编《政党与近现代中国社会研究》，天津人民出版社2008年版，第3页。

其中政治类 312 个，联谊类 79 个，实业类 72 个，公益类 53 个，学术类 52 个，教育类 28 个，慈善类 20 个，军事类 18 个，宗教类 15 个，国防类 14 个，进德类 9 个，其他 10 个。①

在现代社团迅速发展的历史条件下，现代佛教社团开始出现，最早出现的现代佛教社团是觉先大师发起成立的中国佛教学务公所，这个组织的出现与风靡全国的庙产兴学运动有直接关系。千百年来，佛教最普遍的组织形式是僧团。所谓僧团，是指佛教出家人自行结成的，以某个高僧为核心，以寺院为基地，有严格的等级和戒律的固定团体。僧团的雏形出现在两汉时期，魏晋时期基本成型，此后便成为汉传佛教的基本组织形式，在佛教与中国社会不断融合的进程中，僧团的家族化特征也日益严重，以致形成了无数个代代相传的子孙寺院。在清末庙产兴学运动迅猛发展的过程中，各地官绅打着奉旨行事的旗号，利用商会、农会、教育会等现代社团的名义，大肆抢占寺院，家族化的僧团自然无法抵挡。1905 年社会舆论对杭僧附日事件的强烈批判，使觉先大师认识到借助外力保全寺产是行不通的。为了探索保护封庙寺产的有效途径，觉先大师东渡日本，详细考察日本佛教的办学经验，回国后，发起成立中国佛教学务公所，以寺僧联合兴办僧学堂或僧民学堂的方式抵制庙产兴学运动。上海《时报》对此报道说：

> 有僧名觉先者，谓儒释之教中国并行，方今学界竞兴，佛教之人亦应振起，于是在北京学务处具禀，请设中国佛教学务公所，并开办佛教学校与贫民工艺院。旋奉学务处批，云"据禀已悉。该僧觉先曾游学日本，遍览彼国佛教内设各种学校，知我国佛教之□□□□人之无学，洵为知本之论。该僧等拟于京师设立佛教学务公所，推诸各省，由各寺住持公选有德僧人，兴办学校，□□□□愿宏大，殊堪嘉许。日僧小栗栖香顶所著《北京护

---

① 张玉法：《民国初年的政党》，岳麓书社 2004 年版，第 32 页。

第六章 佛教与国家关系的重新建构

法论》内有护法策十三条,所谓京师建大学林,各省建中学林,各县建小学林,将以整饬缁流昌明佛法,与该僧等用意正同。护法策内于我国僧人之不学颇有微词,藉彼药石,振我颓波,智识胥开,宗风日畅,谋教育之普及,启明德之宏施。毋托空言,终收效果,视倡议者之定力如何耳。据拟简章各条,于设立学校之外,并设立贫民工艺院,如从此著力,尤能造福地方,立见实效。惟办事必臻妥善周密,方能逐渐推行,应将详细章程妥议呈阅,所有选派监督一节,俟办理有端绪,再行禀候酌夺可也"。①

释觉先的建议获得学务处批准后,即到浙江等省宣传发动,受到南方僧人的热烈欢迎。《申报》报道说:

> 杭省各寺院因惧改设学堂故,曾皈依日僧,旋又与绅士订约,求为保全,仍不免惴惴自虑。适有京僧觉先由日回华,来杭演说,与各丛林住持联名,禀请组织僧民小学堂各二所及贫民工艺院。当奉张抚批示允准,嘉勖周至。由是各僧侣闻之,无不眉飞色舞,宁绍嘉湖等属各寺住持皆一律到省,于初六日在法镜寺内事务处集议,计逾千人,殊足为僧界光荣也。②

与此同时,北京龙泉寺、法源寺、观音寺的住持僧也联合向北京学务处提出了在全国各省建立佛学林的建议。对此,《申报》进行了报道:

> 龙泉寺、法源寺、观音寺等僧递禀学务处,称在北京创设大学林,各府设中学林,各州县设小学林,皆以僧人入学,一切教

---

① 《禀请设立佛教学务公所》,《时报》光绪三十一年五月二十四日(1905年6月23日),第6版。
② 《僧侣集众大会》,《申报》光绪三十二年六月十三日(1906年8月3日),第17版。

育皆仿日本本愿寺之法,并在京派总监督一名,咸谓此举实有暗中鼓动而阴握其权者,从此和荡和样之势力将日益扩张,是皆前降上谕保护寺产之力也。①

在官府和僧人的支持下,佛教学务公所在一些地方成立了。1906年7月,学部颁布《教育会章程》,要求各地佛教学务公所改组为僧教育会,并在各省府州县进行推广。有了官府的支持,僧教育会便逐渐多了起来:1906年冬江苏僧教育会正式成立。1907年初,奉天省僧教育会成立。1907年12月,镇江江天寺住持僧印开设立镇江僧教育会事务所。1908年初,寄禅大师将宁波佛教总公所改组为宁波僧教育会。随后,北京、湖南、四川、安徽、湖北等省的僧教育会也先后成立。

辛亥革命胜利后,在全国社团热的影响下,宗教人士建立了诸多宗教社团,仅1912年到1913年间获内务部批准立案的全国性宗教社团就有17个,它们是:王锡蕃等发起的孔道会(1912年9月),王人文、陈焕章等发起的孔教会(1912年12月),饶志元、徐琪等发起的孔社(1913年2月),姚子方、王式通等发起的孔教公会(1913年5月17日),孔庆霖、赵增厚等发起的性道会(1913年7月21日),殷炳继发起的大成社(1913年10月13日),僧敬安、饶融等发起的中华佛教总会(1912年12月4日),谢震、僧谛闲等发起的蒙藏佛教联合会(1912年10月11日),谭光鉴、僧诚修等发起的中华佛教公会(1913年5月17日),以王绮为会长的中国佛教青年会(1913年7月31日),僧光大、顾瑷等发起的蕃汉僧俗佛教联合会(1913年9月3日),陈明霈等发起的中央道教会(1913年1月29日),王振义、王宽等发起的中国回道俱进会(1912年7月17日),中国耶稣教自立会(1913年5月13日,发起人不详),中华基督教

---

① 《僧侣禀设学林》,《申报》光绪三十一年五月十二日(1905年6月11日),第3版。

青年会（1913年2月14日），孟继增、诚静怡、高天佑等发起的中华基督教会（1913年7月18日），隆斌、永光等发起的世界宗教统一会（1913年5月26日）等。① 以上社团只是袁世凯政府内务部批准立案的全国性宗教社团，其他由各地政府批准成立的地区性宗教社团还未包括在内，而这些宗教社团的数量是相当多的。在这些宗教社团中，佛教社团有6个，道教社团有2个。在民国初年的宗教社团中，中华佛教总会是最具代表性的一个。中华佛教总会成立于1912年2月，是由寄禅大师等高僧大德联合全国80多个寺院共同发起的，总部设在上海的静安寺，其基层组织一度发展到22个省级支会，600多个县级分部，成为民国初年最著名的现代宗教社团。

（二）中华佛教总会的合法抗争

自成立之日起，中华佛教总会就以保护寺产为第一要务，它的章程明确规定"本会有整顿佛教进行一切事宜，及保全佛教公团财产上处分之权""凡会中各寺庵所有财产，无论檀越施助寺僧苦积，外界如有藉端攘夺，本会得据法律实力保护，以固教权""各寺庵如有同袍冲突及外界寻常交涉，须受就地分部长理处，倘难解决，即呈由支部或本会提议"等②。为了保护佛教寺产，维护佛教人士的合法地位，中华佛教总会与袁世凯政府进行了激烈的博弈，进而在中华佛教史上留下了光辉的一页。

1. 上书

上书是《临时约法》赋予国民的一项重要权利，中华佛教总会就充分利用这个权利，发起了多次上书，重要的共有五次。第一次是1912年3月，仁山、太虚等上书南京临时政府内务部，要求承认他们组织的佛教大同会（中华佛教总会的前身）为佛教统一总机关③。

---

① 《内务部临时政府期内教会立案一览表》，《政府公报》第615号，1914年1月23日。
② 《中华佛教总会章程》，《佛学丛报》第1期，有正书局1912年10月1日出版。
③ 《内务部批宁垣诸山请以佛教大同总会为僧界统一总机关呈》，《临时政府公报》第34号，1912年3月10日。

第二次是 1912 年 3 月 20 日，中国佛教会致函临时大总统孙中山，提出了《佛教会要求民国政府承认条件》，这次上书共提出九个条件："甲、民国政府应承认佛教会为完全自在之教会；乙、民国政府对于佛教会有完全保护之责任；丙、佛教会所享民国政府保护之普通利益、特别利益，应与各教同等；丁、佛教会得于一切处自在布教；戊、佛教会有监督佛教公团一切财产上处分之权；己、佛教会有整顿佛教一切事业促其发达之权；庚、佛教会有调和佛教信士种种竞争，维持其秩序之权；辛、佛教会于推行改良社会之宣讲、教育，及救济社会之慈善事项时，有通告民国政府，请其如约保护之权；壬、佛教会于民国政府裁判佛教信士犯国律案时，有派员旁听之权，或遇民国政府有裁判不公等情，佛教会得要求复行裁判"①。第三次是 1913 年 4 月，中华佛教总会上书参议院，呼吁参议院"按照法律，声明国内一切庙产，无论其为公为私，概以佛教为主体，僧固不得擅行变卖，移为佛教之外之用度，俗亦不得迳行提拨，以供佛教以外之设施"②。第四次是 1913 年 8 月，太虚大师等联名上书参众两院："兹者正式国会成立，正式之宪法亦将以订定，故吁请贵院根据信教自由一条，实行承认政教分权，凡佛教范围内之财产、居宅，得完全由佛教统一机关之佛教总会公有而保护之，以兴办教育、慈善、布教等事业。除佛教统一机关之外，无论何项机关或团体或私人，均不能侵蚀而干涉之。"③ 第五次是 1913 年 12 月，中华佛教总会上书国务院和内务部，要求政府按照《临时约法》的有关规定，"饬行各省行政公署，罢除各项苛令"，并承认其为佛教庙产所有人的资格："本会奉部令有代表佛教所有权主体之资格，并有调查庙产之义务，行将实力进行，遵

---

① 《佛教会要求民国政府承认条件》，《佛学丛报》第 2 期《专件二》，有正书局 1912 年 11 月出版。

② 《中华佛教总会上海本部北京机关部暨苏闽湘赣各支部代表文希道阶应乾本忠月宝大春等上参议院书》，中华佛教总会主办：《佛教月报》第 1 期（1913 年 6 月出版），第 127 页。

③ 太虚：《上参众两院书》，《佛教月报》1913 年第 3 期，第 68—69 页。

照法人财团兴办各项公益,以补行政之不逮。"① 这些上书在社会上产生了极大影响,直接促成了袁世凯政府宗教政策的变化。

2. 请愿

中华佛教总会最有影响的一次请愿活动,发生在1912年冬。当时北京政府内务部迟迟不批准中华佛教总会的注册申请,并通令全国,将寺产分为官产、公产和私产三类,规定除了僧人自置的产业外,其他两类寺产均可被用来办理新政。如果此举得以实行,"僧界将立招破产之祸,而侵扰更不堪设想"②。为了维护佛教的根本利益,寄禅大师率领福建支部长本忠、江西支部长大春、总务科长文希暨各省代表到北京,与礼俗司司长杜关反复交涉。由于杜关态度非常蛮横,寄禅大师悲急交加,竟在北京法源寺圆寂了!寄禅大师是中华佛教总会的正会长,已有四十年的僧龄,不但在僧界享有很高的威望,也深得社会各界的尊敬,他的圆寂震惊了各界人士,"各界闻之,皆叹其谢世之速,而愤杜某之可恶",并将杜关称为"么魔小丑"。③ 此事发生后,寄禅大师的好友、进步党领导人熊希龄深感忧虑,他建议袁世凯善待佛教:"龄因该僧宗旨相合,用敢代恳钧座饬交内务部及各省部督加以保护,勿任摧残。"④ 为了安抚僧界的不满情绪,平息舆论界的责难,袁世凯乃命内务部准许对中华佛教总会立案。更难得的是,袁世凯政府不久便废除了将寺产分为官、公、私三类的政策,强调庙宇住持僧道犯罪由其自己承担,不能没收其住持的庙产,宗教庙产不允许庙宇住持以私人名义抵押或借贷。⑤ 这是寄禅大师用生命换来的成果。

---

① 《中华佛教总会致国务院请通令保护佛教财产原文》,《政府公报》第611号,1914年1月19日。
② 《中华佛教总会公函》,《佛学丛报》第4期,有正书局1913年2月1日出版。
③ 《诗僧示寂》,《佛学丛报》第3期《纪事》第5页,有正书局1912年12月1日出版。
④ 《熊希龄为保护佛教僧众及在军中布道致大总统禀》,中国第二历史档案馆编:《中华民国史档案资料汇编》(第三辑《文化》),江苏古籍出版社1991年版,第689页。
⑤ 《内务部咨浙江都督覆陈本部对于各项祠庙意见请酌量办理文》,《政府公报》第247号,1913年1月13日。

3. 代理司法诉讼

中华佛教总会一直以保护寺产为己任，它的章程就明确规定："凡会中各寺庵所有财产，无论檀越、施助、寺僧苦积，外界如有藉端攘夺，本会得据法律实力保护，以固教权。"① 其保护寺产的主要做法就是代理寺产纠纷诉讼。1912 年 7 月，上海小天台寺僧人谛行，在当地佛教会的支持下，聘请律师狄梁孙，状告上海市政厅查封小天台寺产的行为；② 1912 年 12 月，地藏庵住持僧人在佛教会的支持下，延请律师陈则民，状告上海十五铺商团副会长凌伯华强占该寺庙产的行为；③ 1912 年 12 月，上海广福寺僧人广煜在佛教会的支持下向上海初级审判庭提起诉讼，状告清真商团强占该寺房屋。④ 这些轰动一时的诉讼纠纷，由于佛教会的参与，都以寺僧的胜诉而告终。对于一些复杂的案件中华佛教总会据理力争，一直将官司打到内务部。笔者曾查阅了《政府公报》《内务公报》等资料，发现自 1913—1914 年两年间，内务部批示过的寺产纠纷案就多达 12 起，这些案件均是中华佛教总会代理的，那些没有惊动内务部的案件还有多少，就不得而知了。大量司法诉讼的出现逐渐引起了袁世凯政府的注意，内务部不断发布训令、批示，命令各地切实保护寺产，善待佛教，这也从一个侧面反映了佛教会代理寺产诉讼的效果。

宗教社团的成立和迅猛发展，是清末民初各种社会因素综合作用的结果。中华佛教总会的出现，初步改变了佛教一盘散沙的局面，在其存在的四年内，中华佛教总会团结全体佛教力量，以《临时约法》赋予的合法权利与各种强占寺产、迫害僧尼的行为进行了坚决斗争，取得了一系列重大胜利，成为近代佛教史上一道亮丽的风景线。佛教社团的异军突起和有效活动，是民国初年佛教与国家关系的一个鲜明特征。

---

① 《中华佛教总会章程》，《佛学丛报》第 1 期，有正书局 1912 年 10 月出版。
② 《和尚控诉南市裁判所》，《佛学丛报》第 1 期，有正书局 1912 年 10 月 1 日出版。
③ 《地藏庵僧人之辩诉》，《申报》1912 年 12 月 29 日，第 7 版。
④ 《城内广福寺僧人广煜为清真商团侵占庙产事》（本埠新闻十二月四五日），《佛学丛报》第 4 期，有正书局 1913 年 2 月 1 日出版。

第二节 袁世凯政府对佛教寺产所有权政策的规范

在中国，佛教是影响最大的传统宗教。佛教产生于印度，两汉之际由西域传入中国，东汉以后，佛教不仅得到历代王朝的竭力推崇，成为"神道设教"的重要工具，而且得到普通民众普遍信奉，成为他们祈福禳祸的主要寄托。需要指出的是，虽然佛教得到了历代王朝的有效保护，但佛寺及其附属财产的所有权却一直没有明确的法律地位。在清末的庙产兴学运动中，社会各界对佛寺及其财产的争夺空前激烈：各级官吏习惯上将它们视为可以随时没收的官产，地方绅士则将它们视为十方捐献的地方公产，而僧尼则将之视为可以代代相传的私产，"此寺彼庵，各自封执，传徒及孙，俨同世俗"①，由此引发的社会矛盾相当尖锐。民国建立后，社会各界对佛寺及其财产的争夺就更加激烈了，与此同时，佛教人士的社团意识、法制意识和平等意识迅速觉醒，反抗斗争也因此发展到了一个新阶段。为了消除社会分歧，恢复正常的社会秩序，袁世凯政府开始按照《临时约法》的基本精神，开始对佛教庙产的所有权做出明确的规定。总的来看，袁世凯政府关于佛教庙产的所有权政策包括两方面的内容，一是佛教庙产的所有权归属，二是佛教庙产的判断标准。

一 对佛教寺产所有权归属的明确

所谓佛教庙产的所有权归属，就是说佛教庙产到底应该为谁所有。这是庙产兴学运动中社会各界争论最激烈的首要问题，也是袁世凯政府必须明确回答的首要问题。由于没有现成的经验可资借鉴，社会各界的观点又尖锐对立，故袁世凯政府的佛教庙产的所有权归属政

---

① 太虚：《上佛教总会全国支会联合会意见书》，《太虚大师全书》第19册，新文化彩色印书馆1980年版，第328页。

策也摇摆不定，总的来说先后经历了"寺产属于佛教"、"僧人私产属于佛教"、"寺产属于佛教社团"和"寺产属于寺庙"四个阶段。

（一）佛教财产为佛教所有原则的确立

"人民有保有财产之自由"是《临时约法》的基本原则之一，在这一点上，各方也没有分歧。早在辛亥革命期间，各地军政府即宣布"保护国内各项人等生命财产，不得侵犯"①。南京临时政府成立之初，孙中山就颁布保护人民财产的大总统令："江宁克复之际，各军封存房屋作为办公驻军之用，原为取便于一时，并非攘以为利。临时政府成立以来，即以保护人民财产为急务……凡人民财产房屋除经正式裁判宣布充公者外，勿得擅行查封，以安闾阎。"② 1912年2月1日，内务总长程德全签发了《内务部通饬保护人民财产令》："本部对于人民财产负有完全保护之责，何敢瞻狗玩忽，使吾国民于干戈之后再有削剥之虞？因特规定保护人民财产令五条，除饬京内各地方官切实遵行外，应即咨行贵都督通饬所属一律照办，以安民心而维大局。（一）凡在民国势力范围之人民所有一切私产均应归人民享有；（二）前为清政府官产现入民国势力范围者，应归民国政府享有；（三）前为清政府官吏所得之私产，现确无反对民国证据，已在民国保护之下者，应归该私人所享有；（四）现虽为清政府官吏，其本人确无反对民国之实据，而其财产在民国势力范围下者，应归民国政府保护，俟该本人投归民国时，将其财产交该本人享有；（五）现为清政府官吏而又为清政府出力反对民国，虐杀民国人民，其财产在民国势力范围内者，应一律查抄归民国政府享有。"③ 这些命令的基本精神，不久即上升为《临时约法》的一个重要原则。在1912年3月11日颁布的《临时约法》第六条第三款也明确规定"人民有保有财产及营业之自由"④，这充分反映了革命派对保护人民财产的重视。袁

---

① 《湖南军政府示》，《辛亥革命》（六），上海人民出版社2000年版，第167页。
② 《内务部通饬保护人民财产令》，《临时政府公报》第6号，1912年2月1日。
③ 《内务部通饬保护人民财产令》，《临时政府公报》第6号，1912年2月1日。
④ 《中华民国临时约法》，《临时政府公报》第35号，1912年3月11日。

世凯政府成立以后的一年多时间内，一直将《临时约法》作为施政纲领，当然，也承认"人民有保有财产及营业之自由"的宪法精神。《临时约法》的这条原则，也迅速得到佛教人士的认可。1912 年 6 月，佛教会创立人李翊灼上书国务院，称："约法所载，人民有保有财产之自由，佛教公产，佛教得而有之，佛教得而有之，谁得而夺之？"① 于是，他们请求保护其庙产。

在这样的形势下，国务院于 1912 年 6 月 25 日颁布了《国务院咨内务部各省都督佛教财产为该教所保有，如有临时占用之处应清理发还以符约法文》，明确规定：

> 查《临时约法》第五条"中华民国人民一律平等，无种族阶级宗教之区别"，第六条第三款"人民有保有财产之自由；第七款人民有信教之自由"等语，是民国人民无论系何种族，奉何宗教，均系一律平等，民国人民得以信教自由，亦即根据于此。至保有财产一节，既为民国人民，断无不享有约法权利。佛教徒不过因所奉宗教别具名称，其实亦为人民之一，该教财产自应为该教所保有。军兴各省因临时占用者，仍应妥为清理，分别发还，俾佛教人民得享约法保障。至未占用各庙产，通由各该管长官按约法第六条切实保护。如有藉端侵占，一经佛教徒提起诉讼，该管官厅应即秉公核断，一律退还，用示民国人民平等之至意，相应咨行贵部查照转饬内外厅、都督查照办理可也②。

这是继 1905 年清廷颁布的保护佛教寺产上谕之后的第二份由中央政府颁布的保护佛教寺产的命令，所不同的是，第一个命令是为了消除中日外交纠纷的权宜之计，第二份命令是为了落实《临时约法》

---

① 《国务院咨内务部各省都督佛教财产为该教所保有，如有临时占用之处应清理发还以符约法文》，《政府公报》第 56 号，1912 年 6 月 25 日。
② 《国务院咨内务部各省都督佛教财产为该教所保有，如有临时占用之处应清理发还以符约法文》，《政府公报》第 56 号，1912 年 6 月 25 日。

的基本精神,保障佛教徒作为中华民国国民基本权利,它以国务院命令的形式,正式确立了佛教庙产为佛教所有的原则。

1912年11月11日,内务部又从保护文物古迹的角度,再次颁布了保护庙产命令,全文如下:

> 为通咨事:查祀典、祠祭及古物保存均归本部掌理。现闻各省往往有营私罔利之徒,或藉端侵夺祭产,或因事毁灭古迹,甚至孔庙重地,何等尊崇,亦有人觊觎改建者。若不设法保护,何以存国粹而固人心?为此,通咨各省都督民政长,凡祠庙所在,不论产业之公私,不记祀典之存废,不问庑宇之新旧,一经前人建设,均为古迹,例应保存,希即转饬所属一律妥慎保护可也。①

这里的"祠庙",当然也包括佛教寺产。以上三份命令全面贯彻了《临时约法》第六条第三款"人民有保有财产之自由"、第七款"人民有信教之自由"② 的精神,对清末以来的大肆侵占民间庙产的行为起了一定的遏制作用。如1912年,浙江都督就于7月下旬做出批示,要求吴兴县严知事按照浙江佛教会支部的呈请,切实保护湖州金环寺:"此案前据范燮元等具控到府,当以僧尼同为民国人民,所有财产自应遵照约法一律保护,且现奉国务院咨行有案,更不得藉名兴学希图侵占。"③ 8月,他又根据国务院保护佛教庙产的精神,否决了上虞县自治会将资圣寺产业拍卖变价,充作建筑西乡沙河塘之用的决议:"查佛教田产业经本府军令司通饬所属一体保护在案,该寺产业事同一律,未便由该自治会擅行拍卖变价,充作筑塘经费。仰上虞知事沈祖绵迅即查明,饬令该会将议决案取消,以保寺产。"④

---

① 《内务部通咨各省都督民政长请转饬所属切实保护祠庙文》,《政府公报》第194号,1912年11月11日。
② 《中华民国临时约法》,《临时政府公报》第35号,1912年3月11日。
③ 《呈请交还庙产》,《佛学丛报》第1期,有正书局1912年10月1日出版。
④ 《寺僧呼吁》(八月初十日新闻报杭州通信),《佛学丛报》第1期,有正书局1912年10月1日出版。

(二) 佛教寺产分类政策的出台

袁世凯政府确立的佛教庙产为该教所有的政策，虽然符合《临时约法》的基本精神，却忽视了清末新政以来各地大规模征用庙产办理各项新政的基本事实，因此遭到地方政府的强烈反对。1912年6月国务院要求各地切实保护宗教财产的命令颁布以后，各地僧道欢欣鼓舞，而地方政府却颇有微词。湖南教育司、民政司就提出了不同意见，并请都督府向内务部申诉：

> 查湘省各属庵寺，其历史情状不一，僧侣不勤四体，能自置产业者百中不过二三，故各处寺庵，或由地方人民倡合建筑，而民俗以平民居住寺庵为不吉利，乃倩［请］缁流主持。其后始创之人相继死亡，僧侣遂视为固有之巢穴；或系玉泉、龙王、关公、女娲等神祀内，兼供目莲、观音等偶像，随意掇取佛经字面，加以庵寺名称；或则殷富之室女流佞佛，整理别业，奉像贮经，名之为庵，以示尊崇。在主人原无施舍之宣言，住持欺其子孙，混以檀越二字，掩其恋栈之实。诸如此类，其主权所在，非属华宗巨族，即属地方众民。其人并非剃度教徒，不过宠信神权，为祈祷场所起见。现值文明发达，一般社会均知去虚求实，积年迷信一旦破除，乡村小学、族学，多由主权者本其意思，认定此项款产为经费，其于校址，亦因避建筑之困难利用佛庵，此在政策上为必要之设施。本教育司接据各属知事呈文，不少实例。又查《地方自治章程》第十四条第二项载"自治公所可就本地公产房屋或庙宇为之"。本民政司接据各属知事来呈，亦多就庵寺设置自治公所，均经批答印发，确定在案。若该会于立案以后，执其十方捐助一语作广义的解释，必致主权含混，轇轕滋多，僧俗争持，政教冲突。不独此后公益阻力横生，目前自治机关与夫地方小学即将首蒙其影响，推其结果，势必尽归于破坏，本民政司、教育司前此与地方官绅之劳力亦尽付东流。我国僧徒懦者持募化以生存，黠者倚神权而设骗，否则席庵产之丰厚，享

庸福于庄庭殿阁之间，安有科学实业知能可以钵传？未来一切似此现象，纵兼程并进，亦非竢之十余年后必无成效可观。而当此倡议改良之时，即先摧残地方新政之萌芽，得失轻重，尤不容不略加权衡。夫宗教赖财产已流传，系世界之公例；人民信教自由，保有财产，乃约法之明文，若专就佛教财产而言，实无与耶回教相提并论之价值。盖各教教徒均有生产能力，常自以其所有财产为扩展宗教势力之需。至我国僧徒，则专依赖外界金钱为助力，形成伴食，鲜有主权。教自教而财自财，久假无不归之日。该会发起，其用意所在，在旁观者虽难代为决定，要其文明自诩，国教相称，则属当然之事实。若徒謷声华，加以冠冕之词，将艳其名而忘其弊。本民政司、教育司奉府交议，敢不悉心研究，期诸合理适情？该僧等会章曾否呈部，未据叙明，理合呈请大府，咨达两部，将该会会章第十八条斟酌定夺，明定界限，以杜纷纠而全政要，庶几政教相资，幸福普及。是否有当，伏候察核。①

这份呈文的意思很清楚，就是认为佛教徒不参加生产，所有的庙产均是由各方人士捐助的，而佛教徒只是庙产的管理人，不是庙产的所有人，佛教徒坚称他们为庙产的所有人，实属欺世盗名。现在正值万象更新之际，亟须破除迷信，发展教育，将这些庙产用来办理各项新政事业，是符合各方民众意愿的大好事，也是全省的普遍做法。如果按照国务院命令办事，必然会引起很多纠纷，势必威胁到业已展开的各项改革事业。为此，建议内务部重新审定中华佛教总会的章程，修改此前颁布的不加区别保护佛寺庵观财产的命令。此外，吉林省都督也认为："按约法第二章第六条，所谓信教自由者，不过准人民自由信教，不加禁止而已，实与庙产本无干涉。即所谓保有财产自由

---

① 《湖南都督咨内务部中华佛教总会在湘设立支部批据民政教育两司研究该会章程拟请明定界限等情应烦查照核覆文》，《政府公报》第115号，1912年8月23日。

者，亦系指人民自由之财产而言，若庙产系属地方公产，大半由十方捐助得来，并非僧道所固有，不能与人民自有之财产相提并论。"①为了消除地方政府的不满情绪，袁世凯政府便废除了佛教庙产为该教所有的政策，转而实行佛教财产分类处理的政策。

所谓佛教庙产分类处理，就是按照庙产的来源，将它们分为官产、公产和私产三类，具体标准是："如该祠庙隶属于国家祀典者为官产，其有年代碑记无考非公非私者亦属官产，由地方公共鸠赀或布施建设者为公产，由该祠庙住守人募化及以私产建设者为私产。"②佛教庙产分类处理的政策首次出现在1912年10月19日内务部颁布的《内务部咨湖南都督请查明宝庆府属庙产分别办理文》里，原文如下：

> 为并案咨行事：礼俗司案呈"前据湖南宝庆府新化县僧侣怀真、觉了等，以横吞教产，全县僧命殄尽无遗等词，并粘单一纸来部，呈请咨行湘督逐一指追；又据宝庆府邵阳、城步、武冈、新宁四属僧侣梵音、鉅明等，以生命财产群恳维持等词，并粘告示一角来部，呈请咨行湘督，按验实据，分别发还"各等因。据此，按照保护佛教财产，前由国务院通咨在案，各省长官自应遵照约法切实奉行。惟各庙有公产私产之别，即各僧有主体客体之分，公私界限每易混含，僧俗主权尤多纠葛，苟非详为区别，断难两得其平。查各处庙宇当建设之始，无论为私产为公产，或原为私产而继乃捐作公产，其界限未有不明晰者。迨历年既久，人事改迁，往往任其所之主权莫属，住持斯庙者，遂得乘其失业，攘为己财。或混谓其善士所布施，或捏称某师祖所手置，或曾经一二僧人之增购，即全冒该产为继添；或曾经公私信士之助修，则指为众僧所募集，反客为主，以私夺公，颠倒混淆，莫可究

---

① 《第二次呈宾州府文》，《佛教月报》第1期，1913年5月13日发行，第168页。
② 《内务部通咨各省都督、民政长调查祠庙及天主耶稣教堂各表式请查照饬遵文》，《政府公报》第171号，1912年10月19日。

诘。若概以宗教财产目之，贸然加以保护，不独为各地方行政之妨碍，亦大失民法上物权之精神。该僧等先后所称，如持有私置确据，自应验查明实，分别发还；若事涉疑假之间，即当退居客位，听从提用，以重财权。然衣钵蒲团，生命所托，持之过激，小之不免冻饿之虞，大之即为地方之害，是在为政者妥为安置，无使失所依归，庶足以示体恤而弥隐患。至于一切偶像，亦应详加斟酌，分别废存。如为迷信恶习所因沿，并无姓名来历之可指，自应销毁净尽，力挽漓浇；若为佛藏经典所引称，或经历史志乘所纪载，仍当酌续香火，略予保存。总之，理期于当，政惟其平。方今国体变更，民教平等，所有对于僧道一节，既未可持偏袒之见，亦未便存歧视之心，务宜确认主权，明划界限，俾两无侵越，各有范围，庶民教相安而公私两便也。除批示仰候咨行查办外，合抄原件咨请贵督查明，分别办理可也。此咨。①

在这篇公文里，内务部明确指出"各庙有公产私产之别，即各僧有主体客体之分"，如果将所有的佛教道教庙产不加区分地加以保护，"不独为各地方行政之妨碍，以大失民法上物权之精神"，据此，将佛教庙产分为公产和私产，允许地方政府继续征用公立庙产办理各项新政事业。同时要求地方政府在征用公立庙产的过程中，要妥善安排有关僧道的生活，以稳定社会秩序。在此后一年多的时间里，袁世凯政府一直以此为指导思想，并且尽力扩大公立庙产的范围。1912年10月19日，内务部颁发了《内务部通咨各省都督、民政长调查祠庙及天主耶稣教堂各表式请查照饬遵文》，在这份公文里，将全部庙产分为官产、公产和私产三类，从以上内容，我们可以看出两点：一是竭力扩大官产庙产的范围，将不能确定为公产、私产的庙产一律归为官产；二是将布施建设的庙产列为公产，同时又将驻守人募化而来的

---

① 《内务部咨湖南都督请查明宝庆府属庙产分别办理文》，《政府公报》第171号，1912年10月19日。

庙产列为私产，这是很不可取的。募化和布施是一个问题的两个方面，很多庙产是社会各界共同捐助的，这些庙产站在住持僧道方面来说就是募化，站在社会各界人士方面来说就是布施。现在将布施而来的庙产视为公产，同时又将僧人募化而来的庙产视为私产，明显是重叠的。这种区分方法必然会造成僧俗两界的激烈争夺，从而加剧社会矛盾。此后，袁世凯政府继续完善这项政策。1912年10月30日，内务部又颁布了《内务部通饬各省都督民政长保护庙产办法文》：

> 为通咨事，案宗教财产曾由国务院通饬各省切实保护，嗣以界限未明，既准湖南都督咨请查核于前，又据湖南保庆府属僧侣呈请维持于后，均由部咨行该省，分别办理，并将原咨登录八月二十日及九月十九日政府公报各在案。惟恐各僧道等不能明白通晓，仍有纠纷，为此，通咨各省转饬所属，通谕各教徒，凡各庙住持僧道等，除由该教祖宗遗产或该僧道自置私产准其自由处置外，对于官立公立各庙产，均祇有管理权，无所有权，不得以个人名义擅自转移及影射抵押，暨已脱离宗教仍旧占据各情。其有曾经典当抵押者，所立契约盖作无效，仍勒令该僧道等自行备价偿还。各僧道对于宗教一经脱离，其管理教产即由该管官厅为之处置。并饬嗣后如再有以上情事，该管官厅应即依法处理，庶财权不致混乱，亦免各僧道等有违法侵占之行为也。①

这份命令明确规定僧道只能自由处置那些"该教祖宗遗产或该僧道自置私产"，对于其他庙产只有管理权，没有处分权，更没有所有权，这就进一步扩大了各地政府可征用庙产的范围。1912年12月8日，内务部在批复中央佛教公会要求内务部通饬各省保护佛教庙产的呈请时，继续强调宗教庙产分为官产、公产和私产的政策："中国习

---

① 《内务部通饬各省都督民政长保护庙产办法文》，《政府公报》第188号，1912年11月5日。

惯，宗教与寺庙实立于对待地位，本部前定官公私调查办法，系以寺庙为前提。该呈所称各节，仅主宗教一方面言之，其中不无差别。盖教团之性质本属单纯，而寺庙之沿革极为复杂，应否以教团为所有权之主体，必视其证据之有无，经法律之解决，始能判断。如果证据明确，绝对为佛教所有，则该庙产当然为公益法人，无须本部明定；若性质未明，界限未判，遽以部令通行各省，混寺庙教团为一，而定为公益法人，是以命令代法律，且以行政司裁判，非共和国所宜有也。查该呈所称寺庙财产，非出于华宗巨族之舍施，即出于十方人民所捐助一节，是所谓佛教财产者，亦仅限于舍施、捐助二者以内，而中国各寺庙有历代列入祀典之官庙，有地方以特别事故公建之祠社，有一人一姓独建之私庙，往往招雇僧尼、道祝，以为看守屋宇，照料香火之用。而其所有权仍以原当事者为主体，是寺庙财产显有官公私之别无疑。"① 这就剥夺了僧道对官立庙产和公立庙产的所有权，为各地官府征用这些庙产大开了方便之门。

（三）佛教庙产属于佛教社团政策的出台

佛教寺产属于佛教社团是佛教人士的一贯主张。从成立的那天起，中华佛教总会便坚持自己是寺产的所有者，它的章程明确规定"本会有整顿佛教进行一切事宜，及保全佛教公团财产上处分之权""凡会中各寺庵所有财产，无论檀越施助寺僧苦积，外界如有藉端攘夺，本会得据法律实力保护，以固教权""各寺庵如有同袍冲突及外界寻常交涉，须由就地分部长处理，倘难解决，即呈由支部及本会提议"等②。1912年3月20日，中国佛教会向临时大总统孙中山提出了《佛教会要求民国政府承认条件》，其中的一条就是"有监督佛教公团一切财产上处分之权"③，3月27日，孙中山复函中华佛教总会，称"贵会所要求者尽为约法所容许，凡承乏公仆者，皆当力体斯旨，

---

① 《内务部批》，《政府公报》第221号，1912年12月8日。
② 《中华佛教总会章程》，《佛学丛报》第1期，有正书局1912年10月1日出版。
③ 《佛教会要求民国政府承认条件》，《佛学丛报》第2期，有正书局1912年10月1日出版。

一律奉行"①，这就承认了寺产属于佛教社团的原则。袁世凯政府成立后，鉴于地方政府的反对，曾一度拒绝承认佛教社团为寺产所有者，指责中华佛教总会的要求是"以会统教，以教统庙"，是"举各省一切之寺庙财产囊括无遗，概归纳于该教该会范围之内，推其弊匪惟教团与地方冲突，即教团亦将与教团纷争，扰乱秩序，贻害胡底"②，并据此拒绝了中华佛教总会的立案呈请。

1912年8月，袁世凯政府实行宗教庙产分类处理的政策，严重损害了佛教的利益，佛教团体因此就不断上书各级政府，强烈要求修改这项政策。1913年6月，中华佛教总会上书参议院，要求废除将佛教庙分为公产、私产的政策，并要求采取切实措施保护佛教庙产："原文云'各庙有公产私产之别，即各僧有主体客体之分'。然各庙之有公产私产，而其同有佛教之财产则一也。各僧之管理庙产有主体，有客体，而其为佛教为主体则一也。今原文中以庙产公置者，以其所有权归之佛教以外之团体，任其自由处置，则于物权之主客既未分明。而为公为私，似指僧俗两界而言，不指佛教财产。若为捐助之款，则可由公家自由处置，则举凡全国公益法人之财产，皆可东挪西拨，案之法理，实有未符。今僧等拟请贵院案照法律，声明国内一切庙产，无论其为公为私，概以佛教为主体，僧固不得擅行变卖，移为佛教以外之用度，俗亦不得径行提拨，以供佛教以外之设施，庶几两得其平，而保护自由，较沾实惠。至于一切庙产，应由地方佛教总支分会调查注册，如住持交替，人财物或有更动，皆须申报佛教总支分会点验明白，以重保存。"③ 1913年底，中华佛教总会又上书国务院："查中国习惯，寺庙财产凡属于国家发帑建设，或个人与团体集资建造者，公缘信仰佛教起见，延僧管理，先已固定其财产不得作为他

---

① 《大总统覆佛教会函》，《临时政府公报》第49号，1912年3月27日。
② 《内务部覆国务院佛教总会章程应加修改函》，《政府公报》第221号，1912年12月8日。
③ 《中华佛教总会上海本部北京机关部暨苏闽湘赣各支部代表文希道、阶应干、忠月宝、大春等上参议院书》，《佛教月报》第1期，1913年5月13日发行，第127页。

用。衡之民法，取与权本无稍差异。究其主从之分，仍以佛教为主，僧徒为从，其所有权已属于佛教之公团，故于处分权亦有连带之关系。"① 这些上书的用意非常明确，就是要求袁世凯政府废除宗教庙产分类处理的政策。然而，这些上书并未完全打动袁世凯政府。为了促使袁世凯政府改变将全部庙产分为官产、公产和私产的政策，避免佛教的灭顶之灾，中华佛教总会的会长寄禅大师于 1912 年 11 月初亲率各省代表向内务部请愿，坚决要求废除将寺产分为官产、公产和私产的政策，并与内务部礼俗司司长杜关发生了激烈争吵，寄禅大师忧愤交加，当夜便在北京法源寺圆寂了。寄禅大师的意外圆寂，在僧界和知识界引起了轩然大波，"各界闻之，皆难其谢世之速，而愤杜某之可恶"，并将杜关称为"么魔小丑"②。寄禅大师的诗友熊希龄也恳请袁世凯"饬交内务部及各省都督加以保护（佛教，引者注），勿任摧残"③。寄禅大师的意外圆寂，熊希龄的呈请，以及新闻媒体对内务部粗暴行为的批判，给了袁世凯政府很大压力，为了缓和社会矛盾，袁世凯政府废除了佛教庙产分类处理的政策。

1913 年 1 月，内务部颁布《内务部咨浙江都督覆陈本部对于各项祠庙意见请酌量办理文》，其主要内容是庙宇住持僧道犯罪由其自己承担，不能没收其住持的庙产：

> 查中国习惯，各项祠庙莫不以慈善为性质，公益为目的，无论对于国家对于宗教均属纯粹正当公产。而祠庙既非自然人，自不能不借居住人代行其职务。若该居住人不本其性质，不遵其目的，而以己意妄自行事，则对于该祠庙已犯有违反职务之罪，该祠庙不惟不应代受其过，且其职务名誉反因之而受大损失，国家

---

① 《中华佛教总会致国务院呈》，中国第二历史档案馆编：《中华民国史档案资料汇编》（第三编《文化》），江苏古籍出版社 1991 年版，第 691 页。
② 《诗僧示寂》（民报通信），《佛学丛报》第 3 期，有正书局 1913 年 2 月 1 日出版。
③ 《熊希龄为保护佛教僧众及在军中布道致大总统禀》，中国第二历史档案馆编：《中华民国史档案资料汇编》（第三辑《文化》），江苏古籍出版社 1991 年版，第 689 页。

对于此项事件,应如何力为防范方能进保护之责。除从前法律不完备时,往往因其居住人之不法而罪及其主体,目为淫祠,概予收没者,现时不应追溯外,以后如遇居住人不法者,即不能罪及祠庙,以符世界各国保护慈善公益之意。①

这条规定现在看起来非常普通,但在当时却有着非常重要的意义:从历史上看,在我国几千年的传统社会里,人们普遍认为"普天之下莫非王土,率土之滨莫非王臣",因个人犯罪而被抄没家产的例子实在太多了,民间庙产的地位还不如个人财产,僧道犯罪没收庙产的例子更是俯拾皆是。该文件明确规定此后官府不能以僧道犯罪为由没收其住持的庙产,不仅体现了《临时约法》保护人民私产的基本精神,而且是我国庙产政策的巨大变化;从当时的社会实际看,清末民初时期各地都在大肆征用民间庙产,僧道只要不予配合,即被扣上"不守清规"的罪名扭送官府治罪,所住持的庙产即被充公,更不要说僧道有违法行为了。而该文件规定即使僧道犯罪,官府也只能将其本人依法惩处,不能没收其所住持的庙产,这对制止随意强占民间庙产的行为有着非常重要的作用。该文件还规定,宗教庙产不允许庙宇住持以私人名义抵押或借贷:

  至于破产一节,尤当认明主体。祠庙对于国家或宗教既均属公产,无论债务债权两方面均不能以私人资格指令抵押,或假其名义向人贷借财物。若有此事,则借者贷者均属违法,故僧徒犯罪有关破产者,其责任均归该僧徒负之,与祠庙无涉。总之,庙庵与僧徒实有主客之别,僧徒犯罪,无论民事上刑事上庵庙均不能代负责任,此揆之习惯,征之法理,均无抵触者也。②

---

① 《内务部咨浙江都督覆陈本部对于各项祠庙意见请酌量办理文》,《政府公报》第247号,1913年1月13日。
② 《内务部咨浙江都督覆陈本部对于各项祠庙意见请酌量办理文》,《政府公报》第247号,1913年1月13日。

这就是说，庙产是宗教公共财产，住持僧道只是其所住持的庙宇财产的管理者，没有处分庙产的权力。这项规定的意义也很重要，因为长期以来，传统佛教在我国宗法制度的影响下，世俗家族气息非常浓厚，庙宇的僧住持也习惯地将自己所住持的庙产视为自己的私有财产，在将住持职位私自传给徒弟的同时，也将其住持的庙宇财产传给徒弟。而该文件第一次明确规定庙产是宗教的公共财产，住持僧道不能私自处置，就使庙产师徒相传的习惯做法失去了合理性。该文件规定庙产为宗教的公产，各地不得借口僧道犯罪而征用宗教的庙产，僧道也不能随意处置庙产。这是我国庙产政策的又一个重大变化，它不仅有重大的历史意义，而且更有重要的现实意义，对遏制各地随意征用庙产和僧道私自侵吞庙产的行为起了很大的积极作用。

袁世凯政府在废除佛教庙产分类处理的政策后，在重新确立寺产属于佛教原则的过程中，开始将佛教会、道教会等宗教社团视为宗教庙产的所有者。1912年12月8日，内务部在批示中央佛教公会的呈文时，明确表示："中国向无国教，而信教自由，人民平等又为约法所载，似应采政教分离制度，认教团为私法人，则凡庙产之属于舍施、捐助二项，其目的确缘于宗教之信仰而无他种关系者，即以私法人为所有权之主体，国家对于此项庙产，仍视在私产之列。"① 这就承认了宗教团体对于宗教庙产的所有人资格。1913年3月，内务部核准了中华佛教总会的新章程，其中第十条规定："山寺田园本属四方僧物，非施舍而来即苦行所积，与他项公产私产性质不同，佛教公团应得保守。或开山以办农林，或采矿以兴实业，所有荒芜之地当一一调查。"② 太虚大师对这条规定进行了很好的解释："山寺田园本属四方僧物，佛教公团应得保守，及佛教财产应为佛教会公有之说乎！……今根本解决之法将奈何？则宜采行集权制度是也。著手之

---

① 《内务部批》，《政府公报》第221号，1912年12月8日。
② 《中华佛教总会章程》，《佛教月报》第1期，1913年5月13日发行，第138页。

道，当先将属于佛教范围内之不动产，详细调查，与地方他项公产私产，分别划清，毋稍含混。凡庵寺若干，山园若干，田地若干，概集合为佛教公有，由佛教总会设教产经理处经理之。整顿积弊，开辟利源，总核每岁收入额数，酌派于各学校、各研究社、传习所、各宗专科大学、各支分部、各演教团振兴各种慈善事业。"① 这显然将佛教庙产当作了佛教公团的财产，内务部核准了这份章程，也就意味着已经承认了佛教庙产为中华佛教总会所有。1913年4月，奉天省议会通过决议："充公庙产及提取各庙捐款，凡在各处教会未成立以前抽取归公者，均应照旧缴纳；各处教会成立以后寺庙私产始按法保护。"② 奉天省议会的做法很快得到了内务部的认可："中国各项宗教向无独立形式，一切庙产均视为公有财产，得由团体或国家随意处分，千百年来已成习惯。是各庙产未经各该教会查明确系私有以前时收归公用者，只得谓为适用习惯，不得谓违背约法。省议会请由佛教会成立以后实行保护，自系根据法理。佛教会不得借口争执。"③ 这就等于承认了佛教会、道教会为宗教庙产的所有者资格。

1913年9月，湖南都督谭延闿在批示中华佛教总会湖南支会的呈文时，也明确表示："所有僧侣住持庙宇田产，或系带产出家，或系募集留遗，及十方人民陆续捐助，目的确为供佛给僧，而僧侣生聚创置又有证据可查者，均应视为佛团私产，无论何人不得强为干涉，以清权限而保公安。"④ 这等于承认了中华佛教总会是佛教庙产的所有者。1913年10月1日，内务部在批示中华佛教总会直隶支部正会长释法慧的呈文时，继续强调宗教社团的宗教庙产的所有人资格："查中国各项宗教，在约法未颁布以前均无独立形式，一切庙产皆视为公

---

① 太虚大师：《上佛教总会全国支会联合会意见书》（民国二年三月作），《太虚大师全书》（18），宗教文化出版社2005年版，第289—290页。
② 《奉天民政长咨内务部据关东道教分会为本溪县抽提庙款一案提起疑问五项请解决批示等因，当经逐节拟驳惟事关法令解释究应如何解决请查核见覆文》，《政府公报》第496号，1913年9月21日。
③ 《内务部覆奉天都督电》，《政府公报》第329号，1913年4月6日。
④ 《陆军上将湖南都督兼民政长谭批》，《佛教月报》1913年第3期，第90页。

有财产，得由国家或团体随意处分。按之法律不溯既往之原则，则其从前已经处分者，固不得任意违抗。即在约法颁布以后而当各教会未成立之先，凡未经查明确系宗教所私有者，其庙产仍无独立形式，斯时国家或团体仍得适用习惯，视该庙为公有而随意处分之，则按之法律实行之时效，亦不得任意抗违。"① 1914 年 1 月，国务院也没有否认中华佛教总会为佛教庙产所有人的资格："中华佛教总会呈称'保护庙产一节，前蒙院部先后通咨各在案，近据各省支分部呈称，攘夺庙产，蹂躏僧徒之事仍复时有闻，地方官并不实力保护，再恳通行饬属遵照，等语。查此案前据建立佛教会人李翊灼等呈请保护前来。曾经分行贵部暨各省都督查照在案。兹复具呈前情，如果属实，自应严行申禁，相应抄录原呈，函知贵部查照通令饬遵。"② 1914 年 1 月 19 日，内务部又发出训令，转发了中华佛教总会的呈文，并要求顺天府尹、各省民政长、京师警察厅总监"通令各属查照可也"③。这就等于默认了中华佛教总会为佛教庙产的所有者资格。

(四) 庙产属于寺庙政策的确立

寺产属于佛教社团原则的确立，虽然达到了将武昌起义后强占寺产的行为合法化的目的，但同时也带来了另外一个结果，那就是佛教社团纷纷以此为依据代理寺产诉讼案件，讨要被强占的寺产。1912—1913 年间，上海就发生了 15 起寺产诉讼案件，这些案件大都是佛教社团代理的。在案件审理过程中，佛教社团据理力争，并积极聘请律师出庭辩护，组织记者对案件进行跟踪报道，从而给地方审判机关造成了很大压力，最终使这些案件以寺僧的胜诉而告终。对复杂的案件，佛教社团从不轻言让步，一直将官司打到内务部，1913—1914 年两年间，内务部批示过的寺产诉讼案就多达 12 起，这些案件也是由中华佛教总会代理的。

佛教社团公开出面代理佛教庙产诉讼案件的行为，给地方政府以

---

① 《内务部批第五百七十六号》，《政府公报》第 506 号，1913 年 10 月 1 日。
② 《内务部训令第三十七号》，《政府公报》第 611 号，1914 年 1 月 19 日。
③ 《内务部训令第三十七号》，《政府公报》第 611 号，1914 年 1 月 19 日。

第六章 佛教与国家关系的重新建构

强大的压力。为了摆脱这种困境，一些地方政府开始限制佛教会代理庙产诉讼的行为。1913年9月，江苏省发出第1944号训令，明令禁止中华佛教会江苏省支部代理庙产诉讼：

> 国家行政除法定机关外，不许私人与于，私法团体除自身事务外，不得越俎代谋。至民事诉讼，仅限于当事人及有关系人之经法令许可者，此外更无他人代诉之理。近来迭据江苏佛教总会江苏支部以该会名义，藉口保护佛教，干涉各地方庙产案件。顷复据丹徒县知事呈称，该会屡向官厅行文，干涉大圣院及梁宝寺各案等情到署。检阅该会文中辄用咨请、案据、取消前令、见复施行等字样，殊属非是。查僧徒以阐扬佛会为目的，集会固由自可。至于保护庙产，国家设有官厅，负其责任。如果实被损害，应由该僧徒自行诉讼，该会何得藉口保护，妄用咨文倡词指使？为此，训令各县知事，仰即出示晓谕境内各僧徒，须恪守清规，不得藉托名义，妄干政权。至如该境内所有各寺庙，仍应由该知事遵照第十二期、第七十一期省公报，分别切实保护，不准稍有偏袒。①

1915年3月24日，内务部呈请大总统袁世凯，要求禁止中华佛教总会北京机关部理事长法源寺住持道阶频频代理庙产诉讼的行为：

> 比年以来，宗教信徒团体林立，争攘权利，逾越范围，或以佛教等会为护符。本部于上年六月间呈请修正佛教总会章程案内，业经据实声明在案，并先后奉政事堂交少林教、万佛共和团各案，叠因莠民利用宗教结社，煽惑党羽，阴布邪教，饬部及各省长官严加考察等因。遵即由部严密通行，分别禁止取缔，以弥隐患而维治安。故凡对于僧侣，随时应加考察。查法源寺住持道

---

① 《论上海行政公署布告》，《佛教月报》1913年第3期，第69页。

阶，系中华佛教总会北京机关部理事长，比年庙产诉讼，每阅案牍，该僧多为代表，即如该僧前禀衡州华药寺改作佛学会分部，请立案保护一案，经本部行查，据湖南巡按使咨覆，此案经印委查明，华药寺因十方法门剃徒宗传轇轕，争讼不休。改革后经湖南高等审判庭判令，仍为法门丛林，由佛学会公举高僧为该寺方丈，至该寺财产，由两僧经营之，一由附法僧徒公举，一由玉田子孙互推，案经判决等因。乃佛学会因高等审判庭函请公举方丈，遂乘机将衡州佛学会分部移驻该寺，与原判不符，实属另生枝节，觊觎权利。即此一事，该僧平时之行谊是非固可概见。本部对于品行端正、理解明通之信徒，自应力为保护，俾教旨日益昌明。若其未能雕执净心，思藉官厅势力为种种利用之方，本部亦未敢过事放任，致滋流弊。合并呈明，伏乞钧鉴。①

这篇呈文先将道阶大师代理庙产诉讼官司的行为巧妙地与各地邪教组织联系在一起，接着罗列事实，指责道阶大师的行为干扰了地方司法，最后表示"本部对于品行端正，理解明通之信徒，自应力为保护，俾教旨日益昌明；若其未能雕执净心，思藉官厅势力为种种利用之方，本部亦未敢过事放任，致滋流弊"，其用意就是要取消佛教团体代理庙产诉讼的行为。内务部的建议很快得到了袁世凯的批准："应由该部随时察看，勿任干涉词讼。"②

1915年8月10日，袁世凯发布了《大总统申令》，否定了佛教社团的佛教庙产所有人资格：

> 民国肇建，于法律范围以内均有信教与财产之自由。惟改革之初，土豪莠民往往藉端侵占，控诉之案纷纭不决，关系于僧侣

---

① 《内务部呈法源寺住持僧道阶每遇庙产诉讼多为代表，行谊难信呈候鉴核文并批》，《政府公报》第1032号，1915年3月24日。
② 《内务部呈法源寺住持僧道阶每遇庙产诉讼多为代表，行谊难信呈候鉴核文并批》，《政府公报》第1032号，1915年3月24日。

庙产者尤多，嗣经该部规定寺院管理暂行规则，藉示限制，而诉讼旧案往往缠抗不休。此等庙产或由于教徒之募集，或由于人民之布施，其所有权未经让与以前，当然属诸寺庙。应由该部通饬地方官吏，对于寺庙财产，责成该管官切实保护。除僧侣热心公益自愿捐输仍准禀明立案外，均应严禁侵占，违者依法治罪。①

这个命令，首次明确了庙产的所有权属于寺庙的原则，这是袁世凯政府庙产政策的重大转变。袁世凯政府规定"庙产属于寺庙"的原则，其主要目的是借此取消佛教社团代理庙产纠纷的资格，进而消除僧人利用社团组织提起庙产诉讼的理由。此后不久，袁世凯又于1915年10月29日公布了《管理寺庙条例》，其中明确规定了庙产注册、庙产纳税等原则，这也是对"寺庙财产属于寺庙"原则的进一步确定，但同时规定："本条例公布之日起，内务部颁行之《寺院管理暂行规则》及曾经立案之佛道各教会章程一律废止之。"② 此后内务部即对所有的佛教社团重新审查登记，中华佛教总会尽管对其章程进行反复修改，内务部最终还是拒绝为其注册，这个最大的佛教社团不得不解散，从此以后，僧道便失去了抗衡官府的组织，其庙产被各地官府征用的事件也因此屡见不鲜了。

二 对佛教庙产判断标准的确定

民国初年，社会各界在激烈争夺佛教庙产所有权的斗争中，对究竟哪些庙产才是佛教庙产、哪些庙产不属于佛教庙产的分歧也很大，这是由我国各类庙宇的实际状况决定的。汉唐以来，僧尼一直是汉族地区最主要的神职人员，不但所有的佛寺由僧人驻守，就连祀典庙宇、百姓祠堂和各类民间神庙，也有很多由僧人驻守。长期以来，由于各类庙产的所有权一直没有明确规定，所以社会各界对佛教庙产的

---

① 《大总统申令》，《政府公报》第1171号，1915年8月11日。
② 《管理寺庙条例》，《政府公报》第1249号，1915年10月30日。

判断标准也有很大的分歧。僧人认为，凡是由僧人驻守的庙宇都是佛教庙宇；地方官员和绅士则认为，只有僧人私产才是佛教庙产，除此之外的其他庙宇，即使由僧人驻守，也不属于佛教庙产。1912年6月25日，袁世凯政府确定的"佛教庙产为该宗教所有"政策，其实是采纳了佛教人士的观点，而1912年8月实行的"庙产分类处理"政策，则采纳了地方官员和绅士的观点。1913年初，在宗教社团的压力下，袁世凯政府废除了庙产分类处理的政策，并承认佛教社团的庙产所有权资格后，社会各界对佛教庙产的判定标准的斗争也随之展开。

（一）以出资人的意愿为断

以出资人意愿为断的标准首次出现在1912年11月，起因是中央佛教公会要求内务部"明定佛教团体为公益法人，通令各省保护财产，以维地方安宁之序而坚蒙藏内向之心"。在答复中央佛教会的批示中，内务部提出了宗教庙产应以出资人意愿为断的评定标准：

> 原具呈人中央佛教公会发起人谭光鉴等：呈悉。该发起人等慨中国佛教之衰微，悯僧人能力之薄弱，援据法理，参酌事实，请明定佛教团体为公益法人，通令各省保护财产，以维地方安宁之序而坚蒙藏内向之心，立意诚善，见理甚当，本部极表同情。惟财团法人之资格，均应由民法规定，中国民法尚未经议决公布，本部暂时只能就从前习惯，参照约法分别保护，以为维持现状之计。中国习惯，宗教与寺庙实立于对待地位，本部前定官公私调查办法，系以寺庙为前提。该呈所称各节，仅主宗教一方面言之，其中不无差别。盖教团之性质本属单纯，而寺庙之沿革极为复杂，应否以教团为所有权之主体，必视其证据之有无，经法律之解决，始能判断。如果证据明确，绝对为佛教所有，则该庙产当然为公益法人，无须本部明定；若性质未明，界限未判，遽以部令通行各省，混寺庙教团为一，而定为公益法人，是以命令代法律，且以行政司裁判，非共和国所宜有也。查该呈所称寺庙

财产，非出于华宗巨族之舍施，即出于十方人民所捐助一节，是所谓佛教财产者，亦仅限于舍施、捐助二者以内。而中国各寺庙，有历代列入祀典之官庙，有地方以特别事故公建之祠社，有一人一姓独建之私庙，往往招雇僧尼、道祝，以为看守屋宇、照料香火之用，而其所有权仍以原当事者为主体，是寺庙财产显有官公私之别无疑。至中国向无国教，而信教自由，人民平等又为约法所载，似应采政教分离制度，认教团为私法人。凡庙产之属于舍施捐助二项，其目的确缘于宗教之信仰而无他种关系者，即宜以私法人为所有权之主体，国家对于此项庙产，仍视在私产之列。该呈设为辩难，谓必追及数千百年之前财产主体，当还之原人，原人不可得，当归之地方一节，未免误会。且即为舍施捐助二项而论，亦应视其目的如何，或有别项意思为之主动。如果缘于宗教上之信仰，具单独之意思，确指为供佛给僧之用者，当然认为佛教之公产；若其目的别有所在，或意思别有所存，则其主权应别有所属，该宗教团即不得强为干涉。又舍施捐助二者，尤应以有无证据为凭。若毫无凭据，则于官公私各产之中属于何项，无从判决，此等财产在各国法律悉视为无主之物，收为国有。今民国国民一律平等，亦岂能以取得无主物之特权，独畀之宗教团乎？本部从前所谓无主物者，亦限于此。至该呈漫为推拟，谓各省之意欲举数千年之寺院田产，概视为无主物而处分之，尤觉误会。该发起人等深明法理，当能细分界限，探撅本原，本部实深倚畀。至各省提产、杀僧、毁寺、灭像之举，刻下尚未有所闻。如果属实，殊属藐法，仰候通咨各省严行禁止，并仰将本部平等待遇各宗教之意传布各僧侣等一体知悉，有厚望焉。此批。①

在这份批文里，内务部首先指出中国的教团与庙产并不能混为一

---

① 《内务部批》，《政府公报》第221号，1912年12月8日。

谈，接着，指出中国的各类庙宇一般都由僧尼驻守，但并不是说所有的庙宇都为宗教社团所有。最后，内务部给出了判断庙产是否属于佛教社团的标准：宗教庙产仅限于舍施、捐助二项之内"其目的确缘于宗教之信仰而无他种关系者"，如果出资人还有其他其目的，则该项庙产也不属于宗教社团。

在同一期《政府公报》刊登的《内务部覆国务院佛教总会章程应加修改函》里，内务部再次肯定了以出资人意愿为断的评定标准：

> 查世界各国宗教制度，不外政教合一与教会公认及政教分离三项，中国采用何制，虽未经议决公布，然政教合一惟神权时代及半开化国所取行，现时物理昌明，此制已难再见，而教会公认又缘于习惯上之信仰，指定一二宗教认为公法人，而与以特别之权利。中国向无国教，虽欲有所指认，殆将无所适从。案临时约法有"民国国民一律平等，无阶级宗教之区别，及信教自由，集会结社自由"等语，国家对于各宗教任人信仰，原与平民等视，隐合政教分离制度，而对于各教团亦但认为私法人，不与以特别权利，亦不加以特别干涉者也。本部前通咨各省取消僧道各教职，即本此意。夫既不与以特别权利，则其所有财产仅及于各宗教范围以内，断不容其假宗教之名侵占非宗教之财产，即贵院从前通咨保护之文，亦专就佛教财产言之，并非许佛教团体有侵占各庙产之权利行为也。案佛教财产之性质最为单纯，必出于华宗巨族所舍施，或十万人民所捐助，其目的确缘于宗教之信仰，具单独之意思而无他关系者，方能绝对的无外界之牵涉。而中国习惯，宗教与寺庙不相混合，有寺庙并非根据于宗教，即有宗教不能统摄之寺庙，盖其财产性质往往出于舍施捐助二者之外，或应为国有，或应为地方公有，或应为一人一姓私有，均视其历史之沿革、证据之有无为断。该佛教总会竟欲以教统庙，举各省一切之寺庙财产囊括无遗，概归纳于该教该会范围之内。推其弊，匪惟教团与地方冲突，即教团亦将与教团纷争，扰乱秩序，贻害胡

底。又案约法所载,信教集会听人自由,虽教徒入会与否不能相强,故有教徒不入会者,亦有在会非教徒者,盖教与会实立于对待地位,而教会势力之所及,当然以在会者为限,否则,必使举国信仰该教之徒概受一会之支配,以蹈教会专制之流弊,桎梏自由,阻滞进步,安望其能发达耶?该佛教总会并欲以会统教,自认为统一佛教总会机关,且有监督处理全国佛教人财之特权,不惟与约法相违,亦且与事实相戾。盖佛教徒之设立教会者所在多有,不止该僧等一个团体,设各该僧团亦以其所设立教会纷纷来部呈请特许为统一佛教总机关,又将何以应付之乎?大抵中国现时情形,教会与宗教不相混,宗教与寺庙不相摄,该会至欲以会统教,以教统庙,与从前习惯、临时约法均置不顾,本部职司行政,未便苟同。前批指该章程有未妥处应加修改者,即此意也。至国家既认各教团为私法人,自不能视与政府平等,则所用公文即宜遵照程式,无得僭越。乃各教会章程往往有通告政府保护等语,是俨然以公法人自居,尤与约法不相符合。本部嗣后遇有此等章程,一律批斥修改,以正名实。兹准前因,相应函复贵院,即希转达熊君可也。此覆。①

这封公函在强调宗教与寺院不能混淆、会员与教徒不能混淆的基础上,严厉批判了中华佛教总会"欲以教统庙"和"以会统教"的错误,再次明确指出了佛教庙产的判断标准:"佛教财产之性质最为单纯,必出于华宗巨族所舍施,或十万民众所捐助,其目的确缘于宗教之信仰,具单独之意思而无他种关系者。"不难看出,内务部制定的"以出资人意愿为断"的宗教庙产判断标准,是基于中国佛寺道观财产来源的复杂性以及所有庙宇大多由僧人驻守的客观现实,但其真实用意则欲以此为借口,竭力缩小佛教庙产的范围,以满足地方政

---

① 《内务部覆国务院佛教总会章程应加修改函》,《政府公报》第221号,1912年12月8日。

府继续大规模征用庙产的需要。

(二) 偶像判断标准的形成

以出资人意愿为断的标准更加符合保护宗教自由的宪法精神,理论上也有一定的合理性,却无法缓和社会各界对佛教庙产的激烈争夺,原因是绝大部分庙宇的历史都很悠久,出资人不仅数量多,而且时间差别也很大,故以出资人的意愿来判断庙产的归属,显然没有实际意义。为了缓和日益激烈的庙产纠纷,袁世凯政府将以出资人意愿为断的标准改成了偶像判断标准。偶像判断标准首次出现在1913年6月2日的《内务部覆吉林都督电》中,这封电报的主要内容如下:

> 宗教寺院应以该正殿所供之主位神像见于各宗教之经典者为限,宗教财产应以出于信仰之目的,具单独意思,确指为焚修之用,而捐助或舍施者为限。寺产证据应以碑志、志乘或成文契约所称述者为限。其有主位神像出于正史暨祀典或政令与地方志乘、人民习惯者,以及由个人或团体以特别事故袭宗教名称建立寺院,而其事实尚继续举行或尚可考见者,并其证迹湮灭,性质无可考,或证迹含混,性质难辨,或仅有器具、梁壁及普通契券上之署名者,均与宗教无涉。①

内务部的这个表述有两个意思:一是判断某一处庙宇是否属于宗教庙宇,就先看它正殿主位神像,只要主位神像不是出于宗教经典的庙宇,一律不属于宗教庙宇;二是判断某处财产是否属于该庙宇,就看相关碑记、志乘或成文契约有无记载。这个标准与前一个标准相比,就具有一定的操作性了。1913年6月20日,袁世凯政府公布了《寺院管理暂行规则》,它对宗教庙产的判断标准的表述是这样的:"本规则所称寺庙,以供奉神像见于各宗教之经典者为限。寺院神像

---

① 《内务部覆吉林都督电》,《政府公报》第385号,1913年6月2日。

设置多数时，以正殿主位之神像为断。"① 这是民国政府颁行的第一个宗教管理法规，偶像判断标准因此上升为国家法律。尽管《寺院管理暂行规则》所确立的保护庙产标准有不少问题，但袁世凯政府并未将之废除。1913年9月，内务部又发出第621号训令，继续强调这个标准，全文如下：

> 准国务院函钞中华佛教总会直隶支部会长法慧呈称，省令第九百五十二号规定"有切实自置契据碑记者为僧人私有庙产，应由官厅认真保护；无切实自置契据碑记者为地方公有庙产，应听官绅公议处分"云云，与本部前通饬各省文并寺院管理规则稍有相反，希即准予取消等语，交由本部查核办理等因。准此，查本部前制寺院管理规则第一条所称正殿所供神像见于各宗教经典者，其庙产为宗教所有一节，本赅括宗教公私两方面而言。若加以解释，则凡以私财自置者为教徒私产，凡出于人民捐助十方舍施者为宗教公产。该省令所称虽不出部定范围，究与宗教公产一层未免遗漏。为此，令仰该公署迅即补令各观察使、各县知事，查照本部前覆吉都电，将捐助舍施两项寺庙确查证据，划归宗教公有，并一律认真保护可也。②

这份训令，明确否定了直隶民政长将"有切实自置契据碑记者为僧人私有庙产，应由官厅认真保护，无切实自置契据碑记者为地方公有庙产，应听官绅公议处分"作为庙宇存废标准的做法，继续强调《寺院管理暂行规则》所确定的标准，这就再一次重申了袁世凯政府保护宗教庙产的基本政策。

（三）庙宇按习惯分类政策的出台

尽管偶像判断标准较此前的"以出资人意愿为断"的标准更加

---

① 《寺院管理暂行规则》，《政府公报》第403号，1913年6月20日。
② 《内务部训令第六百二十一号》，《政府公报》第500号，1913年9月29日。

符合保护宗教自由的宪法精神,也有一定的现实意义,但宗教人士并不认同。中华佛教总会就曾上书参议院,明确反对内务部的这一做法:

> 夫佛教上乘,本无取乎偶像,亦不得谓之多神,诸法皆空,一切皆如其理,本极精深博大。至于小乘,为下等人说法,塑像奉祀,本为像教中救世之苦心。然既已法相庄严,令物生解,则凡属庙主,皆有保存之责,无毁坏之理。且偶像亦何常之有?前清入关,喜祀关羽,则处处祀有关帝;蒙元继统,崇尚道教,则处处祀有老君。如原文所云,详加斟酌,分别存废,不毁者酌提香火,其毁则必至充公,僧等窃恐此令一行,国中能斟酌分别之人,则必不可多见,而武断强制之辈,则任其骚扰。佛教经典,引称之菩萨名称,何止于千数,历史志乘所记载之古德讳号,何止百家?使所祀者为关帝、为老君,犹可沐其保存也,使所祀者为汤武,为明太,人以为不合共和政体,亦从而毁之?或甲省以此神为可祀,乙省以此神为不可祀。在女真之遗址,则不喜武穆;在中原之故土,则不喜姚秦,各以其好尚之殊,遂各别其存废之界,盲目禹甸,何日清宁?且佛藏经典,历史志乘,安得人人而编读之?若甲认为经史所有,乙则认为经典所无,乙以毁庙充公,必获少数激烈派之欢心,而以武力钳制甲者之口,启争召乱,莫此之尤。近来各处毁庙夺产者,固报不绝书,而人民因其破坏信仰,聚众戕官,逞蛮毁学者,亦相继而至。推其原故,皆由人民未能实力奉行"信教自由"四字,以致借偶像为区别,启法界之纷争,残杀横行,怨毒汇集,共和国家曷能有此恶相?僧等思之悲痛,拟请贵院主持,暂予保全现状,不于佛教偶像遽生区别,一律维持。若佛学教会研究有年,信士日增,则无谓之偶像,自必至逐渐改良,魔道淫神,自归无有。此为宗教进化之根本,即是保全治安之良

方,僧等同为国民,亦当知所警惕也。①

纵观中华佛教总会的这份上书,其主要观点有以下几个。一是佛教分为大乘和小乘,大乘佛教本无偶像,由于大乘佛教在我国流传最广,故偶像判断标准的实际作用并不大。二是中国民众一直信奉万物有灵,各地庙宇所供奉的神像早已与该地区的风俗相融合,各地风俗不同,所供奉的神像也不同,如果以供奉神像为标准决定其庙产是否充公,必然会引起极大的混乱。三是佛教的经典博大精深,所供奉的神像千差万别,而各地真正精通佛教经典的人又少之又少,很难判断某个神像记载于哪部经典,以供奉神像是否载在佛教经典来判断某个庙宇的财产是否属于应该保护的佛教庙产,难度极大,不能有效阻止少数人侵占庙产的行为。四是毁像驱僧现象在各地频繁发生,已经造成了极为严重的后果,亟应彻底贯彻《临时约法》保护人民信教自由的精神,以维护社会稳定,据此他们主张对于宗教庙产"不于佛教偶像遽生区别,一律维持",以促进宗教的进步和社会治安的恢复。平心而论,中华佛教总会的建议是不错的,但他们忽视了袁世凯政府的真正意图,因此不能得到政府的认可,也无法改变各地征用宗教庙产现象的频频发生。

尤其值得注意的是,由于儒、道、佛三教合流,祀典庙宇、民间神庙和佛寺道观共同供奉一个神灵的现象非常普遍(如各地的关公崇拜就是典型例子),如果按照偶像标准来判断某一处关帝庙的归属,无疑会出现极大的混乱。鉴于以神像来判断某处具体的庙产是否属于宗教庙产的标准存在较大随意性,地方政府和宗教人士不断对此提出反对意见。在这种情况下,袁世凯政府又废除了偶像判断标准,实行庙宇按习惯分类政策。1915年10月29日,袁世凯颁布了《大总统申令》,正式公布了《管理寺庙条例》,这是袁世凯政府庙产管理政

---

① 《中华佛教总会上海本部北京机关部暨苏闽湘赣各支部代表文希道、阶应干、忠月宝、大春等上参议院书》,《佛教月报》第1期,1913年5月13日发行,第128—129页。

策的集大成。在这个条例里,袁世凯政府继续坚持保护宗教庙产的原则,但却废除了将供奉神像是否载在宗教经典作为判定某一个庙宇是否属于宗教庙产的做法,而是将宗教庙产分为七大类:"一、十方选贤丛林寺院;二、传法丛林寺院;三、剃度丛林寺院;四、十方传贤寺院庵观;五、传法派寺院庵观;六、剃度派寺院庵观;七、其他习惯上现由僧道住守之神庙(例如未经归并或设之,从前习惯上奉祀各庙是)"。这个分类方法尽管不太周延,但其操作性较强。同时,该条例还规定庙产注册制度:"第十八条、本条例规定应注册之事项,须向寺庙所在地之该管地方官署为之;第十九条、业经注册之事项,该管官署应即公告并发给注册证;第二十条、凡应注册之事项未经注册及公告,该管地方官不认保护之责;第二十一条、业经注册之事项如有变更或消灭时,须随时禀请该管官署注册。"这些规定的出台,使佛教庙产的保护有了具体的依据,既可以避免外界对佛教庙产的随意征用,又使佛教庙产完全置于国家的控制之下,此外,该条例还规定:"凡寺庙财产须按照现行税则一体纳税。"至此,袁世凯政府的佛教庙产判断标准才最终形成,保护佛教庙产的政策才因此具有了可操作性。[①]

三 关于保护佛教庙产起始时间的界定

民国初年,社会各界在为佛教庙产的所有权归属和佛教庙产的判断标准激烈争论的同时,关于保护佛教庙产起始时间的斗争也在激烈进行。在解决这个问题的过程中,袁世凯政府充分利用西方民主国家普遍实行的"法律不溯既往"原则,将保护佛教庙产的起始时间一再推迟,以满足各地大规模征用庙产的需要。

法律不溯既往是西方资本主义国家普遍采用的一条法律适用原则,它的基本含义是一部新法实施后,对该法律颁布以前的行为没有溯及力。1787年美国宪法就明确规定"追溯既往的法律不得通过",

---

[①] 本段引文来自《管理寺庙条例》,《政府公报》第1249号,1915年10月30日。

第六章　佛教与国家关系的重新建构

1789年，法国《人权宣言》规定："除非根据在犯法前已经公布的且系依法施行的法律以外，不得处罚任何人。"1804年《法国民法典》也规定："法律仅仅适用于将来，没有追溯力。"① 中华民国建立后，大规模移植英美法律，法律不溯既往原则也为政府所采用。1912年1月28日，内务部颁发《内务部通饬保护人民财产令》，宣布保护人民私有财产（该法令的内容前面已经详细引用，在此不予重复）。该法令颁布后，有人要求南京临时政府归还此前被各民军查封的财产，赔偿辛亥革命中所遭受的财产损失。内务部在回应这些要求时，首次运用了法律不溯既往的原则：

> 查法令效力不能追溯既往，都内以法令发布时为始，都外以法令达到后经地方官发布时为始。本令于民国元年元月二十八日始行发布，其在未发布以前自无效力。况人民财产损失之时，临时政府尚未成立，无从负保护之责；临时政府既已成立，人民财产始在保护范围以内。且保护云者，保护以后之财产，非赔偿以往之财产也。此后无论何人违犯本令，自有法律以裁之，担任赔偿。乃国家对于犯罪者之责令，譬如杀人之犯，国家应有办理之责，然祇能加刑于罪人，此理之至易明者，代任赔偿宁有是法？又战争之际，乱民乘机窃发，该绅等称有被民军抢劫者，当时保无借名掳掠，事后无从追查，即被抢劫者恐亦难确指其人。要之法令不溯既往，自颁布之日始，此后即当实行，该绅等幸勿误会可也。②

在这份答复中，内务部反复强调法律不溯既往的原则，并表示临时政府对《保护人民财产令》颁布以前的行为不负责任。由此可见，南京临时政府建立后不久，就开始运用法律不溯既往的原则处理一些

---

① 包玉秋、杨彬主编：《民法》，白山出版社2005年版，第214页。
② 《内务部批绅士梁尚忠等为保护人民财产令有疑问之处恳请批示呈》，《临时政府公报》第17号，1912年2月20日。

复杂而又敏感的社会问题。

袁世凯政府建立之初，各地对民间庙产的征用力度更大，寺产纷争也因此变得相当尖锐，各地僧人和佛教社团纷纷要求袁世凯政府根据《临时约法》保护信教自由和财产自由的原则保护其庙产。为了缓和社会矛盾，袁世凯政府相继制定了一系列政策，以制止各地大肆侵占佛教庙产的行为。这当中最有影响的有两个文件：一是1912年6月25日颁布的《国务院咨内务部各省都督佛教财产为该教所保有，如有临时占用之处应清理发还以符约法文》；二是1912年11月11日颁布的《内务部通咨各省都督民政长请转饬所属切实保护祠庙文》。这两个文件的具体内容虽然不尽相同，但基本精神都是要求各地按照《临时约法》的精神保护宗教庙产。这些法令颁布后，各地僧人和佛教组织纷纷要求废除征用庙产的政策，归还此前被征用的庙产，这就给各地正在进行的改革事业造成了严重威胁。为了摆脱这种被动局面，袁世凯政府开始强调法律不溯既往的原则，这不仅是正确的，而且也是必要的。问题是袁世凯政府在不同的文件里所强调的保护佛教庙产的起始时间并不一致。

(一) 保护佛教庙产的第一个起始时间——军兴

1912年6月25日，袁世凯政府颁布了《国务院咨内务部各省都督佛教财产为该教所保有，如有临时占用之处应清理发还以符约法文》，宣布实行佛教庙产为该宗教所有的政策，要求各地切实保护佛教庙产。值得注意的是，这份命令规定的保护佛教庙产的起始时间是"军兴"，即各地宣布独立的时间。如此一来，袁世凯政府宣布的保护佛教政策，就不涉及清末被征用的佛教寺产，这就等于承认了清末各地征用佛教寺产行为的合法性，对减少佛教庙产纷争起到了极其重要的作用。

但是，袁世凯政府将"军兴"确定为保护佛教庙产的起始时间，有一大弊端，那就是各地"军兴"的时间并不一致。如湖北"军兴"的时间是1911年10月10日，湖南和陕西两省的"军兴"时间为10月22日，山西省的"军兴"时间是10月29日，云南省的"军兴"

时间是 10 月 30 日，江西省的"军兴"时间是 10 月 31 日，上海的"军兴"时间是 11 月 3 日，贵州省的"军兴"时间是 11 月 4 日，江苏和浙江两省的"军兴"时间是 11 月 5 日，广西省的"军兴"时间是 11 月 7 日，安徽省的"军兴"时间是 11 月 8 日，广东省的"军兴"时间是 11 月 9 日，福建省的"军兴"时间是 11 月 10 日，山东省的"军兴"时间是 11 月 12 日，四川省的"军兴"时间是 11 月 23 日。由于各省"军兴"的时间很不一致，如果不确定一个统一的标准，显然会引起极大的混乱，如果以某一个省"军兴"时间（如武昌起义的时间），其他省份还未光复，显然不能按照民国的命令保护佛教庙产。更为重要的是，各省在宣布独立以后，强占佛教庙产的行为更加猖獗，即便大局底定以后，由于破除迷信运动的猛烈发展和创办各项新政机关的需要，各地具有现代意识的社会精英还在疯狂地强占佛教庙产，按照 1912 年 6 月国务院的命令精神，这些行为显然是违法的，必须予以纠正，这显然也是不现实的。

（二）保护佛教庙地的第二个起始时间：1912 年 8 月 23 日

为了平息空前激烈的寺产冲突，缓和来自佛教社团和地方政府的双重压力，袁世凯政府在实行佛教庙产分类处理政策的同时，还利用法律不溯既往的原则，在保护寺教庙产的起始时间上做起了文章。1912 年 8 月 23 日内务部颁布《咨覆湖南都督中华佛教总会章程各条均须修正请饬遵照本部通行重订章程呈部审定以明界限文》，对保护佛教庙产的起始时间作出了新的规定：

> 查统一政府未成立时，曾经该僧等将该会会章在南京禀部立案。当以时值草创，法律尚未完全规定，本部意在恢复秩序，未遑驳诘，遽以临时命令准其立案。现值时局大定，一切法律均须重加厘定，即祠庙一项，亦应斟酌国情，分别存废。本部正拟通咨各省，所有各种教会无论已否得部批准，均须重将各项章程呈部核夺，分别准驳，以防流弊。其从前已得部批准而界限未定明确，如佛教总会第十八条所称等类，均在应行修改之列。其未修

改以前，遇有以寺庵财产交涉者，须以有无确实凭据，断定其所有权之主体，该会不得混以檀越二字，阴行恋栈之实。若从前已经收为地方公益之用，据法律不溯既往之原则，自应仍前办理，该会亦不能再加干涉。至以后有认为增进公益、维持治安者，据《临时约法》第十五条所规定，虽属公民财产，犹当守服从之义。①

这就是说，此前颁布有关佛教的法令，属于应急性质，现在大局已经稳定，必须重新加以修正。对于此前各地强占佛教庙产的行为，根据法律不溯既往的原则，不能予以追究。显然，袁世凯政府要修改此前颁布的保护佛教庙产的命令。关于保护佛教庙产的起始时间，内务部说得也很明白："若从前已经收为地方公益之用，据法律不溯既往之原则，自应仍前办理，该会亦不能再加干涉。"这就将保护宗教庙产的起始时间由辛亥革命爆发（1911年10月）推迟到了1912年8月23日。

（三）保护佛教庙产的第三个起始时间：《临时约法》颁布

袁世凯政府推迟保护佛教庙产起始时间的行为，满足了地方政府的要求，严重损害了佛教的利益，因而引起了佛教人士和佛教社团的强烈不满，他们纷纷以上书、请愿的方式，强烈谴责袁世凯政府朝令夕改的行为，要求内务部严格按照国务院命令的精神保护佛教庙产。为了平息佛教人士的不满情绪，袁世凯政府作出让步，1913年10月1日，内务部在批复中华佛教总会直隶支部正会长释法慧的呈请时，明确表示：

查中国各项宗教，在约法未颁布以前均无独立形式，一切庙产皆视为公有财产，得由国家或团体随意处分。按之法律不溯既

---

① 《内务部咨覆湖南都督中华佛教总会章程各条均须修正请饬遵照本部通行重订章程呈部审定以明界限文》，《政府公报》第115号，1912年8月23日。

往之原则，其从前已经处分者，固不得任意抗违。即在约法颁布以后而当各教会未成立之先，凡未经查明确系宗教所私有者，其庙产仍无独立形式，斯时国家或团体仍得适用习惯，视该庙为公有而随意处分之，则按之法律实行之时效，亦不得任意违抗。①

这段话有两个意思：第一，《临时约法》颁布以前发生的强占佛教寺产案件，是符合传统习惯的，按照法律不溯既往原则，不能予以追究；第二，《临时约法》颁布以后而佛教社团未成立以前，那些被强占但尚未明确为佛教的庙产，也不再予以归还。这样就将《临时约法》的颁布时间（即1912年3月11日）作为保护佛教庙产的起始时间，与1912年8月23日的命令相比，提前了五个月之久，这无疑是对佛教社团的重大让步。

客观来看，袁世凯政府将《临时约法》颁布时间作为保护佛教庙产的起始时间是比较合理的，佛教社团和佛教人士也是能够接受的。遗憾的是，在这份咨文里，内务部又同时宣布"即在约法颁布以后而当各教会未成立之先，凡未经查明确系宗教所私有者，其庙产仍无独立形式，斯时国家或团体仍得适用习惯，视该庙为公有而随意处分之，则按之法律实行之时效，亦不得任意违抗"，又为各地强征佛教庙产留下了充分余地。这些看似矛盾的规定，充分反映了民国初年寺产纷争的尖锐复杂性，也反映了袁世凯政府在保护佛教庙产方面的矛盾态度。在佛教社团与地方政府矛盾尖锐的形势下，袁世凯政府的矛盾态度和朝令夕改，无疑是对各地强占佛教庙产行为的默认和鼓励。在中央政府的影响下，一些地方就假借法律不溯既往的原则，否认国务院和内务部保护佛教庙产的基本精神，任意推迟保护当地庙产的起始时间，这就势必引起佛教社团的强烈不满，双方的博弈由此开始。

1912年5月间，奉天省宾州府宾维镇议会通过决议，拟将抽取该

---

① 《内务部批第五百七十六号》，《政府公报》第506号，1913年10月1日。

镇宝林寺地租四十石,青龙寺地租四百吊,祥云寺地租二千余吊。①1913年1月23日,中华佛教总会宾州分部上书宾州府,要求取消此项决定,归还被提取的庙租:

> 按照大总统五月十一号命令,内开"人民之权利有保有财产自由,无故不得侵犯",暨五月十九号国务院咨行内务部文,历引《临时约法》第五条"中华民国人民一律平等",第六条第三款"人民有保有财产之自由",第七款"人民有信教之自由",并上海中华佛教总会章程第七条第五款"佛教财产只应保守不准变卖"等因,函达该会,声明前议应作无效。②

对于中华佛教总会的要求,宾州府即以法律不溯既往原则予以拒绝:

> 民国元年十一月二十九日,本府奉吉林都督陈札发《关于归公庙产不能退还告示》,内开"按约法第二章第六条,所谓信教自由者,不过准人民自由信教,不加禁止而已,实与庙产本无干涉。即所谓保有财产自由者,亦系指人民自由之财产而言。若庙产系属地方公产,大半由十方捐助得来,并非僧道所固有,不能与人民自有之财产相提并论。又该庙产从前已收为公益之用者,据法律不溯既亡【往】之原则,则应仍照前办理。该僧道等不得妄生希冀,藉词索还"各等语,理之正当,核与该分部解释,诚大相悬殊。且归没该分部庙产,系在民国元年五月,而此种功令,系在元年十一月,揆诸法律不溯既往原则,正复相同。兹该镇议会等所收宝林寺等租款,不能退还,理由是遵守都督之命令,即所以维护约法也。况一般法外,又有普通法

---

① 《宾州分部呈宾州府文》,《佛教月报》第1期,1913年5月13日出版,第166页。
② 《宾州分部呈宾州府文》,《佛教月报》第1期,1913年5月13日出版,第165页。

及特别法之分。特别法之根据，即应因时因地而规定，如公同认可，虽无明文，亦可发生效力。该分部此种请示，想系未观此项告示，不明此意，故特剖析批示，所请转饬拨归之处，碍难照准。①

对于宾州府的这种解释，中华佛教总会宾州分部据理力争。首先，他们认为吉林都督的告示有违约法精神：

> 吉林都督札发《关于归公庙产不能退还告示》内开"按约法第二章第六款所谓信教自由者，不过准人民自由信教不加禁止而已，实与庙产本无干涉"，既谓自由，何能受他人之禁止？庙产既为僧徒所有，则当于财产自然有自由行使之权利，何谓无干涉？故无事深辩。又即所谓"保有财产自由者，亦系指人民自由之财产而言"等语，信如是言，则约法第五条之规定所谓"中华民国人民一律平等"者，是仍不能平等矣。既不能平等，则"一律"二字当作何解释？况下复有"无宗族、宗教之区别"。僧徒亦即国民之一，岂有为中华民国之国民，而反不得引中华民国之约法以为保障者哉？②

在此基础上，宾州分部就"法律不溯既往"的原则发表了自己的意见：一是宾维镇议会的决议不能算作成案：

> 此次之归没，系发生于去岁五月，虽历经堂讯，本会会员相明、安秀等均未正式认可，此时仍在继续办理之中，不能与归没已妥者相为比例。即按法律不溯既往之原则，亦何不可将该维镇该会之提议案作为无效？且法律不溯既往者，此尤非为正当之解

---

① 《第二次呈宾州府文》，《佛教月报》第 1 期，1913 年 5 月 13 日出版，第 167—168 页。

② 《第二次呈宾州府文》，《佛教月报》第 1 期，1913 年 5 月 13 日出版，第 169 页。

释。当新旧法律过渡时代，新法律已发生，旧法律应消灭，遇有援引时，可以不溯既往。此时约法并未有何种变更，更何有不溯既往之足云？①

二是奉天都督的命令的效力不能高于大总统令，更不能高于《临时约法》：

至谓"归没该分部庙产，系在民国元年五月，而此种功令在民国元年十一月，揆诸法律不溯既往原则，正复相同"等语。查都督命令固在于元年十一月，然此功令之前，则有大总统五月十一号命令，此功令之后则有大总统交下熊顾问之禀，称"饬各省知照"。何以不承认大总统之命令，而独承认都督之命令，有是理乎？②

三是奉天都督的命令和奉天省议会的决议只是地方法规，应当服从中央命令和《临时约法》：

查都督之告示系转准省议会之决议案，省议会之决议案认为一省之单行法则可，认为特别法则不可。特别法之规定，如西殴【欧】之待黑奴红种英人之于印度，日本之于朝鲜是已。然一省之单行法亦应按中央之立法为标准，而不得相抵触。按之法理，一省单行法有与中央相冲突者，须另行规定或取消。揆诸约法者，省议会之议决案亦应作为无效也明矣。至"如公同认可"等语，核与此亦正相类，固无事深辩。总之，约法者，人民之所公认，全国上下视为金规玉律，无敢或越其范围，反之则为人民之公敌，亦即国人之所共弃。该宾维镇议长黄殿芳等彼何人，斯敢

---

① 《第二次呈宾州府文》，《佛教月报》第 1 期，1913 年 5 月 13 日出版，第 170 页。
② 《第二次呈宾州府文》，《佛教月报》第 1 期，1913 年 5 月 13 日出版，第 170 页。

于破坏约法,弁髦功令,蹂躏人权,攘夺庙产?①

根据以上三点理由,中华佛教总会宾州分部表示:宾州府的解释"本分部断不能承认为有效,应请将已经强索收取各庙租赶速拨还,其未经收去者,不能再付。如果仍行强横,归没庙产者小,而破坏约法者大。国有法律,万难曲从,本分部亦唯有向高等法庭提起公诉,以凭裁判而已"。②

(四)保护佛教庙产的第四个起始时间:佛教社团成立

由于佛教社团与地方政府对于保护佛教庙产的起始时间争论不休,各地庙产纠纷也因此无法平息。1913年3月,新任奉天省都督张锡銮就保护佛教庙产的起始时间一事再次请示内务部:

奉省僧道因庙产充公事宜缠讼不休,经赵前督通令,凡私有庙产准自约法宣布以后按法保护在案,兹复准省议会拟议请由佛教会成立以后实行保护等因。查佛教会成立后距约法宣布时有一载,若据约法宣布之日即为效力发生之日,诚恐已收入之学款自治款尽为佛道争回,款绌事废;若依省议会所议以佛教会成立之日为断,复恐佛教会执约法为辞,争讼亦不能免。究应如何办理,希速核电示。③

1913年4月6日,内务部对张锡銮的沁电做出了正式答复,电文如下:

奉天都督鉴:沁电悉。法律由形式发生,必有形式而后法律乃生效力。临时约法虽有保护私产之条,而私有庙产在形式上究不能与约法同时认定。中国各项宗教向无独立形式,一切庙宇均

---

① 《第二次呈宾州府文》,《佛教月报》第1期,1913年5月13日出版,第171页。
② 《第二次呈宾州府文》,《佛教月报》第1期,1913年5月13日出版,第171页。
③ 《奉天都督致内务部电》,《政府公报》第329号,1913年4月6日。

视为公有财产，得由国家或团体随意处分，千百年来已成习惯。是各庙产未经各该教会查明确系私有以前时收归公有者，只得谓为适用习惯，不得谓违背约法。省议会请由佛教会成立以后实行保护，自系根据法理，佛教会不得借口争执。此覆。①

中华佛教总会首次成立大会是 1912 年 4 月，后遵照袁世凯政府的通令再次向北京政府内务部申请重新立案，其立案呈请和简章直到 1912 年 12 月 4 日才被正式批准，1913 年 4 月 1 日在上海重新召开成立大会，根据奉天都督张锡銮的请示电和内务部批复电，可以看出，他们所说的佛教会成立时间应该是 1913 年 4 月 1 日，而非 1912 年 4 月，这就将保护佛教庙产的起始时间由《临时约法》颁布的时间（1912 年 3 月 11 日）推迟到了中华佛教总会获准袁世凯政府批准成立的时间（1913 年 4 月 1 日），这与 1913 年 10 月确定的时间相比，往后推迟了一年有余。

内务部的这个决定立即招来了宗教社团的强烈抗议，这次抗议的主角是吉林省的关东道教分会。1913 年 9 月，关东道教分会因本溪县官绅勒捐庙产，滥押道人，向奉天民政长提出强烈抗议，并对保护佛教、道教庙产起始时间提出了五项疑问，反对本溪县根据奉天省议会通过的"充公庙产及提取各庙捐款，凡在各处教会未成立以前抽取归公者，均应照旧缴纳；各处教会成立以后寺庙私产始按法保护"的决议，要求根据《临时约法》的精神保护道教庙产。其中涉及法律不溯既往原则的有两条：

查本溪抽提庙款各事虽在民国前，但当日认款出于义助者多，出于税务者少。税务者自有永久性质，义助者纯属临时行为，故民国成立后有继续缴纳者，有未继续缴纳者。若据法律不溯既往之原则一切认为固定，则继续缴纳者即不应再生异议，至

---

① 《奉天都督致内务部电》，《政府公报》第 329 号，1913 年 4 月 6 日。

第六章 佛教与国家关系的重新建构 333

未经缴纳各庙,其义助之事既随改革以俱去,又何得循旧例复事勒捐?况人民非依法律不能生纳税义务,此项抽款旧例既已中断,新法无明文,不知该官绅有何依据竟用此专制手段,以相对的临时义助之事项,强迫而为绝对的永久继续之行为?①

这就是说,根据法律不溯既往的原则,对于清末各庙认缴的庙租,民国后继续缴纳的则维持原状,如果民国成立后拒绝缴纳的应予允许:

> 查本年四月六日政府公报,载有宪台致部原件,内云"若据约法宣布之日即为效力发生之日,恐已收入之学款自治款尽为佛道争回"等语。内务部电覆内云"各庙产未经教会查明以前收归公用者,该教会不得争执"等语。详绎两电文,不过取消各道人之债权,使已归公用者不得勒还,并未言及未归公用者仍旧缴纳。使道人生债务之关系,虽省议会曾对于仍旧抽捐一节曾论及之,我宪台既未据以为请,内务部亦未复有明文,法律上之义效力既未具备,道人之义务又何由发生?②

这就是说,奉天都督的请示和内务部答复的实质是强调以前已经充公的庙产不得要求归还,并未明确规定清末时期被迫认缴的庙捐仍须继续缴纳,即使按照法律不溯既往的原则,也不能强迫各庙继续缴纳。由此可见,关东道教分会坚决反对奉天省议会的决议,并反对本溪县以法律不溯既往为由拒绝按照《临时约法》的精神保护其庙产

---

① 《奉天民政长咨内务部据关东道教分会为本溪县抽提庙款一案提起疑问五项请解决批示等因,当经逐节拟驳,惟事关法令解释究应如何解决请查核见覆文》,《政府公报》第496号,1913年9月21日。
② 《奉天民政长咨内务部据关东道教分会为本溪县抽提庙款一案提起疑问五项请解决批示等因,当经逐节拟驳,惟事关法令解释究应如何解决请查核见覆文》,《政府公报》第496号,1913年9月21日。

的行为。①

对于关东道教分会的质问,奉天民政长答复曰:

> 盖中国各项宗教之庙宇,向无独立形式,均视为公有财产,得由国家或团体随意处分,抽取庙款之举确系处分公有财产,当然有永久性质。故凡在民国成立以前及各处教会未经成立查明确系私产之时抽提归公者,均应继续缴纳,不得认为义助。希冀罢免省议会前次议决各属提取庙产以各处教会成立之前后为断,以前归公则照旧例缴纳,以后私产则按法保护,本属甚明。本民政长所以电部者,系仅询明时期之限制,并未询庙款是否仍交,故部覆电文亦仅照时期而言。盖庙款当然继续照交,实无待于致电询部也。且抽取庙款系处分公产,更无债权债务之关系。省议会为本省立法机关,议决事件尤不能谓为效力不备。约法所载之权利,人民固属平等,然必须为民国成立以后之事,而又有独立形式始能发生效力,否则,仍未无效。寺庙私产在民国成立及各处教会告成以后,查明确系私有时,当然受约法之保护;若民国成立以前及未经教会查明确系私有时收为公用者,仍不能援照办理。庙产向既视为公有,地方团体得以随意处分,千百年来已成习惯,本非取之于人民,实无所谓为负担,更何有义务捐名称之可言?总之,在各处教会未成立以前归公庙产及抽取捐款,均属定案,自应仍旧办理,断难再生异议。各处教会成立之后,寺庙私产自当按照约法妥为保护,界限方得分明,公私始免纠葛。②

这个答复主要强调了两点:一是各地在道教会成立以前征用庙产

---

① 《奉天民政长咨内务部据关东道教分会为本溪县抽提庙款一案提起疑问五项请解决批示等因,当经逐节拟驳,惟事关法令解释究应如何解决请查核见覆文》,《政府公报》第496号,1913年9月21日。

② 《奉天民政长咨内务部据关东道教分会为本溪县抽提庙款一案提起疑问五项请解决批示等因,当经逐节拟驳,惟事关法令解释究应如何解决请查核见覆文》,《政府公报》第496号,1913年9月21日。

系处理公产行为，根本没有债权债务关系，该会无权干涉；二是省议会为本省立法机关，有权自行决议本省事务的权力，其通过的以各地佛教会、道教会成立时间为保护宗教庙产的起始时间的决议是正确的。对于奉天民政长的这个答复，内务部很是满意：

> 查该分会所呈各项，均系出于误解，来咨所拟解释亦能援据法理，精切详明，该分会自不得再有争执。惟查该分会所提疑问虽有五项，其根本误解则在于未知今日所谓寺庙财产即从前之公有财产，从前法令抽提庙产之行为，即处分公产之行为。来咨所拟既已详言之矣！至其争点，则在于未经继续缴纳之庙款，准之法理，即不应继续缴纳一节。不知民法上不追溯既往之原则，实以新法不害所得权为标准。从前公有财产，一经公家按照法令处分，即有一所得权随之而生，无论新法令如何相违，均不能使此项所得权稍有损害。若必谓对于继续负务者，此项权利乃能生存；对于未继续负务者，此项权利必归消灭。则凡已继续负务者，又何不可各判其义务以同入于未继续负务之列耶？是新法令施行后，旧法应有之所得权不胜危险，除非法令保护权利之意也。盖民法不追溯既往者，乃权利义务存亡增损之关系，非法律行为固定与否之关系。该分会所提疑问第一项，竟以一切认为固定一语为法律不溯既往之解释，尤与法理相背驰。兹准前因，相应咨覆贵公署，即希逐项详细批示，并饬该分会毋得再行争执，迅即传知各道众一体遵照可也。①

由此我们不难看出，对于法律不溯既往的原则，宗教团体和政府都认可，双方争论的焦点是究竟从什么时候开始。宗教社团普遍要求以《临时约法》颁布时间为始，而各地为了继续征用宗教庙产，往

---

① 《内务部咨覆奉天民政长准咨开所拟解释关东道教分会为本溪县抽提庙款一案疑问五项精切详明该分会自不得再有争执其根本误解并由部援法理解决希逐条批示转饬遵照文》，《政府公报》第496号，1913年9月21日。

往借故推迟保护宗教庙产的起始时间。当宗教社团和地方政府发生争议时，中央政府则往往维护地方政府的意见。这就造成了保护宗教庙产起始时间一变再变。这种做法虽然有利于地方政府继续征用民间庙产，但也损害了政府形象，增加了社会的不安定因素。

第三节　对中华佛教总会的整治和打压

在民国初年的庙产冲突中，中华佛教总会发挥了极其重要的作用：第一，中华佛教总会的成立和迅速壮大，改变了中国佛教界一盘散沙的局面，也改变了庙产冲突双方的力量对比，进而使庙产问题由地方政府与众多单个庙宇的冲突演变成了地方政府与佛教社团之间的对抗；第二，中华佛教总会成立后，充分利用《临时约法》和共和政治所赋予的法律武器，采取上书、请愿、司法诉讼等非暴力方式，有组织地对抗地方政府对佛教寺产的粗暴征用，使庙产冲突的方式发生了实质性变化；第三，中华佛教总会的合法斗争，使地方政府甚至中央政府都感到极大压力，迫使它们按照《临时约法》的基本精神，采用民主的手段处理各地的庙产冲突，不断修改完善其庙产管理政策，进而推动庙产问题逐步走上法制化的轨道。但是，袁世凯政府毕竟不是一个真正的民主共和政府，在君主专制的政治环境下成长起来的各级官僚也不可能心甘情愿地按照《临时约法》的精神，采用民主的手段处理庙产问题。因此，当袁世凯政府的中央集权体制基本建立后，便开始对中华佛教总会进行整治和打压了。

一　中华佛教总会特殊地位的形成

中华佛教总会是在民国初年成立的一个以佛教人士为主体的现代性社团。该会由天童敬安和尚、北京道兴和尚、常州青海和尚等，联合全国的 80 多家寺院共同发起，其基层组织是各地的僧教育会。该会于 1912 年 2 月由南京临时政府内务部、教育部批准立案，1912 年 4 月在上海留云寺开成立大会，以上海静云寺为总会机关所在地，以

《佛教月报》为机关刊物,以敬安和尚(寄禅大师)、道兴和尚为正、副会长。由于该会得到了南京内务部和教育部的承认,"发达之速诚有一日千里之势"①,"不久全国陆续成立了22个省级支部,400多个县级分会。一些原有的佛教组织,如佛教协进会、佛教大同会等佛教社团等也并入其中,一时间,中华佛教总会成为几乎是唯一的全国佛教团体"②。

中华佛教总会成立之初,即以中国佛教的总机关自居,它的章程明确规定"凡已受戒之僧虽有戒牒,亦须报告入册,另给入会证书。如或证书遗失,得由介绍人同至原机关陈明补给","法门混滥,收徒第一原因,此后各寺庵收徒,须先报告各就地分部查察,出身清白真心出家,始准给发度牒,如无度牒不得受戒。不受戒者不得混迹佛门","各寺庵住持更替,无论十方子孙均须报告就地分部查明认可方可接充,不得私相授受及串通地方干涉等情。如住持有不合行为,确有证据,各分部商定支部,有另举更换之权,事关重大者须呈明本会认可"等。这就是说,中华佛教总会企图成为全国佛教总机关,拥有管理全体佛徒的权力。同时,该会章程明确规定"各寺庵财产无论十方捐助及自行手置,均为佛教公产,只应保守不得私自变卖。如出于特别事故欲变卖者,须报告就地分部调查,转呈支部及本会认可方可推割","各寺庵如有同袍冲突及外界寻常交涉,须受就地分部长理处,倘难解决,即呈由支部及本会提议","本会有整顿佛教进行一切事宜,及保全佛教公团财产上处分之权","凡会中各寺庵所有财产,无论檀越施助寺僧苦积,外界如有藉端攘夺,本会得据法律实力保护,以固教权"等。这就是说,中华佛教总会还企图成为全国佛教庙产的总代表,不但要拥有处分所有佛教庙产的权力,而且还有权处理佛教与外界发生的一切财产纠纷。③

---

① 《中华佛教总会公函》,《佛学丛报》第4期,有正书局1913年2月1日出版。
② 陈兵、邓子美:《二十世纪中国佛教》,民族出版社2000年版,第37页。
③ 本段引文均出自《中华佛教总会章程》,《佛学丛报》第1期,有正书局1912年10月出版。

该会成立过程中，仁山、僧谢楞伽、敬安等不断要求南京临时政府承认其为全国佛教统一总机关及全国佛教寺产总代表的资格。对他们的这些要求，南京临时政府内务部当即给予拒绝：

> 民国初立，各会纷歧，即佛教一端已有种种名目。本部前接常州民政长电，称镇江金山寺有所谓佛教协进会以武力强占金山等情，已电知镇江民政长查办在案。该大同总会既经合并，即应按照会章，仍遵前批，公举道高学粹之人主持会务。所有僧众会员随时约束，不得任令肆横霸占，恣行不法，有违佛教真理。至拟以该会统一僧众一节，须知天下名山最多，僧流不少，如果该会确守宗旨办理，事事秉公，为人所信服，则该会亦因之发达，不求统一而自统一；若空立名目，而又意见歧出，不顾公益，毫无成绩之可言，则终成涣散之势，况统一乎？①

内务部的意思很清楚，就是不承认中华佛教总会为全国佛教总机关，理由有二：一是当时成立的佛教社团有好几个；二是佛教内部矛盾激烈，中华佛教总会内务部不可能承认某一个佛教社团为全国佛教总机关。平心而论，在佛教社团纷纷成立，内部矛盾激烈的情况下，内务部不承认中华佛教总会企图成为全国佛教总机关的要求，是符合实际情况的，也是正确的。

尽管中华佛教总会企图成为全国佛教总机关的要求遭到了内务部的严词拒绝，但一些佛教社团并未放弃这种企图，而中国佛教会给孙中山的上书，则帮助中华佛教总会达到这个目的。1912年3月20日中国佛教会致函临时大总统孙中山，提出了《佛教会要求民国政府承认条件》："甲、民国政府应承认佛教会为完全自在之教会；乙、民国政府对于佛教会有完全保护之责任；丙、佛教会所享民国政府保护之

---

① 《内务部批佛教大同会遵批开会暨合并各情形呈》，《临时政府公报》第34号，1912年3月10日。

普通利益、特别利益,应与各教同等;丁、佛教会得于一切处自在布教;戊、佛教会有监督佛教公团一切财产上处分之权;己、佛教会有整顿佛教一切事业促其发达之权;庚、佛教会有调和佛教信士种种争竞维持其秩序之权;辛、佛教会于推行改良社会之宣讲教育及救济社会之慈善事项时,有通告民国政府请其如约保护之权;壬、佛教会于民国政府裁判佛教信士犯国律案时,有派员旁听之权,或遇民国政府有裁判不公等情,佛教会得要求复行裁判"①等。在以上条件中,己、庚两项要求的实质仍然是要求承认其为中国佛教总机关,戊项继续坚持它为全国佛教庙产的所有人资格,壬项是企图获得与基督教一样的类似于领事裁判权的地位,无疑是将中国佛教会置于与民国政府完全对等的地位。而甲、乙两项要求则会将中国佛教总机关的权力无限放大,因为"完全自在之组织""负完全保护之责"包含的内容实在太多了,怎么说也不过分。与此同时,中国佛教会在《佛教会要求民国政府承认条件》中还提出"佛教会在法律范围内之种种行为民国政府不得干预""民国政府承认佛教会后应订立保护专条,列入法典"等要求,同时表示"要求贵大总统用正式公文宣布承认,日后民国政府暨佛教会皆应接续遵守"②等。总之,《佛教会要求民国政府承认条件》的语气较为强硬,几乎将自己与民国政府对等起来;从其提出的条件不难看出,此时的中国佛教会不仅要充当中国佛教总机关,而且还要取得与外国宗教一样的特权,甚至企图干涉民国政府司法权。

令人奇怪的是,对佛教会的这些非分要求,孙中山竟然全部予以接受。1912年3月27日,孙中山复函中华佛教总会,曰:"贵会揭宏通佛教,提倡戒乘,融摄世间出世间一切善法,甄择进行,以求世界之永久和平及众生完全之幸福为宗旨。道衰久矣,得诸君子阐微索隐,补弊救偏,既畅宗风,亦裨世道,曷胜瞻仰赞叹!近世各国政教之分甚严,在教徒苦心修持,绝不干与治政,而在国家尽力保护,不

---

① 《佛教会要求民国政府承认条件》,《佛学丛报》第2期《专件二》,有正书局1912年出版。
② 《大总统覆佛教会函》,《临时政府公报》第49号,1912年3月27日。

稍咨惜，此种美风最可效法。民国约法第五条载明中华民国人民一律平等，无种族、阶级、宗教之区别，第六条第七款载明人民有信教之自由，条文虽简而含义甚宏。是贵会所要求者，尽为约法所容许，凡承乏公仆者，皆当力体斯旨，一律奉行，此文所敢明告者。所有贵会大纲已交教育部存档在案，要求条件亦一并附发，复问道安。"① 在这份函中，孙中山对佛教会大加赞赏，并表示，"贵会所要求者尽为约法所容许，凡承乏公仆者，皆当力体斯旨，一律奉行"，完全接受了佛教会提出的条件，也等于认同了佛教会的特殊地位，即承认其为中国佛教界的统一总机关和全国佛教庙产的所有人，同时也默认了佛教会与西方基督教拥有相同的权利乃至其与政府对等的地位。由于佛教会不久即因故宣布解散，大部分会员加入了中华佛教总会，故中华佛教总会便继承了佛教会的特权，这就为后来中华佛教总会与袁世凯政府的抗争埋下了伏笔。

二 袁世凯政府对中华佛教总会的整治

南北统一以后的袁世凯政府是一个包括北洋派、革命派、共和派（即清末的立宪派）三大政治势力的民主共和政府，尽管三派政治势力之间的斗争非常激烈，但还能够按照《临时约法》的基本精神处理当时的社会热点问题。鉴于此前成立的宗教社团问题较多，袁世凯政府于1912年8月23日发出通令，要求所有的宗教社团重新修订章程呈送内务部审查：

> 集会结社原许自由，信仰宗教本无限制，惟法令既由草创而渐趋明备，即教会亦宜求完善而力加改良。查国体未变更以前，该僧道回各教徒等因久伏专制之下，未能发扬教旨，大阐宗风。一旦民国改建，许以信教结社各自由，遂各纷纷组织教会，仓卒成立，径行呈部立案，而一切章程率多未尽适宜，有侵越行政权

---

① 《大总统覆佛教会函》，《临时政府公报》第49号，1912年3月27日。

第六章 佛教与国家关系的重新建构

限者,有障碍地方公益者,有总会章程与支会章程前后不相符合者,甚有以各教主降生年月与中华民国纪元并列者。本部前以南京建设伊始,事当草创,意在恢复秩序,姑予批准立案。现值时局大定,各项法令均宜次第修正,各该教会章程亦应因时改良。为此,通咨贵都督、办事长官,请即转饬所属各地方各项教会,其有在八月一日以前成立者,无论已否得部批准,务须将该会会章详加厘定,重行呈部审定,分别准驳,以防流弊而杜纷纠①。

对于内务部的这道命令,中华佛教总会并未认真对待,其会长敬安和尚(寄禅)将此前章程原封未动地呈报内务部,并要求内务部继续承认其为佛教界统一总机关。1912年11月8日,内务部对敬安等人的呈请做出批示:"原具禀人中华佛教总会敬安等:禀及章程俱悉,该会以阐发宗风,昌明佛学,提倡各种慈善事业为宗旨,深堪嘉尚。惟该章权限内所称为统一佛教总机关一节,前于南京大同会呈及该会呈迭经本部批驳在案,未便特许,其条内各项亦有尚应酌改之处,仰即遵照签注各条修改呈核可也。"② 在这份批示里,内务部不仅拒绝承认中华佛教总会为佛界统一总机关,还明确要求其修改章程,这无疑是否定了此前孙中山的承诺。

由于中华佛教总会的章程得不到内务部的认可,立案呈请也没有得到内务部的批准,这让该会领导人寄禅法师等颇为焦虑。为了改变内务部的决定,中华佛教总会会长寄禅法师便致函熊希龄,希望他说服袁世凯,进而给内务部施压。熊希龄不但是寄禅大师的同乡和诗友,而且对佛教颇有好感,他早年与谭嗣同、唐才常等人相好,彼此间常谈论佛学,"且与八指头陀敬安相交,八指头陀比熊希龄长二十岁,熊经常向他请教"③。1914年淡出政坛后,熊希龄自称双清居士,

---

① 《内务部通饬各省都督、办事长官转饬各教会厘定会章重行呈部审定文》,《政府公报》第115号,1912年8月23日。
② 《内务部批第十号》,《政府公报》第201号,1912年11月18日。
③ 慧禅主编:《名人与佛教》(下),上海人民出版社2008年版,第22页。

积极从事佛教和慈善事业。当时熊希龄正在热河都统任上，出于同乡、诗友之谊和对佛教事业的关注，他即致电袁世凯，恳请他善待佛教：

> 窃维共和成立，各省秩序未尽恢复，争夺相乘，毫无人道。其故由于旧日社会腐败，道德堕落，教育未普，风俗日颓。今欲匡其不及，惟须由宗教着手，乃足以济教育之穷……兹有湘人八指头陀天童寺僧敬安，道行高洁，热心救世，以国人风气浇漓，思欲振兴佛教，又因各省攘夺寺产，日本僧人乘隙而入。虑及为渊驱鱼，求政府按照约法信教自由，力加保护，俾得改良佛教，敦进民德，以固共和基础。……龄因该僧宗旨相合，用敢代恳钧座饬交内务部及各省都督加以保护，勿任摧残，不胜待命之至。①

熊希龄的意见引起了临时大总统袁世凯的重视。袁世凯是一个典型的现实主义政治家，在清末担任直隶总督期间，他曾将直隶境内所有民间寺院全部改为学堂。担任临时大总统后，袁世凯迅速改变了蔑视佛教的态度。这是形势变化的需要，因为共和制度的确立，《临时约法》的颁布，都要求按照宗教自由的精神保护佛教，因此，他就任临时大总统时，即公开宣布："人民信教自由。举凡各教，均一视大同，毫无偏倚，不论其信教与否，亦不论其信仰何教，均须互相尊重，悉泯猜嫌，冀享幸福。"② 与此同时，为了巩固统治地位，他又竭力拉拢各方势力，尤其重视与进步党的关系，而熊希龄则是该党的主要领导人之一。基于以上原因，袁世凯对熊希龄的意见非常重视，便将呈请连同中华佛教总会的章程和立案呈请迅速转给了内务部。

内务部对中华佛教总会拒绝修改章程，并通过熊希龄向大总统袁世凯转递章程的做法非常不满："前据僧敬安等呈具修订中华佛教总

---

① 《熊希龄为保护佛教僧众及在军中布道致大总统禀》，中国第二历史档案馆编：《中华民国史档案资料汇编》（第三辑《文化》），江苏古籍出版社1991年版，第689页。

② 袁世凯：《莅参议院宣言》，《大总统书牍丛编》，广益书局1914年版，第3页。

会章程请部审定批准立案，续准贵院函，据熊君希龄函请保护该会转达本部查照各等因，业由本部分别批示函复各在案。兹又准贵院函交奉大总统发下熊君希龄呈，并中华佛教总会呈及章程各一件到部，请查照保护前来。详阅该章程各条，均与该僧等日前呈部者无异，而熊君呈内殷殷以力加保护为请，若深恐本部有任各省摧残之意者，此中不无疑义。"① 在此基础上，内务部详细阐述了它对中华佛教总会的意见。

第一，拒绝承认中华佛教总会为公法人资格："查世界各国宗教制度，不外政教合一与教会公认及政教分离三项，中国采用何制，虽未经议决公布，然政教合一惟神权时代及半开化国所取行，现时物理昌明，此制已难再见。而教会公认又缘于习惯上之信仰，指定一二宗教认为公法人而与以特别之权利。中国向无国教，虽欲有所指认，殆将无所适从。案临时约法有'民国国民一律平等，无阶级、宗教之区别及信教自由、集会结社自由'等语。国家对于各宗教任人信仰，原与平民等视，隐合政教分离制度，而对于各教团亦但认为私法人，不与以特别权利，亦不加以特别干涉者也。本部前通咨各省取消僧道各教职，即本此意。"②

第二，明确表示中华佛教总会不能成为佛教庙产的所有人："夫既不与以特别权利，则其所有财产仅及于各宗教范围以内，断不容其假以宗教之名侵占非宗教之财产，即贵院从前通咨保护之文，亦专就佛教财产而言之，并非许佛教团体有侵占各庙产之权利行为也。案佛教财产之性质最为单纯，必出于华宗巨族所舍施，或十方人民所捐助，其目的确缘于宗教之信仰，具单独之意思而无他种关系者，方能绝对的无外界之牵涉。而中国习惯，宗教与寺庙不相混合，有寺庙并非根据于宗教，即有宗教不能统摄之寺庙，盖其财产性质往往出于舍

---

① 《内务部覆国务院佛教总会章程应加修改函》（元年礼字第四号），《政府公报》第221号，1912年12月8日。
② 《内务部覆国务院佛教总会章程应加修改函》（元年礼字第四号），《政府公报》第221号，1912年12月8日。

施捐助二者之外，或应为国有，或应为地方公有，或应为一人一姓私有，均视其历史之沿革、证据之有无为断。该佛教总会竟欲以教统庙，举各省一切之寺庙财产囊括无遗，概归纳于该教该会范围之内。推其弊，匪惟教团与地方冲突，即教团亦将与教团纷争，扰乱秩序，贻害胡底。"①

第三，不承认中华佛教总会为佛教界统一总机关："案约法所载，信教集会听人自由，虽教徒入会与否不能相强，故有教徒不入会者，亦有在会非教徒者，盖教与会实立于对待地位。而教会实力之所及，当然以在会者为限，否则，必使举国信仰该教之徒概受一会之支配，以蹈教会专制之流弊，桎梏自由，阻滞进步，安望其能发达耶？该佛教总会并欲以会统教，自认为统一佛教总会机关，且有监督处理全国佛教人财之特权，不惟与约法相违，亦且与事实相戾。盖佛教徒之设立教会者所在多有，不止该僧等一个团体，设各该僧团亦以其所设教会纷纷来部呈请特许为统一佛教总机关，又将何以应付之乎？大抵中国现时情形，教会与宗教不相混，宗教与寺庙不相摄，该会至欲以会统教，以教统庙，与从前习惯、临时约法均置不顾，本部职司行政，未便苟同。前批指该章程有未妥处应加修改者，即此意也。至国家既认各教团为私法人，自不能视与政府平等，则所用公文即宜遵照程式，无得僭越。乃各教会章程往往有通告政府保护等语，是俨然以公法人自居，尤与约法不相符合。本部嗣后遇有此等章程，一律批斥修改，以正名实。②

内务部的态度如此坚决，是中华佛教总会的领导们始料未及的，于是，中华佛教总会会长敬安大师率领各省代表进京请愿，与内务部当面交涉。"敬安和尚以本总会正会长资格，代表全体僧界进京与袁大总统磋商一切，爰于十月二十六日起程入都。同行者为福建支部长

---

① 《内务部覆国务院佛教总会章程应加修改函》（元年礼字第四号），《政府公报》第221号，1912年12月8日。

② 本段引文均出自《内务部覆国务院佛教总会章程应加修改函》（元年礼字第四号），《政府公报》第221号，1912年12月8日。

本忠、江西支部长大春、本会总务科长文希暨各省代表等。讵到京之日，正内务部饬清查寺产之时。阅礼俗司通行各省公文，凡寺庙关于行祝典及年远无碑可考，又寺宇半存半废，以及布施建设者，皆属之公产，仅有寺僧自出己资或独立募化者为私产，已偏（遍）行各省，刻日清查具报。此事实行后，僧界将立招破产之祸，而侵扰更不堪设想。敬安和尚力顾大局，一再与礼俗司杜君磋商，以冀收回成命，急难就绪，悲愤交集，突于旧历十月二日在北京法源寺圆寂。"①

寄禅大师与内务部礼俗司司长杜关的争论，实质上是中华佛教总会与袁世凯政府的第一次正面交锋，其焦点问题是政府和中华佛教总会谁拥有佛教庙产的处分权，中华佛教总会该不该服从内务部的命令。杜关对寄禅大师的申斥，即是强调中华佛教总会必须服从政府的法令，这在现代社会中无疑是正确的。但由于当时极端民主思潮的影响，中华佛教总会的领导人却觉得礼俗司的做法是根本不可容忍的。寄禅大师更是气愤难忍，郁闷而死。寄禅大师的意外圆寂，给袁世凯政府造成了很大压力。寄禅大师已有四十年僧龄，自清末新政以来就一直致力于保护庙产事业，不但在僧界享有很高威望，也深得知识界的尊敬。他的圆寂，引起了佛教界的极大悲愤，"各界闻之，皆难其谢世之速，而愤杜某之可恶"，并将杜关成为"么魔小丑"。②为了安抚僧界的不满情绪，平息舆论界的责难，袁世凯乃命内务部准许对中华佛教总会立案，中华佛教总会暂时渡过了难关。

与此同时，中华佛教总会也在内务部的强力压制下，对其章程进行修改，删除了"各寺庵财产无论十方捐助还是自行手置，均为佛教公产，只应保守不得私自变卖，如出于特别事故欲变卖者，须报告就地分部调查，转呈支部及本会认可方可推割"，"各寺庵如有同袍冲突及外界寻常交涉，须受就地分部长理处，倘难解决，即呈由支部及本会提议"，"本会有整顿佛教进行一切事宜，及保全佛教公团财产

---

① 《中华佛教总会公函》，《佛学丛报》第4期，有正书局1913年2月1日出版。
② 《诗僧示寂》（民报通信），《佛学丛报》第4期，有正书局1913年2月1日出版。

上处分之权","凡会中各寺庵所有财产,无论檀越、施助、寺僧苦积,外界如有藉端攘夺,本会得据法律实力保护,以固教权"① 等涉嫌以会统庙的条款,也删除了"凡已受戒之僧虽有戒牒,亦须报告入册,另给入会证书。如或证书遗失,得由介绍人同至原机关陈明补给","法门混滥,收徒第一原因,此后各寺庵收徒,必先报告各就地分部查察,出身清白,真心出家,始准给发度牒,如无度牒不得受戒。不受戒者不得混迹佛门","各寺庵住持更替,无论十方子孙,均须报告就地分部查明认可方可接充,不得私相授受及串通地方干涉等情。如住持有不合行为,确有证据,各分部商定支部,有另举更换之权,事关重大者须呈明本会认可"② 等涉嫌"以会统教"的条款,再次呈请内务部立案。

1913年3月7日,内务部尽管批准了为其立案,但对其将释迦牟尼应世年岁与中华民国年月相并列的做法大加申斥:

> 该章程既经该会遵照前批逐一修改,尚无不合,本部自应照准。惟面署释尊应世年岁,与中华民国年月相并列一节,在该会不过仿照泰西纪元之成例,不知欧美从前均以基督教国而行政教合一制度,故自耶稣降世以外别无纪年之式,沿至今日,公私惯习,彼此从同,最为利便。中华既向无国教,又经决定以民国纪元,该会会员本同系国民,自不应两奉正朔,且国内宗教不止释氏一家,设各教徒纷纷效仿,竟自奉其教祖之纪年,匪惟使民国纪年之式愈益分歧,且致政教两方互相侵越,匪所以昭统一也。况该章程既奉大总统令发印行,则于大总统令准而外,自不得妄增毫末。前本部询准国务院覆称,此项纪年之式并未由大总统令准,本部尤宜遵照办理。仰该会迅将该章程署面修改妥协,再行呈部备案,并将已发出之章程全数收回,改换册面,以昭划一。

---

① 《中华佛教总会章程》,《佛学丛报》第1期,有正书局1912年10月1日出版。
② 《中华佛教总会章程》,《佛学丛报》第1期,有正书局1912年10月1日出版。

除函知国务院查照外，合行批示。此批。原章发还。①

从这份批示中，我们可以看出，中华佛教总会确实按照内务部的要求修改了其章程，内务部也批准了其立案的呈请，只是不同意其将释迦牟尼应世年岁与中华民国年月相并列而已。早在1912年8月23日，内务部颁布的《内务部通饬各省都督、办事长官转饬各教会厘定会章重行呈部审定文》中就曾批判过"甚有以各教主降生年月与中华民国纪元并列者"②的行为，而内务部此时批评中华佛教总会将释尊应世年岁与中华民国年月相并列，并以此为理由拒绝为它注册，只是贯彻此前的命令，而非临时起意，也非刁难中华佛教总会。不久，中华佛教总会即按照内务部的要求作了修改，总算获得了袁世凯政府的注册批准。

对这件事情，《太虚大师年谱》也有记载："（1913年）一月八日，寄老入寂于北京法源寺。初以各省占寺夺产之风仍炽，而中华佛教总会尚未得政府批准。众举寄老北上，以奠定总会基础。值内政【务】部礼俗司杜某，方分别寺产以议提拨，寄老力争而不得直。悒甚，回法源寺，即晚卒。诗友熊希龄等以事闻大总统，中华佛教总会章程乃经国务院审定公布，佛教寺产赖以小安。"③对于熊希龄在这件事中所起的作用，释东初在《民国肇兴与佛教新生》一文中写道："旋以诗友熊希龄出面护法，以事态严重而面告袁世凯大总统，遂用教令公布《中华佛教总会章程》，会章始生效力。中华佛教总会能得合法产生，可谓八指头陀以老命换来。"④由此可见，寄禅大师的意外圆寂和熊希龄的斡旋，确实使中华佛教总会度过了一个难关。

---

① 《内务部批第一百七十五号》，《政府公报》第299号，1913年3月7日。
② 《内务部通饬各省都督、办事长官转饬各教会厘定会章重行呈部审定文》，《政府公报》第115号，1912年8月23日。
③ 释印顺：《太虚大师年谱》，宗教文化出版社1995年版，第26页。
④ 释东初：《民国肇兴与佛教新生》，《中国佛教史论集》（七），张曼清主编：《民国佛教篇》，大乘文化出版社1978年版，第28页。

三 袁世凯政府对中华佛教总会的打压

中华佛教总会获得政府的注册后,以为危机已经解除,便继续与政府的抗争。1913年3月25日,中华佛教总会第一次联合大会又通过决议:"要求国会承认政教分权,如不能通过,当要求以保护佛教专条载入国宪。以上二案各支分部均应电达国会,并于阴历三月底各派代表进京,在北京机关部聚集(即外城西砖胡同法源寺)。"① 此项议案的通过,表明中华佛教总会仍然没有摆正与政府的关系,因为它主张的是政教分权,而不是政教分离,这是袁世凯政府不会承认的,况且它要求各支分部均须致电国会要求将保护佛教专条写入宪法,不达目的,即要求各支分部派代表进京请愿,这无疑是在向政府施加压力。中华佛教总会的这种企图和做法,自然会遭到政府的进一步打压。

1914年1月7日,由于中华佛教总会拒绝按照袁世凯政府的要求更换图记,再次遭到内务部的申斥。民国初年,不少社团为了突出自己的重要性,在图章上动了不少心思,有的图章甚至比内务部的公章还气派。为了改变这种混乱状况,内务部于1913年11月发出通令,要求各类私法社团按照统一规格更换图章。中华佛教总会自以为地位特殊,便向内务部申诉,希望予以特殊照顾。这种行为令内务部非常生气,对中华佛教总会的训斥也是严厉的:

> 私团图记既经本部酌定规则,各该会社自应一体遵行,以昭划一。该佛教总会既非法定机关,其图记并非政府颁发,其性质自与商务、农务、教育等会不同,何得自居于一般私立团体之外?若谓该会现用图记系经政府核定未便更改,不知法令之施行不能一成不变,新法令之效力发生,旧法令之效力当然消灭。况

---

① 《中华民国二年三月二十五日佛教总会上海本部开第一次联合大会各支分部代表议决案》,《佛教月报》第1期,1913年5月13日出版,第149页。

第六章　佛教与国家关系的重新建构　349

从前政府之核定，乃出于临时之批答，并无条例之根据，其效力尤不能束缚新行法令耶！该呈又谓区区方寸间恐不能容三体文字，然雕刻之道，精粗疏密，亦视其艺术如何，面积之大小字体之多寡，殊无绝大之关系。至谓规模狭小，恐不足以坚满蒙内向之心，尤为过虑。满蒙之能联合与否，亦视该会之实力如何，区区图记，何能为力？似此藉词推诿，所引各节既无适当之法令，又无充分之理由，率行呈请，殊属妄渎！著即遵照部章迅将各该现用图记一律更换，分别呈核可也。①

从事情的表面看，这件事是内务部与中华佛教总会关于更换图记而争吵，但其实质仍是中华佛教总会到底是公法社团还是私法社团？应不应该服从内务部的命令？这份批示的措辞是严厉的，由此不难看出，内务部对中华佛教总会认为自己是公法社团，并不服从命令的做法非常不满。

但中华佛教总会并未认清自己的性质，这就招来了内务部的第三次训斥。1914年3月5日，内务部又发出命令，对中华佛教总会地方分会擅自向社会发布通告的行为大加申斥：

据吉林护军使函称"宗教自由固已奉令有案，然立会布告尚未接奉明文。兹将中华佛教会吉林宁安分部通告一张送请察阅，该分会已否呈明经部批准有案，并书贴布告有无定章，即希示覆，以便通令遵照"，附布告一张等情到部。核阅该分会原发通告，文内有"黄天教匪，显然左道，本分部协同陆军剿穴获匪"，并称奉上海佛教总会明文及大总统核定立案佛教规章辅助行政等语。种种纰缪，侵轶范围，殊堪诧异。查中华佛教总会曾经本部核准，其章程第十二条"各支分部举定会长后，应通告所在地方行政机关"，该宁安分会是否通报有案，应由该管地方官查明。

---

① 《内务部批第七百八十六号》，《政府公报》第599号，1914年1月7日。

又章程第十条载"于佛教事业外,本会亦不预闻",并无辅助行政及与政教并进字样。又载"于推行改良社会事项,有呈报地方行政机关,请其保护之权"等语。宁安果有黄天教匪等号,应呈报该管地方官办理,该分会何得通告各界,侵越官权?殊属不合。除函覆该护军使并通令各省民政长外,合亟抄录该分会通告原文,令该民政长通饬所属一体严禁,查明该分会曾否报明立案,有无他项不法情事。如果查有确据,即予取消,以维教旨而祛摇惑。①

内务部之所以再一次申斥中华佛教总会,是因为该社团一直认为自己是一个公法社团,而且屡屡不按内务部的命令行事。由于中华佛教总会一直没有搞清楚自己的地位和性质,在处理与内务部的关系时屡屡越位,这使内务部对之大为恼火,进而认为以上出现问题的根源在于中华佛教总会前呈章程流弊滋多,遂于1914年5—6月间呈请大总统袁世凯,建议令中华佛教总会再次修改其章程:

> 窃惟政体改建,集会结社一任自由,宗教信徒团体林立。其宗旨纯正热心教务者固自有之,而桀黠诐诞者流藉端牟利,往往轶出法律范围,习为争攘之风,逞其垄断之欲,以致缁素眩瞀,讼议纠纷,固由乱离之后时势所趋,然亦未始非一二宗教会章不善有以致之也。查中华佛教总会于民国元年间先后将所拟章程来部呈请立案,叠经抉剔纰缪,指令修改,该会迄未声复,迳行呈大总统批交前国务院通行各在案。两载以来,关于该会案件层见叠出,其最纷扰者,如江苏如皋县之广福寺、泰县之古学宫、湖南长沙之宝宁寺,诉讼积牍,缠抗不休,历经行政司法各官厅分别批斥,该会迄未遵照解决。而本年三月,吉林宁安该会分部且有僭拟官厅,擅发通告,捏称协同陆军剿匪情事,先后经部驳斥

---

① 内务部统计科:《内务公报》第7期,《命令》,1914年3月15日出版,第24页。

第六章 佛教与国家关系的重新建构

禁止；兹复以该会制定证书徽章样式，呈请由部通饬各省都督民政长转饬所属地方官谕知各寺庙一体遵照，凡在佛门教徒均持之为凭证，以期统一佛教等情。夫教会集合应任自由，该会固无可加以强制，更何能以官厅命令干涉全国僧侣，概令入会？则其专横垄断情形亦可概见。本部推寻弊始，检阅原章，逐条细绎，请标举其尤不适用者。如第一条称"全国僧界共同组织，定名曰中华佛教总会"；第十三条丁项称"如未报名入会领取证书，各丛林概不挂单"等语，则意在强迫入会可知矣；第十一条丙项称"监督本会范围内一切财产上处分之权"，又同条癸项称"佛教财产应为佛教公有，或有藉端侵占，本会力任交涉"等语，则意在囊括财产可知矣；又同条戊项称"凡入本会各寺庵住持更替，无论传法传徒，不得私相授受，本会为总机关，须报明查考，方得接充"等语，则意在把持继承可知矣；又同条庚项称"有侵害会务及毁坏会员名誉者，应召集全体谋对付之"等语，则意在恃众挟制可知矣；第十九条乙项称"各寺庵须按产业丰啬，量力认捐，每年分两季缴足，由就地方分部经收，截留六层，余二成送支部，二成送本部"等语，则意在敛财勒捐可知矣。以上各节非法侵权，实阶之厉。本部职司所在，热筹拔本塞源之计，弥切积薪厝火之忧。倘循兹以往，不独违背僧徒习惯，有戾舆情，而庙产辚辚之纷争，将秩序亦形其傲扰，教会专制之风或恐酿于异日。再四思维，未容放任。惟有呈明大总统，准由本部饬知该会，将前呈章程妥为修正，以杜流弊。至宗教团体，所以联络感情，昌明教旨。释氏四生普度，万善同归，舍万劫之尘劳，图一生之佛果，最初发心即不自求人天福报，以戒定慧灭贪嗔痴，求于如来第一义谛。及其究竟，则法尚应舍，何况非法？凡在教徒宜如何离欲净心，庶与佛旨不相悖戾。乃竟假借名义，侵犯自由，觊觎财产，其在僧侣固属破坏宗风，而其他莠民假托信徒，转相煽诱，隐为乱萌，在在可虑。本部为尊崇信仰起见，凡关于管理取缔各教徒一切规则，现正通盘筹划，分别妥为规定，务使各教之理解明通、品行端正者笃守真传，相安无扰，非独于中华佛教总会有所歧视也。①

内务部的这份呈请，很快得到了袁世凯的支持。1914年6月8日，袁世凯做出了批示："应即饬令修改，由部转知遵照可也。"② 袁世凯政府的这份命令，是对中华佛教总会的再次打压，尽管中华佛教总会的领袖们颇不愿意，也不得不及时召开大会，再次对其章程进行修改。随后，内务部虽然批准了中华佛教总会展期到9月召开全国大会的要求，但同时指出："查修改会章系奉批令饬遵之件，自应从速修正声覆，以凭核办。所请因开会讨论恳予展缓会期，近于意存延宕，姑念道途远近不一齐，暂予照准。至该会章既须修正，应自奉令饬知之日起，该会所有一切旧章即不得再行适用，除饬知京师警察厅外，合行批示遵照。"③ 从此，中华佛教总会的活动受到极大的限制。在以后的日子里，袁世凯政府继续限制中华佛教总会的活动。1915年3月，内务部呈请袁世凯，建议禁止中华佛教总会北京支会会长代理庙产诉讼案件的行为：

> 查法源寺住持道阶，系中华佛教总会北京机关部理事长，比年庙产诉讼，每阅案牍，该僧多为代表。即如该僧前禀衡州华药寺改作佛学会分部，请予立案保护一案，经本部行查，据湖南巡按使咨覆"此案经印委查明，华药寺因十方法门剃徒宗传缪辖，争讼不休，改革后经湖南高等审判庭判令，仍为法门丛林，由佛学会公举高僧为该寺方丈。至该寺财产，由两僧经营之，一由附法僧徒公举，一由玉田子孙互推，案经判决"等因。乃佛学会因

---

① 《内务总长朱启钤呈中华佛教总会章程请饬修改以防流弊文并批令》，《政府公报》第754号，1914年6月12日。
② 《内务总长朱启钤呈中华佛教总会章程请饬修改以防流弊文并批令》，《政府公报》第754号，1914年6月12日。
③ 《内务部批》，《政府公报》第796号，1914年7月24日。

高等审判庭应函请公举方丈，遂乘机将衡州佛学会分部移驻该寺，与原判不符，实属另生枝节，凯视权利。即此一事，该僧平时之行谊是非固可概见。本部对于品行端正、理解明通之信徒自应力为保护，俾教旨日益昌明，若其未能雕执净心，思藉官厅势力为种种利用之方，本部亦未敢过事放任，致滋流弊，合并呈明，伏乞钧鉴①。

内务部的呈请又一次得到了袁世凯的批准："应由该部随时察看，勿任干涉词讼。"② 自此，中华佛教总会以代理司法诉讼的方式保护佛教庙产的行为也被政府禁止了，它的活动空间再次被大大压缩了。1915年8月11日，袁世凯又颁布《大总统申令》，在要求各地切实保护庙产的同时，正式废除了宗教庙产为宗教公有、宗教团体为庙产所有人的政策，并据此完全剥夺了宗教社团代理寺庙的诉讼案件的权利。自此，中华佛教总会完全丧失了保护佛教庙产的职能。1915年10月29日，袁世凯政府又公布了《管理寺庙条例》，废除了此前批准的各个宗教社团的章程，中华佛教总会由此成了一个非法团体，不得不宣布解散。自此，名噪一时的中华佛教总会完成了其历史使命，退出了历史舞台。

袁世凯政府对中华佛教总会的整治和打压，是在民国初年百废待举的历史条件下发生的。从社会学的角度来看，任何政府都不会允许某一个社团不服从政府命令，更不会允许某一个社团处于与政府对等的地位。因此，袁世凯政府对中华佛教总会的整治有一定的合理性。从中华佛教总会的活动来看，主要是团结佛教人士为保护佛教庙产所开展的一系列斗争。这些斗争遏制了袁世凯政府对佛教庙产的大肆征用，也保护了佛教的利益。中华佛教总会与袁世凯政府的抗争始终是围绕着征用佛教寺产的行为展开的，正是由于中华佛教总会的抗争给

---

① 《内务部呈法源寺住持僧道阶每遇庙产诉讼多为代表，行谊难信呈候鉴核文并批》，《政府公报》第1032号，1915年3月24日。
② 《内务部呈法源寺住持僧道阶每遇庙产诉讼多为代表，行谊难信呈候鉴核文并批》，《政府公报》第1032号，1915年3月24日。

各地继续征用佛教寺产的行为造成了极大的困难,才招来袁世凯政府的屡屡打压,最终被迫解散。因此,袁世凯政府对中华佛教总会的打压实质上是一场政府和佛教社团争夺寺产所有权的斗争。在我国君主专制政治根深蒂固、袁世凯专制统治不断加强的历史条件下,中华佛教总会被屡次打压、最终被解散的命运是不可避免的。但是,中华佛教总会的斗争,也迫使袁世凯政府屡次发文,约束各地征用佛教寺产的行为,并不断调整其佛教管理政策,以应对中华佛教总会的责难,这就有力地推动了袁世凯政府佛教政策的不断完善。如果没有中华佛教总会的努力和抗争,这些几乎是不可能发生的。因此,中华佛教总会为推动我国佛教管理政策由传统向现代的转变做出了不可替代的贡献。

小　结

南北统一以后,佛教人士围绕着佛教寺产所有权这个核心问题,采取上书、请愿、代理寺产官司等合法手段,与各地强征寺产、驱僧毁像的暴力行为展开了坚决的斗争。在此期间,中华佛教总会发挥了团结僧人、协调各地的积极作用,在其存在的四年多时间里,围绕着佛教社团的地位和性质、佛教寺产的所有权归属、佛教寺产的判断标准、保护佛教寺产的起始时间等问题,与袁世凯政府展开全面的、激烈的博弈,进而构成了民国初年民主运动中颇具影响的一幕。在博弈期间,虽然中华佛教总会遭到了袁世凯政府的反复整治和打压,但袁世凯政府还是按照民主共和的基本原则,对其佛教管理政策不断进行修正和完善,最终解决了佛教寺产的所有权归属、佛教寺产的判断标准和佛教社团的性质、地位和权利义务等核心问题。这些规定虽然具有这样那样的缺点和不足,但它却总结了民国初年各地处理寺产纷争的经验和教训,充分吸收了佛教社团的意见和建议,对中国政府的佛教管理政策和佛教的现代化转型都产生了重要影响,在我国佛教史上占有重要地位。

第七章　佛教与国家关系的持续改善

袁世凯去世以后，中国就进入了军阀纷争的动荡年代。直系、皖系、奉系三派军阀为了争夺中央政权，引发了三次大规模的军阀混战，即直皖战争、直奉战争和第二次直奉战争，由此导致中央政府动荡不已，总统、总理和各部总长像走马灯似的频繁更换，中央政府对各省的控制力也因此大大下降。而那些无力争夺中央政权的中小军阀，则凭借军力割据一方，将一省或数省建成了其他势力无法染指的独立王国。在武人当国、军阀割据混战的形势下，袁世凯政府所确立的佛教庙产管理政策不仅没有被废除，反而得到了不断完善，《管理寺庙条例》也一直是中央和地方处理庙产纠纷的唯一法律依据。1921年5月《修正寺庙管理条例》颁布后，立即得到各地高僧的认可，清末新政以来佛教与国家之间的持续紧张关系终于在北洋政府贯彻执行《修正寺庙管理条例》的过程中逐渐缓解下来。

第一节　北洋政府佛教管理政策的逐渐完善

所谓北洋政府，是指由袁世凯及其部下掌控的中华民国北京政府，这个政府开始于1912年3月，结束于1928年6月。为了平息清末新政以来愈演愈烈的僧俗冲突，北洋政府先后颁布了大量的命令、训令、咨文、批示，逐渐形成了一整套系统的法规，由于庙产纠纷是当时僧俗冲突的主要诱发因素，故北洋政府的佛教管理政策主要是围绕佛教庙产展开的。围绕这个核心问题，北洋政府出台了四个法令，第一个是《寺院管理暂行规则》，第二个是《管理寺庙条例》，第三个是《修正管理寺庙条例》，第四个是优秀僧人和著名寺院的表彰奖励规则。这四项法律性文件全面总结了北洋政府处理庙产纠纷的经验，是北洋政府的佛教管理政策的集大成者。

一 《寺院管理暂行规则》

《寺院管理暂行规则》是内务部于 1913 年 6 月 20 日颁行的，这是袁世凯政府正式颁布的第一份庙产管理法规。关于这份规则制定的真实意图，内务部在 1915 年 8 月 7 日致袁世凯的呈文中说得非常清楚："自前清之季，以兴办学堂，准各省提拨庙产。一时令甲所布，海内靡然，而无识之徒，阳借兴学之名，阴行侵夺之实，日久寝寻，相循未改。民国肇建，信教与财产之自由载在约法，惟改革之初，各省因驻兵、兴学与地方公益事宜，挹注于寺庙财产者所在多有。豪绅莠民往往藉端侵占，缪轕丛生，故控诉之案层见叠出，头绪纷纭，相持不决，其中关系于僧侣庙产者尤多。本部有鉴于此，爰有《寺院管理暂行规则》之规定。"[①] 由此可见，内务部制定《寺院管理暂行规则》的目的就是通过限制各地强制佛教寺产的行为，以平息各地的庙产纠纷。《寺院管理暂行规则》的内容如下：

> 第一条　本规则所称寺院，以供奉神像见于各宗教之经典者为限。寺院神像设置多数时，以正殿主位之神像为断。
> 第二条　寺院财产管理，由其住持主之。
> 第三条　住持之继承各暂由其习惯行之。
> 第四条　寺院住持及其它关系人，不得将寺院财产变卖、抵押或赠与人，但因特别事故得呈请该省行政长官，经其许可者不在此限。行政长官为前项许可后，须呈报内务总长。

---

① 《内务部请明令保护佛教庙产致大总统呈》，中国第二历史档案馆编：《中华民国史档案资料汇编》（第三辑《文化》），江苏古籍出版社 1991 年版，第 696 页。

第五条 不论何人不得强取寺院财产。依法应归国有者，须由该省行政长官呈报内务总长，并呈请财政总长交国库接收管理。前项应归国有之财产，因办理地方公益事业时，得由该省行政长官呈请内务总长、财政总长许可拨用。

第六条 一家或一姓独力建立之寺院，其管理及财产处分权依其习惯行之。

第七条 本令自公布日施行。①

这项规则的字数虽然不多，但内容相当丰富：它首先明确了寺庙保护的范围："本规则所称寺庙，以供奉神像见于各宗教之经典者为限。寺院神像设置多数时，以正殿主位之神像为断。"这项规定的进步性集中表现在以下几个方面。

一是改变了西周以来的庙宇保护标准。"国之大事，在祀与戎"。西周所确立的国家祭祀制度，不仅为此后的历届王朝所沿用，而且不断加以丰富完善，形成了一整套祀典制度。随着祀典制度的确立和不断完善，祀典庙宇便成为传统中国最神圣、最庄严的祭祀场所，并受到官府的严格保护。除此以外的其他祭祀，尽管得到各地百姓的推崇而长盛不衰，但都被称为淫祀而处于非法地位。两汉以后，佛教道教得到了历代封建统治者的大力推崇和普通百姓的顶礼膜拜，但只有少数敕建寺观和敕额寺观得到官府的保护，数量庞大的民间私建寺观则被视为淫祀而遭到禁止。《寺院管理暂行规则》将国家承认的庙产确定为以宗教经典为限，显然废弃了历代王朝只保护祀典庙宇的政策，体现了《临时约法》中主权属于人民、人民一律平等、人民有信教之自由等基本原则，也符合西方民主国家的惯例，是我国宗教管理政策进步的重要标志。

二是扩大了庙产保护范围。西周以来的历代政府包括清政府，都严格执行祀典政策，所保护的庙产只是那些经过官府严格核定过的祀

---

① 《寺院管理暂行规则》，《政府公报》第403号，1913年6月20日。

典庙宇和少数敕建寺观和敕额寺观，除此以外的其他庙宇，如各地民众私建的佛寺道观、百姓祠堂和地方神庙，均不在保护之列，清末新政期间有很多寺庵道观及民间祠庙被无情征用即此原因。现在《寺院管理暂行规则》明确规定，国家所承认的庙宇是以供奉神像见于各宗教之经典者为限，就将民间私建的寺庵道观也列入保护的范围之内，受国家保护的庙宇范围因此大大被拓宽了。

　　三是落实了保护宗教自由的现代宪法原则。保护信教自由是西方民主国家普遍实行的宪法原则，《临时约法》以及北洋政府制定的不同名义的宪法都有这项规定。佛教道教是我国历史悠久的传统宗教，自然要得到民国政府的保护，而寺院、道观则是佛教、道教的标志性场所和赖以生存和发展的物质基础，保护佛教道教，就必须保护佛寺道观，这也是民国政府多次发文制止各地强征佛寺道观的依据所在。1912年6月，国务院根据这项原则，宣布佛教财产为该教所有，严令各地政府切实保护。1913年1月内务部颁布《内务部咨浙江都督覆陈本部对于各项祠庙意见请酌量办理文》，明确规定官府不能以僧道犯罪为由没收其庙产。《寺院管理暂行规则》将政府保护的庙产标准确立为"以供奉神像见于各宗教之经典者为限"，更是保护宗教自由宪法精神的体现。更为重要的是，为了切实保护宗教庙产，《寺院管理暂行规则》还做出多项禁止性规定。该规则第五条规定："不论何人不得抢夺寺院财产。"在当时抢占庙产成风的历史条件下，这项规定是很必要的，它有助于遏制各地随意征用民间庙产的行为。第四条还规定"寺院住持及其它关系人不得将寺院财产变卖、抵押或赠与人"，这两项规定有助于制止不法僧徒借端侵蚀、倒卖庙产的行为，有利于保护宗教财产。这两条规定实际上是延续了1912年10月30日内务部颁布的《内务部通饬各省都督民政长保护庙产办法文》的精神，并将这个精神具体化。总之，《寺院管理暂行规则》的第二条、第四条、第五条的规定，从内外两个方面作出了明确的禁止性规定，既禁止外界对宗教庙产的抢占，又禁止宗教内部人员的侵吞，从而使庙产属于宗教公产的原则得到法律的保证。

四是进一步严格规定征用庙产的程序。在两千多年的传统社会里，各类庙产一直被视为国家公产，由官府随意支配，在这种观念的支配下，清末新政期间对各类民间庙产的征用具有很大的随意性。各地绅士经常打着办学的旗号，随意确定征用某一处民间庙产后，报县级以上地方官府备案即可，庙宇住持僧道稍有不从，即会被扣上种种罪名，轻者被驱逐，重者受到官府的严惩。而地方官吏为了完成上级下达的办学任务，竭力支持绅士征用民间庙产。征用民间庙产行为的随意性，使各地强占庙产的行为处于半失控状态。民国建立后，各地对民间庙产的征用力度和范围都大大超过了清末，地方各级政府、社团甚至个人都在肆无忌惮地强占民间庙产，这已经成为当时社会动荡的一个主要原因。为了约束各地征用庙产的行为，《寺院管理暂行规则》严格规定了征用庙产的程序。该规则第四条规定"因特别事故得呈请该省行政长官，行政长官为前项许可后，须呈报内务总长"，第五条规定"前项应归国有之财产，因办理地方公益事业时，得由该省行政长官呈请内务总长、财政总长许可拨用"，这就将处置庙产的权限由县级政府收归到省级政府甚至中央，庙产征用行为批准权力的上收和程序上的严格，标志着袁世凯政府对庙产问题的重视程度的增加，这在一定程度上限制了各地随意处理民间庙产的行为。

五是确立家庙、祠堂的特殊地位。长期以来，我国一直是个以血缘关系为纽带的宗法制社会，家族在社会生活乃至政治生活中一直发挥着巨大作用。作为各个家族祭拜先祖的神圣场所，宗祠一直受到特殊的礼遇，与任何宗教庙产均有鲜明的不同。各地风俗不同，各个家族的势力不同，其庙产的规模及管理形式也有极大的区别。该规则第六条"一家或一姓独力建立之寺院，其管理及财产处分权依其习惯行之"的规定，就将家庙和宗祠置于特殊的地位，这就杜绝了激进的民主人士觊觎祠堂财产的理由，从而减少了继续征用民间庙产的阻力。

六是直接导致了民国时期祀典制度的变化。祀典是西周以来历代王朝的国家祭祀制度，而英烈祭祀则是历代祀典的主要内容。晚清时期，由于内忧外患多发，昭忠祠、忠烈祠及贤良祠也遍布各省。按照惯例，这些祠庙是清廷保护的重点。《寺院管理暂行规则》颁布以后，保护宗教庙产成为民国政府的基本原则，忠烈祠、昭忠祠、贤良祠随之成为征用的对象。1913年11月，临时大总统袁世凯颁布命令，宣布将各地绝大部分忠烈祠、贤良祠和昭忠祠予以充公：

> 崇德报功，感观攸赖，知人论世，彰瘅斯公。当洪杨草泽构乱之时，正欧美文化未输入之日，朝野之新知尚塞，君臣之旧义犹存。况夫寇氛所至，郡邑为墟，道路流离，沟壑枕藉，怨气弥于宙合，仁师望若云霓。当时在事诸公或授命疆场，或指挥筹策，卒能削平扰乱，收拾凋残。综其救民水火之勋，隆以庙食馨香之礼，揆之情理，岂曰不宜？乃闻各省起义以来，辄有矫枉过情之举。因失其亲，几于比匪，坐非其罪，竟至诬贤，遂使美祀载湮，贞魂靡托，子孙饮泣，将士寒心。感逝抚存，欲言陨涕，亟宜修复，以示优崇，与革命死事有功之人并隆胙缋。惟是或崇新构，或复旧观，土木繁兴，物力难给，推前哲忧勤之意，容有未安。为此，通令各省行政长官，各就该省所有各祠，切实调查，除由家属捐资建筑及忠裔所置祠产应归私人享有者，悉予给还外，其有为国家及地方公帑所营构者，应仿日本神社之例，酌留两祠，分别前代勋臣，民国烈士，为位合祀，余悉拨充公用。庶几礼仪具备，丰俭咸宜，妥群贤如在之灵，垂新代不刊之典，明令所至，主者施行。此令。①

这份命令的核心内容有两点：一是明确规定前清英烈与民国英烈享有同等的地位；二是宣布"（各地忠烈祠）除有家属捐赀建筑及忠裔所置祠产应归私人享有者悉予给还外，其有为国家及地方公帑所营构者，应仿日本神社之例，酌留两祠，分别前代勋臣、民国烈士为位合祀，余者悉拨充公用，庶几礼仪具备，丰俭咸宜，妥群贤如在之

---

① 《大总统令》，《政府公报》第543号，1913年11月7日。

灵，垂新代不刊之典"。这就是说，此前各地建立的忠烈祠，只要是官府出资建造的，一个地方只保留两处，一处用来祭祀清代的贤臣，一处用来祭祀民国的英烈，其余的一律改为他用。

随后，江苏省民政长韩国钧请示内务部"酌留两处"的具体含义"是否各县地方酌留两祠，其余悉充公用？再公有私有如有争议之时，是否须经审判庭调查证据裁判决定？"① 对此，内务部明确答复："惟细绎大总统原令，系谓每省酌留两祠，已足昭示国家崇德报功之意，所有省城及各县地方除私有者应即给还外，其余以国家及地方公帑营构之祠产，自应一律拨充公用。至因公有私有生出争议，应如原呈归地方审判官厅调查证据，裁判决定。"② 内务部的这份答复，有两个重要的规定：一是在一个省所有的官庙中只能保存两处，其余的一律充公，改为他用；二是在将各地官庙充公的过程中如果发生了财产纠纷，一律由地方裁判庭调查处理。这不仅是对《寺院管理暂行规则》所确立的庙产保护标准的强化，同时也是我国祠庙管理政策的重大变化，其影响是深远的。

当然，《寺院管理暂行规定》也有明显不足之处，最突出的就是允许地方官府"因特别事故"或"办理地方公益"为名提用庙产。这就无法阻止各地征用民间庙产的行为。再者，该规则第一条的规定也过于笼统，在实际生活中很难操作。在当时的形势下，社会精英与僧道以及普通民众对于庙产归属的主张尖锐对立，单凭这笼统的标准，很难判定某一具体庙产的归属，这也是引发庙产纠纷的一个极其重要的原因。

二 《管理寺庙条例》

由于《寺院管理暂行规则》存在诸多缺陷，不能有效禁止各地强占庙产的行为，庙产纠纷因此层出不穷，这就给袁世凯政府造成了很

---

① 《内务部训令第九百六号》，《政府公报》第567号，1913年12月1日。
② 《内务部训令第九百六号》，《政府公报》第567号，1913年12月1日。

大压力，内务部为此忧心忡忡："似此诉讼纠纷情形，不但缁素倜扰，往复相寻，徒兹争竞，且该教徒等为情势所迫，跋涉公堂，有伤清净，而理解明通、品行端正之徒，或以离欲净心，自甘缄默，转受抑勒于豪强。本部管理宗教行政，职有专司，不得不为拔本清源之计，务期情理与事实均得其平。拟恳特颁明令，通饬各省地方官吏，对于寺庙财产，责成该管地方官切实保护。嗣后地方绅民再有藉兴学及地方公益事宜，意图侵占情事，该地方官应严加禁阻，如或抗违，即按照刑律治罪。所有从前关于寺庙构讼案件，系属于司法行政各官厅者，应即分别迅速秉公清结，毋任延宕，以维宗教而资保护。"① 内务部的担忧引起了袁世凯的重视，8月10日，即内务部发出要求切实保护佛教庙产呈请的第四天，袁世凯就颁布了《大总统申令》，命令各地官厅尽快解决积案，保护寺庙的财产权：

  民国肇建，于法律范围以内均有信教与财产之自由。惟改革之初，土豪莠民往往藉端侵占，控诉之案纷纭不决，关系于僧侣庙产者尤多，嗣经该部规定《寺院管理暂行规则》，藉示限制，而诉讼旧案往往缠抗不休。此等庙产或由于教徒之募集，或由于人民之布施，其所有权未经让与以前，当然属诸寺庙，应由该部通饬地方官吏，对于寺庙财产，责成该管官切实保护。除僧侣热心公益自愿捐输仍准禀明立案外，均应严禁侵占，违者依法治罪。关于庙产构讼事件，秉公清结，毋任宕延。其在该部寺庙管理规则公布以前，事实业经解决，权利早已转移，自当不溯既往，结清旧案。仍查明当时让与之教徒，由该部量予褒扬，并准于原捐地方勒石表彰，以昭平允。总之，保护民间财产为地方官应有之职权，国家一视同仁，断不容营私罔利之徒横加蹂躏，将此通令知之。②

---

  ① 《内务部请明令保护佛教庙产致大总统呈》，中国第二历史档案馆编：《中华民国史档案资料汇编》（第三辑《文化》），江苏古籍出版社1991年版，第697页。
  ② 《大总统申令》，《政府公报》第1171号，1915年8月11日。

为了落实《大总统申令》的要求，内务部制定了《管理寺庙条例》。并对《管理寺庙条例》的制定目的、制定过程和条例的主要内容进行了详细说明。他们认为，佛教自汉代传入中国，到明清时期已经敝坏不堪。清末新政以来，各地豪强借端侵占庙产，僧俗争讼案层出不穷，为了平息庙产纠纷，本部曾制定《寺院管理暂行规则》，"惟事属草创，多未详备，而各省秩序初定，亦未能实力奉行。本部一年以来，悉心讨论，拟定条例，几经易稿，深恐与习惯稍有未符，即施行动多扞格，又复博访周咨，以资参考。兹经订定《管理寺庙条例》，都凡三十一条。综厥大纲，除关于宗教内部教规一切从其习惯外，对于宗教行政，多采提倡保护主义。提倡之道，拟俾教徒得专立学校，用广流传，并可随时公开讲演，阐明教义，且以为教化行政之助。保护之方，则以调查僧道颁发牒证为入手办法，并令将住持传继、寺庙财产分别注册，庶官厅有所稽考，而侵占之风或可少息"。① 1915年10月29日，袁世凯颁布《大总统申令》，正式颁布了《管理寺庙条例》②。该条例共包括总纲、寺庙之财产、寺庙之僧道、寺庙注册、罚则、附则共六章31条。

管理寺庙条例

第一章 总纲

第一条 本条例所称寺庙，以属于左列各款者为限。

一、十方选贤丛林寺院；

二、传法丛林寺院；

三、剃度丛林寺院；

---

① 《内务部呈拟定寺庙管理条例另具理由书分别缮呈请钧鉴文并批》，《政府公报》第1228号，1915年10月8日。

② 《管理寺庙条例》见《政府公报》第1249号，1915年10月30日。下文在对该条例的内容进行分析时，所引用的资料除特别标注的之外，均出自该条例，为避免重复，就不再一一注明。

四、十方传贤寺院庵观；

五、传法派寺院庵观；

六、剃度派寺院庵观；

七、其他习惯上现由僧道住守之神庙（例如未经归并或改设之从前习惯上奉祀各庙是）。

其私家独力建设不愿以寺庙论者不适用本条例。

第二条　凡寺庙财产及僧道除本条例有特别规定外，与普通人民受同等之保护。

前项所称财产，指寺庙所有不动产及其他主要法物而言；所称僧道，指僧尼道士女冠而言。

第三条　凡著名丛林及有关名胜或形胜之寺庙，由该管地方官特别保护。前项特别保护方法，由内务部参酌地方情形定之。

第四条　凡寺庙在历史上有倡明宗教陈迹，或其徒众恪守清规为人民所宗仰者，得由该管地方官开列事实，详请该管长官咨由内务部呈请大总统分别颁给左列各物表扬之：

一、经典；

二、法物；

三、匾额。

第五条　各寺庙得自立学校，但其课程于经典外必须授以普通教育。

寺庙创办学校时，须禀请该管地方官立案，其从前已设立之学校亦同。

第六条　凡寺庙之创兴、合并及改立名称，并现存寺庙须向该管地方官禀请注册。

第二章　寺庙之财产

第七条　凡寺庙财产须按照现行税则一体纳税。

第八条　凡寺庙现有财产及将来取得财产时，须向该管地方官禀请注册。

第九条　寺庙财产由住持管理之。

寺庙住持之传继从其习惯，但非有中华民国国籍者不得继承之。

前项住持之传继须向该管地方官禀请注册。

第十条　寺庙财产不得抵押或处分之，但为充公益事项必要之需用，禀请该管地方官核准者不在此限。

第十一条　寺庙财产不得藉端侵占。

第十二条　凡寺庙所属古物合于左列各款之一者，由住持负保存之责。

一、建筑雕刻绘画及其他属于美术者；

二、为历代名人之遗迹者；

三、为历史上之纪念者；

四、与名胜古迹有关系者。

前项古物保存规则另定之。

第十三条　凡寺庙久经荒废无僧道住守者，其财产由该管地方官详请该管长官核准处分之。

第三章　寺庙之僧道

第十四条　关于僧道之一切教规从其习惯，但以不背公共秩序及善良风俗者为限。

为整顿或改良前项事宜，得由丛林僧道举行教务会议。

举行前项会议时，须由发起人开具会议事项、场所及规则，禀请该管地方长官核准，其议决事件须禀由地方官详经该管长官咨报内务部查核。

第十五条　凡僧道开会讲演，或由他人延请演讲时，其演讲宗旨以不越左列各款范围者为限：

一、阐扬教义；

二、化导社会；

三、启发爱国思想。

前项讲演须于开讲五日以前，将其时期、场所及讲演人姓名、履历禀告该管地方官。

第十六条　凡僧道有戒行高洁、精通教义者，准照第四条规定办理。

第十七条　凡寺庙僧道受戒时，由内务部豫制戒牒，发由地方官转交传戒寺庙按名填给造册报部。

凡从前业经受戒及其他未受戒之僧道，由内务部分别制定僧道籍证，发交地方官清查，按姓名填给造册，汇报内务部。

无前项戒牒及僧道籍证者，不得向各寺庙挂单并赴经忏，各寺庙亦不得容留。

关于第一项及第二项事宜之办理规程另定之。

第四章　寺庙注册

第十八条　本条例规定应注册之事项，须向寺庙所在地之该管地方官署为之。

第十九条　业经注册之事项，该管官署应即公告，并发给注册证。

第二十条　凡应注册之事项未经注册及公告，该管地方官不任保护之责。

第二十一条　业经注册之事项如有变更或消灭时，须随时禀请该管官署注册。

第二十二条　关于注册之规定另定之。

第五章　罚则

第二十三条　各寺庙僧道或住持不守教规时，该管地方官得申戒或撤退之，其情节较重者，并得加以相当处分，但关于民刑事件，仍由司法官署依法处断。

第二十四条　凡寺庙住持违背管理之义务者，由该管地方官申戒或撤退之。

寺庙因而受损害者并任赔偿之责。

第二十五条　违背第十条规定，抵押或处分寺庙财产时，由该管地方官署收回原有财产，或追取原价给还该寺庙，并准照第二十三条规定办理。

因而得利者，并科所得总额二倍以下之罚金，若二倍之数未满三百元者，并科以三百元以下之罚金。

第二十六条　依前三条规定撤退住持时，应即由该寺庙僧道另行公举。

第二十七条　违背第十一条规定侵占寺庙财产时，依刑法侵占罪处断。

第二十八条　各寺庙违背第十七条第三款规定，容留无戒牒或僧道籍证之僧道时，处该住持一元以上十元以下之罚金，其有行迹诡异隐匿不报者亦同。

第六章　附则

第二十九条　本条例所称地方官指县知事而言。

第三十条　本条例公布之日起，内务部颁行之《寺院管理暂行规则》及曾经立案之佛道各教会章程一律废止之。

第三十一条　本条例自公布之日施行。①

《管理寺庙条例》是袁世凯政府庙产政策的集大成。它系统总结了几年来处理庙产问题的经验，其内容涵盖了宗教管理的各个方面，突出特点有如下几点。

第一，继续坚持《寺院管理暂行规则》中确定的保护宗教庙产的原则，并将寺庙财产的判断标准具体化。《管理寺庙条例》第一条，将国家应该保护的寺庙分为七类："一、十方选贤丛林寺院；二、传法丛林寺院；三、剃度丛林寺院；四、十方传贤寺院庵观；五、传法派寺院庵观；六、剃度派寺院庵观；七、其他习惯上现由僧道住守之神庙（例如未经归并或设之从前习惯上奉祀各庙是），其私家独力建设不愿以寺庙论者不适用本条例"。该条规定的进步性主要表现在四个方面。一是继续贯彻了《临时约法》"人民有信教之自由"的基本精神，坚持了保护宗教庙宇的一贯政策。二是将《寺院管理暂行规

---

① 《管理寺庙条例》，《政府公报》第1249号，1915年10月30日。

则》第一条规定细化，将官府保护的庙宇分为七大类，尽管这种分类法的科学性有待商榷，但其可操作性较《寺院管理暂行规则》的首条规定明显增强了。三是把由僧道住守的神庙也列入保护范围。在传统社会里，儒、道、佛三教合流的特征非常明显，各地由僧道住守的神庙均为当地影响较大的庙宇，尽管这些庙宇所供奉的神像不属于某一宗教，但它们却拥有众多的信徒。按照《寺院管理暂行规则》第一条的规定，这些庙宇显然不属于官府保护范围，这也是造成诸多庙产纠纷的主要原因之一。《管理寺庙条例》将这类庙宇纳入国家保护范围，既体现了对民间信仰的尊重，也有利于减少社会动荡。四是将没有僧道住守的神庙排除在保护之外。该条例第十三条规定："凡寺庙久经荒废无僧道住守者，其财产由该管地方官详请该管长官核准处分之。"这类庙宇的数量很多，其财产规模也很大，将此类庙产排除于保护范围之外，就为各地征用这些庙产办理新政事业提供了法律依据，有利于防止废弃庙宇的财产流失，也有利于解决社会改革中的资金和场地困难。

第二，加大了对寺庙财产保护的力度。《寺院管理暂行规则》对宗教庙产保护的规定很笼统，"不论何人不得抢夺寺院财产"，在实践中操作性不强。《管理寺庙条例》不仅沿袭了这项规定，而且将之进一步细化，该条例第二十七条规定，"违背第十一条规定侵占寺庙财产时，依刑法侵占罪处断"，这条规定对遏制各地借端侵占庙产的行为是很有利的；同时，该条例还加大了对僧道侵占庙产行为的处罚力度。该条例第二十五条规定"违背第十条规定抵押或处分寺庙财产时，得由该管地方官署收回原有财产，或追取原价给还该寺庙，并照第二十三条规定办理。因而得利者并科所得总额二倍以下之罚金，若二倍之数未满三百元者，并科以三百元一下之罚金"。这就为司法机关处罚侵占合法庙产提供了明确的标准，有利于制止僧道盗卖庙产行为。

第三，加强了地方政府对寺庙住持僧道的监管。该条例第二十三条规定："各寺庙僧道或住持不守教规时，该管地方官得申戒或撤退之，其情节较重者，并得以相当处分，但关于民刑事件仍由司法官署依法处断。"第二十四条规定："凡寺庙住持违背管理之义务者，由该管地方官申戒或撤退之。寺庙因而受损害者并任赔偿之责。"第九条规定："寺庙之住持传继从其习惯。但非有中华民国国籍者不得继承之，住持之传继须向该管地方官禀请注册。"这些规定，既照顾了宗教内部的习惯，又可以防止寺庙住持监守自盗。禁止非中华民国国籍的人担任寺庙住持，既可以防止排除外国宗教势力的渗透，又可以防止外交纠纷，这在当时的形势下有特殊意义。

第四，确定了寺庙财产的纳税制度。在传统社会里，僧道在封建政府的保护下，享有很多特权，寺庙拥有大量的田产却不纳税。到了近代，由于中国社会剧烈变动，在封建政府不断衰落的同时，"佛教已际末法中半之运，道家亦有其鬼不神之忧"①，它们的这种特权就引起各界的不满。戊戌变法后庙产兴学运动的迅猛发展也说明了这一点。此后，尽管对寺庙和佛、道二教的冲击越来越激烈，但宗教和寺庙的各种特权在法律上并未废除，光绪三十一年（1905）清廷的上谕还明确宣布："著各省督抚令饬地方官，凡有大小寺院，及一切僧众产业，一律由官保护。"②民国建立以后，君主专制制度被废除，宗教人士的特权地位也失去了政治保障，《临时约法》明确规定，"中华民国人民，一律平等，无种族、阶级、宗教之区别"，这就充分说明，废除宗教人士的特权是时代进步的必然要求。《管理寺庙条例》第二条规定"凡寺庙财产及僧道除本条例有特别规定外，与普通人民受同等之保护""凡寺庙财产须按照现行税则一体纳税"等，就落实了《临时约法》的基本精神，取消了佛教庙产在传统社会所一贯享有的特权。

第五，建立了寺庙财产的注册制度。该条例第六条规定"凡寺庙现有财产及将来取得财产时，须向该管地方官禀请注册"，第八条规

---

① 张之洞：《劝学篇》，苑书义等主编：《张之洞全集》，河北人民出版社1998年版，第9739页。

② （清）朱寿朋编：《光绪朝东华录》（五），中华书局1958年版，总5321页。

定："凡寺庙之创兴合并及改立名称并现存寺庙须向该管地方官禀请注册。"同时，该条例还专门列出一章，对寺庙财产注册的程序进行了详细规定。该条例第十八条规定："本条例规定应注册之事项，须向寺庙所在地之该管地方官署为之。"第十九条规定："业经注册之事项，该管地方官应即公布并发给注册证。"第二十条规定："凡应注册之事项未经注册及公告该管地方官不认保护之责。"第二十一条规定："业经注册之事项如有变更或消灭时，须随时禀请该管官署注册。"这些规定，使庙产注册制度成为一项系统的政策。① 这项制度有两层含义：一是凡被政府保护的庙产，不论是现有或将来取得及变动时，必须按照规定向政府注册；二是官府必须向获得注册的庙产发给注册证，并依法予以保护。注册制度的确立，就为各地解决庙产纠纷提供了有力的证据，既有利于防止社会各界征用庙产的行为，又将民间庙产完全置于政府的监控之下。

第六，加强了对著名庙宇的保护。它规定："凡著名丛林及有关名胜或形胜之寺庙，由该管地方官特别保护，前项特别保护方法由内务部参酌地方情形定之。"② 这项规定有利于保护我国的历史珍贵文化遗产。

以《管理寺庙条例》的颁行为标志，北洋政府的庙产管理政策得以正式形成。它是一部符合《临时约法》精神和中国实际、可操作性较强的系统法规。

首先，它贯彻了北洋政府的意图：一是将清末新政以来各地剥夺佛教寺产的行为合法化，以巩固十多年来的改革成果。它把大量的不在宗教经典的民间神庙排除在保护范围之外，为以后继续征用此类庙产埋下伏笔；二是制止各地抢占庙产的行为，平息宗教人士和普通民众的不满情绪，维护正常的社会秩序；三是保护各地家庙，以减少破除迷信所带来的阻力。《管理寺庙条例》为各地处理庙产纠纷提供了

---

① 《管理寺庙条例》，《政府公报》第1249号，1915年10月30日。
② 《管理寺庙条例》，《政府公报》第1249号，1915年10月30日。

法律依据，此后各地"间遇僧道之诉讼纠葛，亦辄援此条例为判释之依据"①，进而使各地的庙产纠纷日趋缓和，并对以后的庙产管理政策乃至宗教管理政策产生了深远的影响。

其次，它明确了寺院财产的所有权、管理权和监督权。寺产的所有权属于寺庙，这体现在寺产纳税和寺产注册制度上，试想，如果寺庙不拥有寺产的所有权，需要注册和纳税吗？寺产的管理权属于住持僧人，这体现在第九条"寺庙财产由住持管理之"的规定上。寺院的监督权属于政府，这在条例中最集中的体现就是寺产注册制度。

再次，条例对寺院的内部活动有明显的限制。《管理寺庙条例》第十四条规定，僧道举行教务会议，"须由发起人开具会议事项、场所及规则，禀请该管地方官核准，其议决事件须禀由地方官详经该管长官咨报内务部查核"。《管理寺庙条例》第十五条规定，寺院举办演讲，"须于开讲五日以前将其时期、场所及讲演人姓名履历禀告该管地方官"，等等。这些规定，就将寺庙的教务活动纳入政府的监管之内了。

三 《修正管理寺庙条例》

《修正管理寺庙条例》公布于1921年5月20日，与1915年的《管理寺庙条例》相比，它的主要特点是限制了地方的随意性，放松了对佛教内部活动的限制，对佛教与国家关系的改善起到了积极作用。

袁世凯去世以后，黎元洪继任了大总统，恢复了《临时约法》和责任内阁，佛教人士也对《管理寺庙条例》提出了强烈批评，但没有产生什么效果。冯国璋继任大总统后，着手修改《管理寺庙条例》，以改善佛教与国家的关系。1917年8月29日，内务部委托司法部的法律编查会调查各宗教的仪轨、习惯，以便为修改《管理寺庙条例》作准备：

---

① 《佛教年鉴》，《海潮音》1920年第1期，第140页。

为咨行事：按照《临时约法》，中华民国人民无宗教阶级之区别，是各项教徒应与一般人民适用普通法律，方为合法。惟吾国释道两教相传数千年，本固有之规仪，为通行之风尚，既已置其身于普通社会以外，即不能泥其迹于一般习惯之中，而凡关于民法物权、继承两项，与其他公私权利不能与齐民相例者，所在多有。盖其规仪之所特标，即其精神之所攸寄，既已久经遵循而不易，自应认为习惯所宜存，若必拘《临时约法》之文而毫无辨别，似反乖保护宗教之意而大失平衡。考东西各国，教徒与人民实无界限之可分，即各宗教师遵用教规，颇与人民有异，亦仅居其少数，故其法律之制定，自可一律适用而稍略无窒碍。然其对于各教师，亦往往于各项单行法规中为特别之规定，俾教规效力不至全归丧失，用意至为周密。吾国僧道实与各国之教师无异，且教规所定效力甚强，而与普通习惯相悬者至远且夥，似宜略仿各国立法之意，酌量加入，俾有遵循。查贵部原设有法律编查会，为编制各项法典机关，应由贵部转知该会，对于上述情形特加注意，凡各宗教之规仪习惯，均应详细调查，分别规定于各项法典之中，俾将来法律适用时不至别生障碍。除现在各项法律未完备时，本部关于宗教行政仍查据向来习惯，酌宜处分监护外，相应咨请贵部查照办理可也。此咨。①

这篇咨文首先强调，各宗教教徒均系中华民国人民，均享有《临时约法》所规定的一切权利，因此应该与普通人民一样遵守各种法律法规。接着又指出，由于佛教和道教流传已有1000多年历史，形成了其固有的仪规和习惯，也应该得到尊重和保护，只有将这些仪规和习惯在相关单行法规中予以明确，才真正符合《临时约法》"保护宗

---

① 《咨司法部请转饬法律编查会调查各宗教规仪习惯于各项法典中酌量分别规定文》，《内务公报》第48期，1917年9月出版。

教自由"的原则。咨文最后要求内务部转知宪政编查会详细调查各宗教固有的习惯和仪规，并详细咨报内务部，以便在将来的相关法规中予以规定。根据这篇咨文的内容，我们不难发现，这是冯国璋准备修改《管理寺庙条例》的明确信号。

1917年10月18日，内务总长汤化龙又向全国各省长、各特别区域长官发出咨文，征求他们对《管理寺庙条例》的意见，为修改这个条例作进一步的准备：

> 为咨行事：保护宗教本内务行政之一端，而寺庙与宗教关系至为密切，苟管理不得其宜，即不免扰及宗教而蹈干涉私产之嫌。吾国向来积习，对于各宗教既与一般人民有所歧视，所有寺庙往往认为一种公共财产，而任意予夺，实与近日各国文明制度大相违背。民国改建，阶级全除，宗教平等既已明定约法之中，释道各教亦遂纷纷设立团体，以图自卫，而各省诉争庙产之案乃层出不已。本部为谋行政便利起见，曾于民国四年十月制定《管理寺庙条例》，呈请明令颁布，俾全国人民对于寺庙事项有所遵循，而宗教财产得为明确之保障。此种条例颁行以来，历经三载，地方官吏固不尽能实力以奉行，而宗教之徒或更议其条规之未备。当此整饬庶政之时，亟应详加考究，酌予增删，俾臻完善。惟地方情形既各有不同，而宗教习俗亦极其复杂，苟非就地调查，广徵众论，恐无以洽民意而利施行。现在此种条例正拟从事修改，除令行京兆尹并京师警察厅饬知在京佛道两教总会，准其迳行向部陈述意见外，相应咨请贵省长、都统、镇守使、长官查照，将对于此种条例所有意见，于一月以内详细咨复到部，以凭审查而资修改。此咨。①

---

① 《通咨各省省长、热河察哈尔绥远都统、川边甘宁夏镇守使，阿尔泰办事长官请将对于〈管理寺庙条例〉所有意见详细咨复以凭审查而资修改文》，《政府公报》第641号，1917年10月29日。

内务部的这份咨文，首先指出《管理寺庙条例》制定的目的是消除民国初年的寺产纷争，维护《临时约法》的权威。接着指出《管理寺庙条例》颁布以来，实行的情况并不理想，一方面是由于"地方官吏固不尽其能，实力以奉行"，另一方面则是因为条例的有关规定并不完备。在此基础上，内务部明确提出修改《管理寺庙条例》的意见："当此整饬庶政之时，亟应详加考究，酌予增减，俾臻完善。"最后要求各地提出修改意见，并于一个月内详报内务部，"以凭审查而资修改"。这份咨文引起了佛教人士的高度重视，他们纷纷向内务部建言献策。

在广泛征求意见的基础上，内务部拟定了《修正管理寺庙条例》，于1921年5月9日报请大总统徐世昌审核。在呈文中，内务部叙述了修改《管理寺庙条例》的过程和理由：

> 查本部执掌宗教行政，溯自改革之初，各地豪强多假兴学为词，侵占庙产，扰攘不休，曾经订立《寺院管理暂行规则》，事属草创，未为详备。嗣以各省庙产争讼积案棼如，经于民国四年八月呈奉明令，对于寺庙财产责成该管官切实保护，严禁侵占在案。并经博访周咨，妥慎厘订，规定现行《管理寺庙条例》三十一条，于是年十月呈奉教令公布施行。详查该条例大纲，除关于宗教内部教规一切从其习惯外，对于宗教行政多采提倡保护主义。颁布以来，七载于兹，遇有寺庙控诉案件，历经根据条文妥慎办理。奉行日久，大端自无可议。惟法制必期于美备，而政令斯利于推行。本部办理宗教案件，以关于僧侣庙产者居多。寺庙财产所有权属于寺庙自身，久为法家所公认，固不容方外缁流徒饱私囊，亦未便任由公中挹注，资为利源。乃积习相沿，多视寺庙为一种公共营造物，将其财产任意予夺。即如条例第十条，但书原文规定，本系根据四年八月明令"僧侣热心公益，自愿捐输，仍准禀明立案"一语，而外省援用，每有误会条文，谬相牵引，以致发生控诉案件，缪戾纷如。节经本部文书往复，详明诠

释，而没收与提充罚款诸秕政仍复不免，实与法理相戾，殊失国家维护寺庙之本意。兹经督率司员，依据该条例原有范围，参以此次程德全签注意见，悉心讨论，增订删修，务于保护庙产、提倡宗风主义，力求完善而便奉行。计《修正管理寺庙条例》草案二十四条，附具理由书，呈候钧裁。如蒙核定，即请以教令公布施行。①

内务部的呈文显然打动了大总统徐世昌，1921年5月20日，徐世昌签署第十二号教令，公布了《修正管理寺庙条例》。《修正管理寺庙条例》共24条，分为总纲、寺庙之财产、寺庙之僧道、罚则、附则五个部分。如果把《修正管理寺庙条例》与《管理寺庙条例》逐条对比，我们即可发现，《修正管理寺庙条例》取消了注册一章，只规定"寺庙须向地方官署呈请注册，其应行注册事项及关于注册之程序，由内务部另以规则定之"②。这就将程序法从实体法中删除，反映了北洋时期立法实践的进步。除此以外，《修正管理寺庙条例》还在第一条关于寺庙的分类里，增加了一项，即"八、其他关于宗教各寺庙"③，使《修正管理寺庙条例》更加科学、更加规范。除此之外，《修正管理寺庙条例》的变化还有以下几方面。

第一，进一步限制地方官处理寺庙财产的随意性。如在第一章"总纲"里边，特意增加了一条"寺庙不得废止或解散之"④。在第二章"寺庙之财产"里，有三处重要修改。一是关于寺庙财产的处分里，取消了原来"但为充公益事项必要之需用，须禀请该管地方官核准者不在此限"⑤的规定，这有利于防止地方官借兴办地方公益之名随意处分或抵押寺庙财产的行为。二是将《管理寺庙条例》的第十

---

① 《内务部呈大总统为修正管理寺庙条例附具理由呈请公布文》，《政府公报》第1940号，1921年7月19日。
② 《修正管理寺庙条例》，《政府公报》第1883号，1921年5月21日。
③ 《修正管理寺庙条例》，《政府公报》第1883号，1921年5月21日。
④ 《修正管理寺庙条例》，《政府公报》第1883号，1921年5月21日。
⑤ 《管理寺庙条例》，《政府公报》第1249号，1915年10月30日。

一条"寺庙财产不得藉端侵占"①，修改为"寺庙财产不得藉端侵占，并不得没收或提充罚款"②，其目的就是防止地方官员随意没收寺庙财产和以罚款的名义侵占寺庙财产的行为。三是关于荒废寺庙的处理也有明显变化。《管理寺庙条例》的第十三条"凡寺庙久经荒废无僧道住守者，其财产由该管地方官详请该管长官核准处分之"③，改为"凡寺庙久经荒废无僧道住守者，由该管地方官查明保护，另选住持"④。这就是说，此前地方官拥有荒废寺庙的处理权，只是要求报其上级长官批准，而按照《修正寺庙管理条例》的规定，自此以后，地方官不能再像以前那样随意处理荒废寺庙财产，而是要查明保护交给住持僧道管理，只是住持僧道的产生过程要接受地方官的监督。由以上这些修改可知，《修正管理寺庙条例》对地方官随意侵占寺庙财产的行为进行了诸多限制，这些规定对佛教也是非常有利的。

第二，放宽了对僧道活动的限制。这主要体现在两个方面：一是放宽了对丛林僧道举行教务会议的限制。按照《管理寺庙条例》的规定，僧道要举行教务会议，须由会议发起人事前向该管地方官甚至内务部汇报，得到批准后方可举行，而《修正管理寺庙条例》则取消了"举行前项会议时，须由发起人开具会议事项、场所及规则，禀请该管地方长官核准，其议决事件须禀由地方官详经该管长官咨报内务部查核"⑤的规定，这对僧道的活动显然是非常有利的。二是放宽了僧人举行演讲会的限制。按照《管理寺庙条例》的规定，僧道要举行演讲会，须于开讲五日以前将演讲会的时间、地点及讲演人的姓名履历等情况禀告该管地方官甚至内务部，得到批准后方可举行。而《修正寺庙条例》则取消了这些规定，只对演讲的宗旨作出了规定，要求演讲的宗旨符合阐扬教义、化导社会、启发爱国思想等之一。这

---

① 《管理寺庙条例》，《政府公报》第1249号，1915年10月30日。
② 《修正管理寺庙条例》，《政府公报》第1883号，1921年5月21日。
③ 《管理寺庙条例》，《政府公报》第1249号，1915年10月30日。
④ 《修正管理寺庙条例》，《政府公报》第1883号，1921年5月21日。
⑤ 《管理寺庙条例》，《政府公报》第1249号，1915年10月30日。

些规定，对僧道的弘法活动是非常有利的。

第三，放宽了僧道收徒的限制。一是取消了政府对僧道收徒行动的干预。关于僧道收徒的程序，《管理寺庙条例》的规定是："凡寺庙僧道受戒时，由内务部豫制戒牒，发由地方官转交传戒寺庙按名填给造册报部。"①《修正管理寺庙条例》则废止了由内务部颁给度牒的规定，将僧道收徒的程序改成了："凡寺庙僧道受戒时，应由其度师出具受度证明书，载具法名、年貌、籍贯及受度年月，交付该僧道，并由度师呈报该管地方官备案。"② 这就将僧道收徒的主动权还给了僧道。二是将此前无度牒僧道的认定权力还给了僧道。对于此前没有度牒或僧道籍证明者，《管理寺庙条例》也规定由内务部和地方官处理："凡从前业经受戒及其他未受戒之僧道，由内务部分别制定僧道籍证，发交地方官清查，按姓名填给造册汇报内务部。"③ 而《修正管理寺庙条例》则废除了这些规定，只规定："其在本条例施行以前受度者，由该僧道请求度师，或相识寺庙之住持，或僧道二人以上为出证明书，并由该度师，或住持，或为证明之僧道，呈报地方官备案。"④ 这就将处理权交给了僧道。三是取消了无度牒僧道的限制。对于此前的无度牒僧道，《管理寺庙条例》明确规定："无前项戒牒及僧道籍证者，不得向各寺庙挂单并赴经忏，各寺庙不得容留。"⑤ 而《修正管理寺庙条例》则取消了这项规定。以上三处修改，不仅是僧道收徒程序和无度牒僧道认定程序上的修改，更重要的是这些修改将僧道收徒和无度牒僧道的认定与管理权限还给了僧道，体现了北洋政府对僧道权益的尊重和保护。

第四，恢复了佛教社团的合法性。《管理寺庙条例》第三十条规定："自本条例公布之日起，内务部颁布之《寺院管理暂行规则》及

---

① 《管理寺庙条例》，《政府公报》第1249号，1915年10月30日。
② 《修正管理寺庙条例》，《政府公报》第1883号，1921年5月21日。
③ 《管理寺庙条例》，《政府公报》第1249号，1915年10月30日。
④ 《修正管理寺庙条例》，《政府公报》第1883号，1921年5月21日。
⑤ 《管理寺庙条例》，《政府公报》第1249号，1915年10月30日。

曾经立案之佛道各教会章程一律废止之。"① 以《管理寺庙条例》取代此前的《寺院管理暂行规则》，这是自然而然的事，但以《管理寺庙条例》的颁布为理由，废止此前立案的佛教、道教社团的章程，却有点不可思议。因为它剥夺了此前立案的佛教社团的合法性，中华佛教总会就是因此被迫解散的，这也是佛教人士强烈反对《管理寺庙条例》的主要原因。《修正管理寺庙条例》将这条规定修改为"本条例自公布之日施行，其以前教令公布之《管理寺庙条例》废止之"②，这就恢复了此前立案的佛教、道教社团的合法性，因而得到了佛教人士的普遍欢迎。

四 优秀僧人和著名寺院表彰奖励政策

在清末民初的庙产兴学运动期间，各地迫害僧人的事件比比皆是，这种行为不仅遭到了佛教人士的强烈反对，也受到梁启超、熊希龄、孙毓筠等社会名流的严厉批判。为了缓和社会矛盾，《管理寺庙条例》就规定加入了对优秀僧人和著名寺院进行奖励的条文。但是，由于当时僧俗矛盾比较尖锐，这些条文并未得到落实。1921年5月，北洋政府颁布了《修正管理寺庙条例》，在加强保护佛教寺产的同时，也放宽了政府对佛教内部事务的干预，赢得了佛教人士的普遍欢迎。在此后的几年间，为了进一步改善与佛教的关系，北洋政府将《修正管理寺庙条例》中奖励优秀僧人和著名寺院的条款逐渐付诸实施，北洋政府的优秀僧人和著名寺院表彰奖励政策逐渐形成了。

一是表彰优秀僧人。1922年4月，内务部根据定海县知事陶镛、会稽道尹黄应澜和浙江省长吕公望等人的呈请，建议大总统徐世昌对浙江普陀山法雨寺首座僧圣量进行嘉奖。内务部在呈文中说圣量和尚"少勤儒学，长皈佛教，坚苦卓绝，淄素同称。所著文钞既能阐扬教

---

① 《管理寺庙条例》，《政府公报》第1249号，1915年10月30日。
② 《修正管理寺庙条例》，《政府公报》第1883号，1921年5月21日。

义，为时贤所推仰。而盲目复明，老弥爽朗，尤足为清修净业之劝"①，据此建议大总统徐世昌奖给该僧匾额一方。徐世昌深以为然，他在批令中说："佛法方便，备列多门，利物度生，净宗尤普。该首座以昙□之宏愿，踵善导之遗规，妙应时机，圆音普被。亟宜表扬，以资观感。著给予'悟澈圆明'匾额一方，即由该部颁给。"②当大总统徐世昌题写的方匾额送到普陀山时，当地佛教信众欣喜若狂，认为这不仅是圣量和尚的荣耀，也是整个普陀山的光彩。1924年6月，内务部又根据参议员丁文口、潘承锷的呈请以及柏林寺住持澄海、法源寺住持道阶的推荐，通令表彰江苏江都县宝轮寺住持僧显宗，说他"感化有方，觉行无闷。辑宇剪莱，成阿育之万塔，装经葺宇，壮华严之七重"，"表率徒众，确有成绩，宏扬净土，规模远卓"，特颁给"丕振宗风"匾额一方，以资表扬。③1924年6月10日，大总统曹锟签署第927号指令，批准了内务部的呈请。通过对这些优秀僧人的公开表彰，北洋政府得到了佛教人士的普遍好评，佛教与政府关系因此大大改善。

二是表彰著名丛林寺院。表彰著名寺院，也是北洋政府主动改善佛教与国家关系的一项重要举措，尽管这项政策在《管理寺庙条例》里有明确规定，但具体行动均发生在《修正管理寺庙条例》颁布以后。1922年11月，内务部根据湖南旅京官绅陈嘉言、程崇信、蒋春芳、梁家义等人的呈请，给衡阳等县丛林颁发匾额。在给大总统的呈请中，内务部这样说："湖南耒阳县金钱寺，自北京法源寺方丈道阶法师兼充住持以来，历二十余载，所有寺内各处均经彻底重建，极费经营，业已次第告竣。民国四年，又被请为衡山县南岳山祝圣寺住持。六年，兼衡阳县龙形山大罗汉寺住持。八年，又兼为该县花药山

---

① 《内务部呈大总统为浙江普陀山法雨寺首座僧圣量戒行高洁全山感化恳请特颁匾额文》，《政府公报》第2725号，1923年10月15日。
② 《大总统指令772号》，《政府公报》第2196号，1922年4月14日。
③ 《内务部呈大总统为江苏江都县宝轮寺住持僧显宗感化有方觉行无闷拟请颁给匾额文》，《政府公报》第2972号，1924年6月30日。

报恩寺主持。九年以后,复兼耒阳县白云山天中寺住持。以上各处,均系著名巨刹,曾经四众弟子坚请,在开坛傅戒已十余次,每次得度僧徒各约千余,提倡宗风,斯为极盛,请援照《修正管理寺庙条例》第五条之规定,转呈大总统分别颁给各该寺匾额。"① 1922 年 11 月 13 日,复任大总统的黎元洪签署第 3326 号指令,批准了内务部的呈请。此举赢得了湖南和北京两地僧人的一致好评,有力推动了佛教与国家关系的改善。

三是向著名寺院颁发释藏经典。按照《管理寺庙条例》第四条的规定,凡寺庙在历史上有倡明宗教陈迹,或其徒众皆能恪守清规为人民所宗仰者,可由该管地方官开列事实,详请该管长官咨由内务部呈请大总统颁给经典、法物或匾额,以示奖励。为了将这条规定落到实处,内务部制定了《释藏经典颁给规则》,经大总统徐世昌核准后,于 1920 年 10 月 2 日公布实施。自此以后,向著名的寺院颁发释藏经典就成为北洋政府改善与佛教关系的一项措施。1924 年 10 月 4 日,大总统曹锟批准了内务部的呈请,向湖南名刹四愿寺和开福寺颁发藏经,以资表扬。在呈文里,内务部对四愿寺、开福两寺院大加赞誉,说四愿寺为"邑中之胜境,名盖十方,栖真之士接踵而至,岁恒数百人",开福寺"跨紫微而枕碧浪,白足缁流恒数千指,俨然灵鹫祇园",但却没有释藏经典,甚为遗憾,希望大总统"特颁全藏各一部,宏昭奖励,俾振宗风"②,得到曹锟的允准。1925 年 2 月 14 日,临时执政段祺瑞也批准内务总长龚心湛的呈请,给湖南耒阳天中寺颁发释藏经典。在呈文里,内务部对天中寺也是赞誉有加,先说该寺"创自清初道亲禅师,距城六十里许,志乘记载綦详,界接永耒,隅处西南,名峦控衡,秀水朝迎,龙象之薮,定慧之区",又说"该寺始基剃度,转建丛林。衡山远映,上衔朱鸟之精。湘水遥临,中□苍

---

① 《内务部呈大总统请颁给湖南衡阳等县丛林匾额文》,《政府公报》第 2475 号,1923 年 1 月 30 日。

② 《内务部呈大总统请颁给湖湘名刹四愿、开福两寺释藏经典以资奖励文》,《政府公报》第 3080 号,1924 年 10 月 22 日。

龙之气。待具全经，聿彰胜境"，如果颁给释藏经典，必能"装华严之七重光，腾宝刹架琅函之千轴。瑞霭名林，永振宗风，宏昭奖励"① 获得临时执政段祺瑞的批准。通过向著名寺院颁发释藏经典，既彰显了北洋政府在佛教界的权威，又改善了政教关系，收到了良好的社会效果。

四是颁布《修正管理寺庙条例第五条及第十七条施行细则》21条。由于北洋政府奖励优秀僧人和著名寺院的行为取得了良好的社会效果，北洋政府便通过立法形式，将这些成功的经验固定下来，于是制定了《修正管理寺庙条例第五条及第十七条施行细则》。这份细则首次刊登于1924年2月1日的《政府公报》，主要内容有以下几点。

第一，确立了北洋政府表扬寺庙的具体标准。按照《修正管理寺庙条例》第五条的规定，北洋政府将对各地著名的寺庙予以表彰，标准为"在历史上有昌明宗教之陈迹者"和"寺庙之徒众皆能恪守清规为人民所宗仰者"两个。在《修正管理寺庙条例第五条及第十七条施行细则》中，内务部又对这两个标准进行了细化。其中符合"在历史上有昌明宗教之陈迹者"有五种："一、曾受国家之表彰者；二、为著名僧道所开创或中兴者；三、原由庵观改为丛林者；四、曾经开坛传戒规模宏远者；五、曾举办公益慈善事业确有成绩者。"②《修正管理寺庙条例第五条及第十七条施行细则》还对"寺庙之徒众皆能恪守清规为人民所宗仰者"进行了细化，也列举了五种情况："一、戒律精严，从无一人受地方之指摘者；二、功课整肃，对丛林规则确能遵行者；三、研习经律，确能发挥精义，传播十方者；四、对于宗教规律或习惯确能改良实行者；五、关于布教或导化社会事业，皆能担任或合力进行者。"③ 仔细分析细则所列举的符合两大表

---

① 《内务总长龚心湛呈临时执政请颁给湖南耒阳县云中山天中寺释藏经典文》，《政府公报》第3237号，1925年4月5日。
② 《修正管理寺庙条例第五条及第十七条施行细则》，《政府公报》第2826号，1924年2月1日。
③ 《修正管理寺庙条例第五条及第十七条施行细则》，《政府公报》第2826号，1924年2月1日。

彰标准的十种情况就可以发现，北洋政府制定这项细则的目的就是鼓励寺庙在精研教义、积极布教的同时，积极承担教化社会的责任。

第二，确立了北洋政府表彰优秀僧道的具体标准。按照《修正管理寺庙条例》第十七条的规定，北洋政府将对道行高洁、精通教义的优秀僧人予以表彰。《修正管理寺庙条例第五条及第十七条施行细则》则对符合这两个标准的五种情况作出了具体规定。明确规定僧道只要符合以下情形之一者，即可认定为道行高洁："一、以感化之力振兴寺庙或大昌宗风者；二、以感化之力募资建立或重修寺庙者；三、管理寺庙，表率徒众，确有成绩者；四、尽力教务或导化社会事业确有成绩者；五、苦行梵修不预外事十年以上，或至诚奉教感应有证者。"① 只要符合以下四种情形之一者，即可认定为精通教义："一、阐发教义确有著述者；二、自立法会或应社会之请求讲演经论确有阐发者；三、历主丛林讲席十年以上夙著声望者；四、校刊经典传布社会确有成绩者。"② 也就是说，只要符合以上九种情形之一的僧道，即可以受到北洋政府的表彰。

第三，规定了北洋政府表彰著名寺庙或优秀僧道的程序。首先，明确了提出表彰呈请的四种主体，即"一、附近或同派各寺庙之住持；二、附近地方之绅民；三、信仰该宗教之人士；四、曾经立案之宗教社团"③。其次，明确提出呈请的程序，即一般情况先向地方官署提起呈请，特殊情况也可直接向内务部提出呈请，具体要求是："凡表扬寺庙或僧道，须向地方官署呈请之。但取具同籍在京荐任以上实职文官或北京官刹住持二人证明者，得迳呈内务部。请求表扬寺庙或僧道，须将受表扬者之简明历史或履历及应受表扬之确实事迹，造具清册，

---

① 《修正管理寺庙条例第五条及第十七条施行细则》，《政府公报》第2826号，1924年2月1日。
② 《修正管理寺庙条例第五条及第十七条施行细则》，《政府公报》第2826号，1924年2月1日。
③ 《修正管理寺庙条例第五条及第十七条施行细则》，《政府公报》第2826号，1924年2月1日。

第七章 佛教与国家关系的持续改善 383

随文附呈之。"① 再次，明确了地方官署的审核责任。地方官收到呈请后，"应按照册载事迹考查明确，呈请该管长官转咨内务部核办"②。复次，明确了北洋政府作出表彰决定的程序："内务部审核册载事迹合于本细则第一至第四各条所规定时，据其事迹呈请大总统分别颁给物品表扬之。"③ 最后，规定了北洋政府表彰的物品："寺庙事迹于本细则第一、第二两条中仅各在一条范围以内者，由内务部分别拟具字样，颁给匾额；其于两条中各有相合者，则按其款数，酌量加给经典或法物。前款经典以国家特刊之单行本为限，法物以衣钵钟磬等件为限。其种类及件数由内务部酌量加给，呈请人不得自行指定。"④

第四，规定了寺庙或僧道领取表彰物的有关事宜。首先，规定领取表彰物的方式："凡颁表扬物品，均由具呈人或受表扬者至内务部具领。其在地方官署呈请者，由部咨发单据，令地方官转交原具呈者或该受表扬者至内务部具领。前项具呈人或受表扬者如因远道或特别障碍不能来部具领时，得将部发凭单连同应缴之证书费并每项物品各附加邮费一元，呈请该地方官署转呈该管长官咨部代领。"⑤ 其次，寺庙或僧道领取表彰物时须缴纳两种费用。一种是表彰费，具体标准是："一、事迹仅在一条范围以内者，一款缴费二十元，每多合一款递加十二元。二、事迹仅在两条范围以内者，每条一款缴费二十元，每多合一款递加十二元。"⑥ 第二种费用是印花税和证书费："发给证书须由领受者遵章购贴印花票，并依照颁给物品每项各缴纳证书费三

---

① 《修正管理寺庙条例第五条及第十七条施行细则》，《政府公报》第2826号，1924年2月1日。
② 《修正管理寺庙条例第五条及第十七条施行细则》，《政府公报》第2826号，1924年2月1日。
③ 《修正管理寺庙条例第五条及第十七条施行细则》，《政府公报》第2826号，1924年2月1日。
④ 《修正管理寺庙条例第五条及第十七条施行细则》，《政府公报》第2826号，1924年2月1日。
⑤ 《修正管理寺庙条例第五条及第十七条施行细则》，《政府公报》第2826号，1924年2月1日。
⑥ 《修正管理寺庙条例第五条及第十七条施行细则》，《政府公报》第2826号，1924年2月1日。

元,授收前项证书时,内务部给予收据。"① 再次,规定了表彰物和证书的补领办法:"表扬物品或证书有遗失或损坏时,得向内务部呈请补领,但须遵照左列规定补缴规费。一、补领证书或全部表扬物品时,须依照原案缴费;二、补领表扬物品之一部时,每项须缴费二十元。呈请补领,呈请补领之程序,与呈请表扬同。"②

以上一项规则和三项条例,记载了北洋政府佛教管理法规的发展过程,也构成了北洋政府规范佛教活动法规体系的全部内容。它们以寺庙财产管理为核心,涉及佛教活动的各个方面,内容非常完备。它们不仅是北洋政府佛教管理法规的重大成果,也是我国佛教管理逐步进入法制化的重要标志。

第二节 佛教人士对北洋政府庙产管理政策的态度逐渐好转

《管理寺庙条例》是袁世凯政府处理僧俗纠纷的政策集大成,尽管内务部一直宣扬该条例采取了保护佛教的精神,也吸收了部分佛教人士(如谛闲法师)的意见,但由于该条例对僧人的权益有诸多限制,并为地方政府继续征用佛教寺产开了一个实实在在的口子,因而遭到佛教人士的强烈批评。《修正管理寺庙条例》的出台则经过了三年多时间的充分准备,在此期间,内务部充分听取了佛教人士的意见和建议,并取消了不少限制僧人权益的条款,因而得到佛教人士的普遍认同。

一 佛教人士对《管理寺庙条例》的批评

佛教人士对《管理寺庙条例》的强烈批评发生在1919年,其原因除了《管理寺庙条例》本身对佛教内部事务有过多的限制和官府

---

① 《修正管理寺庙条例第五条及第十七条施行细则》,《政府公报》第2826号,1924年2月1日。
② 《修正管理寺庙条例第五条及第十七条施行细则》,《政府公报》第2826号,1924年2月1日。

监督权明显加强之外，更主要的是北洋政府对《管理寺庙条例》的态度。《管理寺庙条例》颁布后不久，洪宪帝制和护国战争就发生了，由于中国政局急剧动荡，《管理寺庙条例》也没有付诸实施。黎元洪继任大总统后，立即将《管理寺庙条例》付诸实施。1917年3月13日，内务部发出通令，指示各地以后遇有宗教事件，即依照《管理寺庙条例》的规定进行处理：

> 为咨行事：案照《临时约法》中华民国人民无宗教阶级之区别，是宗教财产即应视同人民私产，一律保护。历年以来，政府遵照约法，保护宗教，已不啻三令五申。本部亦经先后制定《寺院管理暂行规则》及《管理寺庙条例》，陆续公布实施各在案。各地方官吏其能切实奉行者固属不乏，而沿袭旧贯听信绅董假借兴办公益之名收取寺庙财产者，亦所在多有，以致各属关于僧道案件层见叠出，一经诉讼缠累经年，幸而得直，其所蒙损失已多，殊非国家尊崇约法，保民卫教之意。甚者或于现行法令之外，另定章条，查提庙产。在地方大吏，其用心惟期取缔所冀，去莠而防奸，若不肖官绅将藉口以肆侵渔，不免因财而毁教。使非加意考核，严于限制，流弊所至，不惟宗教财产横遭侵夺，而现行法令亦且视等弁髦。查《管理寺庙条例》第十一条载"寺庙财产不得借端侵占"，又省官制第二条第二项载"省单行章程不得违背现行法令"各等语，久经呈奉教令公布施行。应请贵省长、都统令行所属，关于宗教财产事件，务当遵照现行《管理寺庙条例》办理，所有各公署自定关于宗教或寺庙之单行章程，应由各该长官咨部核准，其从前未经咨部者，亦应补咨核准。庶几宗教得资保护，而现行法令亦不致视同具文。除令行京兆尹遵照办理外，相应咨行贵省长、都统查照，并转饬所属一体遵照可也。①

---

① 《内务部咨各省长都统请令饬各属遇有关于宗教事件应遵照〈管理寺庙条例〉办理并将关于宗教之单行章程咨部核准文》，《政府公报》第429号，1917年3月22日。

在这份咨文中，内务部对各地提出两项要求。第一，《管理寺庙条例》符合《临时约法》的"中华民国人民无宗教阶级之区别"的基本精神，是处理寺产纠纷的唯一法律依据，以后各地处理寺产纠纷和宗教问题，必须按照《管理寺庙条例》办理。第二，各地此前或以后制定的有关宗教事务的单行章程，必须咨送内务部进行审查批准，务必与《管理寺庙条例》相一致。由此不难看出，袁世凯的洪宪帝制虽然失败了，袁世凯本人也身败名裂而死了，但《管理寺庙条例》却被北洋政府继承下来了。北洋政府的这种态度，令各地的佛教人士颇为失望。

更令佛教人士气愤的是，1919年5月，以徐世昌为大总统的北洋政府还以《管理寺庙条例》第三十条"本条例公布之日起，内务部颁行之《寺院管理暂行规则》及曾经立案之佛道各教会章程一律废止之"为依据，取消了1917年5月批准的中华佛教会的合法性。为了捍卫佛教的结社集会权利，僧人们对《管理寺庙条例》进行了猛烈的批判。北京观音寺住持觉先和尚联合各省僧人代表50多人，向北洋政府的国会上书，强烈要求废除《管理寺庙条例》。他们在请愿书里说：

> 窃维民国四年十月三十日，内务部制定《管理寺庙条例》三十一条，业经六十六号教令公布。查此项条例，违反约法，剥夺人民之自由，不独祸机隐伏，大有伺隙而发之势，适足以启教争而召外侮。查《临时约法》第五条"中华民国人民一律平等，无种族、阶级、宗教之区别"，又第六条之第四项"有集会结社之自由"，第七项"有信教之自由"。今内务部无管理基督教、回教寺庙条例，而独制定管理佛道教寺庙条例，是明示宗教以区别，显违平等之宪章。且蒙藏等处寺庙极多，前项条例如不行于蒙藏特别区域，则同一佛教，政府之待遇各殊，正所以迫教徒向外；如蒙藏特别区域一律适用前项条例，则蒙藏必有分离独立之情势。况强邻煽动，已历年所，祸患之来，翘足可待。闻前清革

去达赖喇嘛封号，英俄政府均有违言，现今国情尤非昔比。复查民国宪法未经公布以前，约法与宪法之效力等。夫法律抵触宪法者无效，岂命令能变更宪法乎？前项条例抵触约法第五条及第六条之第四项及第七项，是前项条例当然无效。且前项条例制定于国会停职、帝制高唱之时，其为擅作威权，欺压人民，破坏约法，固为国人之共见。且前项条例未经国会通过，当然不能发生效力。祇缘未经明令声明废除，人心仍不免惶惑，官吏每易于藉口。是以觉先等谨依约法第七条，向贵院请愿，即希公布废除，无任企盼之至。①

客观地讲，释觉先认为《管理寺庙条例》仅仅适用于佛教、道教，是有失公允的。前文说过，我国的庙宇不仅数量繁多，其种类也各异，"寺庙"一词的含义，不仅包括佛教、道教的庙宇，也包括所有供奉神像的建筑。1913年，袁世凯政府颁布《寺院管理暂行规则》，就曾明确指出："本规则所称寺院，以供奉神像见于各宗教之经典者为限。"② 由此不难看出，《寺院管理暂行规则》的"寺院"不仅包括佛教的庙宇，而且也包括其他宗教的庙宇。《寺院管理暂行规则》的第六条规定："一家或一姓独立建立之寺院，其管理及财产处分权依其习惯行之。"③ 这里的"寺院"指的就是非宗教庙宇了。1915年10月，袁世凯政府颁布《管理寺庙条例》，其第一条就指出，本条例所称寺庙保护七大类，其中前六项无疑指的是佛教寺院，但第七类"其它习惯上现由僧道住守之神庙"④ 的范围就很广了，不仅保护佛教庙宇，还保护各类道教庙宇和民间神庙。因此释觉先单凭"寺庙"一词就指责《管理寺庙条例》是针对佛教的，显然是有瑕疵的。

---

① 《释觉先等请愿国会废除管理寺庙条例》，《海潮音》1920年第2期增刊《佛教年鉴》，第13—14页。
② 《寺院管理暂行规则》，《政府公报》第403号，1913年6月20日。
③ 《寺院管理暂行规则》，《政府公报》第403号，1913年6月20日。
④ 《管理寺庙条例》，《政府公报》第1249号，1915年10月30日。

不过，释觉先指出，这个条约不包括耶稣教和回教庙宇，不适用于蒙藏特别区域的寺庙以及如果适用于蒙藏特别区域可能引发的严重后果等问题，都是非常正确的。

在这份请愿书上签字的代表有 30 多位，分别来自北京和全国各省。北京代表是龙泉寺住持道兴、法源寺住持道阶和广济寺住持现明；直隶代表是白衣寺住持法慧和光明寺住持止心；江苏代表是清凉寺住持海清和江天寺住持梅村；浙江代表是普陀山普济寺住持了余和报恩寺住持道亨；湖南代表是罗汉寺住持谦受和上林寺住持道香；湖北代表是归元寺住持炯燦和章华寺住持清华；福建代表是鼓山涌泉寺住持本宗和南普陀寺住持转伏；安徽代表是迎江寺住持由静和大华山百岁宫住持长修；江西代表是圆通寺住持大春；云南代表是鸡足山住持德清；四川代表是大慈寺住持圆成和文殊院住持德峰；山西代表是开化寺住持意魁和清净寺住持久禅；山东代表是月岩寺住持广博；河南代表是相国寺住持性空；广东代表是六榕寺住持铁锋；广西代表是关帝庙住持惠悟；陕西代表是大兴寺住持真空和卧龙寺住持了全；吉林代表是慈恩寺住持宗溁；奉天代表是万寿寺住持题璋；黑龙江代表是大明寺住持本德；贵州代表是九华宫住持了尘。由于这 30 多位代表在当地享有崇高的威望，又有了真正的全国规模，故他们的请愿产生了不小的社会影响，也给了北洋政府巨大压力。

与此同时，当时著名的佛教杂志《海潮音》还专门出版了增刊，集中刊登了释圆瑛的《释圆瑛论废除管理寺庙条例》、释觉先的《涕告全国僧界同胞书》、释宗仰的《管理寺庙条例驳议》的文章，集中批判《管理寺院条例》。圆瑛法师就认为："依照民国约法，宗教一律平等，凡国内所有佛教徒、佛教产业应同天主、耶稣各宗教一律保护，政府官厅不得越格取缔，地方人民不得妄行干涉。应请求明令宣布取消《管理寺庙条例》，佛教与各宗教得受同等待遇，方与约法不相抵触。不然，何以不见天耶寺庙之管理条例，独佛道教寺庙而有管理条例耶？且此项条例系出袁政府非法命令所公布者，理应随袁氏之帝制而俱归扑灭。今反欲实行之，何异纵驱鱼之獭，放驱雀之鹯，置四十余万僧民于国民籍贯之外,是诚何心哉?将来僧民受迫不已,铤而走险,伊谁之过欤?"① 在刊发这些批评文章的同时,《海潮音》还配发了按语,系统阐述了要求废除《管理寺庙条例》的理由。

按语首先回顾了《管理寺庙条例》出台的背景:"自清季有提改寺庙财产办地方自治及学堂等之弊政以来,至民国间或仍沿陋习,毁夺转烈者,故僧教育会虽改组为中华佛教总会,其趋重保持教产者同,亦周围之社会迫之使然也。官厅不谅,颇恶其争讼滋甚,内务部间有一二贪冒之夫,滥厕其中,欲巧立私产公产等名目,以弱肉僧道。僧众中亦往往有不知自爱,反以破坏教会称快者,为虎作伥。会袁氏帝业已隆,薙除民国之党会社团略尽。民国四年,遂应此时势,有《管理寺庙条例》之制定与公布,肆其钳制。"② 接着,叙述了释觉先对《管理寺庙条例》的批判:"初公布之际,即有北京释觉先等指摘疵谬,以印刷品散布各寺僧道。嗣由帝制发生问题,国变既定,未施实行。然中华佛教总会卒因此而涣散。间遇僧道之诉讼纠葛,亦辄援此条例为判释之依据。至民国六年,章嘉呼图克图与释清海等,又尝远根中华佛教总会,改订章程,名中华佛教会,呈请内务部立案,当得批准。释觉先等又请愿国会,取销寺庙管理条例,亦经参众议院通过,只以重经国变,解散国会,未咨行政府耳。且民国六年冬,内务部又有征集各省县官厅及僧道对于修改此条例之意见,以备修改。故此《管理寺庙条例》本早在半生半死若存若亡之中也。"③ 在此基础上,按语指出,根据《管理寺院条例》废除中华佛教会实属荒唐之举:"中华佛教会乃于《管理寺庙条例》公布后二年,曾经内务总长批准成立,一也;不应根据已在征询修改中之腐旧《管理寺庙条例》,反来废止新近审定批准之中华佛教会,二也。即依《管理寺庙条例》之解释,亦但废止该条例未公布前曾经立案之佛道会耳,

---

① 《释圆瑛论废除管理寺庙条例》,《海潮音》1920年第2期增刊《佛教年鉴》,第14—15页。
② 《佛教年鉴》,《海潮音》1920年第1期增刊《佛教年鉴》,第6页。
③ 《佛教年鉴》,《海潮音》1920年第1期增刊《佛教年鉴》,第6页。

既无禁止于后永远不得设立佛教会之明文，亦宁能指六年始立案之中华佛教会为抵触该条例而加以废止乎？故此实不依法例之蛮横行为，三也。依据约法人民无宗教阶级之区别一律平等，又人民有集会结社言论出版身体家宅等自由。今基督教会、孔教会等皆煌煌存立，一二狂人果依据何种无上高权，敢于破坏自由平等之约法条文，而独对于佛教道教，使不能设立教会耶？四也。依此四层理由，其为欺虐僧道、蔑无情理之妄动，尚何疑已？"① 最后，按语指出《管理寺庙条例》的四大毒害："（一）奖励并抑制遵守已成流弊之旧习惯，使永无改善进步之机会，而自然不至沦落澌灭不止。（二）隔离各寺院僧道，不得成立团体，使精神涣散，形情阻隔，永远无振兴发达之希望。（三）极端束缚言论行为等自由，殆非活人所能忍受。（四）钳教于政，使地方官绅得藉口教规而肆意鱼肉僧道。"②

释觉先等人的请愿和《海潮音》杂志的批判专刊，集中反映了佛教人士对该条例的不满和敌视。几十年过去了，佛教人士对《管理寺庙条例》的批判仍不绝于耳，释东初甚至认为《管理寺庙条例》"其条令内容之苛刻、剥削，尤胜于日本帝国主义二十一条的要求，这是中国近代史上政府对佛教所颁布最苛刻的法令，想藉此来消灭佛教"③。这话虽然有失偏颇，但佛教人士对《管理寺庙条例》的不满情绪却跃然纸上。这种不满和敌视态度的不断发酵和传播，对北洋政府的统治是极端不利的。

二 佛教人士对《修正管理寺庙条例》的认可

由于内务部在修改《管理寺庙条例》的过程中充分调动了佛教人士的积极性，后来颁布的《修正管理寺庙条例》也充分吸收了佛教人士的意见和建议，所以，《修正管理寺庙条例》一经颁布，即得到

---

① 《佛教年鉴》，《海潮音》1920 年第 2 期增刊《佛教年鉴》，第 7 页。
② 《佛教年鉴》，《海潮音》1920 年第 1 期增刊《佛教年鉴》，第 8 页。
③ 释东初：《民国肇兴与佛教新生》，张曼清主编：《民国佛教篇》，台北大乘文化出版社 1978 年版，第 39 页。

了佛教人士的欢迎。主要表现有三：一是太虚法师对《修正管理寺庙条例》的批判和接受；二是《海潮音》杂志的报道和关注；三是道阶、印光法师的宣传。

（一）太虚法师的批判与认同

《修正管理寺庙条例》颁布后，太虚法师进行了仔细研究，并于1921年秋天撰写了《修改管理寺庙条例意见书》一文，详细阐述了他对《修正管理寺庙条例》的意见：既有批判也有认同，而认同之处远远多于批判之处。

太虚法师对《修正管理寺庙条例》的批判主要有两点。一是认为该条例对寺庙的分类不够合理。他说："查第一条所列各款，为本条例全体之大纲，故其分类法，应按各寺庙之性质，详加区分，以为管理之标准。盖性质不同，则管理方法必不能一致，若概以一例观之，反使习惯上各种寺庙性质混淆，大失管理之本意。如第一条第七款所列各项神庙，虽为僧道住守，然其性质多不应为宗教之所有，乃亦与前六款平列而不略加区别，使宗教与非宗教无所遵依。而第一至第六各款所称选贤、传贤、传法、剃度等项，纯系住持继传之事，与寺庙之根本性质并无关系，即于管理上无分类之必要。且其所列亦多旧日所行制度，与今日事情不符。"[①] 据此，太虚法师主张将寺庙分为三类，即宗教寺庙、封神寺庙和公益寺庙，并对此作出了详细解释。他说："一、宗教寺庙，即佛、道、耶、回等所有之寺庙为一类。二、奉神寺庙，即含有崇德报功性质，专以奉神为目的之寺庙。其所崇奉有为天神者，如风、雷、云、雨、日、月、星宿等类；有为地祇者，如谷神、土神、五岳、四渎、河神、海神、城隍、土地等类；有为人鬼者，如傩神、福主、文昌、关帝，以及历代特著之人为人民所信仰者等类。既不为宗教所有，而除奉神以外又不能办理他种公益事项，故以此等寺庙为一类。三、公益寺庙，即如地方旅居人民或工商各业

---

① 释太虚：《修改管理寺庙条例意见书》，《太虚大师全书》（第18册），宗教文化出版社2005年版，第303页。

所共建之会馆，及一姓或数姓、一村或数村所共建之村社，虽有寺庙之名，实则为地方或团体之公益而设者为一类。"① 二是批判《修正管理寺庙条例》没有对寺庙财产的所有权归属作出明确规定。太虚法师认为："查寺庙性质，各国学者论说不一，或以之为公共营造物，或以之为法人，或并二者皆不承认。然以法理论，实与财团法人性质为近。盖寺庙之建设，概出于捐助行为，且有特定与继续之目的，实与民法上财团法人无所区别。故其性质，应以建设之目地及捐助人之意思为定。"② 在此基础上，太虚大师指出："民法上财团法人既经成立，其自身即为财产所有权之主体。非至目的消灭或财团解散后，其自身之所有权即无从变更。寺院既无解散或废止之时，则其所有权亦永无变更之日。乃各地方官吏绅民，往往沿袭旧习，视寺庙为一种公共营造物，任意将其财产予夺之。此盖由于原案财产章内未将寺庙自身之所有权明予确定，在谬于旧习者，即不能辨明其性质而无所遵依。非惟失保护寺庙之意，亦与法理大相违背。自宜于本章之首，将寺庙财产所有权特加规定，以明界限。"③ 很显然，太虚大师主张对《管理寺庙条例》没有明确规定庙产属于寺庙的做法是很有意见的，并坚决主张将"寺庙财产之所有权，属于寺庙之自身"④ 列入即将修正的《管理寺庙条例》的第三章《寺庙之财产》的第一条。

太虚大师在对《修正管理寺庙条例》提出诸多批判的同时，也认可了该条例的诸多原则。

一是认同了《管理寺庙条例》"其私家独力建筑不愿以寺庙论者不适用本条例"的规定，他在《修改管理寺庙条例意见书》中专门

---

① 释太虚：《修改管理寺庙条例意见书》，《太虚大师全书》（第18册），宗教文化出版社2005年版，第303—304页。
② 释太虚：《修改管理寺庙条例意见书》，《太虚大师全书》（第18册），宗教文化出版社2005年版，第307页。
③ 释太虚：《修改管理寺庙条例意见书》，《太虚大师全书》（第18册），宗教文化出版社2005年版，第313页。
④ 释太虚：《修改管理寺庙条例意见书》，《太虚大师全书》（第18册），宗教文化出版社2005年版，第313页。

写道:"私家独立建设及曾列祀典之官有寺庙,未经表示属于前条各款之一者,不适用本条例。"①

二是赞成《管理寺庙条例》将庙产的所有权和管理权分开的规定。他说:"寺庙既以信教奉神或公益为目的,且其财产又属于自身之所有,则居住或管理寺庙者,自应以遵守寺庙之目的为其天职。而对于寺庙之财产,亦仅有善良保管之权,不能视为己有。故管理人或教徒若假寺庙名义,或不遵寺庙之目的,而以一己之意妄自行动,致与普通法律或本条例相抵触,则其人对于寺庙已犯有违背职务之罪。寺庙不惟不应代受其过,且其目的及名誉反因之而大受损害。是管理人或教徒无论有何种不法行为,均与寺庙之本身无涉。即在官署亦不能因之而没收寺庙之财产,或将其财产提充罪款。盖寺庙之性质永无与法律相抵触之时,故其自身亦终无犯罪之日。斯没收与罚款两者,均无由取得。从前各地方官,往往因教徒犯法而罪及寺庙者,按之法理,殊属不合。"② 这种主张和《管理寺庙条例》的有关规定是一致的。在此基础上,太虚大师要求将"寺庙财产之所有权,属于寺庙之自身"③,以及"寺庙财产不得没收或提充罚款"④ 等条文明确列出。

三是赞同《管理寺庙条例》确定的政府处理废庙财产的有关规定。他在《修改寺庙管理意见书》里明确提出:"凡寺庙久经荒废向无人任守或管理者,由地方官查明其性质及习惯,另选管理人管理之。但不明其性质及习惯时,由地方官召集附近寺庙及绅董会议决定之。"⑤

四是赞同庙产纳税的规定,针对《管理寺庙条例》第七条"凡

---

① 释太虚:《修改管理寺庙条例意见书》,《太虚大师全书》(第18册),宗教文化出版社2005年版,第306页。
② 释太虚:《修改管理寺庙条例意见书》,《太虚大师全书》(第18册),宗教文化出版社2005年版,第315页。
③ 释太虚:《修改管理寺庙条例意见书》,《太虚大师全书》(第18册),宗教文化出版社2005年版,第313页。
④ 释太虚:《修改管理寺庙条例意见书》,《太虚大师全书》(第18册),宗教文化出版社2005年版,第316页。
⑤ 释太虚:《修改管理寺庙条例意见书》,《太虚大师全书》(第18册),宗教文化出版社2005年版,第312页。

寺庙财产须按照现行税则一体纳税"的规定，太虚大师在《修改管理寺庙条例意见书》中明确表示："至原第七条，本共和国家之通例，应仍其旧。"① 据此，他将"寺庙财产，应按现行税则一体纳税"② 作为其拟定的正式条文。由此可见，太虚大师是赞同袁世凯政府制定的庙产纳税原则的。

五是赞同庙产注册的规定。对于庙产注册的有关规定和程序，《管理寺庙条例》除了第六条、第八条、第九条有多处规定外，还专门列有《寺庙注册》一章，具体规定而且还强调"关于注册之规定另定之"，可见袁世凯政府对庙产注册一事是非常重视的。对此，太虚大师也赞同。他说："民法上之财团，未经官厅核准不得设立。非惟防范人民滥设财团，亦以有关公益私益事项。在官厅有确定之根据，而后可以实施其保护也。寺庙之目的既无虑其不当，即无所用其防范。而其有关慈善公益，在行政上即有保护之必要。使不向官厅立案注册，则其根据必不确定，而保护亦难实施。原案有寺庙注册之规定，用意既善，于法尤宜。"③ 但是，他认为《管理寺庙条例》关于庙产注册的规定较为零散，建议予以规范。他认为原条例有关注册的规定"既散见于第一章第六条及第二章第八九两条，又于财产及僧道两章之后，另定专章为之规定。且其专章第二十二条并有另定规则之语。非特错综不齐，亦觉先后重复，似于法规体裁欠善。既云另定规则，于总纲内将注册之大概规定一条，即已足用。其应行注册之事项及其一切程序，在本条例自可不必详定，以免侵及施行法之范围"④，据此，他主张原案的第四章及第二章第八条和第九条以及第九条的第

---

① 释太虚：《修改管理寺庙条例意见书》，《太虚大师全书》（第18册），宗教文化出版社2005年版，第313页。
② 释太虚：《修改管理寺庙条例意见书》，《太虚大师全书》（第18册），宗教文化出版社2005年版，第313页。
③ 释太虚：《修改管理寺庙条例意见书》，《太虚大师全书》（第18册），宗教文化出版社2005年版，第310页。
④ 释太虚：《修改管理寺庙条例意见书》，《太虚大师全书》（第18册），宗教文化出版社2005年版，第310页。

三项都可以删去，并建议将有关规定改为："寺庙须向地方官署呈请注册，其应行注册事项及关于注册之程序，由内务部另以规则定之。"①

六是赞同由地方官厅惩处侵占庙产行为的规定。《管理寺庙条例》第十条规定"寺庙财产不得抵押或处分之，但为充公益事项必须要之需用，须禀请该管地方官核准者不在此限"，第十一条规定"寺庙财产不得藉端侵占"，第二十五条规定"违背第十条规定抵押或处分寺庙财产时，得由该管地方官署收回原有财产，或追取原价给还该寺庙"等②，这就赋予地方官府监督庙产使用的权力。对此，太虚大师基本没有异议，只是要求增加"寺庙财产不得没收或提充罚款"的规定。可见，对于刚刚颁行的《修正管理寺庙条例》，太虚法师既有批评也有赞同，而赞同处远远多于批判处。

（二）《海潮音》对《修正管理寺庙条例》的高度关注

《修正管理寺庙条例》刚一公布，《海潮音》杂志便在1921年第5期上全文公布，足见《海潮音》杂志对《修正管理寺庙条例》的高度关注。更为重要的是，《海潮音》杂志还将《修正管理寺庙条例》与《管理寺庙条例》进行了对比，逐一指出《修正管理寺庙条例》所删改的、修正的和增加的地方，最后指出："今观此次修正之二十四条，与前之三十一条，两相比较，其所完全删去者，仅关于寺庙注册之五条，及关于罚无戒牒挂单之二十八条，与说明地方官即县知事之二十九条，并条例施行日之三十一条。此八条之删去，全属空文，无关紧要。其所新增第一条内之第八项，未知关于何种，草案未见注明，或者系指静室、莲社、精舍、梵刹、招提、兰若、茅蓬、道观而言，亦未可知。惟新增第四条之文甚明了，其第十一条中所删去之充公益等字，亦甚明了。其十二条中增加不得没收或提充等字，亦明了。其十四条中所更正之荒废寺庙由地方官查明，另选住持等字，尤甚明了。

---

① 释太虚：《修改管理寺庙条例意见书》，《太虚大师全书》（第18册），宗教文化出版社2005年版，第311页。
② 《管理寺庙条例》，《政府公报》第1249号，1915年10月30日。

其删去前之第十四条中第三项之演讲时须呈报等语，诚合正理。而其更正之第十八条，关于受度证明书一节，亦似合宜。观以上所删去者、所增加者及其所更正者，在编辑观之，似无妨碍，而或有益，诚费修正人之苦心，究不知举国同人以为然否。惟此外全未更动者，尚有若干条。斯若干条，对于寺庙犹有妨碍否，编者毫无成见，但事关全国寺庙之命脉，不能疏忽，特附识与此，想举国同人对于此事必大有见到之处，能否承认施行，请赐教本刊编辑部，以便研究。"① 由此可见，《海潮音》杂志对《修正管理寺庙条例》一事非常重视，对修改之处也比较满意，对政府保护佛教的用意也是深有体会的。

（三）道阶、印光法师的宣传

为了扩大《修正管理寺庙条例》的影响，北京法源寺住持道阶法师还将《修正管理寺庙条例》刊刻发行，"以期僻山穷陬之缁素咸知"②。印光法师还专门为之写了后记。在这篇后记中，印光法师系统梳理了王臣护法的历史，叙述了《修正管理寺庙条例》的来历，他说："迨至清末，法道衰微，哲人日希，庸人日多，加以国家多故，不暇提倡。僧徒率多安愚，不事清修，教纲既弛，外侮自临。由是一班无信根人，觊觎僧产，无法可设，遂借开办学堂以为口实，每改佛寺以为学堂，夺僧产以饱己囊，纷纷不一。及至民国初年，国基甫立，风潮愈甚，同人忧之，遂有教会林立，屡恳政府保护，故于四年遂有管理寺庙三十一种条例颁布。其意虽善，但以未加详审，倘施行之人稍挟偏私，则弊由是生，便成大碍。凡属法门缁素，莫不虑其后患，故屡有意见书恳其修改。九年秋，程雪楼居士察其利害，又以意见书面呈大总统。既蒙俞允，批交内务部集议。十年春，方始修正为二十四条。详审斟酌，有利无弊，仍呈请大总统以教令公布施行。"③ 最后，印光法师对道阶法师刊印《修正管理寺庙条例》的行为大加

---

① 《内务部新修正管理寺庙条例草案》，《海潮音》1921年第5期。
② 印光：《修正管理寺庙条例书后》，《佛光》1923年第1期。
③ 印光：《大总统教令管理寺庙条例跋》，《印光大师文汇》，华夏出版社2012年版，第251—252页。

赞赏，他说，《修正管理寺庙条例》颁布后，未能尽人皆知。于是，北京法源寺住持道阶法师"护教情重，遂拟急刊流布，以期僻山穷陬之缁素咸知，无或疑虑"①，认为这种行为"上不负国家护持之至意，下不负自己学佛之深心"②。道阶法师和印光法师的行为，从一个侧面证明了《修正管理寺庙条例》的进步性和适用性，充分反映了佛教人士对《修正管理寺庙条例》的认可。

《管理寺庙条例》是袁世凯政府调整佛教与国家关系政策的集大成，在佛教史上占有极其重要的地位。但由于该条例对僧人限制过多，尤其是取消了民初佛教社团的合法性，故遭到佛教人士的强烈反对。为了缓和与佛教人士的紧张关系，北洋政府的当权者采取了很多措施，而修改《管理寺庙条例》则是这些措施的重中之重。内务部修改《管理寺庙条例》的行动开始于1917年8月，在广泛征求各省和佛教团体意见的基础上，于1921年5月最终完成。《修正管理寺庙条例》颁布后，受到了佛教人士的普遍欢迎，佛教与北洋政府的关系也因此大大改善。由于众所周知的政治原因，现代学者对《修正管理寺庙条例》的评价普遍不高，但也有学者指出："与原条例对佛教的强力压迫和高度钳制相比，（修正条例）还是有很大进步的，对于刚从高压状态下得以缓解的佛教界而言，修正条例的颁布还是一次事关重大的宗教立法的进步。"③ 这样的评价是符合历史事实的。

第三节 《修正管理寺庙条例》的执行情况

北洋政府时期，虽然中央政府逐渐制定了一整套佛教管理政策，但由于各派军阀之间的激烈斗争，北洋政府对各省的控制力大大下

---

① 印光：《大总统教令管理寺庙条例跋》，《印光大师文汇》，华夏出版社2012年版，第252页。
② 印光：《大总统教令管理寺庙条例跋》，《印光大师文汇》，华夏出版社2012年版，第251—252页。
③ 纪华传：《世界佛教通史》第六卷《中国汉传佛教（公元19世纪中叶至20世纪）》，中国社会科学出版社2015年版，第202页。

降,一些省就拒绝执行《修正管理寺庙条例》。为了捍卫自己的合法权益,佛教人士利用社团和现代媒体的力量,与拒不执行《修正管理寺庙条例》的行为进行了坚决斗争,北洋政府内务部也予以干预,最终迫使这些省份接受了《修正管理寺庙条例》。在此后几年间,各地的寺产纠纷依然频繁发生,但由于《修正管理寺庙条例》的贯彻落实,佛教人士逐渐习惯了通过司法诉讼途径来保护自己的合法权益,内务部、平政院和大理院等部门也基本能够按照《管理寺庙条例》和《修正管理寺庙条例》的规定处理僧俗纠纷,各地虽然频繁发生寺产冲突,却并未发生大规模的群体性暴力事件,基本以司法诉讼的方式得以解决。

一 《修正管理寺庙条例》在江苏、湖南等地的落实

《修正管理寺庙条例》的颁布,标志着北洋政府佛教管理政策的最终形成,佛教人士对该条例也是普遍认可的。但此时,军阀割据纷争的局面已经基本形成,一些地方军阀也经常消极对待中央的命令,《修正管理寺庙条例》也遭遇了这种命运。面对这种情况,佛教人士进行了坚决斗争,北洋政府内务部也进行了干预,《修正管理寺庙条例》最终被各省所接受。

(一)江苏省佛教人士反对强征佛教寺产的斗争

江苏省征用佛教寺产的行为发生在1922年5月,起因是江苏义务教育期成会会长袁希涛等人以义务教育校舍奇缺为借口,向江苏省长王瑚提出呈请,建议在全省范围内"借庙办学"。此项建议得到江苏省长王瑚的批准,江苏省教育厅据此颁布1226号训令,命令各县借庙办学:"案奉省长训令,内开案据江苏义务教育期成会会长袁希涛等呈,为议决校地借用庙宇,请令教育厅饬县查照等情。除批云:来牍阅悉。查庙宇为寺庙财产之一,管理之权,法令属之住持。但教育为国家命脉,有教无类,人同此心。僧道犹是国民,既受国家法律之保护,自应尽国民之义务。佛法广大,身犹可舍,何有于蔽身体之屋?古人云可以舍宅为寺,即今人何不可因寺以设校?现在实施义务教育,各县

第七章 佛教与国家关系的持续改善

正苦校舍缺乏,据呈前情,于无可展布之中,为利用公物之计。且借用手续,无戾于法,实衷诸情,审慎周妥,良堪钦佩。应候令行教育厅,转令各县遵照办理。希即知照外,合令该厅长遵照,此令。"①

此令一下,全省骚然,佛教人士更是义愤填膺。《佛学旬刊》立即刊文,表示强烈反对。他们认为,寺庙财产是财团法财产,与地方或国家公产的性质完全不同,1921年以大总统令公布的《修正管理寺庙条例》也有"寺庙财产不得藉端侵占并不得设收或提充罚款,侵占寺庙财产时依刑律侵占罪处断"的规定,"是寺庙财产,绝非什么江苏义务教育期成会会长袁希涛辈可藉口'实行义务教育借用校舍'以强行侵占也"②。佛教人士还认为,如果佛教的寺庙财产可以藉口强占,那么,一座座富丽堂皇的天主教堂、耶稣教堂、红十字会场等建筑也当然可以改为学堂,现在江苏省不敢强占天主教堂和耶稣教堂,单单要强占佛教寺庙改设校舍,"戾法违情,莫甚于此,乃反为'无戾于法,实衷诸情',抑何荒谬颠倒如此其极耶!"③ 针对训令中所说的"佛法广大,身尤可舍,何有于蔽身体之屋?"的观点,《佛学旬刊》批驳道:"若出于自愿施舍,则身命财产固无不可施舍者。至流氓、地痞、土棍、恶霸式之袁希涛辈,要借端来为强行侵占之不法行为,岂得与出自愿施舍者并论!凡寺庙僧道,当速注意团结,全力抵抗,虽寺庙之一木一草,亦当尽其管理之义务,勿令此辈恶强盗夺掠而去。"④ 在此基础上,《佛学旬刊》还对江苏省长王瑚表示了强烈的不满:"若必如江苏王省长训令,既何有于蔽身之屋,亦何有于屋蔽之身,他日再有袁希涛辈指定要索以寺庙僧道之'身命血肉',供彼

---

① 《欲提僧产办学之又一反响》,《佛学旬刊》1922年第18期,1922年10月10日出版。
② 《欲提僧产办学之又一反响》,《佛学旬刊》1922年第18期,1922年10月10日出版。
③ 《欲提僧产办学之又一反响》,《佛学旬刊》1922年第18期,1922年10月10日出版。
④ 《欲提僧产办学之又一反响》,《佛学旬刊》1922年第18期,1922年10月10日出版。

充何种实施之用时,则一个一个僧道之身命血肉,亦必将供其屠杀吞噉而不能拒。而昏愦梦呓之王瑚,必仍以'审慎周妥,良堪钦佩'嘉奖吃人之袁希涛辈也。"① 最后,《佛学旬刊》号召全国寺庙僧道团结一致,全力抵抗,"速速公控于高级行政衙门,以惩办行将吃我们肉身的袁希涛及王瑚"②。根据《佛学旬刊》的这些言语,我们不但能够窥见佛教人士对江苏省实行的借庙设学政策的严重不满,而且也可以窥探到《修正管理寺庙条例》给予佛教人士的勇气和胆量。

1922年10月20日出版的《海潮音》杂志,也刊登《僧界驳省署批准义务教育期成会借庙办学案意旨书》,对义务教育期成会的呈请和江苏省长的借庙设学训令进行了逐条批驳。

针对义务教育期成会会员唐云卿提出的"凡隶中华民国国籍之人都负此种(义务教育)责任,不因宗教不同,即可显然歧异"的论调,意旨书指出:"等是国民,则中国巨绅富商现金几千万,大厦几千间,良田几万亩,等而下之,数不甚数。该会员何不提议借绅商现金为开办费,大厦为校舍,良田为常年基金乎?以我僧尼之寺院财产,与彼巨绅富商较,不啻九牛一毛,太空一尘也,该会员不图于大,而察于细,岂等于鸱枭怪鸟,昼不见泰山,夜能察秋毫乎?吾知之矣,彼绅商势强则吐之,吾僧尼势弱则茹之。推斯心也,直禽兽而不若矣。"③

针对义务教育期成会呈文中以清末庙产兴学的事实来说明他们提出的借庙设学主张正确,以前政府出示保护的目的仅仅是为息纷争起见的逻辑,意旨书批驳道:"查《修正管理寺庙条例》第十二条'寺庙财产不得藉端侵占',该会员非藉端侵占而何?第二十三条又云'侵占寺庙财产时,依刑律侵占罪处断',该会员非触犯刑律侵占罪而何?前既为息纷起见,概予出示保护,今可为生纷起见而批准通行

---

① 《欲提僧产办学之又一反响》,《佛学旬刊》1922年第18期,1922年10月10日出版。

② 《欲提僧产办学之又一反响》,《佛学旬刊》1922年第18期,1922年10月10日出版。

③ 《僧界驳省署批准义务教育期成会借庙办学案意旨书》,《海潮音》1922年第8期,1922年10月20日出版。

乎？稍具天良，断不为此。岂料竟有不顾前后矛盾之长官，循该会等率兽食人之请求也。我全国僧伦，若不出而死力抵拒，由一省而流毒各省，我大小寺庵尚得一息之安乎？"①

针对提议案中所说的"僧道一流亦不致藉信教自由之条，并国民应尽之责而放弃'义务教育的责任'"的说辞，意旨书反驳道："该会员等既等视僧道同为国民，则选举权也，被选举权也，参政权也，乃至一切权利等，何不闻为僧道有一言之请求乎？岂长于自谋而短于为人谋，只知自图面包而不顾他人饭碗乎？残酷不仁，以至于此，能不哀哉？"②

针对省长训令里"查庙宇为寺庙财产之一，管理之权，法令属之住持，但教育为国家之命脉，有教无类，人同此心，僧道犹是国民，既受国家法律之保护，自应尽国民一部分之义务"的说辞，意旨书批驳道："夫教育为国家之命脉，而宗教尤国家之命脉也。宗教重道德，教育重才智，道德是本，才智是末，有道德而无才智，尚不失纯厚良民。有才智而无道德，定不免为祸国神奸。综观中外历史，比比然也。孔子云：'志于道，据于德，依于仁，游于艺。'玩其语言次第，亦无不以道德为本，才智为末也。今该长官废寺院而为学校，是重末而轻本也，是重才智而贱道德也。"③ 在此基础上，意旨书反问江苏省长："今吾全国僧侣综核大数，不下八十万，时有寺满粮乏之患，该长官能否好善忧于天下，如古人之舍宅为寺，以安住我僧侣乎？即不然，能否慨捐积金，为义务学费，乐舍家宅，为义务校址，如告诫我僧界之批辞乎？倘尽不能，非昌黎所谓'今之君子，其责人也详，其待己也廉'乎！"④

---

① 《僧界驳省署批准义务教育期成会借庙办学案意旨书》，《海潮音》1922年第8期，1922年10月20日出版。

② 《僧界驳省署批准义务教育期成会借庙办学案意旨书》，《海潮音》1922年第8期，1922年10月20日出版。

③ 《僧界驳省署批准义务教育期成会借庙办学案意旨书》，《海潮音》1922年第8期，1922年10月20日出版。

④ 《僧界驳省署批准义务教育期成会借庙办学案意旨书》，《海潮音》1922年第8期，1922年10月20日出版。

针对省长训令中的借寺办学无戾于法、实衷诸情的说法，意旨书驳斥道："夫以寺庙为公物者，指何法理而言？若以施主之捐助也，譬如以物与人，一经交付，即为他人之所有权，此理彰彰易瞭，施主之捐助亦然。彼因信仰佛教，由衷乐输，即为僧界之所有权，从何而云公物？若以僧人十方之募化得也，譬如士之做官四方，商之经营中外，所获之巨金厚产，亦可视为公物矣。且公之一字，民国指长官曰公仆，民曰公民，倘指寺庙为公物，则官民等一切妻子财产，无非是公。不闻该官绅等欣舍妻子财产，为义务教育倡导之先声，为一切人民之模范，而独可责之于僧界乎？善哉！前内务总长呈请《修正管理寺庙条例》之文曰'寺庙财产所有权属于寺庙自身，久为法家所公认，固未便任方外缁流徒饱私囊，亦不容公中挹注为利源。乃积习相沿，多视寺庙为一种公共营造物，将其财产任意予夺，以至发生控诉案件，缪轕纷如。迭经本部文书往复，详明诠释，而没收提充罚款诸秕政，仍复不免，实与法律相戾，殊失国家维护寺庙之本意'云云。如是持论，实衷至当，岂该长官未见十年五月二十日中央政府通饬之令文乎？何率尔盲批，大相悖谬若是也？且彼会员等借用手续实戾于法，实悖诸情。而曰无戾于法，实衷诸情。该会员等不审不慎，不周不妥，不良其心，不堪其毒，而妄褒之曰'审慎周妥，良堪钦佩'，如此批词，荒谬绝伦。揣测其心，直以我寺庙为礼物，作该长官频行之际，结欢一般虎狼之土棍用也。呜呼！是可忍孰不可忍，除我江苏全省僧界结合进行外，特此露布，以诉诸当世有道君子及天良未尽者。"①

以上言论有理有据，分析深入透彻，符合民主、自由、平等的共和精神，符合保护宗教自由的宪法精神，尤其是有效运用《修正管理寺庙条例》的有关规定，对江苏省政府的训令进行逐条批驳，更击中了问题的要害。这些犀利的语言随着当时杂志的销售渠道广泛传播，不仅激起了广大佛教人士的热烈响应，而且博得了社会的广泛同情，

---

① 《僧界驳省署批准义务教育期成会借庙办学案意旨书》，《海潮音》1922 年第 8 期，1922 年 10 月 20 日出版。

使江苏省政府的训令刚一宣布就受到舆论的强大压力。

在充分运用现代佛教报刊进行广泛宣传的同时，一些高僧大德还充分利用自己广泛的社会影响，给江苏省政府施加压力。印光法师就曾致函当时佛教著名居士、江苏省教育厅长蒋维乔，请他从中周旋。笔者虽然暂未找到印光法师给蒋维乔的信函，但却找到了蒋维乔给印光法师的弟子显阴法师的两封回信。

第一封：

> （前略）义务教育期成会会长议借庙宇一节，弟在京时已闻此事，当然设法保护，故先托京中同乡发电与省长阻止。到宁后晤袁君，亦向之说明此事流弊颇大，不可一意孤行。袁君亦已明白渠之初意，毫无占用之心，不过省公署批词太著痕迹，致启各方面之误会耳。官厅向例，案经批准不能自行取消，鄙见应由各丛林及佛教团体出名，具正式呈文于省公署及内务部，要求取消前案……弟忝与法末，当唯是视，决不令庙产有所亏损也（后略）。弟蒋维乔和南。①

第二封：

> 前者两接惠书均悉。借用庙产案，弟一面在省中设法，一面托内务部友人照料，加以此间魏、王诸公尽力，业已得良好结果。兹将省长批词及友人抄寄内务部咨文另纸呈上，望转老法师为叩。敝处常州有佛教研究会，会员多学界中人，惜无人为之讲道，倘奉请台端莅常讲圆觉经，不知肯俯允否。复送讲安。维乔合十。②

---

① 《江苏教育厅长致显阴法师函》，《海潮音》1922 年第 9 期，1922 年 11 月 19 日出版。

② 《江苏教育厅长致显阴法师函》，《海潮音》1922 年第 9 期，1922 年 11 月 19 日出版。

从蒋维乔的这两封回信当中，我们可以获得这几点信息：第一，义务教育期成会的呈请并没有呈请教育厅，而是直接呈递省长王瑚；第二，蒋维乔在北京获悉义务教育期成会呈请借庙设学禀文的内容后，即托同乡致电省长王瑚设法阻止，回宁波后又说服了义务教育期成会会长袁希涛改变主张；第三，鉴于省公署公文运作程序，蒋维乔建议由各丛林或佛教团体出面，向江苏省公署和内务部呈请取消江苏省政府的训令；第四，蒋维乔诚挚邀请印光法师到常州宣讲佛法，以争取更多的学界中人对佛教的理解和支持。

由于佛教人士的竭力反对和以蒋维乔为代表的社会名流卓有成效的斡旋，江苏省政府的借庙设学训令被取消了。至于该项训令取消的步骤，基本上是按照蒋维乔的建议进行的。首先，由浩净法师等以江苏省僧界全体代表的名义，向北洋政府内务部控诉王瑚的批示违法，要求取消；其次，接到浩净法师等人的呈文后，内务部咨请江苏省省长取消借庙设学的训令，咨文如下："为咨行事：据江苏僧界全体代表浩净等，呈诉王前省长批准该省义务教育期成会议决校地借用庙宇一案，与《修正管理寺庙条例》抵触，恳请撤销，以重法令而维宗教等情到部。查《修正管理寺庙条例》前奉教令公布，并经由部通行遵照在案。该义务教育期成会议决校地借用庙宇一案，既与条例显有抵触，自不应遽予以批准。来呈所称各节，如果属实，殊有未合。除批示外，相应抄录原呈，咨请贵省长查照，依法办理，见覆可也。此咨。"① 内务部这份咨文先明确指出江苏义务教育期成会校地借用庙宇决议违背了《修正管理寺庙条例》，江苏省长公署本不应该批准，接着再要求江苏省长公署"依法办理，见覆可也"，其用意已经十分明白了。

接到内务部的咨文后，江苏省长公署即发布第 3439 号批令，内容如下："呈悉。卷查江苏义务教育期成会呈请借用庙宇作小学校一案，业经王前省长批示在案。细绎借用词旨，当然适用私法上普遍借

---

① 《撤销苏省批准学校借用庙宇案》，《海潮音》1922 年第 9 期，1922 年 11 月 19 日出版。

贷手续，以取得双方同意为限。倘寺庙管理者不允借用，在办学人员万无越出借贷范围，自由侵占之理。是该会呈准之案，与法律并无抵触，该僧等目为藉端侵占，殊属过虑。嗣后倘有此种情事，准寺庙管理者依法起诉，由各该地方官保护禁阻。该僧寺所有请撤销原批之处，应无庸议。"① 江苏省长公署的这份批令，尽管没有公开撤销王瑚的训令，但也明确指出，"倘寺庙管理者不允借用，在办学人员万无越出借贷范围，自由侵占之理"，接着指出，如果有办学人员强行借用寺庙办学，允许寺僧向地方官署起诉，由各该地方官保护禁阻，这就使王瑚的训令名存实亡了。

这样，江苏省借用寺庙办学的训令刚刚发布，即遭到佛教人士的普遍反对，在以蒋维乔为代表的社会名流的斡旋下，省长公署颁布的借寺办学训令不到一个月就在内务部的干预下名存实亡，鼓噪一时的借寺设学提议还没有实施便寿终正寝。这不但充分证明佛教人士保护寺产行为的卓有成效，而且也充分证明了《修正管理寺庙条例》的威力。

(二) 湖南僧人的保护寺产斗争

在军阀纷争的北洋时期，湖南一直是南北对峙的前沿，南军和北军都反复进出湖南，给当地的社会经济造成了严重破坏。在各级财政极度困难的情况下，湖南的教育却得到了较快发展，其中一个主要原因得益湖南的庙产兴学运动。1915年10月《管理寺庙条例》颁布以后，湖南各地的庙产兴学运动虽然得到了一定程度的遏制，但其第十条又规定："寺庙财产不得抵押或处分之，但为充公益事项必须要之需用，须禀请该管地方官核准者不在此限。"② 这无疑又为各地的庙产兴学运动开了一个口子。1920年12月，湖南教育会向湖南省议会提出建议案，建议在全省实施强迫教育，并"将全省各属的公有私有之庙宇财产列入筹备教育经费项下"③，此项提案很快在湖南省议会

---

① 《江苏省长公署第三四三九号批》，《撤销苏省批准学校借用庙宇案》，《海潮音》1922年第9期，1922年11月19日出版。
② 《管理寺庙条例》，《政府公报》第1249号，1915年10月30日。
③ 《湘教育会谋夺僧产之反对》，《海潮音》1922年第7期，1922年9月20日出版。

获得通过，并由省议会咨请湖南省长赵恒惕审查。此事发生以后，各县地方官闻风而动，纷纷以兴学为名强提寺产。衡山县知事竟然将当地名刹南岳祝圣寺拍卖充公，激起湖南僧人的强烈反对，湖南社会名流仇鳌、李德群、唐乾一、吴作霖等17人联名电呈湖南省长赵恒惕，强烈呼吁保护佛教财产而维约法："南岳祝圣寺者，全国名胜，历代贤达无不极力崇护，载在碑册，班班可考。乃者营产处委员暨衡山县知事出示将该寺拍卖。幸荷总司令觉察，去电严责，乾断□明，神人共钦，诡谋藉以中止。顾人心不古，近十年来，地方不逞之徒往往假藉名义提充庙产，所谓七二丛林三千茅庵者，破坏几乎尽之。祝圣一寺此次雅仗庙威得以保存，其地僧庵道观与夫各县之僧道古迹为数尚多，难保不无效尤而发生他故，甚至售予外人，惹起交涉。查约法第六条第三项载'人民有保有财产及营业自由'，第七项载'人民有信教之自由'。僧道人民中之一部耳，宗教家之一种耳。钧座频年护法，始终贯彻。僧道既在约法保护之内，理合仰恳钧署会衔出示晓谕，并饬各县按照保存庙产条例一律保全，则拜赐功德直与大圣大悲同一顶礼矣。"① 在这种压力下，赵恒惕下令保护宗教财产，他批示道："呈悉。准予令行各县知事，录令出示保护可也。仰即知照，此批挂发，并分令外，合亟仰该知事录令并附录《管理寺庙条例》出示保护。切切此令。"② 湖南各县强征寺庙财产的行为因此暂告一段落。

1921年初江苏省义务教育期成会借庙设学的议案被省长公署批准的消息传到湖南以后，湖南省教育会备受鼓舞，再次向省议会提议借庙设学，省议会也随之通过了教育会的议案，并提请省长赵恒惕批准颁行。湖南僧人再次惊慌失措，反抗活动也随之展开。正在这个时候，北洋政府公布《修正管理寺庙条例》，明确废除了"但为充公益

---

① 《湖南总司令、省长保护庙产之通令》，《海潮音》1921年第6期，1921年6月20日出版。
② 《湖南总司令、省长保护庙产之通令》，《海潮音》1921年第6期，1921年6月20日出版。

事项必须要之需用，须禀请该管地方官核准者不在此限"的规定，这对湖南佛教人士来说，无疑是一个福音。但是，因为这时的湖南正处于南军的控制之下，由广东军政府任命的湘军总司令赵恒惕自任湖南省长，所以，《修正管理寺庙条例》能否在湖南得以贯彻落实，确实要打上一个大大的问号。为了阻止湖南省长公署通过省议会的咨文，一场轰轰烈烈的保产护教运动便迅速展开了。

湖南的保产护教运动的组织者是湖南佛教会，湖南佛教会成立于1913年4月，起初是中华佛教总会的湖南支会，会址设在长沙城区的开福寺，会长是镜融法师，不久即在湘潭、浏阳、攸县、衡州、衡山、桂阳、常德和澧州等地建立了分部。① 1915年10月中华佛教总会成为非法组织以后，中华佛教总会湖南支会的合法性也不存在，但在熊希龄等社会名流的斡旋下，中华佛教总会湖南支会改名为湖南佛教会而继续存在。1922年湖南教育会提出的《筹备强迫教育经费案》被省议会通过后，湖南佛教会立即行动起来。1922年9月2日，湖南省佛教会在汉口召开"全国僧界联合大会"，到会者除了湖南各县的佛教会代表佛教人士，还有他省份的佛教会代表，总人数多达900之众。大会一致认为"湖南前省议会通过一案，以其变更法令，抵触约法，背戾省宪，实为非法议案之尤"②，决定一面派员联络中日佛教统一会，一面向中央政府及湖南省政府请求撤销教育经费一案。随后，大会发表宣言：

> 查民国十年五月二十日民国政府通令第十二号公布之《修正管理寺庙条例》第二条"凡寺庙财产及僧道，除本条例有特定外，与普通人民受同等之保护"，第十二条"寺庙财产不得藉端侵占，并不得没收或提充罚款"，第二十三条"违背第十二条规定侵占寺庙财产，依刑罚侵占罪处断之"。又《湖南省宪法》第

---

① 《佛教月报》第1期，1913年佛诞日出版。
② 《湘教育会谋夺僧产之反对》，《海潮音》1922年第7期，1922年9月20日出版。

五条"人民在法律上一律平等，无男女、种族、宗教、阶级之区别"，又第七条"人民有保护其私有财产之权"，又第七条第四项"人民之私有财产不受非法之科罚捐输或借贷"各等语。乃湘省教育会擅敢倡议提寺产作为强迫教育经费，此之行为非教育所宜有，乃强盗之举动也。而湘之前省议会为人民之代表，应曲从人民之公意，应守约法之公令，无论何种议案，应当一一审实与人民有无妨碍，然后方可施行。乃于此案绝不加以考察，贸然为之通过，并于十年五月咨交省政府公布实施。由是假端兴学占夺寺产之恶剧，暴戾横行，层出叠见，贻祸僧民，伊于胡底。斯则湘之前省议会仅为教育会之省议会，非为人民之省议会也？此种非法议案若不急予撤销，将何以张国纪而服民心耶？试问湘省教育【会】既有兴学育才之志，何竟不能以自己之财产创办学校，而擅敢藉教育之强权，鲸吞寺庙之财产？既违约法，又违省宪。此种议案为欧美各国之所无，何中国湘省独有之？然信教自由载在约法，如天主、耶稣、回回各教，中国无处无之，其财产之富，实盛于佛教百倍，而政府加意保护，并未闻有人藉端侵占者。而此强夺手段既不可施之于彼，以何理由独可施之于此乎？倘此等不符法律之议案不即取销，则不独湘省僧徒之生命不可保存，即中国百数十万僧徒之生命，亦死于会教育之手矣。我国僧界固当同心一致，群起向湘政府及中央政府请愿，取销前项藉教育提寺产一案，不达到完全目的，誓不终止。而在崇尚真理主持公道者，应亦予以援助，俾正谊不致终屈于强权也。①

这份宣言先从法律方面说明教育会议案的非法性，又从天主教、耶稣教、回教财产的保护措施方面说明教育会议案的不公平性，最后，呼吁全国僧界团结一致，坚决抵抗，不达目的绝不终止。此外，大会还致电上海各大报馆、中央政府、国会及湖南省议会和省公署，

---

① 《湘教育会谋夺僧产之反对》，《海潮音》1922年第7期，1922年9月20日出版。

声称："湖南前省议会通过省教育会为施行强迫教育提取寺产一案，实属非法，违理已极，请即依法撤销，以符国宪而安人心。"① 这些言论随着报刊的销售网络而快速传播，给湖南省议会和湖南省政府以强大的舆论压力。

在通过全国僧界联合大会寻求全国佛教人士大力支持的同时，湖南佛教会还在长沙组织了佛教请愿团，共谋佛教自卫之策。湖南佛教会宣称，自民国建立以来，佛教备受摧残，"所有各属宗教财产，无论为公为私，为丛林为古刹，悉被外界任意摧残，藉端侵占，几无存在之生气。纵宗教财产载诸约法，应受法律上同等之保护，苦于竞争不力，官厅阳奉阴违，公理不彰。政府明知故昧，是以提充指拨之令时有所闻，寺产学款之案叠出不已，防之不胜其防，诉之无从其苦"②。湖南佛教会还认为，造成这种状况的原因，就是佛教同人盲于人类进化之原理，乏于同类团结之天性，救济无方，维持无术。据此，湖南佛教会呼吁："湖南各属佛教推举代表一人来省，共同研究请愿之方法，提出于省议会公决，要求省议会咨行省政府遵照省宪法第二章各条之规定，实行保护宗教上之生命财产，从前一切非法科罚、捐输或单行议处宗教财产之议案，均应一律撤销。"③ 请愿团的组织章程共有六条：

（一）各县推举代表一人来省，为各该县各寺庙公共之代表。如十方著名丛林，或各县佛教分会单独推举代表一人者，亦得加入，认为团员之一。关于代表往返川资旅费各自负担，关于请愿事宜之经费，各县平均负担。

（二）本团以各县代表齐集过半数时即行开会，讨论请愿方法与研究宗教上应改良其他之事务，即名教务会议。

（三）集会地点暂假长沙北门外开福寺佛教总会为住址，限

---

① 《湘教育会谋夺僧产之反对》，《海潮音》1922 年第 7 期，1922 年 9 月 20 日出版。
② 《湖南佛教会公启》，《海潮音》1922 年第 8 期，1922 年 10 月 20 日出版。
③ 《湖南佛教会公启》，《海潮音》1922 年第 8 期，1922 年 10 月 20 日出版。

于本年古历六月十五日以前一律到齐，再行定期开议；

（四）各县代表来省时，务须先将各该县所辖之寺庙财产，一律调查清楚，详列报告表，以备查考。其表式另列如后；

（五）本请愿团以省议会对于请愿事宜表决，咨请省政府施行后即行解散。否则，请愿目的不达，则团体不能解散，以表坚决之作用；

（六）各县佛教同人对于本团请愿事宜如有意见主张，得以书面函达本团，公同研究，以备采择。①

湖南佛教会的倡议，得到全省佛教人士的积极响应，全省佛教请愿团的成立也很顺利。每次请愿活动以后，请愿团还撰写请愿报告，并在佛教期刊上公开发表。遗憾的是，请愿团的第一次请愿报告还没有找到，只找到了第二次请愿报告，里面记录了旅京湘人代表熊希龄等人就保护寺产问题致湖南省议会的信函、日本时报为湖南和尚鸣不平的消息以及省议会讨论修正实行强迫教育法案的情况。

湖南佛教会的努力得到了湖南社会名流的响应，熊希龄、章士钊、刘揆一等人以旅京湘人代表的名义呼吁湖南省议会，审慎提取寺产："敬启者：宗教为维系人群之根本，佛法一教，不惟明心见性，哲理湛深，即其念佛法门，因果常谈，流行于愚夫愚妇之间者，亦属至恳至切之明理，与他教之理想迥乎不□。虽晚近以来宗风不振，恶劣僧徒所在多有，然其教义之深入人心，有功于吾华社会者，其绩终不可没。尚冀诸公衡情度理，为人心计，为宗教计，对于酌提寺产一案再四审慎，使数千（年）来有益吾群之信仰，不至一旦而破灭。弟等之愚有厚幸焉。"②熊希龄曾任财政总长、国务总理，章士钊曾任《民立报》主笔，刘揆一曾与黄兴、陈天华等人一起创建过华兴会，这些人在湖南的社会影响都很不一般，他们联名致电湖南省议

---

① 《湖南佛教会公启》，《海潮音》1922年第8期，1922年10月20日出版。
② 《湖南佛教请愿团第二次请愿之报告》，《海潮音》1923年第4期，1923年6月4日出版。

第七章 佛教与国家关系的持续改善

会,影响自然不同凡响。在致电湖南省议会的同时,熊希龄还致函湖南省长赵恒惕,声称兴学虽为救国之根本,然佛教为我国固有宗教,不能任人摧残,应力加保护:

顷者乡人北来,颇传湘中时有占据僧产、藉学毁庙之举,弟窃以为过矣。忆往年办学湘中,始因筹款无出,亦尝计划及此。继思神道设教为我国数千年范围人心之大枋,方教育未溥以前,茕茕者氓,法律不及之地,何事不可恣为。赖我历史相传敬天畏神之训渝恰人心,故虽时当据乱,法纪崩坏,圆颅方趾之伦终不至相吞相噬,荡焉而苾,靡子遗者,则因果感应,衾影屋漏之一念为之尔,此其事非独中国为然也,以欧美论,教育普及远过中华奚啻百倍,然耶教宣传,中流自在,曾无一日之或辍。虽近日科学发明,不无抨击,终未损其毫厘。欧战而后,宗教哲学精神主义一时反呈风靡全球之观,德之倭铿,法之柏克森,遂以思潮革命称为世界第二大主物,岂非物质学说发达逾景?究其极归,不过为列强战祸之原动因。而势穷思变,不得不为人类另辟一新福音,新生活耶!佛陀之教虽产印度,其学理演进完成,实至震旦而始,然上焉者既可以究宇宙之本体,示人类之归趣,下焉者亦可以名鬼神之情状,警夫妇之愚顽。近日海内博识多闻之士集社探究,所在皆是,大德讲师又复继踪接轨,相与竟合而焱兴。至乃欧土殊宗新陆哲匠,亦且殚心研虑,究三藏之义,天问一乘于法海莲会所趋,厥端可观。夫道无隆汙,适时者贵,医无新旧,中疾者良,方今杀机大发,劫浊横滔,慈悲喜舍,实为起死回生之孤剂。苟善用之,国瘠而使腴,民羸而使强,旦暮间事耳。东倭之兴,殆为前辙。佛法为我国所固有,他人沾溉余润,尚以致国家于富强,我愿虽有,勿有转加摧毁,衣珠自弃,谓之何哉?……弟意拟请麾下颁布德音,对于寺庙实行保护。住持不肖,尽可更易,不必效蹊田夺牛之举;其有寺产本丰,可以饬令僧徒自兴学校,不准地方藉词提取,致废庙祀。或寺宇本宽,地方兴学亦可借作校址，不许毁弃佛像，以存古迹。①

就在熊希龄就酌提寺产一事向赵恒惕提出不同意见的同时，湖南资深同盟会会员仇鳌也致电赵恒惕，呼吁他下令制止安化县强提寺产的行为："为呈请电饬查禁派员提充寺产事：窃僧晓观等祖遗安化县境内大块坪，浮山、芙蓉两山产业，向系私有财产，乃安化知事公署不察性质，肆行派员提充，其势汹汹，实属扰累不堪。查免提寺产一案，现正值省议会提议修改之际，我省长前据熊绅希龄等来函，亦曾严令申儆，通饬各属保护在案。用特根据法令具呈，上恳省长始终成全，立刻电令安化县知事即行停止提充，以保古迹而维佛教，实为德便。谨呈。"②

面对佛教人士和社会名流的坚决反对，湖南省长赵恒惕再次感到强大的压力，为了缓和矛盾，博取社会各界的支持，他将北京政府此前通过的《修正管理寺庙条例》印发到各县，并通令各县知事按照《修正管理寺庙条例》的规定保护佛教寺产，轰动一时的寺产纠纷案到此才告一段落。

二 大理院、平政院受理的僧俗争讼案件

在北洋军阀统治时期，由于军阀纷争和军阀割据，中央政府的控制力明显下降，《管理寺庙条例》和《修正管理寺庙条例》在地方上的执行效果并不理想，一些地方政府不能按照两个条例的原则处理佛教寺产问题，一些地方的审判机关不能完全按照这两个条例的原则裁决寺产纠纷。在这种情况下，僧人们便向北洋政府的平政院和大理院提起司法上诉，以保护自己的合法权益。

（一）平政院受理的僧告官案件

平政院成立于1914年3月31日，它直属于大总统，是北洋政府

---

① 《熊秉三先生致赵夷午总司令函》，《海潮音》1922年第10期，1922年12月18日出版。

② 《湖南保护寺产之纪事》，《海潮音》1923年第4期，1923年6月4日出版。

第七章　佛教与国家关系的持续改善　413

受理行政诉讼和纠弹案件的最高专门机关，下设三个庭，每庭设庭长1人，评事4人，庭长和评事均由各部总长、大理院院长及高等咨询机关秘密推荐，由大总统任命。因为《临时约法》有"人民对于官吏违法损害权利的行为，有陈诉于平政院之权"的规定，袁世凯政府制定的《中华民国约法》也有"人民依法令所定，有请愿于行政官署，及陈诉于平政院之权"的规定，所以，在北洋政府时期，每遇行政机关有损佛教权益行为，在向省级机关或内务部控告无效的情况下，个别僧人便向平政院提起诉讼，以捍卫其合法权益。据笔者根据1915年至1927年的《政府公报》统计，1915—1927年间，平政院受理的庙产行政诉讼案件共有25起，其中有20起案件是由僧人提起的，另外5起案件的原告尽管不是僧人，但案件的标的物也是寺产或寺院住持事宜。具体见表7—1。

表7—1　　平政院受理寺产诉讼案件一览（1915—1927）①

时间	案发地	原告	被告	起诉事由	判决结果	资料出处
1915年	湖南	僧愿成	湖南省行政公署	寺产充公	维持被告决定	黄源盛编：《平政院裁决录存》，五南图书出版公司第17页
1915年	江苏	僧莲授	江苏巡按使公署	住持盗卖寺产	维持被告决定	黄源盛编：《平政院裁决录存》，五南图书出版公司第23页
1915年	浙江	尼福顺	浙江巡按使公署	提拨庵产	维持被告决定	黄源盛编：《平政院裁决录存》，五南图书出版公司第33页
1916年	浙江	雪山等3僧人	浙江巡按使公署	寺产充公办学	维持被告决定	《政府公报》第36号，1916年2月11日
1916年	江苏	慧门等3僧人	江苏巡按使公署	办学捐款	维持被告决定	《政府公报》第66号，1916年9月30日
1917年	直隶	僧海秋、永立	内务部	撤退住持	维持被告决定	《政府公报》第362号，1917年1月12日

① 此表是笔者在仔细翻阅1916年1月1日至1927年12月13日的《政府公报》的基础上，根据相关资料编辑而成的。

续表

时间	案发地	原告	被告	起诉事由	判决结果	资料出处
1918年	河南	刘元善等9人	河南省长公署	处分寺庙柏树	退还剩余树款	《政府公报》第860号，1918年6月16日
1918年	京师	僧福海	内务部	公举住持	维持被告决定	《政府公报》第933号，1918年8月30日
1920年	京兆	僧性海	内务部	住持及庙产争执	维持被告决定	《政府公报》第1414号，1920年1月20日
1920年	浙江	僧朗诵	浙江省公署	庙基建房被勒停	维持被告决定	《政府公报》第1414号，1920年1月20日
1920年	京兆	张国翰等2人	京兆尹公署	庙租移作他用	维持被告决定	《政府公报》第1502号，1920年4月20日
1920年	湖南	黎树田	湖南省公署	寺僧私卖庙地	维持被告决定	《政府公报》第1532号，1920年5月20日
1920年	直隶	僧本慧	直隶省公署	庙产办学	维持被告决定	《政府公报》第1535号，1920年5月23日
1920年	直隶	李榜元等2人	直隶省公署	寺产归公	维持被告决定	《政府公报》第1611号，1920年8月9日
1920年	浙江	尼德修	浙江省公署	庵产拨充学款	取消被告决定	《政府公报》第1627号，1920年8月25日
1921年	直隶	陈炳镛	农商部	租用戒坛寺土地	维持被告决定	《政府公报》第1768号，1921年1月23日
1921年	直隶	僧昌缘	京兆尹公署	令该僧出庙	维持被告决定	《政府公报》第1844号，1921年4月12日
1921年	江苏	僧宗仰	江苏省行政公署	寺产被征用	变更被告决定	黄源盛编：《平政院裁决录存》，五南图书出版公司第887页
1921年	安徽	尼妙贞	安徽省长公署	庵舍拨充学校	变更被告决定	《政府公报》第1880号，1921年5月18日
1922年	直隶	白清芬等4人	直隶省公署	处分泰山庙地	维持被告决定	《政府公报》第2149号，1922年2月25日
1924年	安徽	僧空华	安徽省长公署	处分庙地	变更被告决定	《政府公报》第2912号，1924年4月30日

续表

时间	案发地	原告	被告	起诉事由	判决结果	资料出处
1924年	江苏	丁元福等5人	江苏省公署	寺产纠纷	取消被告决定	《政府公报》第1937号，1924年5月25日
1926年	京师	僧本治	内务部	撤退住持	维持被告决定	《政府公报》第3721号，1926年8月21日
1926年	山东	尼僧正慧	山东省公署	庙产纠葛	取消被告决定	《政府公报》第3835号，1926年12月17日
1927年	直隶	任德明等7人	京兆尹公署	庙产纠纷	取消被告决定	《政府公报》第4087号，1927年9月7日

以上案件，绝大部分是僧人不服省长公署判决而向受理行政诉讼的最高机关提起的僧告官案件。在军阀割据、军阀专制的历史条件下，有勇气提起向平政院提起行政诉讼的僧人实在是少之又少，绝大部分僧人甚至连向省级机关提起行政诉讼的勇气都没有。因此，我们完全有理由相信，以上25起行政诉讼案件，只是北洋时期僧告官案件的冰山一角。虽然这些案件的数量不多，但这并不影响我们从中窥探北洋政府时期僧告官案件的特征。

第一，这些上诉案件的发生时间比较集中。仅1920年，平政院受理的有关佛教寺产或寺院事务的行政诉讼案件多达7起，占总数的1/3。而这恰恰发生在僧人强烈要求修正《管理寺庙条例》之时，这从一个侧面反映了修改《管理寺庙条例》的必要性。另外，1915年至1920年的六年间，有关佛教寺产或寺院事务的行政诉讼案件多达15起，几乎每年都有。但在1922年至1927年的六年间，僧人提起的行政诉讼案件只有6起，这有力证明《修正管理寺庙条例》在处理官僧冲突中发挥了一定积极作用。

第二，这些案件的来源地区比较集中。这25起上诉案件分别来自浙江、江苏、直隶、河南、湖南、安徽、山东等省，而直隶僧人提起的上书案件竟然多达13件，占总数的50%以上，发生在江浙两省的案件也有7起之多，占总数的30%。足见在北洋军阀统治时期，直隶和江浙地区的寺产冲突依然是一个比较严重的社会问题。

第三，僧人的维权意志特别坚决。这些案件的被告不是省长公署，就是内务部或农商部，而案件的起因，都是僧人对这些机关支持县知事违法处理佛教寺产或寺院内部事务决定强烈不满。由此可见，僧人的维权意志是相当坚决的。

第四，寺产纠纷依然是官、僧冲突的主要诱发因素。从这些案件的上诉原因看，因处理寺产引起的上诉案件就有21起，占总数的87%，因撤退寺庙住持引起的上诉案件有4起，占总数的13%。由此可见，寺产纠纷依然是军阀纷争时期僧人与官府冲突的主要诱发因素。

第五，从判决的结果看，在1920年以前的15起案件中，行政机关败诉的只有2起，仅占总数的13%，这充分反映《管理寺庙条例》对僧人权益的强力压制。但在1921年以后发生的10起行政上诉案件中，省长公诉或内务部败诉的就有6起，占案件总数的60%，这充分说明《修正管理寺庙条例》对官府干涉佛教内部事务行为的限制力度大大加强了。在这9起案件中，僧人胜诉的也有4起，占案件总数的40%，这充分说明《修正管理寺庙条例》对僧人权益保护力度也大大加强了。

（二）大理院受理的僧告民案件

在清末的官制改革中，清廷将大理寺改组为大理院，并将此作为全国的最高审判机关。1912年3月15日，孙中山颁布临时大总统令，将清末的《法院编制法》改名为《暂行法院编制法》，继续将大理院作为全国的最高审判机关。1915年6月，北洋政府颁布《修正暂行法院编制法》，大理院的机构设置发生了一些变化，但主要职权并没有发生明显变化。从1912年3月开院到1927年闭院，大理院共存在15年时间。在此期间，大理院作为北洋政府的最高审判机关，受理了大量的民事案件和刑事案件。笔者仔细翻阅了1916—1927年间的全部《政府公报》，并对《政府公报》上所刊登的大理院布告进行了仔细爬梳，在其公布的民、刑案件中，发现了大量的僧俗争讼案，具体情况详见表7—2。

表7—2　大理院受理的僧俗争讼案件一览（1916—1927）①

时间	当事人	争讼原因	地点	《政府公报》日期和编号
1916年	僧法动与邵理铎	因庙产	山东	1月29日第24号
	僧云莲与徐光礼等	因山产	浙江	3月7日第61号
	僧了尘与同岑小学	因公产	江苏	4月13日第98号
	僧自祥与胡保之等	因寺产	湖南	5月4日第119号
	尼慧生与吴嘉德	因庙产	浙江	8月4日第210号
	僧心益与李昌仁	因寺产	四川	8月12日第216号
	僧性然与孙玉琛	因庙产	奉天	9月2日第239号
	僧源德与李嘉植	因寺产	云南	12月2日第328号
	僧源德与李嘉植	因寺产	云南	12月7日第333号
	僧菩悦与姜续增	因庙产	直隶	12月15日第341号
	塌房寺与化城小学	因庙产	安徽	12月17日第343号
1917年	僧栋禛与彭伯阳等	因担保	奉天	1月13日第363号
	僧定尘与唐景益	因庙产	浙江	2月17日第396号
	僧觉山与华翰周等	因庙产	安徽	3月27日第434号
	僧德明与邹广生	因违约	江苏	5月30日第497号
	僧了尘与陆锦鳞	因执行异议	江苏	6月2日第500号
	僧一心与胡延瞻	因庙产	湖南	6月8日第506号
	僧光悦于朱霞翔	因房产	江苏	6月27日第524号
	僧海秋与吕嘉会	因地契	京师	7月26日第548号
	僧安空与李光汉	因庙产	奉天	8月13日第566号
	僧空寰与熊翰辉等	因庙产	河南	10月2日第615号
	僧觉圆与张金璧	因庙产	山东	10月14日第626号
	僧超宗与刘绍仁	因寺产	江西	10月20日第632号
	僧源德与李嘉植	因寺产	云南	12月25日第697号

---

① 此表是笔者根据1916—1927年的《政府公报》上的《大理院布告》所公布的案件目录编辑而成。

续表

时间	当事人	争讼原因	地点	《政府公报》日期和编号
1917年	僧湛喜与李逢澍	因寺产	直隶	12月30日第701号
1918年	僧定立与傅懹淯等	因庙产	直隶	2月23日第749号
	僧崇仁与李毓英	因庙产	奉天	4月19日第803号
	僧圣德与武汉□帮公所	因庙产	湖北	6月21日第847号
	僧一心与胡瞻廷	因庙产	湖南	6月13日第858号
	僧宏道与吕继祖等	因寺产	浙江	6月17日第861号
	僧德爽与熊翰辉等	因田产	河南	6月24日第868号
	僧德明与邹广生	因寺产	江苏	6月29日第873号
	僧纯奎与张克明	因庙产	直隶	7月12日第886号
	僧恢悟与信永和	因庙产	河南	10月12日第713号
	僧觉通与徐彬等	因庙产	直隶	11月1日第913号
1919年	僧灯源与王贤铭	因债务	浙江	2月23日第1097号
	僧宗信与王鸣盛	因庙产	奉天	3月23日第1125号
	僧空寰与熊翰辉等	因田地	河南	5月5日第1167号
	僧了尘与陆锦麟	因租地	江苏	6月2日第1195号
	僧相泉与汪大人屯公会	因庙产	奉天	6月2日第1195号
	僧梦贤与宋鼎臣	因庙产	江苏	7月1日第1223号
	僧道阶与易洛	因寺产	京师	8月10日第1261号
	僧见闻与张琛山等	因庵产	湖南	12月9日第1379号
	僧辅昙与杨葆慈等	因寺产	湖南	12月9日第1379号
1920年	僧梦贤与宋鼎臣	因庵产	江苏	1月25日第1419号
	僧昔方与王养濂	因寺产	浙江	2月9日第1434号
	僧明贵与徐罗氏	因庙产	浙江	2月22日第1445号
	僧淡云与施志成	因寺产	浙江	2月22日第1445号
	僧昌缘与杜凤春	因庙产	京师	3月9日第1461号
	僧少灵与杨继山	因庙产	江苏	3月6日第1468号
	僧绪龄与马延荣	因庙产	奉天	4月12日第1494号
	僧衍果与张世文	因寺产	福建	5月17日第1529号
	僧宗信与王鸣盛	因庙产	奉天	5月25日第1537号

第七章 佛教与国家关系的持续改善

续表

时间	当事人	争讼原因	地点	《政府公报》日期和编号
1920年	刘松泉与僧圣如	因庙产	江苏	8月22日第1624号
	僧荫堂与王取贤	因赎地	河南	9月10日第1643号
	僧隆岫与王丙吉等	因庙产	河南	9月24日第1657号
	僧隆岫与姜永霖	田租	河南	9月28日第1660号
	僧隆岫与王木全等	因葬坟	河南	9月28日第1660号
	僧应椿与蒋玉麟	因庙产及住持身份	浙江	10月24日第1684号
1921年	僧曾祥与张明申等	因寺产	河南	1月28日第1773号
	僧永莲与俞周氏	因庙产及住持身份	浙江	2月21日第1795号
	僧皆磬与林山	因庙产	京师	3月6日第1808号
	僧振民与周志良	因住持	浙江	3月13日第1815号
	僧栋桢与汪大人屯公会	因庙产	奉天	3月15日第1817号
	僧亲道与迟德灼	庙地	奉天	3月21日第1813号
	尼森英与童焕发	因庵产	江苏	4月23日第1855号
	僧崇儒与叶崇庆等	因寺产	浙江	5月1日第1863号
	僧昔芳与王养濂等	因庵产	浙江	8月11日第1963号
	尼通道与俞妙英	因住持身份	浙江	9月11日第1994号
	僧心旺与窦曙初等	因庙产	安徽	9月19日第2001号
	僧宗书与陈萃禄	因庙产	湖北	10月2日第2013号
	僧显义等与傅汝霖	因庙产	京师	10月15日第2016号
	僧空儒与张庆林等	因庙产	直隶	10月10日第2021号
	僧绪龄与白云昇	因庙产	奉天	10月23日第2064号
	僧梦贤与宋鼎臣	因庵产	江苏	12月3日第2074号
	僧妙禅与龚全福	因寺产	江西	12月13日第2084号
	僧海清等与彭诸善堂等	因房地	四川	12月17日第2088号
	僧宗澄与石崇溥	因庙产	京师	12月22日第2093号
	僧宗英与陈文海等	因典产	福建	12月24日第2094号

续表

时间	当事人	争讼原因	地点	《政府公报》日期和编号
1922年	尼森英与童焕发	因庵产	江苏	3月25日第2177号
	僧能权等与李清安	因庙地	四川	3月25日第2177号
	僧能权等与王润生	因庙地	四川	4月1日第2184号
	僧如起等与曹德富	因庙产	京师	6月16日第2259号
	僧雪莲与徐元礼等	因赔偿山产	浙江	7月28日第2299号
	僧悟真等与王魁五	因庙产	吉林	8月6日第2308号
	僧应椿与蒋玉麟等	因寺产	浙江	9月12日第2345号
	本学与李洛珍	因庙产	直隶	12月21日第2442号
	僧觉振与万隆北稽东	因房地	奉天	11月11日第2402号
1923年	僧信光与戴承瑛等	因住持	浙江	2月2日第2478号
	僧满堂与陈子慕等	因庙产及选任住持	四川	4月10日第2542号
	僧生寂与叶崇庆等	因住持涉讼执行再抗告	浙江	4月22日第2554号
	僧崇儒与叶崇庆等	因住持涉讼再抗告	浙江	4月22日第2554号
	僧永增等与王尚甫	因庙产	浙江	4月4日第1537号
	僧定云与朱延龄等	因庙产	奉天	4月10日第1542号
	僧雪莲与徐元礼	因山产	浙江	9月17日第2700号
	僧梦贤与宋鼎臣	因庵产	江苏	6月8日第2601号
	僧昌发与许象先	因庙产	四川	9月28日第2710号
1924年	僧隆喜与周鸿儒等	因庙产	山东	3月16日第2868号
	僧仁寿与思明县公署	因庵产	福建	3月25日第2877号
	僧了坤与骆有道	因庙产涉讼声请救助	河南	3月26日第2878号
	僧光信与戴承瑛等	因寺产及住持	浙江	4月5日第2888号
	僧悟金等与王魁五	因庙产	吉林	4月7日第2890号
	僧了坤与骆有道等	因庙产	河南	7月29日第3000号
	僧应椿等与蒋玉麟等	因寺产	浙江	7月29日第3000号
	僧正法与封秋槎	因庙产涉讼声请救助	浙江	7月29日第3000号
	僧岫云与余荣忠	因涉讼声请救助	湖北	8月29日第3031号
	僧富觉与翟备文	因寺地	河南	10月27日第3087号
1925年	僧寂圆与李明广等	因庙产	四川	2月11日第3185号
	僧永增与王尚甫	因庙产	浙江	2月19日第3192号

续表

时间	当事人	争讼原因	地点	《政府公报》日期和编号
1925年	僧纯修等与山西会馆	因庙产	安徽	4月7日第3239号
	僧炬峰与陆迩诚	因庙产	江苏	4月14日第3245号
	昭忠寺与大贾家庄村	因地亩	直隶	5月24日第3285号
	僧云峰与周大章	因庙产	四川	6月2日第3294号
	僧显忠与江渭滨等	因庙产	安徽	6月2日第3294号
	僧体亮与杨学纯等	因赎田	江苏	6月10日第3302号
	僧长泰与江伟经	因庙产	四川	6月15日第3307号
	僧道清与钱金三等	因寺产	四川	7月3日第3324号
	昭觉寺与李莲溪	因请求给付顶价	四川	9月25日第3407号
	僧昌达与赖作珍等	因庙产管理权	四川	9月30日第3412号
	僧静渊等与李松乔等	因寺产	江西	9月30日3412号
	僧永寿与树堂等	因执行异议	奉天	10月5日第3446号
	僧玉亮与杨万庆等	因收管寺产	京师	11月1日第3441号
1926年	僧融通与隆占魁	因给付租金	江苏	2月24日第3517号
	僧如超与袁奉扬	因赎取田业	四川	3月5日第3550号
	僧圣慈与张东广	因田产所有权	江苏	3月16日第3566号
	灵隐寺与张祖鸿	因山地所有权	浙江	3月16日第3566号
	僧功成与孟昭堂	因确认庙宇性质	河南	3月27日第3577号
	章嘉呼图克图与北京交通银行	因执行异议	京师	4月25日第3605号
	僧道阶与俞昧鑫	请求交回出版书籍	京师	11月5日第3794号
	僧艺践与王玉坤	请求赔偿地租	京师	11月15日第3803号
	僧空照与刘俊	因庙产	奉天	11月18日第3806号
	僧智明与等赵振芳等	因确认寺产	浙江	11月22日第3810号
	定慧寺与王纪贵等	请求照约交租	江苏	12月2日第3820号
	僧常泰与谢南强等	因增租	四川	12月14日第3832号
1927年	尼福显等与任□华等	因庵产及住持	浙江	1月6日第3848号

续表

时间	当事人	争讼原因	地点	《政府公报》日期和编号
1927年	空照与刘俊	因管理庙产	奉天	3月2日第3901号
	延禧寺与李蔺氏	因确认租赁权	绥远	3月15日第3914号
	僧仁华与衡张氏	请求回赎田业	陕西	4月25日第3954号
	僧宝元与朱彭年等	庙产及住持身份	江苏	8月6日第4055号
	庆缘寺与大维	因确认地亩所有权	绥远	11月27日第4164号
	僧佛喜与隆傅氏	因请求退寺	奉天	12月10日第4177号
	僧果福等与袁亮生等	因庙产	四川	1928年1月28日第4218号

以上141起僧俗争讼案件，只是北洋政府的最高审判机关——大理院受理的，尽管中国人有"屈死不告状，饿死不做贼"的传统，佛教僧人也将逆来顺受作为为人处世的基本原则，大理院依然受理了这么多僧俗争讼案件，而没有上告到大理院的案件还有多少？恐怕是大理院受理案件总数的数倍甚至数十倍。由是可知，1916—1927年间，僧俗纷争依然在各地频繁发生，而司法诉讼无疑成为僧人保护佛教寺产的主要手段。总的来说，大理院受理的僧俗争讼案件具有以下五个特征。

第一，僧告民案件发生的频率很高。1916—1927年间，大理院受理的僧告民案件共有141起，平均每年11.75起。也就是说，在这12年间，平均每一个月大理院就要受理一起僧告民案件，这个频率是相当高的。而1921年大理院受理的僧告民案件竟然多达20起，平均每月1.6起，是历年最高的。

第二，在这12年间，大理院每年受理的僧告民案件数量的波动不大。如果我们对大理院受理的僧告民案件做一个统计，就会发现，除了1921年最多（20起）和1927年最少（7起），以外，其余10年的数量相差不大，其中1916年11起，1917年14起，1918年10起，1919年9起，1920年15起，1922年9起，1923年9起，1924年10起，1925年15起，1926年12起。这说明这12年间一直是僧告民案件的多发期。

第三，僧告民是一个全国性问题。在这 12 年间，大理院受理的僧告民案件分别来自直隶、浙江、江苏、福建、江西、安徽、湖南、湖北、河南、山东、奉天、四川、云南、湖北、陕西、绥远等 16 个省。这说明僧告民现象依然是一个全国性问题。

第四，浙江、江苏、直隶、奉天、河南和四川等 6 个省是僧俗纠纷的重灾区。从各省的案件数量看，以上 6 个省共有 113 起［其中浙江 28 起，江苏 20 起，直隶（含京师）20 起，奉天 18 起，四川 14 起，河南 13 起］，占总数的 80%，是僧俗纠纷的重灾区。而江西、福建、安徽、湖南、湖北、山东、云南、陕西、绥远等 9 个省的僧告民案件只有 28 起［其中湖南 5 起，安徽 5 起，山东 3 起，云南 3 起，江西 3 起，湖北 3 起，福建 3 起，陕西 1 起，绥远 2 起］，约占总数的 20%。而山西、广西、贵州、黑龙江、吉林等省没有出现上诉到大理院的僧告民案件。以上现象充分说明，在军阀割据期间，各地的僧俗矛盾，与当地的政治、经济、文化状况有着直接关系。

第五，从案件的标的物看，寺产纠纷依然是僧告民案件最主要的原因。在这 141 起案件的标的物中，因寺产、寺租或债务涉讼的多达 126 件，占案件总数的 89%，这充分说明寺庙财产纠纷依然是僧俗争讼的主要原因。此外，有 11 件诉讼案的标的物是更换住持，而撤换不合格的住持是《管理寺庙条例》和《修正管理寺庙条例》赋予地方官的监督权。这说明，佛教僧人对地方政府以行使监督权为名干涉佛教寺院内部事务的行为是不满意的。

小　结

1915 年 10 月袁世凯政府颁布的《管理寺庙条例》，总结了清末以来特别是民国初年各地处理寺产纷争的实践经验，也吸收了佛教社团的意见和建议，是我国宗教管理史上的一个重要里程碑。而 1921 年 5 月徐世昌政府所颁布的《修正管理寺庙条例》，则是《管理寺庙条例》的进一步发展和完善，它最突出的特点是废止了地方政府假借兴办公益之名强征寺产的合法性，加强了保护佛教寺产的力度，因而得到了佛教人士的进一步拥护。然而，由于中央政府权威弱化和各地军阀专制局面的形成，《修正管理寺庙条例》的权威性也大打折扣。由于一些地方政府依然无视《修正管理寺庙条例》的有关规定，继续以办学名义强征佛教寺产，不但激起了佛教人士的强烈反对，也引起了推崇佛教的诸多社会名流的严重不满，在佛教人士和社会名流的共同反对下，江苏省政府和湖南省政府不得不宣布遵守《修正管理寺庙条例》，严禁各县以兴办地方公益的理由强占佛教寺产，佛教的合法权益得到了基本保护，清末新政以来备受摧残的佛教终于迎来了一段相对安逸的时光。在以后的几年间，各地争夺佛教寺产的斗争虽然还是频繁发生，但矛盾双方基本能够依照《修正管理寺庙条例》，通过司法诉讼解决争端。在这几年间，平政院和大理院都受理了大量的僧俗争讼案件，清末新政以来持续激化的寺产冲突逐渐纳入司法轨道并不断趋于缓和。

结　　语

佛教传入中国之时，中国的君主专制制度已经相当成熟。在历代政府的有效的管理下，佛教逐渐弥散于政治、经济、思想文化、社会风俗的各个方面：僧官制度的长期实施，将历代高僧纳入封建官僚体系；敕建寺院制度的长期实施，让佛教寺院逐渐成为国家祀典庙宇的一部分；试经制度的长期实施，不但让僧人获得较高的社会地位，也让佛学获得历代知识分子的青睐；度牒制度的长期实施，让佛教信徒与其他社会成员一样，成为历代王朝的合法子民；寺院经济的长期繁盛，让庞大的寺院经济与传统经济日益融为一体；而佛教的家族化色彩不断增强，则让佛教僧团打上了深深的宗法制度烙印。由于佛教是在各级官府的严格控制下在各地传播的，故佛教的兴衰也与君主专制制度的命运息息相关，清末民初佛教与国家关系的演变，充分印证了这一点。

一　君主专制制度的崩溃导致了传统佛教的全面危机

我国的君主专制形成于战国时期，汉唐时期进入全盛阶段，明清时期逐渐衰落。清朝是我国最后一个封建王朝，虽然也曾有过康乾盛世的繁荣景象，但随着满洲贵族的日益腐朽，到嘉道年间不可避免地进入全面衰败阶段。近代，由于西方列强的全面入侵，清朝的统治更加腐朽，人民的反抗更加激烈，在侵略战争和人民革命运动的持续打击下，清政府的统治摇摇欲坠，中国2000多年的君主专制制度也逐渐走到了历史的尽头。

鸦片战争以后，面对西方列强的疯狂侵略，极端腐朽的统治集团却依然顽固坚持"防民甚于防寇"的反动政策，终于激成了声势浩大的太平天国运动，十四年后，太平天国运动虽然被中外反动势力联合镇压下去了，但它却在根本上动摇了清政府的统治基础。甲午战后，西方列强掀起了瓜分中国的狂潮，古老的中国面临着亡国灭种的危险。为了挽救民族危机，以康有为、梁启超为代表的资产阶级维新派发起了戊戌变法运动，以孙中山为代表的资产阶级革命派掀起了旨在废除君主专制制度的武装起义，数百万农民也高举"扶清灭洋"的大旗，发动了声势浩大的义和团运动。这些运动都遭到了中外反动势力的残酷镇压，清政府也完全丧失了民心。1900年，帝国主义打着镇压义和团运动的旗号，发动了规模空前的八国联军侵华战争，在义和团运动和八国联军侵华战争的双重打击下，清政府的腐朽统治几乎崩溃，君主专制制度的丧钟已经敲响。为了挽救统治危机，清廷被迫改革官制，编练新军，振兴实业，广兴学堂，奖励游学，推行地方自治和预备立宪，但这些改革运动不仅没有改变清政府的灭亡命运，而且还从根本上瓦解了君主专制制度的政治基础、经济基础、思想基础和社会基础。1911年武昌起义爆发以后，不但清政府的统治迅速土崩瓦解，就连长达2000多年的君主专制制度也被迅速扫进了历史的垃圾堆。

随着君主专制制度的不断衰落，传统佛教的自身危机也日益严重。在汉唐时期，历代封建王朝在尊崇佛法、崇尚佛学、礼遇高僧的同时，也严禁私自出家，严控寺院规模，但并不干预佛教的内部事务。明清时期，由于君主专制统治空前加强，封建政府对社会生活的控制不断增强，对佛教内部事务的干预也不断强化，明太祖朱元璋制定的寺、僧分类管理和禁止妇女入庙烧香政策，在明清两朝都得到有效实施。这两项政策的长期实施，不但破坏了佛教清净梵修、崇尚佛法的风气，而且还给僧人戴上了"铜臭"和"淫棍"的帽子，严重损害了佛教的社会形象。清朝建立以后，顺治皇帝鉴于僧人整体素质的下降和民族矛盾的尖锐，就废除了唐朝以来的试经制度，从此撤去了百姓出家的文化栅栏，僧人队伍的整体素质因此每况愈下。乾隆皇帝即位以后，鉴于僧人队伍的严重蜕化，开始用减少度牒数量的办法裁汰不合格的僧尼，整顿佛教队伍，但事与愿违，导致无度牒僧人的数量暴增，无奈之下，不得不下令废除唐代以来的度牒制度，从此百姓可以自由出家。这虽然极大促进了佛教的民间化和大众化，但佛教的整体素质和社会形象进一步恶化，到清末已经积重难返了。甲午战争以后，随着中国的民族危机、统治危机和社会危机空前严重，清政府的统治也日益风雨飘摇，为了维护自己的统治，清政府被迫实行全面改革。全面的社会改革必然需要巨额的经费，但此时的清政府已经债台高筑，社会成员普遍赤贫化。为了解决各项改革所需的经费和场地问题，清廷便颁布了庙产兴学上谕，准许各地利用佛教寺产创办新政。随着各地庙产兴学运动的全面开展，传统佛教便被逼入了生死存亡的危险境地。

二 现代化改革的全面兴起是佛教与国家的关系全面紧张的直接原因

所谓现代化，是指以经济工业化、政治民主化为核心的一系列新型的社会革新运动，其结果是推动着以自然经济和专制政治为特征的传统社会，向以工业经济和民主政治为特征的现代社会转变。中国的现代化运动开始于鸦片战争后，是在西方列强疯狂侵略的背景下被迫展开的。鸦片战争以后，西方列强的疯狂侵略使步履维艰的封建统治雪上加霜，魏源等人在忧患意识的刺激下，不仅发出了"师夷长技以制夷"的呐喊，而且制定了一整套"师夷长技"的实施方案，对洋务运动的兴起产生了深远影响。第二次鸦片战争以后，曾国藩、李鸿章、左宗棠、张之洞等洋务派官僚在太平天国运动和边疆地区危机的刺激下，发起了三十年的洋务运动。他们创办军事工业和民用工业，建立新式陆军和海军，派遣留学生和驻外公使，建立新式学堂，使古老的中国开始发生"三千年未有之大变局"，中国的经济现代化和教育现代化正式启动。甲午战争惨败以后，为了挽救空前严重的民族危机，以康有为、梁启超为代表的资产阶级维新派发起了戊戌变法，他们强烈要求改变君主专制制度，而以孙中山为首的资产阶级革命派高举"民族、民权、民生"的大旗，不断发动武装起义，旨在推翻清政府的反动统治，建立资产阶级共和国，中国政治现代化的闸门由此打开。八国联军侵华战争结束以后，清政府被迫与十一个帝国主义国家签订了丧权辱国的《辛丑条约》，封建专制统治摇摇欲坠。为了挽救其灭亡命运，清廷下令改革官制，编练新军，振兴实业，广兴学堂，奖励游学，推行地方自治和预备立宪，中国的现代化全面启动，并向乡村社会快速蔓延。

现代化运动的不断发展，不但从根本上瓦解着君主专制制度的基础，而且也推动着佛教与国家关系的全面恶化。首先，随着洋务运动的深入开展和振兴实业政策的全面落实，以机器大生产为特征的现代经济不断壮大，这便从根本上瓦解着以小农经济为特征的封建经济。伴随着传统经济的瓦解，寺院经济也全面衰落了。其次，随着奖励游学和广兴学堂政策的全面实施，具有现代科学知识和现代民主意识的新型知识分子队伍也在迅速壮大。这支队伍不仅是君主专制制度最危险的敌人，也是传统佛教最有力的反对者。在现代科学知识迅速传播的同时，新型知识分子发起了一场声势浩大的破除迷信运动，那些长期以来被普通百姓顶礼膜拜的佛教诸神迅速失去了神秘光环，转而沦为百无一用的封建迷信，佛教赖以存在的思想基础严重削弱了。再次，随着中国民族危机空前严重和统治阶级腐朽本质的不断暴露，新型知识分子要求改变封建制度的呼声迅速高涨。在他们的强力推动下，清政府不得不实行全面改革，伴随着各项改革的全面开展，资金不足、场地困难的问题也越来越突出。为了这些问题，新型知识分子呼吁清廷实施庙产兴学运动，并在官府的支持下肆无忌惮地抢占寺院财产，传统佛教赖以生存的物质基础面临着被瓜分的危险。在庙产兴学运动中，作为第一责任人的地方官员，为了完成朝廷下达的兴学任务，全力支持新型知识分子的庙产兴学运动，严厉惩处不予配合的僧人，残酷镇压僧人发起的毁学事件和反自治运动，佛教与清廷的关系因此全面恶化了。

三 民初佛教与国家关系是以《临时约法》为基础重新构建的

武昌起义爆发后,各地的革命派和立宪派闻风而动,在很短时间内就促成了十三个省宣布独立,清政府的统治因此土崩瓦解。1912年元旦中华民国南京临时政府建立,标志着古老的中国由此进入民主共和的新时代,2000多年的封建帝制正式结束。与此同时,控制清政府军政大权的北洋集团也在袁世凯的影响下倾向革命,南北统一的条件日益成熟。1912年2月12日,宣统皇帝下诏退位,清政府的统治正式结束,3月6日,袁世凯在北京就任中华民国临时大总统,统一的中华民国北京政府终于建立起来了。

随着清政府的覆灭和封建专制制度的彻底废除,佛教的政治环境也发生了根本性的变化:第一,民国政府成立伊始,便宣布废除一切与共和政体相抵触的法律,魏晋以来的僧官制度也被废除,传统佛教失去了"神道设教"的合理性,不再享受政府的特殊保护;第二,在科学精神和民主思潮的鼓动下,刚刚掌握政权的社会精英掀起了一场声势浩大的破除迷信运动,包括佛教诸神在内的一切鬼神信仰随之成为必须彻底破除的封建迷信,驱僧毁像、抢占寺产的现象遍及全国各地,佛教的生存危机更加严峻了;第三,在民主思潮和社团热的影响下,佛教人士也组织了数个全国性的现代社团,他们充分利用集体的力量,采取上书、请愿和代理寺产官司等手段,与各地抢占寺产、迫害僧尼的现象进行坚决斗争,佛教与国家关系显得更加尖锐复杂。

为了平息由破除迷信运动引发的社会对立,消除佛教人士的不满情绪,袁世凯政府开始制定新的佛教管理政策,佛教社团与袁世凯政府的博弈随之全面展开。总的来看,佛教社团与袁世凯政府之间的博弈,是围绕着佛教社团的性质和地位、佛教寺产的所有权归属、佛教寺产的判断标准以及保护佛教寺产的起始时间等核心问题展开的,在博弈的过程中,对立双方都以《临时约法》所规定的国民一律平等、国民有信教自由、国民有结社集会自由、国民有保有财产自由等原则为法律武器，竭力争取自己利益的最大化。经过反复较量，最后形成了以《管理寺庙条例》为代表的一整套系统政策。这套政策充分体现了袁世凯政府的意志，总结了各地处理寺产纷争的经验，吸收了佛教社团的意见和建议，成为民国初年佛教与国家关系的法律基础，清末以来不断恶化的佛教与国家关系在此基础上逐渐稳定。袁世凯去世以后，中国陷入军阀割据纷争的状态，但《临时约法》所确定的基本原则并未被废除，袁世凯政府颁布的《管理寺庙条例》依然在各地实施，佛教与国家关系的法律基础并未发生大的变化。1921年5月，徐世昌政府又公布了《修正管理寺庙条例》，这个法令继承了《管理寺庙条例》诸多原则，并进一步加大了保护佛教权益的力度，因而得到佛教人士的普遍拥护，各地也逐渐认同了这个条例，并以此为依据处理各种庙产纠纷，佛教与国家关系因此进一步改善了。

  清末民初佛教与国家关系从全面破裂到重新构建，既是传统佛教在共和初建时期的一次涅槃和重生，又是中国社会由君主专制向民主共和剧烈转轨过程中传统信仰与科学精神、专制习惯与民主意识、普通民众与社会精英激烈冲突的一个缩影。袁世凯政府及其后的北洋军阀政府的佛教管理政策，既贯彻了《临时约法》所确定的国民平等、信教自由、保护私产、结社集会自由等基本原则，又充分吸收了地方政府和佛教社团的意见和建议，不仅是在民主共和条件下构建佛教与政府新型关系的法律基础，也是中国宗教管理政策现代化的重要产物，具有独特的历史地位和深远的社会影响。

参考文献

一 档案类

（清）朱寿朋编：《光绪朝东华录》（四、五册），中华书局1958年版。

《福建教育官报》第九期，宣统元年（1909）印行，《清末官报汇编》第七册，全国图书馆文献缩微复制中心2006年9月版。

甘厚慈辑：《北洋公牍类纂》（第1—25卷），清光绪丁未年铅印本。

甘厚慈辑：《北洋公牍类纂续编》（第1—24卷），清光绪丁未年铅印本。

故宫博物院明清档案部编：《清末筹备立宪档案史料》，中华书局1979年版。

《河南教育官报》，1907—1911年。

《河南全省财政说明书》，中央财经大学图书馆辑：《清末民初财政史料辑刊补编》（五），国家图书馆出版社2008年版。

《江苏自治公报类编》，近代中国史资料丛刊第53辑，文海出版社1970年影印。

《江西全省财政说明书》，中央财经大学图书馆辑：《清末民初财政史料辑刊补编》（二），国家图书馆出版社2008年版。

廖一中、罗真容：《袁世凯奏议》（上、中、下），天津古籍出版社1987年版。

《临时政府公报》（第1—58号），1912年。

《临时政府内务行政纪要》，沈云龙主编：《近代中国史丛刊》（第23辑），华文出版社1966年印行。

内田康哉：《泉州教堂被扰请电闽督惩办由》，"中研院"近代史研究所馆藏档案，馆藏号：02-05-010-01-001。

《秦中公报》，1912年。

《陕西官报》，1907—1911年。

《陕西全省财政说明书》，中央财经大学图书馆辑：《清末民初财政史料辑刊补编》（二），国家图书馆出版社2008年版。

天津市档案馆等编：《天津商会档案资料汇编（1903—1911）》（下），天津人民出版社1987年版。

《学部奏咨辑要》，沈云龙主编：《近代中国史丛刊》（第十辑），文海出版社1986年印行。

《云南全省财政说明书》，中央财经大学图书馆辑：《清末民初财政史料辑刊补编》（三），国家图书馆出版社2008年版。

章开沅：《苏州商会档案汇编》（第一辑），华中师范大学出版社1991年版。

《政府公报》，1912年5月—1927年6月。

中国第二历史档案馆编：《北洋政府档案》，中国档案出版社2010年版。

中国第二历史档案馆编：《中华民国史档案资料汇编》（第三辑《文化》），江苏古籍出版社1991年版。

中国第一历史档案馆、北京师范大学历史系编选：《辛亥革命前十年间民变档案史料》，中华书局1985年版。

中国第一历史档案馆编：《乾隆朝上谕档》（第一册），中国档案出版社1991年版。

《中日约内无佛教明文请照闽督所电将漳泉等处日僧商撤》，"中研院"近代史研究所馆藏档案，馆藏号：01-12-021-04-006。

"中研院"近代史研究所编：《教务档案》（共七缉），台北光裕印刷厂1981年版。

二 报刊类

《东方杂志》，1904—1927 年。
《佛光》，1923 年。
《佛学丛报》（第 1—12 期），上海有正书局 1912—1914 年出版。
《佛学旬刊》，1922 年。
《海潮音》，1920—1927 年。
《教育杂志》（第 1—8 卷），上海商务印书馆印发。
上海《警钟日报》，1905—1907 年。
《申报》，1905—1927 年。
《盛京时报》，1906—1927 年。
《时报》，1904—1906 年。
天津《大公报》，1905—1915。
《同盟会杂志》，1911 年第 6 期。
《浙江潮》（第 1—10 期），国民党中央党史史料编撰委员会。
中华佛教总会主办：《佛教月报》（第 1—4 期），1913—1914 年出版。

三 资料汇编

《蔡孑民先生言行录》，北京大学出版社 1920 年版。
陈旭麓编：《宋教仁集》（下），中华书局 1981 年版。
陈学恂：《中国近代教育史教学参考资料》（上册），人民教育出版社 1896 年版。
《大正新修大藏经》（第 16 卷），新文丰出版社 1960 年版。
《大总统书牍汇编》，广益书局 1914 年版。
杜斗城辑：《正史佛教资料类编》，甘肃文化出版社 2006 年版。
杜洁祥主编：《中国佛寺史志汇刊》（第 1 辑），明文书局 1980 年版。
怀校锋点校：《大明律》，法律出版社 1999 年版。

《皇朝经世文四编》（卷二七·礼政类），沈云龙编：《中国近代史料丛刊》（第77辑第761册），文海出版社1966年版。

慧禅主编：《名人与佛教》（下），上海人民出版社2008年版。

觉醒主编：《佛教与现代化：太虚大师圆寂六十周年纪念文集》，宗教文化出版社2008年版。

李景汉编著：《定县社会概况调查》，上海人民出版社2005年版。

梁启超：《梁启超全集》（第1—10册），北京出版社1999年版。

刘景泉、郭德宏主编：《政党与近现代中国社会研究》，天津人民出版社2008年版。

《妙云集》，正闻出版社1992年修订版。

《民国经世文编》（交通宗教道德），沈云龙主编：《近代中国史资料丛刊》（第五十辑），文海出版社1970年版。

秦国经主编：《中国第一历史档案馆藏 清代官员履历档案全编》（8），华东师范大学出版社1997年版。

汤志钧编：《康有为政论集》（上、下册），中华书局1981年版。

汤志钧编：《康有为政论集》，中华书局1981年版。

王栻主编：《严复集》，中华书局1986年版。

王友三编：《中国无神论史资料选编》（近代编），中华书局2006年版。

西安市政协文史委编：《西京佛教》，陕西人民出版社2000年版。

夏新华、甘正气等整理：《中国近代宪政历程：史料荟萃》，中国政法大学出版社2004年版。

徐秀丽：《中国近代乡村自治法规选编》，中华书局2004年版。

印光：《印光大师文汇》，华夏出版社2012年版。

苑书义等主编：《张之洞全集》，河北人民出版社1998年版。

张枬、王忍之编：《辛亥革命前十年间时论选集》，生活·读书·新知三联书店1960年版。

《郑观应全集》（上、下册），上海人民出版社1982年版。

中国史学会编：《辛亥革命》，上海人民出版社2000年版。

周秋光编:《熊希龄集》(第1—8册),湖南人民出版社2008年版。

朱有瓛、戚名琇、钱曼倩、霍益萍编:《中国近代教育史资料汇编·教育行政机构及教育团体》,人民教育出版社1986年版。

朱有瓛主编:《中国近代学制史料》(第二辑),华东师范大学出版社1989年版。

四 专著类

(晋)陈寿撰,(宋)裴松之注:《三国志·魏书》(一),中华书局1982年版。

(南朝梁)释慧皎撰:《高僧传》,中华书局1992年版。

岑学吕:《虚云法师年谱》,宗教文化出版社1995年版

陈兵、邓子美:《二十世纪中国佛教》,民族出版社2000年版。

崔红芬:《西夏河西佛教研究》,民族出版社2010年版。

邓拓:《中国救荒史》,武汉大学出版社2012年版。

韩养民:《佛骨灵光 唐都皇家寺院》,三秦出版社2003年版。

何光沪:《宗教与当代中国》,中国人民大学出版社2006年版。

Holms Welsh:《近代中国的佛教制度》(上、下册),台北华宇出版社1988年版。

纪华传:《世界佛教通史》第六卷《中国汉传佛教(公元19世纪至20世纪)》,中国社会科学出版社2015年版。

蒋维乔:《中国佛教史》,上海书店据商务印书馆1935年版。

赖永海主编:《中国佛教通史》(第8卷),江苏人民出版社2010年版。

李富华:《中国古代僧人生活》,商务印书馆1996年版。

李喜所:《中国近代社会与文化研究》,人民出版社2003年版。

李向平:《佛教信仰与权力关系——从佛教护国理念谈起》,觉醒主编:《觉群佛学》,宗教文化出版社2013年版。

刘锦藻撰:《清朝续文献通考》,浙江古籍出版社1988年版。

刘鹏:《细说中国佛教》,光明日报出版社2005年版。

吕顺长:《清末浙江留日学生的人数、生源组成及专业分布》,上海辞书出版社2005年版。

明复:《中国僧官制度研究》,明文书局1981年版。

明旸:《圆瑛法师年谱》,宗教文化出版社1996年版。

牟钟鉴、张践:《中国宗教通史》(上、下册),中国社会科学出版社2007年版。

彭自强:《佛教与儒道的冲突与融合:以汉魏两晋时期为中心》,巴蜀书社2000年版。

石峻、楼宇烈等:《中国佛教思想资料选编》(第一卷),中华书局1981年版。

释东初:《中国佛教近代史》,东初出版社1974年版。

释印顺:《太虚大师年谱》,宗教文化出版社1995年版。

宋长东:《宋代佛教政策论稿》,巴蜀书社2005年版。

孙雄:《圣俗之间——宗教与社会发展互动关系研究》,黑龙江人民出版社2006年版。

太虚:《太虚大师全书》(第27册),宗教文化出版社2005年版。

太虚:《太虚大师全书》(第31册),宗教文化出版社2005年版。

太虚:《太虚大师全书》(第32册),宗教文化出版社2005年版。

唐力行主编:《国家、地方、民众与社会互动》,商务印书馆2004年版。

王永会:《中国佛教僧团的发展及其管理》,巴蜀书社2003年版。

魏道儒、纪华传编:《佛教护国思想与实践》,社会科学文献出版社2012年版。

魏收:《魏书·释老志》,《魏书》(第8册),中华书局1974年版。

萧一山主编:《清代通史》(四),华东师范大学出版社2006年版。

谢重光:《中古佛教僧官制度和社会生活》,商务印书馆2009年版。

徐松:《宋会要辑稿 道释》,中华书局1957年版。

杨健:《清王朝佛教事务管理》,社会科学文献出版社2008年版。

杨仁山著，周继旨点校：《杨仁山全集》，黄山书社2000年版。

杨维中：《中国佛教百科全书·仪轨卷》，上海古籍出版社2001年版。

姚南强：《宗教社会学》，东华大学出版社2004年版。

游彪：《宋代寺院经济史稿》，河北大学出版社2003年版。

苑书义等主编：《张之洞全集》，河北人民出版社1998年版。

张海鹏、李细珠：《中国近代通史》（第5卷），江苏人民出版2006年版。

张亮采编：《中国风俗史》，商务印书馆1921年发行。

张曼清主编：《民国佛教篇》，大乘文化出版社1978年版。

张钦士选辑：《国内近十年来之宗教思潮》，燕京华文学校1927年版。

张玉法：《民国初年的政党》，岳麓书社2004年版。

章炳麟：《訄书初刻本》，生活·读书·新知三联书店1998年版。

震华法师：《僧伽护国史》，国光印书局1934年版。

周齐：《明代佛教与政治文化》，人民出版社2005年版。

周秋光、曾桂林：《中国慈善简史》，人民出版社2006年版。

［德］马克斯·韦伯：《儒教与道教》，洪天富译，江苏人民出版社2008年版。

［德］马克斯·韦伯：《新教伦理与资本主义精神》，彭强、黄晓京译，四川人民出版社1986年版。

［荷］许理和：《佛教征服中国——佛教在中国中古早期的传播与适应》，裴勇等译，江苏人民出版社2003年版。

［加］卜正民：《为权力祈祷——佛教与晚明中国士绅社会的形成》，张华译，江苏人民出版社2005年版。

［美］J.K.施莱奥克：《近代中国人的宗教信仰 安庆的寺庙及其崇拜》，程曦译，安徽大学出版社2008年版。

［美］杜赞奇：《从民族国家拯救历史——民族主义话语与中国现代史研究》，王宪明等译，社会科学文献出版社2003年版。

［美］杜赞奇：《文化、权力与国家——1900—1942 年的华北农村》，王福明译，江苏人民出版社 2006 年版。

［美］费正清：《剑桥中国晚清史》，刘广京译，中国社会科学出版社 1994 年版。

［美］霍姆斯·维慈：《中国佛教的复兴》，王雷泉等译，上海古籍出版社 2006 年版。

［美］吉尔伯特·罗兹曼主编：《中国的现代化》，国家社科基金"比较现代化"课题组译，浙江人民出版社 2003 年版。

［美］塞缪尔·P. 亨廷顿：《变化社会中的政治秩序》，王冠华译，生活·读书·新知三联书店 1989 年版。

［美］韦思谛：《中国大众宗教》，陈仲丹译，江苏人民出版社 2006 年版。

［美］周锡瑞：《改良与革命——辛亥革命在两湖》，杨慎之译，中华书局 1982 年版。

［英］王斯福：《帝国的隐喻：中国民间宗教》，赵旭东译，江苏人民出版社 2008 年版。

五 地方志

（清）陈常铧等修，臧承宣等纂：《浙江省光绪分水县志》，清光绪三十二年刊本，成文出版社 1975 年影印。

（清）陈崇砥纂修：《河北省固安县志》，清咸丰九年刊本，成文出版社 1969 年影印。

（清）陈和志修，倪师孟等纂：《江苏省震泽县志》，清乾隆十年刊本，成文出版社 1970 年影印。

（清）陈钟英等修，王咏群等纂：《浙江省黄严县志》，清光绪三年刊本，成文出版社 1975 年影印。

（清）冯可镛修，杨泰亨纂：《浙江省慈溪县志》，清光绪二十五年刊本，成文出版社 1975 年影印。

（清）高照、朱大绅等编纂：《安徽省直隶和州志》，清光绪二十七年刊本，成文出版社 1985 年影印。

（清）葛之莫等修，陈哲纂：《睢宁县旧志》，1929 年铅印本，成文出版社 1974 年影印。

（清）顾国诏等纂：《浙江省龙泉县志》，清光绪四年刊本，成文出版社 1975 年影印。

（清）黄彭年等撰：《畿辅通志》，清宣统二年刊本重印，华文书局 1968 年出版。

（清）李登云修，陈珅等纂：《浙江省乐清县志》，清光绪二十七年刊本，成文出版社 1983 年影印。

（清）李前泮修，张美翊纂：《浙江省奉化县志》，清光绪三十四年刊本，成文出版社 1975 年影印。

（清）李瑞钟等修纂：《浙江省常山县志》，清光绪十二年刊本，成文出版社 1975 年影印。

（清）刘懋官修，周斯亿纂：《陕西省泾阳县志》，清宣统三年铅印本，文海出版社 1969 年影印。

（清）邵友濂修，孙德祖等纂：《浙江省余姚县志》，清光绪二十五年刊本，成文出版社 1983 年影印。

（清）吴履福等修，缪荃孙等纂：《河北省光绪昌平州志》，1939 年铅印本，成文出版社 1968 年影印。

（清）姚国龄修，宋楚山纂：《陕西省安定县志》，清道光二十六年抄本，成文出版社 1970 年影印。

（清）张厅宝修，董曾臣纂：《陕西省长安县志》，清嘉庆十七年修，1936 年重印本，成文出版社 1969 年影印。

（清）郑德枢修，赵奇龄纂：《陕西省永寿县志》，清光绪十四年刊本，成文出版社 1970 年影印。

（清）周兴铎等修，严可均等纂：《浙江省建德县志》，清道光八年刊本，成文出版社 1983 年影印。

（不著纂修人名氏）《浙江省鄞县志》，1936年铅印本，成文出版社1974年影印。

陈善谟等修，徐保庆等纂：《光宣宜荆续志》，1920年刊本，成文出版社1970年影印。

陈思等修，缪荃孙等纂：《江苏省江阴县续志》，1920年刊本，成文出版社1970年影印。

陈同善等修：《河南省重修信阳县志》，1936年铅印本，成文出版社1968年影印。

戴邦桢等修，冯煦等纂：《江苏省宝应县志》，1932年铅印本，成文出版社1970年影印。

丁柄烺修，吴承志撰：《安徽省太和县志》，1925年铅印本，成文出版社1970年影印。

董祖巍辑：《浙江省镇海县新志备稿》，1930年铅印本，成文出版社1975年影印。

方鸿铠修，黄炎培纂：《江苏省川沙县志》，1936年铅印本，成文出版社1975年影印。

冯庆澜等修，高书官等纂：《河北省房山县志》，1928年铅印本，成文出版社1968年影印。

冯煦等纂：《江苏省金坛县志》，1921年刊本，成文出版社1975年影印。

高文垣修：《吉林省双城县志》，1926年铅印本，成文出版社1975年影印。

郭尔撕、胡云客、王贽等修：《康熙南海县志》，《日本藏中国罕见地方志丛刊》，书目文献出版社1992年版。

何治基等撰：《安徽通志》，清光绪三年重修本，京华书局1967年影印。

胡为和修，孙国钧纂：《江苏省丹阳县续志》，1927年刊本，成文出版社1974年影印。

黄彭年等撰：《畿辅通志》卷八《帝制纪　宸章一》，清宣统二年刊本重印，华文书局 1968 年影印。

金城修，陈畬纂：《浙江省新昌县志》，1919 年铅印本，成文出版社 1970 年影印。

李芳修，杨得馨修：《河北省顺义县志》，1933 年铅印本，成文出版社 1969 年影印。

李经野等修纂：《山东省曲阜县志》，成文出版社 1968 年影印。

李起元等修，王莲适等纂：《山东省长清县志》，成文出版社 1968 年影印。

李钟狱等修，孙寿芝纂：《浙江省丽水县志》，1925 年铅印本，成文出版社 1975 年影印。

罗柏麓、姚桓等修：《浙江省遂安县志》，成文出版社 1975 年影印。

缪荃孙纂：《江苏省江阴近事录》，1920 刊本，成文出版社 1970 年影印。

牛阴麐等修，丁谦等纂《浙江省嵊县志》，1944 年铅印本，成文出版社 1975 年影印。

欧阳珍修，韩嘉会等纂：《河南省陕县志》，1936 年铅印本，成文出版社 1968 年影印。

曲遹锐等编纂：《山西省解县志》，1920 年石印本，成文出版社 1968 年影印。

瑞麟、戴肇辰等修，史澄等纂：《广州府志》，清光绪五年刊本，成文出版社 1966 年版。

沈青崖、吴廷锡等纂：《陕西省通志续通志》，清雍正十三年刊本，华文出版社 1969 年影印。

沈兆玮等修，王景佑等纂：《山东省临沂县志》，1917 年铅印本，成文出版社 1968 年影印。

宋志章修，邹允中纂：《山东省寿光县志》，1936 年铅印本，成文出版社 1970 年影印。

孙灏等撰：《河南通志续通志》，清光绪八年刊本，华文出版社 1969 年影印。

覃瀚元、袁瓒修，宛名昌、余邦士纂：《光绪黄梅县志》，江苏古籍出版社 2001 年影印本。

王葆安等修，马文焕等纂：《河北省香河县志》，1936 年铅印本，成文出版社 1968 年影印。

王金岳等修，赵文琴等纂：《山东省昌乐县志》，1934 年铅印本，成文出版社 1968 年影印。

王金岳修：《山东省昌乐县续志》，1934 年铅印本，成文出版社 1968 年影印。

魏松声等纂：《河南省正阳县志》，1936 年铅印本，成文出版社 1968 年影印。

吴馨等修，姚文枏等纂：《江苏省上海县续志》，1918 年刊本，成文出版社 1975 年影印。

吴馨等修，姚文枏等纂：《上海县志》，1918 年刊本，成文出版社 1969 年影印。

吴秀之等修，曹允源等纂：《江苏省吴县志》，1933 年铅印本，成文出版社 1970 年影印。

徐士瀛等修，张子荣等纂：《浙江省新登县志》，1922 年铅印本，成文出版社 1970 年影印。

薛承时修、（清）沈元寅纂：《乾隆黄梅县志》，清乾隆五十四年重刊本，海南出版社 2001 年版。

杨世达修：《汤阴县志》，乾隆三年刊本。

杨逸纂：《上海自治志》，1915 年刊本，成文出版社 1974 年影印。

余家谟等修，王嘉诜等纂：《江苏省铜山县志》，1926 年刊本，成文出版社 1974 年影印。

余谊密等修，鲍实等纂：《安徽省芜湖县志》，1919 年石印本，成文出版社 1970 年影印。

余谊密修，许乃昌等纂：《安徽省南陵县志》，民国铅印本，成文出版社 1970 年影印。

余正秉修，黎绵熙纂：《陕西省宜川县志》，1944 年铅印本，文海出版社 1976 年影印。

张钫修，李希白纂：《河南省新安县志》，1938 年铅印本，成文出版社 1975 年影印。

张寅等修，何奏簧纂：《浙江省临海县志》，1934 年重修铅印本，成文出版社 1975 年影印。

张应麟修，张永和纂：《河北成安县志》，成文出版社 1968 年版。

赵振声等修，李无逸等纂：《山西省虞乡县志》，1920 年石印本，成文出版社 1968 年影印。

赵祖赳修，吴庚、赵意空纂：《山西省乡宁县志》，1917 年刊本，成文出版社 1968 年影印。

周志中等修，吕植等纂：《河北省良乡县志》，1924 年铅印本，成文出版社 1968 年影印。

六　论文类

白文固：《唐宋试经剃度制度探究》，《史学月刊》2005 年第 8 期。

曹旅宁：《试论宋代的度牒制度》，《青海师范大学学报》（社会科学版）1990 年第 1 期。

陈金龙：《从庙产管理看南京国民政府时期的政教关系——以 1927—1937 年为中心的考察》，《华南师范大学学报》（哲学社会科学版）2006 年第 5 期。

崔恒秀、王建华：《晚清政府投资办学述论》，《史林》1999 年第 2 期。

范洁：《屡禁不止：清代妇女入庙烧香探析》，硕士学位论文，暨南大学，2007 年。

郭华清：《北洋政府的寺庙管理政策评》，《广州大学学报》（社会科学版）2005 年第 1 期。

何孝荣：《论明代的度僧》，《世界宗教研究》2004 年第 1 期。

何孝荣：《试论元朝的度僧》，《内蒙古大学学报》（人文社会科学版）

2006 年第 9 期。

黄珊:《魏晋南北朝时期佛教僧人慈善行为研究》,博士学位论文,西北大学,2012 年。

黄心川:《论中国历史上的宗教与国家的关系》,《世界宗教研究》1998 年第 1 期。

金顺明:《中国近代教育团体的发展历程》,《华东师范大学学报》2002 年第 1 期。

李贵连:《清末民初寺庙财产权研究稿》,李贵连:《中国近代法制和法学》,北京大学出版社 2002 年版。

梁勇:《清末"庙产兴学"与乡村权势的转移》,《社会学研究》2008 年第 1 期。

廖小东:《政治仪式与权力秩序——古代中国"国家祭祀"的政治分析》,博士学位论文,复旦大学,2008 年。

林达丰:《民初庙产立法检讨》,《江西财经大学学报》2007 年第 3 期。

刘有成、梅海子:《庙产兴学与佛教革新》,《徐州师范大学学报》(哲学社会科学版) 2004 年第 3 期。

吕凤棠:《宋代民间的佛教信仰活动》,《浙江学刊》2002 年第 2 期。

吕建福:《论不空的政教思想》,《世界宗教研究》2010 年第 4 期。

罗冬阳:《从明代淫祠之禁看儒臣、皇权与民间社会》,《求是学刊》2006 年第 1 期。

明杰:《唐代佛教度僧制度探讨》,《佛学研究》2003 年。

邵勇:《清末庙产兴学运动与毁学民变》,《青海社会科学》2006 年第 3 期。

《社会剧变中的佛教与国家——中华佛教总会与民初政府关系述评》,《世界宗教研究》2015 年第 4 期。

沈洁:《现代化建制对信仰空间的征用——以二十世纪初年的庙产兴学运动为例》,《历史教学问题》2008 年第 2 期。

苏世枝:《宋元以来泉州地区的佛教慈善事业》,《南方论刊》2008 年第 10 期。

王路平:《论晚清贵州佛教的衰落》,《贵州大学学报》(社会科学版) 2003 年第 5 期。

王庆成:《晚清北方寺庙和社会文化》,《近代史研究》2009 年第 2 期。

王庆成:《晚清华北乡村的历史与规模》,《历史研究》2007 年第 2 期。

王卫平:《论中国古代慈善事业的思想基础》,《江苏社会科学》1999 年第 2 期。

王炜:《民国时期北京庙产兴学风潮——以铁山寺为例》,《北京社会科学》2006 年第 4 期。

习五一:《近代北京寺庙的类型结构解析》,《世界宗教研究》2006 年第 1 期。

夏如冰:《清末的农政机构与农业政策》,《南京农业大学学报》(社会科学版) 2002 年第 3 期。

徐跃:《庙产兴学政策的缘起与演变》,《社会科学研究》2007 年第 7 期。

徐跃:《清末四川庙产兴学及由此产生的僧俗纠纷》,《近代史研究》2008 年第 5 期。

许晓明:《宗教文化大失忆:清末民初广西"庙产兴学"运动》,《南方论刊》2007 年第 12 期。

许效正:《民国初年(1912—1916)上海庙产纠纷透视》,《史学月刊》2013 年第 4 期。

许效正:《社会剧变中的佛教与国家——中华佛教总会与民初政府关系述评》,《世界宗教研究》2015 年第 4 期。

许效正:《试论民国初年(1912—1915)的祀典政策》,《云南社会科学》2009 年第 5 期。

许效正:《试论民国初年陕西的庙产兴学运动》,《西北大学学报》(哲学社会科学版) 2013 年第 4 期。

许效正：《试论清末民初（1895—1916）的佛教寺产所有权问题》，《世界宗教研究》2012年第1期。

严耀中：《政治控制下的信仰——中国古代僧官制度综论》，《社会科学战线》2012年第11期。

张华腾：《北洋史研究的几个问题》，《社会科学辑刊》2015年第2期。

张箭：《三武一宗灭佛研究》，博士学位论文，四川大学，2001年。

张神根：《清末国家财政、地方财政的划分评析》，《史学月刊》1996年第1期。

张昭军：《圣贤学问与世俗教化：晚清时期程朱理学与纲常名教关系辨析》，《孔子研究》2008年第4期。

周保明：《清代的地方吏役、地方政府和官僚政治》，《史林》2007年第2期。

朱迪光：《封建国家祀典的形成及其对古代中国宗教活动的影响》，《青海社会科学》1990年第1期。

朱英：《辛亥革命前的农会》，《历史研究》1991年第5期。

后　　记

《社会治理中的佛教与国家（1895—1927）》是我的第二部专著，也是第一本专著《清末民初庙产问题研究（1895—1916）》的进一步深化和拓展。

我的清末民初庙产问题研究，开始于 2007 年。那年秋天，我考取了陕西师范大学中国近现代史专业的博士研究生，师从张华腾教授研究清末民初社会转型。入学报到后的第二天，我去拜见张华腾教授，他郑重告诫我："按照陕西师范大学的要求，博士研究生至少在 CSSCI 期刊上发表三篇论文，才能参加毕业论文答辩。所以，在陕西师范大学读博，三年毕业的很少，四年、五年毕业的大有人在。你现在没有工作，必须加倍努力，争取三年顺利毕业。"恩师的话给我指明了奋斗方向，也给了我强大的压力，充满挑战的三年读博生活就这样开始了。

接下来，我一直在学校图书馆查资料，阅读重点是 1912—1915 年的《政府公报》，几个月后，我便对清末民初的庙产问题产生了浓厚兴趣。所谓庙产问题，是指清廷和民国政府大规模征用各类庙产所引发的社会矛盾。这个问题发端于戊戌变法时期，清末新政时期迅速高涨，民国初年继续发展。它波及全国，深及乡村，牵涉官、绅、僧、民多个社会层面。庙产问题产生的直接原因是清廷和民初政府持续施行的庙产征用政策，而根本原因则是鸦片战争以来日益严重的民族危机、统治危机、社会危机、文化危机和传统宗教内部危机综合作用的必然结果，既是一场激烈的经济斗争，又是一场激烈的权力斗争，更是一场激烈的思想冲突。

随着资料的积累和研究的深入，我越发认识到，清末民初庙产问题研究的学术价值和现实意义都很大，对之进行深入系统研究，不仅能拓展历史学和宗教学的研究领域，弥补多个领域的薄弱环节，也能为当今社会的宗教管理法制化提供不少有益的启示。在这个思路的指导下，我的研究逐步展开。2009年9月至2010年2月的半年内，我先后在《宗教学研究》《云南社会科学》《社会科学评论》和《历史档案》等CSSCI期刊上发表《试论袁世凯对民间信仰态度的转变》《试论民国初年（1912—1915年）的祀典政策》《试论〈临时约法〉对庙产问题的影响》《袁世凯政府的庙产政策述评》四篇论文。2010年6月，我的博士学位论文《清末民初庙产问题研究（1895—1916）》顺利通过答辩，"争取三年毕业"的愿望总算实现了。

博士毕业以后，由于年龄偏大，我的就业颇不顺利，后在恩师张华腾教授的鼎力帮助下，我应聘到安阳师范学院工作，从此结束了漂泊不定的生活。在宽松愉悦的环境里，我对于清末民初庙产问题的研究不断取得突破。2016年底，我的历史学博士论文《清末民初庙产问题研究（1895—1916）》由中国佛教文化研究所资助出版，并于2017年8月进行了第二次印刷；2017年春，我主持的教育部人文社科基金一般项目《清末民初佛教与政府关系研究（1895—1927）》顺利结项，并与中国社会科学出版社签订出版合同；2018年5月，我主持的国家社科基金一般项目《清末民初佛教社团研究（1895—1927）》圆满收笔，凝聚着我十年心血的清末民初庙产问题研究三部曲总算基本完成了！在这八年时间里，我积极参加历史学、宗教学和法学界组织的专题学术会议，并在CSSCI期刊上发表《试论清末民初（1895—1916）的佛教寺产所有权问题》（《世界宗教研究》2012年第期）、《社会治理中的佛教与国家——中华佛教总会与民初政府关系述评》（《世界宗教研究》2015年第4期）、《民初革命派的破除迷信运动透视》（《世界宗教研究》2018年第6期）、《清末庙产纷争中的官、绅、僧、民——1905年广州长寿寺毁学事件透视》（《世界宗教文化》2017年第3期）、《民国初年上海庙产纠纷透视》（《史学月刊》2013年第9

期）等八篇论文，在《法音》等中文核心期刊上发表五篇论文，研究重点由庙产问题逐渐延伸到佛教与国家关系、佛教社团及佛教与抗战，研究时段由清末民初逐渐延伸到抗日战争时期，研究视角由历史学逐渐延伸到宗教学和法学，初步形成自己的研究阵地和研究特色。

在我的第二本专著即将付梓之际，在我的清末民初庙产问题研究三部曲基本完成之时，我心里有太多的感激。衷心感谢生我养我的父母和无私支持我的兄嫂。衷心感谢将我带入学术殿堂的周秋光教授、张华腾教授和郑大华教授。衷心感谢一直关心我的学术前辈黄夏年研究员、吕建福教授、侯杰教授、傅海晏教授、李建欣研究员、纪华传研究员。衷心感谢国家社科基金项目、教育部人文社科基金项目的每一位通讯专家和评委以及每一篇论文的外审专家。衷心感谢给了我落脚之地的安阳师范学院领导郑邦山书记和骆平安校长。衷心感谢给我提供了宽松愉悦环境的历史与文博学院院长郭旭东教授和常全喜书记以及各位同事。衷心感谢为本书出版付出不少心血的中国社会科学出版社的责任编辑吴丽平老师。衷心感谢一切支持我、关心我、理解我的亲朋好友。正是有了你们的关心、爱护和大力支持，我的学术研究才能不断取得突破。

在感谢之余，还有不少自责和遗憾。自责的是自己分身乏术，多年求学，没有在父母面前行孝，多年飘零忽视了对儿子的教育，平时常常忙于科研和教学，将家务全留给了贤惠的妻子路洋教授。遗憾的是自己学力不逮，资料的收集还有遗漏，多学科知识的运用还很不熟练，一些问题的分析还有缺憾，哲学思维和理论修养还有待进一步提高。这一切权当自己以后努力的方向吧！

文责自负，未尽和疏漏之处，书中的不足和谬误，希望读者不吝赐教。路漫漫其修远兮，真诚希望学术前辈和同人多多批评、指导！

许效正

2019 年 2 月 20 日

于安阳师范学院园鼎苑